中古中國的知識與社會

南开中古社会史工作坊系列文集

夏炎 主编

中西書局

图书在版编目(CIP)数据

中古中国的知识与社会：南开中古社会史工作坊系列文集／夏炎主编.—上海：中西书局，2020.12
ISBN 978－7－5475－1773－4

Ⅰ．①中… Ⅱ．①夏… Ⅲ．①中国历史—中古史—文集 Ⅳ．①K240.7－53

中国版本图书馆 CIP 数据核字(2020)第 226252 号

中古中国的知识与社会：南开中古社会史工作坊系列文集

夏　炎　主编

责任编辑　吴志宏
装帧设计　黄　骏
出版发行　上海世纪出版集团
　　　　　中西書局(www.zxpress.com.cn)
地　　址　上海市陕西北路 457 号(邮编 200040)
印　　刷　上海肖华印务有限公司
开　　本　700×1000 毫米　1／16
印　　张　21.5
字　　数　320 000
版　　次　2020 年 12 月第 1 版　2020 年 12 月第 1 次印刷
书　　号　ISBN 978－7－5475－1773－4／K·345
定　　价　86.00 元

教育部人文社会科学研究重点研究基地南开大学中国社会史研究中心资助

中央高校基本科研业务费专项资金资助

目　录

河北曲阳八会寺隋代刻经龛的全貌及其历史地位

气贺泽保规

一、序

曲阳县位于河北省会石家庄的西北，太行山脉东麓。曲阳县城正南 10 千米有西羊平村，其西北的少容山，别名黄山，海拔高度 200—300 米，南北延绵约两千米。少容山的山体主要由优质大理石（汉白玉石）构成，采石场随处可见。山中曾建有名刹八会寺。八会寺早已荒废，现尚存开凿于巨大岩石块上的隋开皇十二年（592）的石经龛。笔者最初是通过刘建华氏的论文①知晓这一重要遗存的。

6 世纪中叶，受末法思想的影响，以东魏—北齐时代的邺都为中心，华北东部各地盛行刻凿佛教石经。隋开皇九年（589）以灵裕为主导的宝山灵泉寺大住圣窟石经即是一座划时代的里程碑。其次问世的是近 30 年后，隋末大业十二年（616）前后开始刻凿的房山石经。而且其地孤立于刻经事业的中心区域，偏居于北方的隋涿郡良乡县。笔者曾认为房山石经事业并未受到北朝后期至灵裕时期刻经活动的深刻影响，表现出很强的独立性。②

然而，此后上述刘建华氏的论文介绍了八会寺的隋代石经。其地理位

① 刘建华：《河北曲阳八会寺隋代刻经龛》（《文物》1995 年第 5 期）。

② 参照气贺泽保规《唐代房山云居寺的发展及其石经事业》（气贺泽保规编著《中国佛教石经的研究：以房山云居寺石经为中心》第一节和第二节，京都大学学术出版会，1996 年）。

置正处于宝山和房山之间的曲阳县（隋代的博陵郡=定州新乐县），年代为开皇十三年(593)以降的开皇年间。这一发现使得关于房山石经独自性、孤立性的论点或许有必要进行修正（参照图1）。基于这种重要性，笔者极为关注这一资料，曾两度赴当地调查。一次是2005年9月，再一次是2008年10月末。调查的结果曾在日本国内发表。①

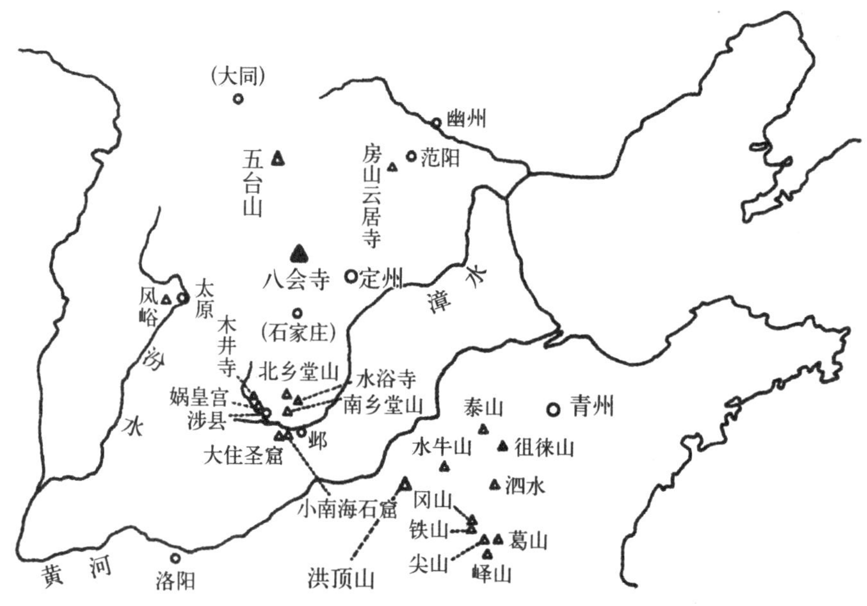

图1 北朝后期华北东部佛教石经所在地图

笔者通过这两次调查，意识到所背负课题的艰巨性。访问当地时目睹了遗址破坏之严重性。少容山（黄山）山顶附近八会寺的旧址面目全非，已无法辨认旧日伽蓝之遗迹，残石断垣零落。宅基地的一角有管理员居住的砖砌简陋小屋和简易的礼拜场所，重要的"隋刻经龛"孤独地被冷落在宅地的西北。实物映入眼帘时令人感到吃惊。石经置于石块垒砌成的石屋内。刘建华氏所报告的岩体上雕出的小佛像等已经被盗凿殆尽，岩面上仅存盗

① 其报告2009年1月提交日本国内的科学研究费成果报告会，发表于同年3月的内部报告论集。参照《中国南北朝隋唐期的华北佛教石刻诸相》（明治大学东亚石刻文物研究所，2009年3月）所刊载的《河北曲阳的八会寺佛教石经和华北刻经事业》。

凿留下的残穴。据说《文物》杂志刊载了刘建华氏的文章之后，不知被何人所盗。

不仅如此，以前石块垒起的石屋外壁周围应该比现在平坦开阔，不过因为盲目的采石，使石屋入口（南门）脚下几乎崩塌，如果继续无所作为的话，宝贵的经石岩体和围护其的石屋很容易陷于崩溃状态。迟早这一带的石块会被开采枯竭，重要的历史文化遗址、文物将就此消失，笔者抱有很强烈的危机感。"八会寺隋代经龛"是残存不多的隋代佛教石经遗物，其与房山石经的关联也不容忽视。笔者意在通过这个报告，唤起舆论关心，以期改善其文物保护环境。（※〔附记1〕）

※〔附记1〕在撰写本稿的过程中，得知赵洲《河北省曲阳县八会寺石经龛》（《石窟寺院研究》第一辑，2010年11月）这一论文的存在。其脱胎于全面考察"八会寺石经龛"的严谨研究，在经典的整理等方面与拙稿多有重合。但从整体到细微部分的着重点以及表达方式，依据照片和拓本把握"刻经龛"的经典之手法与结果，特别是对"刻经龛"本身诞生之理解，对寺院历史的关注等问题存在诸多看法上的差异。加之其理解房山石经的前提意识之稀薄，虽然结论多有重合，但是探讨该问题的立足点存在本质上的差异。请予以理解。

二、关于曲阳黄山和八会寺石龛的实地调查报告

近代关于八会寺的最初调查记录见于刘敦桢氏的调查报告《河北省西部古建筑调查纪略》。[①] 从文章的字面推测应是1933年或1934年的作品（文中未明示）。其关于寺院状况和资料的记述今天已经无法看到，其中也言及八会寺的历史。根据笔者两次踏查八会寺的体验，可推测刘敦桢氏的

① 刘敦桢：《河北省西部古建筑调查纪略》（《中国营造学社汇刊》第五卷第四期，1935年6月）之"曲阳县　八会寺"。关于隋刻经龛的东西南北方位记述，刘敦桢氏与前述刘建华氏不同。本稿根据实地考察结果认同刘建华氏的说法，容纳经龛的积石屋的入口设在南面。刘敦桢氏将与少容山相邻的村名记录为"阳平村"，应更正为"（西）羊平村"。

调查路线是从西羊平村的北侧进入山区，沿直线攀登少容山的陡坡，越过山脊到达八会寺。

刘敦桢氏曾言及位于山腹的积石五层方塔等，如果选择直线攀登山脊顶部，右手方向（北侧）有宋僧审焉于岩石之间挖凿的华严集圣池。由此可俯瞰八会寺的全境。根据刘敦桢氏记述，池旁有雕刻的蟠龙（现已不存）。

越过山脊，下面就是寺院旧址，不过现在没有留下任何建筑物能映射出往昔之陈迹。寺域之一隅残留着一段用石块整齐垒砌的围墙，还可见涂有地仗层的土筑残垣，以及寺院的瓦和石块等建材残件。另有一通半埋在土中的明代残碑（明成化二十三年—弘治元年时＝1487—1488），可能是明代重修的石碑，保存状态很差。近年在院内的伽蓝遗迹上面建设了名为“黄山八会寺资福院”的简陋建筑，是礼拜设施兼管理员居所。

但是根据刘敦桢氏的记录，当时尚存规模宏大的伽蓝残迹。面阔五间的正殿之石砌残垣，其内侧有八角石柱，在建筑物中央安置着雕制精致的金（金箔）柱础石等。那些残存遗物很可能是宋代遗留下来的［或是北宋僧审焉主持营造的。参照第四节所述《重修（少容山）八会寺文殊殿记》的第4项］。

顺便指出导致寺院遭受破坏的是清光绪二十六年（1900）的义和团运动。八国联军之一的法军攻入北京之后，南下进攻至此。当时这个地方是义和团的据点，受到法军的两次炮击。北宋中期（11世纪中叶），曾在寺院北侧斜面的岩壁上雕出大佛，不过据说这铺佛像也被法军爆破。

由此可知，至19世纪末，少容山顶部尚存用当地产石材建筑的八会寺宏伟的伽蓝，有大石佛，聚集着许多信众。刘敦桢氏所见到的是30多年后的残败光景。

所幸“隋刻经石龛”免遭劫难，至今尚存。其位于旧八会寺域西北30至40米处。经石的本体为长方体大岩块（青白玉石），南北约4米，东西约3.5米，高度2米余。其四面所刻小佛像和经典文字亦是拙稿所要探讨的重要问题点。

为保护“刻经龛”，在距经石1.5米之处垒砌石屋的“围墙”。围墙的厚度约 1 米，高接近 3 米。南侧设有通往内部的入口，东侧和西侧设置采光的窗户，在刻经龛本体的上部垒砌近 1 米高的石块，与“围墙”顶部高度相等，抵达屋顶。石屋及刻经龛顶部覆盖数重石板，形成保护罩。

如此，“隋刻经石龛”被四周的石壁（围墙）以及顶棚部的石板保护，内部宛如敦煌等所见初期中心柱窟的形状。从外部来看好像一座用石块整齐地垒砌的立方体箱状石屋。该石屋外侧的规模为南北 9.4 米，东西 9.55 米，高 4 米（参照图 2 和图 3）。这座石砌“保护罩”建于何时已无从考证，不过，其坚固且规范的砌法与前述寺院的外围石墙一致，应是寺院兴盛时期的工程。刘敦桢氏推定寺院伽蓝的遗物属于宋代，以此类推，保护刻经龛的石屋围墙也应为该时期修筑。即 11 世纪中叶，僧审焉主持的工程（参照第四节）。①

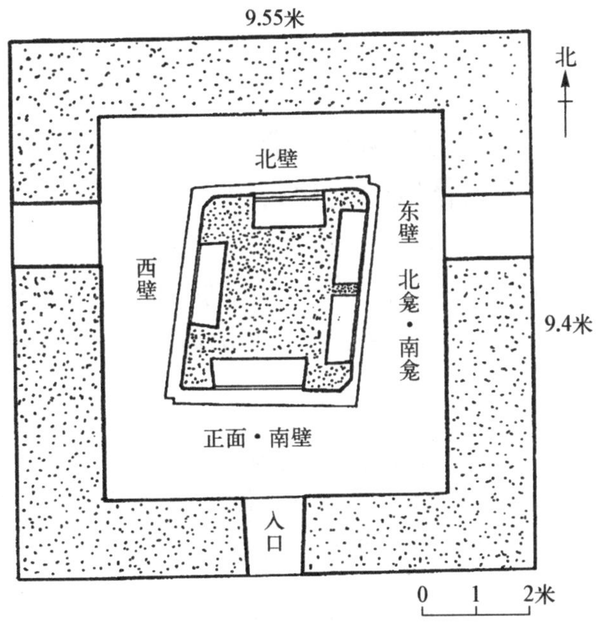

图 2　隋刻经石龛平面图

① 虽无确凿证据，碑面的文字和佛像可见一定的风化迹象，文字大半鲜明可判读。意味着刻经岩某一时期接近露天放置的状态，然而很快采取了保护措施。从时期上说，推测围墙等保护设施营建于信众云集的北宋时期较为合理。

图3　隋刻经石龛全景照片

三、文献资料所见八会寺及其历史(1)：以日僧圆仁的旅行记为中心

八会寺是何时，如何建立的寺院呢？据其名称立刻能追忆起日本僧圆仁的《入唐求法巡礼记》。该书开成五年(840)四月二十三日条记载如下。

(四月)廿三日。早朝、吃粥。向西北行廿五里，到黄山八会寺断中。吃黍饭。时人称之为上房普通院。长有饭粥。不论僧俗，来集便宿。有饭即与，无饭不与。不妨僧俗赴宿，故曰普通院。院中有两僧。一人心开，一人心郁。有一黄毛狗，见俗嗔咬，不惮杖打。见僧人，不论主客，振尾猥驯。

斋后，向西北，入山寻谷行。时人唤之为国信山。从上房行得廿里，到刘使普通院宿。便遇五台山金阁寺僧义深等往深州求油归山。五十头驴。驮油麻油去。又见从天台国清寺僧巨坚等四人，向五台。语云，天台国清寺日本国僧一人、弟子沙弥一人、行者一人，今见在彼中住云云。

即圆仁于唐开成五年四月二十三日早晨，从行唐县（镇州 = 定州管内）的西禅院出发，向西北前行 25 里（如唐代一里以 560 米计算，计 14 千米）到达黄山八会寺，在那里吃了午饭。人们称这里为上房普通院。该书列记了参拜五台山路途上的“普通院”，根据上述圆仁的文章，谓该院“长有饭粥。不论僧俗，来集便宿。有饭即与，无饭不与。不妨僧俗赴宿”。如此，该院成为向僧俗提供投宿和粮食的地方，可以认为其实际上具有向前往五台山巡礼的人们提供餐宿的机能。①

关于此八会寺（上房普通院），圆仁留下如下记录：“院中有两僧。一人心开，一人心郁。有一黄毛狗，见俗嗔咬，不惮杖打。见僧人，不论主客，振尾猥驯。”圆仁在那里饮茶之后，向西北参拜五台山之路前行。问题是他完全没有言及八会寺的“隋刻经龛”。为何会如此呢？圆仁本人明确记载寺名为“黄山八会寺”，其与后代所云黄山 = 少容山的八会寺应是同一寺院。但是按照一般逻辑考虑，为了喝一杯茶而特意登上山顶，由此再向西方行进，并不顺路。而通过少容山的东麓，穿越其与北侧尧山之间向西（西北）行进的交通线才最为合理。

那么圆仁所利用的八会寺所指何处呢？根据后世的文献，八会寺因有“八院”而得名，具体见于记载的有上阁院、下阁院、菩萨院、钟楼院、普同、资福、寿圣院等七院［参照下文第四节所述《重修（少容山）八会寺文殊殿记》的第 1 项］，再加上本院（本山）共计八院。在少容山一带分布着一个本院和七个分院。其八院之一“普同院”与“普通院”音通，可见唐代的普通院（上房普通院）后世寺名变成普同院继续存在，即圆仁所记八会寺上房普通院。似乎可以理解为位于山下接纳旅人和居民的分院设施。

这样就可以解释为圆仁访问了位于山下的八会寺普通院，未曾登上山顶“隋刻经龛”处。假设访问这里，应该会留下关于经龛的某种记录。通往五台山的路并不通过此山顶。通过圆仁的记录，可知普通院是作为类似驿馆的寺院经营，八会寺地处唐代后半期通往五台山巡礼的要冲，特别是从河

---

① 参照小野胜年《入唐求法巡礼行记的研究》第二卷（铃木学术财团，1966 年 2 月）开成五年四月二十三日条，注 2（第 405—409 页）。

北方面入五台的据点。值得关注的是与不断扩散的五台山信仰相关,其影响力也在增长。

四、文献资料所见八会寺及其历史(2):以《重修(少容山)八会寺文殊殿记》为中心

出现八会寺之名的传世记录中,就目前所见,圆仁开成五年(840)的史料最为古老,但遗憾的是上面没有"隋刻经龛"的记载。其后关于八会寺的历史记载需要推后至金大定十三年(1173),见邸忱所写的一本名为《重修(少容山)八会寺文殊殿记》的书籍(《光绪重修曲阳县志》卷13《金石录》下所载)。以下将相关部分按照年代和内容,分节对其进行解说(该史料起始与结尾附有县志编辑的说明,暂且除外)。

1. 山之巅曰八会寺,肇建于齐周间。寺有八院,曰上阁院、下阁院、菩萨院、钟楼院、普同、资福、寿圣等院,故寺名以为八会云。历唐洎五代,院颇残废。

2. 宋景德初(北宋,1004年左右),遭契丹之乱,焚毁殆尽。独"开皇石经龛",岿然存焉。

3. 天圣明道间(北宋,1023—1033),年谷丰稔,居民稍安,乃独归功于释氏。百家之聚,必有精舍,而河朔千里,殿宇相望。故皇祐初(1049年左右),诏佛寺擅兴者,皆撤毁之。

4. 是时有僧审焉者,有勇力善射,又能见鬼神,始锄榛莽,岩栖谷汲。仍八会之堂殿故基,又因山峦,劖为大佛,架石为龛,以覆之。且谓山能吐云雨,为一境之望,而无像设祷荐之所。乃诣五台、大茂诸山,请水潴为龙池,名曰"华严集圣池"。

5. 治平熙丰中(北宋,1064—1085),祈祷辄应,故定州路安抚条其事,奏请于朝,得锡爵利民侯,以显其灵。时在熙宁九年(1076)也。是后每中元日(盂兰盆会),或月旦,岁方有秋,县令多率吏民,登山赛谢,士女群集,为乡邑胜游。予少为儿童时,犹及见其遗俗焉。

6. 本朝皇统间(金,1141—1149),冀州僧清万者,以寺阙南殿,议作新之。乃率居人符普、光张、永实,合志同力,经营始终,凡十年殿成。

7. 而未有法王之像。会僧宝宁者,欲补其阙,大备之,缩衣节食,铢积寸累,凡二十三年,而造文殊师利大菩萨像及于阗王(尤天王)凡四躯,妙相巍巍,如天童子。楞伽宝冠,五百种色,如现金刚顶。又建层阁,以护之。其榱桷檐楹,朱轩璇题,金碧璀璨,真化人之居也。将使远近瞻仰之人,睹像生敬,因敬得悟,为大□益,不可思议。

8. 功既成,求文于予。予视宁,颀躯而貌野,其言呐呐,若不出诸口,又无当世之誉。而能鸠赀役众,成此大事,因缘其中必有过人者。相因与摄衣登山,瞻仰慈容,再拜稽首而赞之。

此处引用的史料由于没有可对照的资料,内容的解释上不能尽善尽美,以下作为推测,对八会寺史作一整理。

八会寺于北朝末期(北周、北齐时)建成(与北周武帝灭佛的关联不明)。

→隋前半期(开皇年间),开展刻经事业("隋刻经龛"刻成)。

→唐代,寺名八会寺逐渐被人们接受,八院成立,从属于五台山信仰圈(840 年 4 月圆仁经过此处)。

→唐末、五代时期,逐渐衰落(或受 845 年会昌灭佛的影响)。

→北宋景德元年(1004),契丹(辽)攻入时伽蓝焚毁,仅"隋刻经龛"免遭于难。

→北宋天圣、明道年间(1023—1033),寺院(伽蓝)得到重建。

→北宋皇祐初年(1049),毁寺运动中八会寺遭受破坏。

→其后,僧审焉重建寺院,建立大佛,造华严集圣池。

→北宋熙宁九年(1076),赐爵位利民侯,此地渐成民众的集会场所。

→金统治下的皇统年间(1141—1149),僧清万建造南殿。

→金大定十三年(1173)左右,僧宝宁造本尊文殊师利大菩萨像,以及于阗王(尤天王)四身,又造伽蓝以护之。

关于其后的展开,见《雍正畿辅通志》卷 52 云:"八会寺,在曲阳县南十八里,金明昌间建。"记载金明昌年间(1190—1196)曾有建筑。之后,八会寺于明清期间经过多次重修而延续了寺院的命脉，如前所述，清末光绪二十六年(1900)在法军的炮火中变成灰烬。至此可见八会寺长期以来，每经历一次衰落、毁坏的危难，终又会得以修复并重现新姿，动荡流转，在北方中北部地区曾经包容过诸多的信仰，而“隋刻经龛”便是其漫长兴亡历史的见证人。

五、“隋刻经龛”的整体构造和时代性
——从“题记”的整理入手

其次必须要考察的实体是“隋刻经龛”，其存在使八会寺在历史上备受瞩目。

作为隋刻直接的证据，是壁面上留下的题记。刘建华氏提示的题记有如下三处(No.1、3、6。参看图4)，其中No.3是开始年代的直接证据(隋开皇十二年=592)。作为参考，将此三条题记，加上赵洲氏和笔者确认的题记一并列记(No.1b、2、4、5、7)。

1. 南壁龛的右侧面：“龛主定州城内/贾凡母苏为七/世先亡现在眷/属法界众生供/养/”

1b. 其下方刻有：“赵常村□□□□□□□氏”

2. 南壁龛内左侧面上部佛龛旁：“定州城/孟常妻/□亡眷/属法界供养”

南壁东龛外“牛土父供养”，西龛外上边框“食一亡等张内”

3. 西壁龛的左侧面：“行唐邑龛　大隋开皇十二年二月八日刊”①

4. 北壁西龛外：“世五佛名经　正信佛弟子牛□为母刘敬造供养　郭长蒿为母敬造供养”，“正信弟子牛仓母刘敬造供养　郭长蒿为母敬造”②

① 观察照片，可判读落款日期为“天隋开皇十三年三月十八日刊”，这似乎可理解为后人(最近)的涂鸦之笔。因此原来从“开皇十三年”开始刻经的解释应该改变为“开皇十二年”。这对理解这个刻经龛具有重要意义。

② 笔者也已经确认该题记的存在，对其复原文(“正信弟子牛仓母刘敬造供养　郭长蒿为母敬造”)进行了追加与修正。

5. 东壁二龛(北龛、南龛)之境界壁上端:“此龛十八年四月……造”①

6. 东壁南龛的左侧面:“龛主　祖周使持节少师大将军延绥丹三州/诸军事延州总管赠青齐济兖胶五州/刺史蜀郡开国公伯儁　父金州刺史/仲羲　孙定州司兵参军事韩长秀/”②

7. 东壁南龛外(赞佛偈后):“乐白道常修供养佛法僧宝”

1

2

3

1. 南壁龛的右侧面题记
2. 西壁龛的左侧面题记
3. 东壁南龛的左侧面题记

图 4　隋刻经龛题记

概观刻经龛的构造,东西南北各面均雕出切入碑体内的佛龛,由此产生的佛龛正面和侧面,以及未纳入龛的岩面(非龛面)皆修凿平整,各面中央上部雕出佛像,其余部分亦不留任何空白,皆刻经文。在镌刻经文的佛龛外侧

① 赵洲氏以“十八年”推定为开皇十八年(598)。

② 上文第 1 页注①引用刘建华论文的释文,“使持节”为“使指节”,赠青齐济兖胶五州的“济”作“泾”,“伯儁”的“儁”为“譿”。现予以订正。

上部雕出小佛像的横列。遗憾的是现在各面的佛像和上部的小佛像皆因盗凿而被破坏,仅存幸免于难的一部分小佛像和经文。笔者在现场调查时对细部进行了测量,作为参考将测量图提示如下(参照图5)。

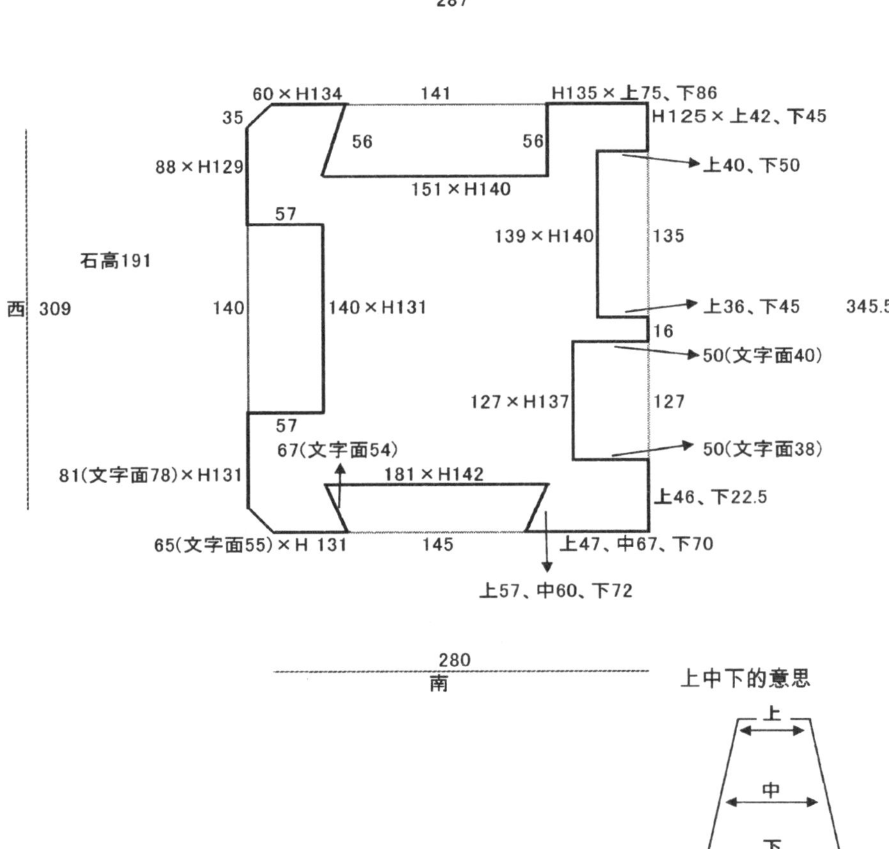

图5 八会寺隋刻经龛结构图

在此笔者注意到岩面的利用基于细致入微的准备,设计严谨缜密。中心上部刻佛像(大小不同),除此之外的空白,佛龛左右侧面和佛龛外平面均刻满经文。并非通常在岩壁平面上镌刻经文的形式,而是选择复杂的方法,配合佛龛在四壁全面刻经。采用这种高难度的方式无疑是为了尽可能地确保刻经的面积,而且慎重地要求在确保对其他壁面不产生影响的范围内开凿佛龛。

上述迹象意味着什么呢?

第一,井然有序的整体计划性。如果刻经龛各壁面缺乏统一的计划性,龛的分布排列将会杂乱无章。基于如何提高四壁的利用率,尽可能多刻经文的想法,四面并行作业才取得如此结果。

第二,可以感觉到统括刻经工程的人物之存在。整体立案与协调进度,召集作业者和支援者,引导其完成这一事业。其过程中也需要思想(信仰)、物质(资金)方面的准备。可推测其中存在着有指导能力的出家者,抑或熟知佛教的实践家。

第三,如果再进一步推测,不排除统括全局者参与了各壁龛所刻内容、经典的选定与壁面分配的可能性。譬如北壁中心雕刻弥勒三尊,其余部分全部用于雕刻《佛说弥勒成佛经》。总之,从雕制佛龛之初就已经设定整个壁面镌刻与弥勒降生有关的佛像和经典。其他的壁面在内容设置上的考量也大致相同(详见第六节)。由此,刻经龛的完成(从凿龛到造像、刻经)并不需要花费很长时间。

石刻题记可印证前述三点。以此为根据,前述刘建华氏的论文推测造龛刻经的年代为开皇十二年(592)至大业三年(607)改州为郡期间,[①]赵洲氏则明确指出,东壁有"(开皇)十八年四月"的纪年。考虑到四面的刻经龛从一开始就对所刻佛像和经文做出了统一规划,整体的完成应在题记年号所示的开皇年间,大约为开皇十年至二十年之间。那一时期在隋文帝的治下,佛教隆盛。

关于题记中出现的人物,正史等其他史料中并无记载。其中东壁南龛镌刻的韩氏,"祖·韩伯—父·韩仲羲—孙·韩长秀",期待今后新资料的发现证实其身份。不过,其孙韩长秀既然为"定州司兵参军事(从七品)"[②],韩

① 《隋书》卷3《炀帝本纪上》大业三年夏四月条:"壬辰,改州为郡。"

② 司兵参军事,隋初称兵曹参军事,开皇三年三月改职名(《隋书·百官志下》)。当时,州分九等,定州处于哪一等级并无记载。但唐代(新旧两《唐书》的地理志以及《元和郡县图志》)以其为上州,如果隋代亦如此的话,司兵参军事属于上州诸曹参军事,为从七品。该职衔在州行政机构中属于中坚官职。

氏当然处于支援八会寺刻经事业的立场。祖父已经死去,父亲官至金州(陕西省安康)[①]刺史(亦可能死去),只有韩长秀可以成为八会寺的施主。韩长秀为龛主,又加刻祖父和父亲的名讳,以表自身信仰之虔诚。

韩长秀任职定州,干预了刻经。同南墙的龛主为"定州城内的贾凡之母苏(氏)",亦为定州城内人士。西壁之"行唐邑龛",即定州管辖范围内的行唐县中的组织"邑"=邑义所造。据前述圆仁的记录,行唐县距八会寺 25 里,约半日行程。圆仁从定州(当时的镇州)城至行唐县城,距离 65 里,行程一日半。[②]

据《隋书》地理志,定州改博陵郡,行唐县入恒山郡(恒州)。八会寺所在的黄山(少阳山)为新乐县境内,隋属博陵郡。[③] 从这里到定州、行唐、曲阳(新乐)为一日或一日半的行程,应该留意到八会寺刻经龛的事业得到邻近地区信众的支持。

此外刻经的主体有地方官、当地的信徒(女性)、信徒组织,一块经岩由多方协同刻凿,发人深思。其中"行唐邑"的存在值得关注。邑(邑义)是北魏中期以后形成的,以地缘和血缘关系为基础,庶民为主体,设邑主为长,维那为副,教化僧为邑师等担负组织运作,相当于乡间的家庭佛教信徒组织。[④] 其主要是为造像、斋会或讲经会而建立的组织,不过从北朝后期开始可以说具备了运作刻经事业的职能。

据笔者所知一例,山东邹城市的峄山(邹山)摩崖刻石之《文殊师利所说摩诃般若波罗蜜经》(梁三藏曼陀罗仙译,《大宝积经》卷 116)旁有"斛律太保家客邑主董珍陀"(北齐斛律金之子斛律武都的家客、邑主董珍陀,北齐武平三年=572)题名,可以看到"邑"的参与。但是与其说拥

---

① 《隋书》卷 29《地理志上》西城郡条:"梁置梁州,寻改曰南梁州。西魏改置东梁州,寻改为金州,置总管府。开皇初府废。"

② 归纳《入唐求法巡礼行记》开成五年四月二十一日、二十二日条记录,"镇州节度使府 · 4 月 21 日昼→(正北行 · 20 里)到使庄=节度使庄园 · 4 月 21 日泊→(正北行 · 20 里)到南楼→(正北行 · 25 里)到行唐县 · 4 月 22 日泊",为 20+20+25=65 里。

③ 《隋书》卷 30《地理志中》博陵郡条:"新乐(县),开皇十六年置。有黄山。"

④ 参照佐藤智水著《北魏佛教史考》(冈山大学文学部,1998 年)第二章第三节《北朝佛教的诸问题》以及第 113 页表 11"团体的造像"。

有信徒组织的背景,不如理解为邑主=经主,这里表现的是出资赞助刻经的(个人)。①

可见出现在八会寺"隋刻经龛"的"行唐邑"是十分重要的存在。因为其不是个人施主(经主),而是作为北朝以来的邑=邑义(信徒组织)的行为,是其第一次参与"刻经"的事例。如前所述,可以认为"隋刻经龛"是隋开皇年间,由统括从开龛到造像、刻经的权势者主导了这一事业。不过不能忘记近邻地域的无名庶民等各色人群的支持和援助。

六、"隋刻经龛"经文的复元

本节探讨的问题是"隋刻经龛"所刻经文的内容为何。如前所述,今天所能看到的经龛已被盗凿,挖取佛像时也损坏了相当部分经文。在此依据刘建华氏和赵洲氏的考察成果,并根据笔者现场调查时收集的各壁拓本,归纳成下列一览表,试图恢复刻经全貌(参看表1)。

表1 八会寺"隋刻经龛"内容一览表

龛面	经典名	主佛	题记	龛外(经典、图像)
南面	姚秦鸠摩罗什译《佛垂般涅槃略说教诫经(一卷)》(大正藏12卷·No.389)	佛龛正面上部"过去七佛"及其佛名(《佛名经》卷第8,菩提流支译)。 左右侧面上部"小佛龛"(现在被破坏)	"龛主定州城内/贾凡母苏为七/世先亡现在眷/属法界众生供/养/" 下方"赵常村□□□□□□□氏"	•西晋竺法护译《佛说盂兰盆经(一卷)》(大正藏16卷·No.685)。 •《如来升兜率天宫一切宝殿品第十九》(东晋佛驮跋陀罗译《大方广佛华严经》13卷)(大正藏9卷·No.278)偈。 •"一一佛(龛)"

① 参照安廷山著《山东摩崖书刻艺术》(新华出版社,1997年,第41—42页)、赖非编著《中国书法全集》12《北朝摩崖刻经》19《峄山文殊般若经》(荣宝斋出版社,2000年)、赖非著《山东北朝佛教摩崖刻经调查与研究》(科学出版社,2007年,第76—78页)。

（续表）

龛面	经典名	主佛	题记	龛外（经典、图像）
西面	姚秦鸠摩罗什译《妙法莲华经观世音菩萨普门品第廿五》（正式名称《妙法莲华经》卷第7《妙法莲华经观世音菩萨普门品第二十五》）（大正藏9卷·No.262）	正面中央“阿弥陀三尊”（现在被破坏）	西壁龛左侧面“行唐邑龛　大隋开皇十二年二月八日刊” 南壁龛内左侧面上部佛龛旁“定州城/孟常妻/☐亡眷/属法界供养”。 南壁东龛外“牛土父供养” 西龛外上边框“食一亡等张内”	
北面	姚秦鸠摩罗什译《佛说弥勒成佛经（一卷）》（正式名称《佛说弥勒下生成佛经一卷》）（大正藏14卷·No.454）	正面中央部“弥勒三尊”（现在被破坏）	北壁西龛外“卌五佛名经　正信佛弟子牛☐为母刘敬造供养郭长蒿为母敬造供养”	•西晋燉煌三藏译《佛说决定毗尼经》中“三十五佛名”（大正藏12卷·No.325） •西晋燉煌三藏译《佛说决定毗尼经》中的《忏悔文》（大正藏12卷）？ •后魏菩提流支译《佛说大方等修多罗王经》（大正藏14卷·No.575） •“一〇佛（龛）”
东面	•“五十三佛名”（刘宋畺良耶舍译《佛说观药王药上二菩萨经一卷》所载）（大正藏20卷·No.1161） •梁代失译《现在贤劫千佛名经（一卷）》所载佛名（大正藏14卷·No.447）	北龛、南龛各中央上方有佛龛	东壁南龛左侧面“龛主　祖周使持节少师大将军延绥丹三州/诸军事延州总管赠青齐济兖胶五州/刺史蜀郡开国公伯儁　父金州刺史/仲羲　孙定州司兵参军事韩长秀/” 东壁南龛外（赞佛偈后）“乐白道常修供养佛法僧宝” 东壁二龛（北龛·南龛）之境界壁上端“此龛十八年四月……造”［开皇十八年（598）］	•“二五佛（龛）”

据一览表可知一个事实：南壁—西壁—北壁—东壁的龛内刻经及龛外刻经（南壁的东面和西面，北壁的西面和东面）所见经文，是以各壁面为单位事先选出的一卷或一节特定的经文，整齐地收纳在预先规划的范围内（佛龛内、壁面内）。其中龛内的刻经，各龛不留余白，刻出经典和佛名，居于该"隋刻经龛"的中心地位。同时从右侧栏目可确认龛外的刻经也处于类同的立场进行镌刻。并非重提故论，八会寺的"隋刻经龛"是基于周密准备的作品，从各个角落均可感悟到制作者的意图。

最后想提及的是字体问题。拙稿出示了各壁龛刻经拓本的一部分。据其可确认的字体特征如下：东壁龛（开皇十八年）的文字整体带有圆润感，横折部力量感不足。南壁龛为笔致波磔的隶书与重心偏右的楷书混合，具有某种流畅感。

西壁龛和北壁龛的字体大体上呈正方形，具有独特的力量感，横平竖直，收笔波磔等表现出隶书的某种特征。应是从隶书向楷书演化阶段的八分书。如果分别确认每个文字的话，两者非常相似。据此赵洲氏将其视为同一人的笔迹，因而造龛主亦被解释为同一主体。①

如果此看法无误，因西壁龛年代为"开皇十二年"，北壁龛与之同年，明显同是"行唐邑"这一邑义的行为。原本四壁中只有北壁面没有题记，不过在西壁镌刻的题记中已可找到答案。

但要断定两者文字的笔迹完全一致的话，还须慎重。参照之前准备的字型同异比较图（参照图6），还是可看到微妙的差异，使人迷惘，不敢立即确定其为同一人的笔迹。基于这一事实，可否推导出如下见解，即西壁龛和北壁龛字体基调相同，不过是否为同一人的笔迹尚难下定论。但是如果可以确定字体（不是笔迹）基调相同的话，两者应该为同一时期、同一主体（="行唐邑"）这一邑义的作品。由此可证明"隋刻经龛"的问世，邑义功不可没，使人预感到其与此后的房山石经事业之某种关联。

---

① 前文引用的赵洲《河北省曲阳县八会寺石经龛》论文（第17页）（附手记1）。第1页注①刘建华论文（第85页）将北壁的龛主和东壁的龛主视为同一人。然而缺乏将北壁龛主推定为地方官韩氏的证据。

	西　壁	北　壁
国	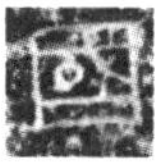	
金		
有		
罗		
世		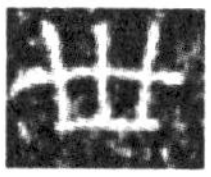
其		
诸		

图6　隋刻经龛西、北壁文字比较

关于四壁(龛面)镌刻的顺序,南壁龛文字用笔苍劲有力,又不失工整。从其位置考虑,南为正面,可以认为这部分是最先镌刻的。那么似可推测出如下顺序:

南壁龛(《佛垂涅槃略说教诫经》)→西壁龛(《妙法莲华经观世音菩萨普门品》·开皇十二年)→北壁龛(《佛说弥勒成佛经》·开皇十二年)→东壁龛(《五十三佛名》《现在贤劫千佛名经》·开皇十八年)。

这一顺序与被刻经典的翻译年代顺序也相对应,由此可给人以更具体的印象,即八会寺的刻经龛是隋开皇年间的作品。

七、"隋刻经龛"刻经的历史地位：其与信行三阶教、灵裕大住圣窟关系之探析

前文整理分析了河北省曲阳县少容山顶附近遗留下的被笼统称为"隋刻经龛"的石经的历史背景、刻经构造、刻经内容等。试将其主要特征进行归纳，可指出下列事实。

1. 该事业极有可能是隋开皇十年至二十年之间（6世纪90年代），在某一特定的佛教徒（佛教实践家）的率领下，经过周密的准备，按计划在短期内实现的。如果考虑四壁佛龛的开凿等所需时间，作业可能在开皇十年以前就开始了。

2. 其社会基础是河北定州地区信众的支持。这并非仰赖于特定个人权势者的支援。关于东壁龛刻经的"定州司兵参军事（从七品）"韩长秀也只是中下级的地方官人，其并不具备一手包揽刻经龛全部事业之立场。

3. 各壁面为了确保镌刻更多文字和佛像的空间，采用了具有较高难度的造龛方式。各龛面及佛龛外面所刻经典（经文）的字数大体一致，总之造龛之前已经决定了经文内容。

4. 综观各龛面、龛外的刻经状况，并非为警告末法时期到来而镌刻一部分经典，其目的是将该经典全部保留在石头上。

那么该如何理解这里所刻经文（经典）呢？为什么选择了这些经典呢？从中可参悟出什么样的信息呢？这是最困难的课题，不过刘建华氏作出了如下的解释：这里可以确认信行创立的三阶教的影响。八会寺石经龛所刻"过去七佛"（南壁）、"贤劫千佛"（东壁）、"五十三佛"（东壁）、"二十五佛"（东壁龛上）、"三十五佛"（北壁西佛龛外）、"降生弥勒佛"的佛名，皆见于信行（540—594）撰写的《七阶佛名》。同时四壁镌刻的经典也与《七阶佛名》相一致。① 刘氏看漏的

① 信行所撰《七阶佛名》可根据敦煌发现的《七阶佛名》考察知晓（斯坦因文书 S59、S236、S1306、S2360）。参照矢吹庆辉著《三阶教的研究》（岩波书店，1927年）所载《七阶佛名》，归纳了上述发现。

经典,北壁西龛外的《三十五佛名经》之后有“忏悔文”,也被纳入“七阶佛名”之中。

刘氏还注意到八会寺所在的曲阳为隋代佛教界的重要人物宝山灵泉寺灵裕(518—605)的故乡。[①] 灵裕和信行本为同门,北齐时代在地论宗道凭的门下修行佛学,思想也相似,两人共同的思想皆投射到这里。刘氏做出如下结论:一方面,受到北朝以来刻经活动的影响,另一方面接受了信行和灵裕思想的影响。在这一背景下,八会寺隋刻经龛诞生了。

刘氏的看法,特别是“七阶佛名”出自三阶教的意见具有说服力,不过尚有讨论的余地。首先刘氏将信行和灵裕理解为思想一体化的高僧,这有失慎重。两者之间存在二十二岁的年龄差,灵裕年长,虽说同出道凭门下,立场则完全不同,并非存在信行先行创设三阶教,灵裕后来使之完善的关系。如果说道凭的后继者灵裕从北齐时代到隋初,期间历经北周武帝废佛的劫难,以宝山灵泉寺为道场,成为该时代具代表性的高僧;那么接受灵裕的影响独自创立了三阶教的则是信行。两者想法虽有近似之处,但不能说灵裕也信奉三阶教。[②]

若依照这种观点探讨八会寺隋佛教龛的背景,论及信行之前,应先将考察的重点转向灵裕的事业。灵裕于隋开皇九年(589)主持开凿了著名的灵泉寺(河南安阳县)大住圣窟,窟内刻佛像、佛教经典,窟外壁亦刻出诸多佛教经典,向世人敲响末法时期到来的警钟。二战前常盘大定氏在当地进行的调查揭开了其全貌,确认了下述遗存。[③]

---

① 《续高僧传》卷9《灵裕传》明确记载:“俗姓赵,定州钜鹿曲阳人也。”

② 中国学者李裕群《邺城地区石窟与刻经》(《考古学报》1997年4月)认为灵裕和三阶教关系密切。对此日本的研究者持慎重态度。参照常盘大定《隋的灵裕和三阶教的七阶佛名》(《中国佛教的研究》第一册,春秋社,1941年);塚本善隆《三阶教资料杂记》(《塚本善隆著作集》三卷,大东出版社,1975年);牧田谛亮《宝山寺灵裕传》(同著《中国佛教史研究　第一》,大东出版社,1981年);大内文雄《中国石刻经典的发生和展开》《隋唐时代的宝山灵泉寺:宝山灵泉寺石窟塔铭的研究》(同著《南北朝隋唐期佛教史研究》,法藏馆,2013年)等。

③ 参照常盘大定、关野贞著《中国文化史迹》第五卷《解说》上(法藏馆,1975年)的《宝山　灵泉寺》。

○窟内：本尊卢舍那佛·阿弥陀佛·弥勒佛三尊、三十五佛、过去七佛。《大集经·月藏分》《摩诃摩耶经》《法华经偈》

○外壁：《法华经·寿量品自我偈》《大集经·月藏分法灭尽品》《涅槃经·雪山童子舍身求法无常偈》《胜鬘经》《法华经·分别功德品》五十三佛名、十方佛名、廿五佛名、《决定毗尼经·三十五佛忏悔文》

关于大住圣窟，为了在有限的壁面尽可能多刻经典和佛名，即便出现名称，相关的经文、佛名也未必全部刻出，通过名称可以清楚地表达灵裕的关心与信仰之所在。综观这些资料，前述八会寺石经中所见关于三阶教"七阶佛名"的经典、佛名，其实在这里大体上皆已网罗齐全。

其中"贤劫千佛"不见于大住圣窟，不过"七阶佛名"也并非将具体的名字罗列无遗，不应视为巨大的差异。关于"弥勒下生"的佛名不清楚，不过阿弥陀佛、弥勒佛位居大住圣窟主尊之一，八会寺"隋刻经龛"阿弥陀佛三尊(西壁龛)，弥勒三尊(北壁龛)也是作为主尊配置的。通过这种相似性，可以折射出大住圣窟对八会寺石刻的影响，与从来所说的三阶教之影响相比，毫不逊色，甚至有过之。

这一观点也可以从另外的资料获得旁证。关于信行《续高僧传》记载：

> 开皇之初，被召入京。仆射高颖(颎)，邀延住真寂寺立院处之。乃撰《对根起行三阶集录》及《山东所制众事诸法》，合四十余卷。(《续高僧传》卷16《释信行传》)

如上所记，隋初(开皇初)，信行被召见进入长安(大兴城)，左仆射高颎安排其居住真寂寺，信行撰写了成为三阶教基础的《对根起行三阶集录》《山东所制众事诸法》四十余卷。"开皇初"是开皇三年(583)之事，此时他确定了三阶教的教义，以紧密团结而著称的三阶教集团，此后以都城长安为中心成立了。① 可见隋初信行明显不具备影响到八会寺的基础。

再将目光转向灵裕。此前他一直未离开灵泉寺，信行离开当地的开皇

① 《唐两京城坊考》卷4义宁坊条"南门之东、化度寺：本真寂寺，隋尚书左仆射齐国公高颎宅。开皇三年颎舍宅，奏立为寺"。

三年，他拒绝了管辖灵泉寺所在地域的相州刺史樊叔略的招揽。后又被举荐为统监全国僧尼事务的僧官都统（国统），他也坚决辞退了。开皇九年，大住圣窟的事业完成，这也可视为他继续居留当地的意愿之一种表明。

拒绝了樊叔略的邀请，他离开寺院五年，寄身于"燕赵"，致力于教化。其事迹见于《续高僧传》卷9《释灵裕传》：

> 乃潜游燕赵五年，行化道振两河。

所谓"两河"，所指应为河北中北部="燕赵"。"五年"大概相当于开皇五年至十年之间。因为开皇十一年文帝杨坚召灵裕进京，他不得不奉诏。①

这一五年期，正是八会寺隋刻经龛事业筹谋的阶段，灵裕游移于其周围区域。假设为了隐匿行踪而逗留于故乡曲阳，对刻经事业的启动给予某种影响的可能性剧增。如果灵裕一方面主持大住圣窟的开凿，另一方面对八会寺的刻经事业也施加某种影响的话，前文所述刻经和造像多有重合的现象也就成为水到渠成的结果。把重点放在刘建华氏所主张的信行三阶教的影响之解释，在此就有必要订正。本节开头部分，推测隋刻经龛的第一大特色为"存在隐匿身姿的，强有力的引领者"，灵裕或与其相关的人物可能处于这种立场。

最后想提起一个相关事件。

八会寺刻经龛的北壁雕出弥勒三尊像以及宣传弥勒降生的《佛说弥勒成佛经》全文，弥勒下生信仰的色彩十分强烈。弥勒三尊像或许被注入龙树三会的思想。这难道仅仅与灵裕和信行的想法相联系就可以彻底解释吗？作为北魏以来民间社会根深蒂固的信仰，② 当初宣传"新佛到来"③而蜂起的

---

① 作为参考，将《续高僧传》卷9《释灵裕传》该时期的记事列示如下："开皇三年相州刺史樊叔略，创弘讲会，延请诸僧，并立节前标，遗法明寄。一期影响，千计盈门。裕当元帝，允副玄望。有敕令立僧官，略乃举为都统。因语略曰：'统都之德，裕德非其德。统都之用，裕用非其用。既其德用非器，事理难从。'佥谓：'舍于此人，则荐失纲要。'后更伸请。乃潜游燕赵五年，行化道振两河。开皇十年……"

② 参照塚本善隆《北魏佛教匪的研究》（《塚本善隆著作集》第二卷《北朝佛教史研究》所收，1974年，初出1939年）、佐滕智水《大乘的叛乱》（第14页注④所引用的文献第四章，初出1990年）。

③ 其代表事例为北魏延昌四年发生的沙门法庆之乱。《魏书》卷19《元遥传》有如下记录："时冀州沙门法庆既为祆幻……自号'大乘'。杀一人者为一住菩萨，杀十人为十住菩萨。……凶众遂盛，所在屠灭寺舍，斩戮僧尼，焚烧经像，云'新佛出世，除去旧魔'。"

叛乱者，至隋则明确标榜“弥勒下生”，以其作为叛乱的信仰支柱。[①] 炀帝治世的大业六年(610)洛阳爆发了最初的弥勒信徒叛乱事件。

> 六年春正月癸亥朔旦，有盗数十人，皆素冠练衣，焚香持华，自称弥勒佛，入自建国门。监门者皆稽首。既而夺卫士仗，将为乱。齐王暕遇而斩之。于是都下大索，与相连坐者千余家。(《隋书》卷3《炀帝本纪上》)
>
> 六年正月朔旦，有盗衣白练裙襦，手持香花，自称弥勒佛出世。入建国门，夺卫士仗，将为乱。齐王暕遇而斩之。(《隋书》卷23《五行志下》)

这是历史上第一次自称“弥勒佛出生”的叛乱行动，成为此后隋末爆发的骚乱之先驱，该时期自称弥勒转世的聚众叛乱并非仅此一例，以下史料亦可佐证。

> (开皇)九年，帝在高阳。唐县人宋子贤，善为幻术。每夜，楼上有光明，能变作佛形，自称弥勒出世。……遂潜谋作乱，将为无遮佛会，因举兵，欲袭击乘舆。事泄，鹰扬郎将以兵捕之。……并坐其党与千余家。(《隋书》卷23《五行志下》)

据此，大业九年(613)的第二次高句丽远征，因发生杨玄感之乱，炀帝匆匆返回高阳(=博陵郡定州)。同一辖区范围内的唐县人宋子贤宣扬“弥勒出世”，打算举兵袭击炀帝。此事株连者“千余家”，可见其得到了一定阶层的支持。位于同郡(州)内的黄山八会寺刻经龛刻有《佛说弥勒成佛经》。弥勒下生行动萌生于这种地域，弥勒下生信仰的传播，使该经典被镌刻，这样的解释难道不成立吗?

结　语

八会寺的“隋刻经龛”一方面被染上灵裕的大住圣窟之浓厚色彩，同时

---

① 参照拙稿《关于隋末弥勒教之乱的一个考察》(《佛教史学研究》23－1，1981年1月)。

受到邻近地域的信仰传播之影响。而且所刻内容并不采取大住圣窟那样只选刻经文有关片段的形式,而是将选定的经典和佛名完整刻出。大住圣窟含有强烈的预示末法期来临的警钟意义,而八会寺完整地保存经典、佛名的做法,则使人看到应对到来的末法时期的姿态。八会寺刻经事业中可以窥视到作为社会基础的社区的存在,这在大住圣窟这边则看不到。不只是灵裕,切不可遗忘北齐时期的权势者、外戚东安王娄睿的存在,其与灵泉寺的创建和大住圣窟的开凿有着密切的关系。① 然而八会寺的刻经并不仰赖于少数的特定个人,而是以社区庶民的信仰心为基础。

通过与灵裕的大住圣窟的比较,映衬出"隋刻经龛"的特色,与本节开始时指出的特征重合,可窥视到以往北朝后期石窟刻经所未见的现象。如将视点转移到房山石经方面,会产生两者十分接近的感觉。在幽州智泉寺出身的僧静琬带领下开始的房山石经事业,基于强烈的护法精神,始终不依赖特定的支援者,坚持全面镌刻佛典以传之后世的方针。由此观察,隋刻经龛的历史位置应处于灵裕的大住圣窟(隋开皇九年)和静琬的房山石经(主窟雷音洞:隋大业十二年—唐贞观二年)之间,可以说扮演着北朝刻经向隋唐刻经过渡的承前启后的角色。

曲阳黄山八会寺遗址保存下来的仅边长3米左右的不规则立方体石块,亦即"隋刻经龛",是探索以至复原受"末法"思想影响而引发的刻经活动之历史的珍贵文物。特别是为探索继其后开始的房山石经事业,考察静琬的立场提供了重要线索。关于房山的课题容另文论述。

---

①《续高僧传》卷9《释灵裕传》:"齐安东王娄睿,致敬诸僧,次至裕前。不觉怖而流汗。退问知其异度,即奉为戒师。宝山一寺,裕之经始,睿为施主,倾撤金贝。其潜德感人,又此类也。"此外可参照牧田谛亮《宝山寺灵裕传》(同著《中国佛教史研究　第一》所载)、气贺泽保规《唐代房山云居寺的发展及其石经事业》(第1页注②引用论文,第31—32页)。

弘福寺《集王圣教序碑》所见初唐的政治与佛教

刘淑芬

一、前　　言

贞观二十二年(648)六月,唐太宗在玉华宫为玄奘所译经撰《大唐三藏圣教序》,亲自书写,下令冠于众经之首;并且集百官于庆福殿,使弘文馆学士上官仪对群僚读诵此序。当时在京师的皇太子李治读了此序,也作《述圣记》。其后此二序刻之于石,共有四本:永徽四年(653)《雁塔圣教序》、显庆二年(657)《招提寺圣教序》、龙朔三年(663)《同州圣教序》、咸亨三年(672)《集王圣教序》。前此学界对此四石刻已有不少讨论,关于后者,2018年罗丰《怀仁〈集王羲之圣教序碑〉——一个王字传统的构建与流行》一文,[①]有详细完整的讨论,特别是从书法史的角度做新颖的论述,令人折服。因此之故,本文仅能续貂,稍作补充。

唐太宗的《圣教序》称佛教为"圣教",诚然是自李唐开国以来尊崇道教的情况下,佛教翻转的一大契机;然而它不仅具有佛教史、思想史上的意义,也具有政治上的意涵,[②]赖特(Arthur F. Wright)认为学界讨论太宗对佛教态度和政策常过于简化,系因忽略了三种历史现象所导致的结果,其中之一就

---

① 罗丰:《怀仁〈集王羲之圣教序碑〉——一个王字传统的构建与流行》,《唐研究》第二十三辑,第1—108页。(以下简称罗丰《怀仁〈集王羲之圣教序碑〉》)

② 拙稿:《初唐诸圣教序的政治意涵及其影响》。

是缺乏对太宗个人政治和心理部分的讨论,[①]笔者认为这正是他撰述《圣教序》的背景。本文拟探讨贞观二十二年至二十三年《圣教序》撰述前后,太宗转向佛教的变化和举措,以及透过《集王圣教序》刻石一窥唐初佛教和政治之关涉。

弘福寺寺主圆定及京城僧人请求将此二序刻之于石,他们系在皇太子规建大慈恩寺译场取代弘福寺译场之际,提出此一陈请。贞观二十二年夏天以后,由于疾病缠身的唐太宗转向佛教的慰藉,征召在弘福寺译场的玄奘近身随侍,引起皇太子李治不安,故规建大慈恩寺译场,拟将玄奘迁至此寺。弘福寺僧人为确保其寺译场地位,故拟将太宗为玄奘译经所写之序刻石,作为标记,而此石上增刻的几项内容系经过规划,并且各有寓意。前述三个刻石的内容都一样,皆刻唐太宗《大唐三藏圣教序》、高宗为皇子时所撰的《述三藏圣教序记》(以下简称《述圣记》),仅有弘福寺《集王圣教序碑》另刻有:太宗、皇太子答玄奘谢表书、《般若波罗蜜多心经》(T.251,以下简称《心经》)、"奉敕润色"诸臣名衔等内容。虽然弘福寺寺主在此二序撰就之后即请刻石置寺,但此寺的刻石却是最晚完成的一件;该寺怀仁等人集王羲之字以成之,在二十四年之后才上石,即《集王圣教序碑》。唐张彦远《历代名画记》记长安千福寺:"中三门外东行南太宗皇帝撰圣教序弘福寺沙门怀仁集王右军书。"[②]其中提及太宗皇帝《圣教序》,不知是否和弘福寺本一样亦刻《述圣记》《心经》等其他内容。

又,唐韦述《两京新记》记载:《集王圣教序碑》的阳面是武则天外甥贺兰敏之(642—671)所书的《金刚经》,阴面为二序;不过今藏在碑林的《集王圣教序碑》的另一面是平整的,并无《金刚经》。虽然如此,但贺兰敏之确是一位行书名家,曾撰写《岐州法门寺舍利塔铭》、普光寺栖玄墓铭等碑铭,和弘福寺、当代佛教界有所关联。咸亨二年(671)贺兰敏之获罪贬死,和其友

---

① 瑞特著、陶晋生译:《唐太宗与佛教》,收入《唐史论文选集》(台北幼狮文化事业公司,1990年),他认为研究太宗忽略了三个因素:一是太宗处身的文化脉络,二是太宗个人的政治和心理传记,三是他所面对强大的宗教社团、有影响力的佛教徒、百姓复杂的意识形态和政策的选择。第19页。

② 张彦远撰,秦仲文、黄苗子点校:《历代名画记》(人民美术出版社,1963年)卷3,第58页。

善的文士官员皆受株连;次年,《集王圣教序碑》竖立于弘福寺,题云"弘福寺沙门集晋右将军王羲之书""京城法侣建立"。从弘福寺寺主圆定祈请刻石,以迄完成期间,此寺僧人和其时活跃在政坛上的官员如许敬宗、贺兰敏之等人的交涉,适可反映出其时政治和佛教的纠葛牵连。

二、《集王圣教序碑》刻石的背景

贞观二十二年六月,太宗撰就《大唐三藏圣教序》、皇太子李治作《述圣记》,长安弘福寺寺主圆定首先请将此二序刻石。王其祎指出:弘福寺僧人请求将二序刻石置寺的缘由,系因玄奘取经回来之后常住弘福寺翻经弘法,其助译僧及为其所度的僧人也以此寺为多之故。[①] 此文另从《大慈恩寺三藏法师传》(以下简称《慈恩传》)所记此事及其时日排比,推知弘福寺僧请刻此二序置于该寺,是体认到其时太宗经常在离宫养病,太子李治渐已主导政局,并且规建大慈恩寺取代弘福寺作为译场之故。因此弘福寺为维护该寺译场地位,拟借着太宗《圣教序》刻石以作为标记。

(一)李治规划建造大慈恩寺

从贞观十九年(645)以后,太宗经常离开长安至离宫养病,更为此建造翠微宫和玉华宫。太宗长时间带着少数老臣在离宫养病,在长安的太子逐渐掌握了政治的实权。

太宗原先就有气疾,长安夏天暑热的气候常让他的症状加剧,导致他在二十二年先后修建翠微宫和玉华宫,准备长期居住。贞观十八年(644)以前,太宗五度赴九成宫避暑。贞观六年(632)他将赴九成宫前,通直散骑常侍姚思廉(557—637)劝谏勿往,太宗答曰:"朕有气疾,热便顿剧,固非情好游赏也。"[②]二十年(646)春天,太宗从征高丽返回京师,体力更为下降,难以适应长安的气候,由于九成宫距离京师三百余里,过于遥远,[③]贞观二十一年

① 王其祎:《诵经与习字——〈集王书圣教序碑〉对唐代佛教文化的影响》,中台山博物馆"万法归宗——隋唐长安佛教宗派兴盛纪实特展"专题讲座(2013 年 11 月 2 日)演讲文。

②《旧唐书》卷 73《姚思廉传》,第 2593 页。《资治通鉴》卷 194,唐纪十,太宗贞观六年,第 6094 页。

③《旧唐书》卷 74《马周传》,第 2613 页。

(647),遂在长安近郊修建离宫:先是在夏四月九日(乙丑),营太和宫于终南之上,改称翠微宫;至秋七月十六日(庚子),又建玉华宫于宜君县之凤凰谷。此二宫都由将作大匠阎立德(?—656)所造,①大概此时太宗预计要在玉华宫长期养病,因此除了自己所居殿之外,还建置太子宫、百司,花费巨亿。②

从贞观二十一年开始,太宗在离宫停留的时间愈来愈长,二十二年这一年从二月至十月,长达九个多月都在玉华宫。③ 根据《慈恩传》的记载,贞观二十二年春天,太宗即到玉华宫;六月庚辰,太宗敕追玄奘到玉华宫,迄十月两人同时回到长安。④ 陈垣指出:该年六月无庚辰,⑤按六月仅有庚戌(1日)、庚申(11日)、庚午(21日),不知何者为是。

皇太子李治趁着太宗在玉华宫养病之时,悄悄筹划建立大慈恩寺,并且拟将玄奘译场和从印度带回来的经像安置于此,而此二举系违反太宗心意。太宗至玉华宫养病,仅带着少数老臣如房玄龄(579—648)、萧瑀(575—648)随侍在侧,同时"命百司决事于皇太子"⑥,他的权力渐移转到太子李治之手,大慈恩寺的建立即其中一例。关于大慈恩寺规划和建立的时间,以《慈恩传》所记最为详细。贞观二十二年六月,就在太宗迎玄奘至玉华宫同一天,在长安的皇太子李治就敕命中大夫守右庶子高季辅(596—654)宣令,为其亡母追福建造慈恩寺:

> (贞观二十二年六月)庚辰,皇太子以文德圣皇后早弃万方,思报昊天,追崇福业,使中大夫守右庶子臣高季辅宣令曰:"寡人不造,咎谴所

---

①《旧唐书》卷77《阎立德传》,第2679页。

②《资治通鉴》卷198,唐纪十四,太宗贞观二十二年,第6253页。

③ 贞观二十一年夏四月乙丑,营太和宫于终南之上,改为翠微宫;五月戊子,幸翠微宫;秋七月庚子,建玉华宫于宜君县之凤凰谷。庚戌,至自翠微宫。贞观二十二年二月乙亥,幸玉华宫;十月癸亥,至自玉华宫。贞观二十三年四月己亥,幸翠微宫,五月己巳,崩于含风殿。

④《大慈恩寺三藏法师传》(中华书局,2000年)卷6"二十二年春,驾幸玉华宫。夏五月甲午,翻《瑜伽师地论》讫,凡一百卷。六月庚辰,敕追法师赴宫",第137页;卷7,"冬十月,车驾还京,法师亦从还",第154页。

⑤《大慈恩寺三藏法师传》卷6,第140页。

⑥《新唐书》卷2《太宗本纪》,第46页。

钟，年在未识，慈颜弃背，终身之忧，贯心滋甚，风树之切，刻骨冥深。……窃以觉道洪慈，实资冥福，冀申孺慕，是用归依。宜令所司于京城内旧废寺妙选一所，奉为文德圣皇后即营僧寺。寺成之日，当别度僧。仍令挟带林泉，务尽形胜。仰规忉利之果，副此罔极之怀。"①

高季辅是李治身边的人，贞观十七年，太宗命高季辅为太子右庶子；贞观十九年，太宗亲征高丽之时，二月十七日（乙卯）诏太子李治留守定州监国，命太子太傅高士廉（575—647）、侍中刘洎（？—646）、中书令马周（601—648）、太子少詹事张行成（587—653）、太子右庶子高季辅五人同掌机务。二十二年，高季辅迁中书令，兼检校吏部尚书、监修国史，赐爵蓨县公。② 这一年六月至十月间，当太宗和玄奘都在玉华宫之时，长安城的大慈恩寺已经在加紧建造中。该寺选择晋昌里净觉旧寺，加以增益扩建为"重楼复殿，云阁洞房，凡十余院，总一千八百九十七间，床褥器物，备皆盈满"③。

由于太宗有长期将玄奘置于身边问法请益的打算，因此在太宗未回到长安之前，皇太子更先行一步在大慈恩寺建造翻经院，并且下令将玄奘及其译场迁至此地。太宗原来为长期将玄奘留在身边，尚未返回长安之前，即先行命人在宫内北阙紫微殿之西建造一所"弘法院"，打算回京以后即让玄奘入住于此，"昼则帝留谈说，夜乃还院翻经"④。就在太宗返回长安的15天前，十月戊申（1日），太子李治下令在慈恩寺建造"翻经院"，并请玄奘担任慈恩寺上座，移居此地译经：

皇太子又宣令曰："营慈恩寺渐向毕功，轮奂将成，僧徒尚阙，伏奉敕旨度三百僧，别请五十大德，同奉神居降临行道。其新营道场宜名大慈恩寺，别造翻经院，虹梁藻井，丹青云气，琼础铜沓，金环华铺，并加殊丽，令法师移就翻译，仍纲维寺任。"⑤

① 《大慈恩寺三藏法师传》卷7，第149页。
② 《旧唐书》卷3《太宗纪下》，第57页；《旧唐书》卷78《高季辅传》，第2703页。
③ 《大慈恩寺三藏法师传》卷7，第149页。
④ 《大慈恩寺三藏法师传》卷7，第154页。
⑤ 《大慈恩寺三藏法师传》卷7，第155页。

玄奘立即奉启恳辞寺任。

实则太宗此时在玉华宫养病，转向佛教的慰藉，征召玄奘陪侍，随时请益佛法，须臾不离。因此，皇太子的规划可以说是一种“偷袭”。从贞观二十年三月，太宗征高丽返回长安，身体每况愈下，先后修翠微宫、玉华宫，前往休憩调养，同时他的心境也有所转变，一是倾心于佛教，时常将玄奘带在身边，《圣教序》之作也是由此而来的。《慈恩传》中叙述了太宗身心的转变：

> 帝少劳兵事，纂历之后又心存兆庶，及辽东征罚，栉沐风霜，旋旆已来，气力颇不如平昔，有忧生之虑。既遇法师，遂留心八正，墙堑五乘，遂将息平复。①

从下列一事亦可窥知太宗面临病苦和生死大事之际，其心境的转变。他询问玄奘哪一种功德最大，玄奘答以弘法由人，以度僧功德最大。因此九月己卯(1日)太宗下诏“京城及天下诸州寺宜各度五人，弘福寺宜度五十人”，弘福寺度僧数为他寺十倍之多，一则因此寺系太宗为其母追福所建之寺，二则也是优遇玄奘译经之寺的缘故。全国共有三千七百一十六寺，总计度僧尼一万八千五百余人。在此度僧诏中也提及自身致病之由和身体尚未痊愈：“昔隋季失御，天下分崩，四海涂炭，八埏鼎沸。朕属当戡乱，躬履兵锋，亟犯风霜，宿于马上。比加药饵犹未痊除，近日已来方就平复，岂非福善所感而致此休征耶?”②二是《圣教序》的撰写。贞观二十年七月辛卯(1日)，玄奘进新译经时，就请求太宗制序，未蒙应允；乙未(5日)，又献上太宗敕命修撰的《大唐西域记》；丙申(6日)，太宗亲笔回函，虽然赞扬玄奘的贡献，但回绝了撰写经序的请求。丁酉(7日)，玄奘再上表请太宗赐经题，未获回音。至二十二年，养病中的太宗询问近译何经，玄奘为他讲述《瑜伽师地论》十七地之义，太宗深受感动，下令抄新译经论九本，交付九州流传，并且撰写《圣教序》。③

---

①《大慈恩寺三藏法师传》卷7，第153页。

②《大慈恩寺三藏法师传》卷7，第153页。

③《大慈恩寺三藏法师传》卷6，第132—143页。

皇太子李治何以要将玄奘自太宗身边抽离，可能有两个原因：（一）从玄奘归国以来，太宗激赏其学识才能，屡次劝他还俗辅佐朝政。从贞观二十二年六月征召玄奘至玉华宫问法，长期陪侍身边，太宗过度倚赖玄奘可能也让皇太子感到不安，更何况太宗此时还再度劝玄奘还俗为国效力。二十二年六月，征召玄奘至玉华宫时，也再度旧议重提："帝以法师学业该赡，仪韵淹深，每思逼劝归俗，致之左右，共谋朝政。往于洛阳宫奉见之际，以亲论之。至是又言曰……"玄奘恳切辞以"守戒缁门，阐扬遗法"为己之大愿，至此太宗为玄奘的志向所感动，亦允诺帮助其弘道。[①]（二）唐初以来，太子地位不稳固的前鉴不远，使得李治没有安全感，对于身在离宫、旁有老臣和玄奘陪侍的唐太宗的心意也难以揣摩。在太宗为玄奘所译经撰写《圣教序》之后，李治接着撰《述圣记》，应是为了取得太宗的欢心。太宗读了玄奘所译的《菩萨藏经》之后，还敕令皇太子为此经作《后序》。《慈恩传》称："自是帝既情信日隆，平章法义，福田功德无辍于口，与法师无暂相离，敕加供给，及时服卧具数令换易。秋七月景申，夏罢，又施法师衲袈裟一领，价直百金。"《慈恩传》中对太宗赐予的衲袈裟有很详细的描述，此袈裟原来是太宗令后宫花数年制作才完成的珍品，不见针线痕迹，太宗非常宝爱此衲，即使出巡四方时，都带着它随行。[②] 由于太宗将他最珍视的袈裟赐予玄奘，意义非凡，因此664 年它也出现在玄奘葬礼的行列之首，"乃以法师三衣及国家所施百金之衲置以前行"[③]。《佛祖统纪》称《圣教序》撰述之后，太宗更令皇太子撰《菩萨藏经后序》，"上自是平章法义不辍于口，敬待法师亲于家人"[④]。正是太宗对玄奘寸步不离，对他的亲信更甚于家人，因此引起皇太子的不安，所以要将玄奘和太宗隔开，大慈恩寺翻经院就是为此而建造的。

（二）大慈恩寺落成盛典的玄机

十二月下旬，大慈恩寺落成并且举行盛大的仪式，《慈恩传》有详细的

---

① 《大慈恩寺三藏法师传》卷 6，第 138—140 页。

② 《大慈恩寺三藏法师传》卷 7，第 151 页。

③ 《大慈恩寺三藏法师传》卷 10，第 226 页。

④ 志盘撰，释道法校注：《佛祖统纪》（上海古籍出版社，2012 年）卷 40，《法运通塞志》17 之 6，第 919 页。

记述，此书描写的曲折过程，拙文《玄奘的最后十年》已论及，[①]作者之一彦悰即是弘福寺僧人，对大慈恩寺建造的原委，以及以慈恩寺取代弘福寺的过程，有详细的描述，也透露出李治拟将玄奘从太宗身边抽离的强烈意图。

1. 大慈恩寺启用的排场和意涵

大慈恩寺落成启用的盛典全由皇太子李治主导，包括十二月二十三日举行送经像、玄奘等五十大德僧入寺，以及二十六日的度僧两项仪式。李治颇费心安排，用很大的阵仗凸显自己的掌握实权，同时将原来收藏在弘福寺玄奘带回的梵文佛典、佛像、舍利的佛门珍宝转移到大慈恩寺，意味着以慈恩寺取代弘福寺的地位。

二十三日送经像、僧人入弘福寺的阵仗和排场，比贞观十九年玄奘带回经像舍利入弘福寺的仪式，更为隆重华丽，除了长安诸寺的幢幡之外，还有宫廷的乐舞，并且以东宫兵千余人投入此一行列。弘福寺是唐太宗为追荐其母太穆皇后所建的寺院，贞观十九年(645)一月二十四日玄奘从印度带着六百五十七部的梵夹经书、珍贵的佛像和舍利返抵长安，当时太宗在洛阳，敕命留守长安的左仆射房玄龄迎待。当天官府下令长安诸寺准备帐舆、华幡等供养具，于次日(二十五日)清晨齐集朱雀街，送经像至弘福寺收藏。[②] 大慈恩寺的启用仪式则除了诸寺的幡帐之外，还派出宫内的乐舞。在送经像、驻寺大德入寺的前一日，十二月二十二日，李治即下敕宫廷的九部乐，以及长安、万年县所属音声都齐备待发。又先将宫内所藏的佛像、珍贵的幢幡送到弘福寺，以便次日和弘福所藏的印度经像舍利珍宝一起送入大

---

① 拙文：《玄奘的最后十年(655—664)——兼论总章二年(669)改葬事》，《中华文史论丛》95(2009年)，第4—13页。

② 《大慈恩寺三藏法师传》卷6，第126—127页。关于玄奘入长安和经像送入长安之日，“贞观十九年春正月景子，京城留守左仆射梁国公房玄龄等承法师赍经、像至，乃遣右武侯大将军侯莫陈实、雍州司马李叔眘、长安县令李乾佑奉迎，自漕而入，舍于都亭驿，其从若云。……其日所司普颁诸寺，俱有宝帐、幢、幡供养之具，限明二十八日旦并集朱雀街拟迎新至经、像于弘福寺”。按：正月景子为正月七日，《续高僧传·玄奘传》《开元释教录》均作二十四日。“限明二十八日”，冥详《大唐故三藏玄奘法师行状》作“二十五日”，因此玄奘入长安应是正月二十四日，二十五日送经像入弘福寺，宜改。

慈恩寺：

先是内出绣画等像二百余躯，金银像两躯，金缕绫罗幡五百口，宿于弘福寺，并法师西国所将经、像、舍利等，爰自弘福引出，安置于帐座及诸车上，处中而进。

二十三日，宫廷和官方的伎乐、诸寺幢幡都集中到安福门街，从弘福寺将佛典、佛像、舍利等，以及玄奘等五十大德送入慈恩寺。值得注意的是：李治派遣东宫兵千余人充当此送经像僧人队伍中的人力，太宗率领太子、后宫在安福门手执香炉目送此一庄严华丽的阵仗：

帝将皇太子、后宫等于安福门楼执香炉目而送之，甚悦。衢路观者数亿万人。经像至寺门，敕赵公、英公、中书褚令执香炉引入，安置殿内，奏九部乐、破阵舞及诸戏于庭，讫而还。①

此一行列抵达慈恩寺后，由赵公长孙无忌、英公李勣、中书令褚遂良手执香炉，引导经像大德僧入内，并且在大殿前庭表演宫廷的乐舞，奏九部乐，表演"破阵舞"——这是一种武乐，在寺院演奏颇启人疑窦。李治将原收藏在弘福寺的珍宝——玄奘从印度带回来的大量梵本佛经、佛像和舍利等物，迁至大慈恩寺；又下敕原来主持弘福寺译场、近年则在太宗身旁北阙弘法院的玄奘入住此寺的翻经院，等于以大慈恩寺取代弘福寺的地位。因此，上文称太宗在安福门楼目送着此一前进慈恩寺的行列时，用了"甚悦"二字，实值得推敲。又，玄奘在此日入住慈恩寺，三天后太宗就下令追玄奘回北阙。

原来收藏在弘福寺由玄奘带回的梵文佛典、佛像、舍利的佛门珍宝转移到大慈恩寺，大大提升了慈恩寺地位，同时使得弘福寺顿时失去译场的地位。在贞观二十二年年底以前，玄奘所译之经除在内苑译出之外，都是在弘福寺译场完成的。根据《开元释教录》，截至此时，玄奘分别在弘福寺译出 14 部经典、撰成《大唐西域记》，陪侍太宗至终南山翠微宫译出 2 部，以及在玉

---

①《大慈恩寺三藏法师传》卷 7，第 156—157 页。

华宫译出 1 部。①

2. 弘法院与翻经院

李治显然不乐见玄奘长期陪侍太宗，因此早在太宗返回长安之前，十月一日，先下令在大慈恩寺建翻经院，命玄奘移至此地译经，并任命他为此寺的上座，这是将玄奘从太宗身边抽离最名正言顺的方式。十月癸亥（16 日），太宗带着玄奘还京，后者住在太宗特为玄奘所建的弘法院（位于北阙紫微殿西），②“昼则帝留谈说，夜乃还院翻经”③。然而，十二月李治将玄奘等五十大德僧送入大慈恩寺，但三天后太宗即下敕追玄奘回归北阙。太宗晚年因病而在精神上相当倚赖玄奘，因此将玄奘留在慈恩寺之举，实有意违反太宗心意。就这一点看来，太宗晚年和皇太子父子间的关系似颇为微妙，而李治也暗示玄奘应留在慈恩寺。《慈恩传》的记载颇值得玩味，27 日因要举行僧人剃度仪式，皇太子带着百官到慈恩寺，和五十大德相见，观看僧人剃度仪式之后，皇太子摒却从人，和皇妃等人巡行寺域，走到玄奘法师房，写了一首五言诗，贴在房门上：

> 至法师房，制五言诗贴于户曰：“停轩观福殿，游目眺皇畿。法轮含日转，华盖接云飞。翠烟香绮阁，丹霞光宝衣。幡虹遥合彩，空外迥分晖。萧然登十地，自得会三归。”观讫还宫。……其日，敕追法师还北阙。④

此诗对仗句的前一句如“停轩观福殿”“法轮含日转”“幡虹遥合彩”“萧然登十地”系描述大慈恩寺；下一句则指宫城，“丹霞光宝衣”系指前述此年七月

① 智昇撰，富世平点校：《开元释教录》（中华书局，2018 年）卷 8，第 490—498 页，总计玄奘在各处译经数如下：弘福寺 15（包括《大唐西域记》），翠微宫 2，大慈恩寺 38，玉华寺 14。其中仅有《能断金刚般若波罗蜜多经》系在贞观二十二年十月一日译出。

② 关于太宗返回长安的日期，《旧唐书》卷 3《太宗纪》作“十月癸亥”；《新唐书》卷 2《太宗纪》作“十月癸丑”；《资治通鉴》卷 199，唐太宗贞观二十二年“十月，癸丑，车驾还京师”，第 6262 页。如作十月癸亥系十月十六日，癸丑则为六日，相差 10 天。

③《大慈恩寺三藏法师传》卷 7，第 154 页。

④《大慈恩寺三藏法师传》卷 7，第 157 页。

太宗赠送玄奘自己随身的袈裟,[①]至于“萧然登十地,自得会三归”,则颇有警示之意,似在暗示玄奘应守在慈恩寺,可证得十地菩萨之位,也会得到自己的支持。

然而,当天太宗就敕追法师还宫城,再度回到北阙弘法院的玄奘,日间伴侍太宗,夜间则带着弟子大乘光(普光)、大乘巍、玄忠精勤译经,开译以下几部经典:《大乘百法明门论》《摄大乘论世亲释》《摄大乘论本》《缘起圣道经》《阿毗达磨识身足论》。[②]

由上可知,虽然皇太子李治为其母长孙皇后追福而规建慈恩寺,但在此建翻经院,并命玄奘入内翻译,实有以之取代弘福寺之意。弘福寺寺主圆定陈请将二序刻石置寺,可能是为保持其寺地位的举措。

三、序、记之外的内容和意涵

《集王圣教序碑》和其他三圣教序石刻相较,主要增加以下五项内容:(1)太宗答敕。(2)皇太子答敕。(3)太子答敕下标注日期“贞观廿二年八月三日内出”11字。(4)《般若波罗蜜多心经》。(5)监共译经大臣名。[③](图1)前两者是玄奘法师得到太宗、皇太子制序,分别上表太宗、太子致谢,此即他们的答敕。增加此二答敕可以强调弘福寺为太宗钦定译经院地位,兼以标显玄奘的地位。罗丰认为“贞观廿二年八月三日内出”这行日期值得进一步关注,[④]确实特别注记此一日期,实大有深意,此处拟就太宗《圣教序》和皇太子《述圣记》的内容略作讨论,并探讨此一日期的意涵。

李治《述圣记》是继太宗《圣教序》之作,若将二文内容作一比较,则可发现《圣教序》过半的内容是赞颂玄奘的德行和译经之功;《述圣记》则

---

① 《大慈恩寺三藏法师传》卷7,第151页。

② 《开元释教录》卷8,第491、494页。《大乘百法明门论》《阿毗达磨识身足论》至太宗辞世后才完成。

③ 另外还有以下三个题记:(1)“弘福寺沙门怀仁集晋右将军王羲之书”。(2)“咸亨三年十二月八日京城法侣建立”。(3)“文林郎诸葛神力勒石,武骑尉朱静藏镌字”。

④ 罗丰:《怀仁〈集王羲之圣教序碑〉》,第48—49页。

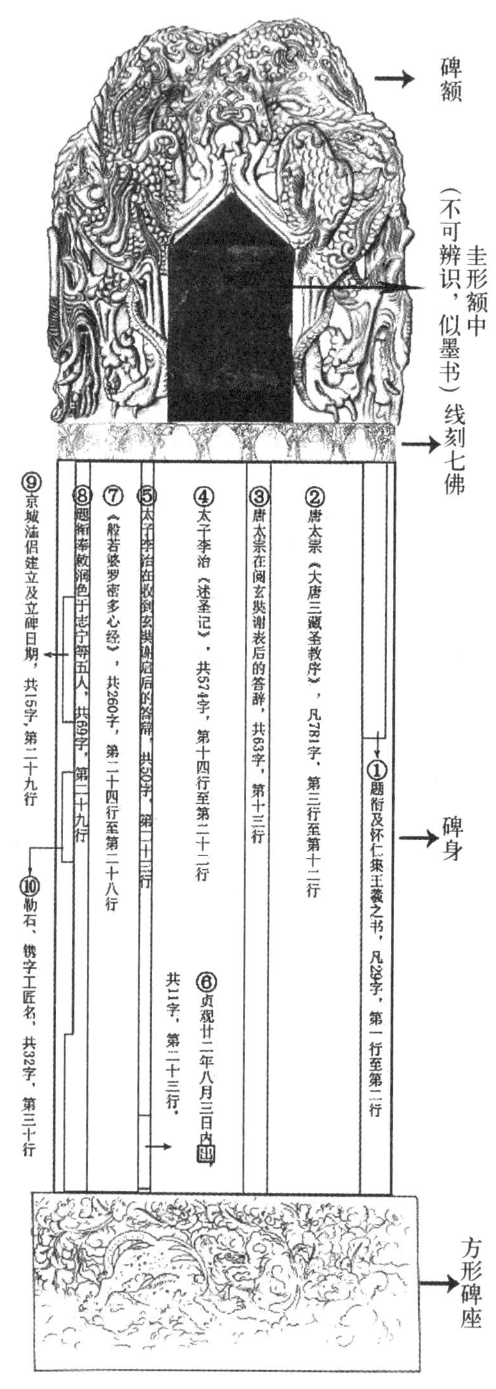
碑额
圭形额中（不可辨识，似墨书）
线刻七佛
①题衔及怀仁集王羲之书，凡29字，第一行至第二行
②唐太宗《大唐三藏圣教序》，凡781字，第三行至第十二行
③唐太宗在阅玄奘谢表后的答辞，共63字，第十三行
④太子李治《述圣记》，共574字，第十四行至第二十二行
⑤太子李治在收到玄奘谢启后的答辞，共50字，第二十三行
⑥贞观廿二年八月三日内出
共11字，第二十三行。
⑦《般若波罗密多心经》，共260字，第二十四行至第二十八行
⑧题衔奉敕润色于志宁等五人，共69字，第二十九行
⑨京城法侣建立及立碑日期，共15字，第二十九行
⑩勒石、镌字工匠名，共32字，第三十行
碑身
方形碑座

图 1　罗丰《怀仁〈集王羲之圣教序碑〉》，第 47 页。

有三分之一是歌颂太宗的功业，显然讨好太宗的成分居多。《圣教序》的内容可分为两部分，一是佛法之义，二是赞颂玄奘法师之法德行业，推崇他的译经宏业，赞述玄奘的部分几乎占了全文一半的篇幅。玄奘上表致谢，太宗亦有《报玄奘法师谢表敕书》：

> 朕才谢珪璋，言惭博达，至于内典，尤所未闲。昨制序文，深为鄙拙，唯恐秽翰墨于金简，标瓦砾于珠林。忽得来书，谬承褒赞，循躬省虑，弥益厚颜。善不足称，空劳致谢。①

当时在长安的皇太子李治读了此序，也作了《述圣记》，其内容可分四部分：（一）佛义和经教对弘法之重要性。（二）赞颂太宗，亟称其功业和对译经的赞助弘扬，甚至将之比拟为商汤和周武，甚至是尧帝和舜帝："岂谓重昏之夜，烛慧炬之光，火宅之朝，降法雨之泽。于是百川异流，同会于海，万区分义，总成乎实。岂与汤、武校其优劣，尧、舜比其圣德者哉！"（三）叙述玄奘的德行与译经求法之功。（四）作此记之缘由，再度颂扬太宗及其序："我皇福臻，同二仪之固。伏见御制众经论序，照古腾今。理含金石之声，文抱风云之润。治辄以轻尘足岳，坠露添流，略举大纲，以为斯记。"②对太宗的奉承和赞誉，占了《述圣记》全文三分之一，似可反映李治努力讨好其父，也显示其对太子地位没有安全感。贞观十七年，太宗废太子承乾、黜魏王泰，与妻舅长孙无忌、房玄龄、李勣商量之后，立李治为太子。因此之故，李治战战兢兢，努力表现他的孝心和忠诚，如贞观十九年太宗亲征高丽，留太子镇定州，李治"请飞驿递表起居，又请递敕垂报"，以安太宗心。十二月，太宗在返程中患痈，"太子亲吮之，扶辇步从数日"。③

《慈恩传》一书在卷次叙事上的安排颇有深意，李治规建慈恩寺事系紧接在弘福寺寺主请刻二序于寺之后。《述圣记》是李治继太宗《圣教序》而作

---

① 《大慈恩寺三藏法师传》卷 6，第 144 页。《大唐三藏玄奘法师表启》（X.1651 – 3），收入佐伯定胤、中野达慧共编《玄奘三藏师资传丛书》（卍续藏第八十八册）卷上，第 379 页 b（CBETA 电子佛典）。

② 《大慈恩寺三藏法师传》卷 7，第 147 页。

③ 王溥：《唐会要》（台北世界书局，1960 年）卷 26 笺表例，第 504 页。

的，似应和太宗《圣教序》同列在第六卷，但此书却是将李治撰写此记作为第七卷的开始，其下并有大慈恩寺建造和落成的叙述，暗示了太宗病体趋弱，以及太子李治逐渐掌握实权，如前面提到将和太宗寸步不离的玄奘安排到大慈恩寺翻经院。在李治撰述《述圣记》之后，玄奘上表致谢，太子亦报书答谢启：

> 治素无才学，性不聪敏。内典诸文殊未观览。所作序记鄙拙尤繁。忽得来书，褒扬赞述，抚躬自省，惭悚交并。劳师等远臻，深以为愧。①

在李治的答敕之下，特别注记"贞观廿二年八月三日内出"，标明答书撰写的日期。关于李治答敕的日期，另有一说为"八月五日"。如欲讨论这个日期，首先必须清楚玄奘上表太子致谢的时间。关于玄奘法师表启在日本有两个写本：（一）知恩院本，部分残缺，但在表启中注明年代日期。罗振玉编入《吉石盦丛书初集》，书名《古写本三藏法师表启》；佐伯定胤、中野达慧共编《玄奘三藏师资传丛书》亦收录此书，名为《大唐三藏玄奘法师表启》（X.1651－3，《卍续藏经》第150册）。（二）小泉策太郎的旧藏本《寺沙门玄奘上表记》（T.2119），今收录在《大正新修大藏经》。② 虽然知恩院本有表启的年月日期，但内藤虎次郎（1866—1934）用《慈恩传》与之对校，发现"异文殊多，又有传所缺而此独存者数首；其进表之日，以长历推之，亦皆与传所记甲子不合"③。在此本中，有关二序表启包括玄奘《谢太宗文皇帝制三藏圣教序表》、太宗《报玄奘法师谢表敕书》、玄奘《法师谢述圣记启》的日期一律作"贞观廿二年八月五日"④，这显然是有误的。

依《慈恩传》的记载：贞观二十二年六月，太宗在玉华宫撰成《圣教序》，玄奘当是立即上表向太宗致谢，其后太宗答玄奘谢启；当时留在长安的皇太

---

①《大慈恩寺三藏法师传》卷7，第148页。

② 高田时雄：《大唐三藏玄奘法师表启に关する一问题：玄奘と长命婆罗门》，收入国际佛教学大学院大学学术フロンティア实行委员会，京都大学人文科学研究所21世纪COE实行委员会编集《佛教文献と文学》（国际佛教学大学院大学，2007），第219页。

③ 玄奘撰：《大唐三藏玄奘法师表启》，收入《丛书集成续编》第四十六册，台北新文丰出版公司，1989年，第297页下。

④《大唐三藏玄奘法师表启》，第295页上、下。

子续作《述圣记》,玄奘上表谢皇太子,以及皇太子答玄奘书,以上诸文不可能在同一天撰成,更何况是相隔两个月之后的“八月五日”,显然知恩院本《大唐三藏玄奘法师表启》的记载是不合理的。何以出现此日期?可能此书编者受冥详《大唐故三藏玄奘法师行状》(T.2052)记载太宗系在八月四日制《圣教序》的影响,[1]将玄奘谢表、太宗和太子的答谢表敕书,都延后一日作“八月五日”之故。冥详是玄奘晚年伴随的僧人之一,可能是玉华寺的僧人,关于玄奘去世前一个月的种种,这本书是最具权威、详细的资料。[2] 他记载太宗在八月四日制《圣教序》,“八”字或有可能是“六”字之误?

笔者认为:太宗《圣教序》系六月撰就,当时玄奘和太宗都在玉华宫,玄奘的谢表、太宗《报玄奘法师谢表敕书》应该是六月中撰就的。在长安的皇太子继作《述圣记》,传给在玉华宫的玄奘,玄奘的谢启和李治的答敕无论如何都必定晚于太宗答敕,因此《大唐三藏玄奘法师表启》的记载列为同日,显然不合逻辑。不论如何,《集王圣教序碑》是弘福寺所制作的,从贞观二十二年六月至贞观二十三年五月太宗驾崩,玄奘和弘福寺知仁等僧人都在玉华宫陪侍,寺僧对于玄奘收到李治的答书(当时已继承帝位,故云“内出”)的日期,应有更准确的认知。因此之故,此碑“贞观廿二年八月三日内出”应是李治《报玄奘法师谢启书》最准确的日期。合理的推断是:《圣教序》及玄奘的谢表、太宗答敕可能是在六月撰写的,而《述圣记》、玄奘谢表和李治答敕则较晚出,李治报书的日期是在八月三日。因晚于《圣教序》约两个月,这也可以解释为何《慈恩传》将李治撰《述圣记》列于第七卷,接着叙述大慈恩寺的建造。太宗《报玄奘法师谢表敕书》则未标注日期,此碑完成之时,当年的皇太子已继位为皇帝,在此镌刻今上的《报玄奘法师谢启书》,并且注记年月日以诏公信,实欲借此强调玄奘译经之功和弘福寺译场的地位。

此碑将二序、太宗和皇太子李治答玄奘谢表书,以及标记李治答书日期是“八月三日内出”刻之于石,实开启了将皇帝著述和敕书刻石,以维护寺院

---

① 《大唐故三藏玄奘法师行状》(T.2052,《大正新修大藏经》第五十册),第 218 页 a。

② 拙文:《玄奘的最后十年(655—664)——兼论总章二年(669)改葬事》,《中华文史论丛》95(2009 年),第 14—15 页。

权利之先河。建立于开元十六年(728)七月十五日的《嵩岳少林寺碑》是继《集王圣教序碑》之后的相似之作,此碑刻有《秦王告少林寺主教》(武德四年四月三十日)、少林寺柏谷屋坞庄碑(开元十一年十一月四日)、少林寺赐田敕(开元十一年十二月二十一日)、少林寺碑(开元十六年七月十五日)。此外,碑额刻有玄宗亲笔书"太宗文皇帝御书"七字,另有尚为秦王时的唐太宗亲笔署名"世民"二字。砺波护对此碑有精彩的研究论述,认为建立此碑的目的在于借着帝王的敕书、亲笔书写,以彰显此寺所获得敕赐的柏谷庄,而保住此寺的田庄。①

贞观二十二年年底大慈恩寺落成之后,太子李治将原来在弘福寺的经像,以及译场僧人都迁至大慈恩寺的翻经院,使得弘福寺失去了译场的地位。《续高僧传·玄奘传》记玄奘移至慈恩寺翻经院之后"弘福旧处仍给十人",冥详《大唐故三藏玄奘法师行状》则称"弘福旧处,仍给弟子十人看守"②。可知弘福寺翻经院几乎停摆。检视唐代的经录,在贞观二十三年以后所译佛典中,仅有两部系在弘福寺译出,即地婆诃罗于永隆二年译《菩萨修行四法经》、永淳元年《佛顶最胜陀罗尼经》,这也是为迁就弘福寺沙门彦悰之故,彦悰为前者作序,后者则彦悰为共译者并制序,③彦悰即《慈恩传》的作者之一。

同时,弘福寺的重要性也大为降低。弘福寺原系唐太宗为其母太穆皇后窦氏追福,贞观八年(634),以原右领军大将军彭国公王君廓(约574—627)的故宅建为寺院,智首律师(567—635)为上座。唐太宗之世,弘福寺翻经院是国家重要的译场,但高宗将玄奘带回的佛典梵夹和玄奘迁到大慈恩寺后,就不复成为重要的译场,中宗神龙元年改称兴福寺。④ 然而由于弘福寺是重要律寺,⑤以及它的位置近于宫城,使得此寺仍保有若干宗教活动。

---

① 砺波护著,韩昇编,韩昇、刘建英译:《隋唐佛教文化》(上海古籍出版社,2004年),第117—146页。

② 《大正新修大藏经》第五十册,第218页b。

③ 《开元释教录》卷9,第563页c—564页a。赞宁撰,范祥雍点校:《宋高僧传》(中华书局,1987年)卷17《唐京兆魏国寺惠立传》,第413页。

④ 《唐会要》卷48《寺》,第845页。

⑤ 曹旅宁:《读唐〈弘福寺碑〉论隋唐戒律的成立》,《碑林集刊》第十二辑,第9—17页。

敬宗宝历元年(825),敕两街建方等戒坛:“左街安国寺,右街兴福寺,以中护军刘规充左右街功德使,择戒行者为大德。令试童子能背诵经百五十纸,女童诵百纸者,许与剃度。”① 9世纪上半叶,由于宪宗和敬宗崇礼佛教,为了方便从宫城前往此寺,元和十二年(817),宪宗下令筑夹城从宫内通往兴福寺,“诏右神策军,以众二千筑夹城,自云韶门过芳林门,西至修德里,以通于兴福佛寺”②。9世纪时此寺有俗讲和佛牙会,宝历二年(826)六月,敬宗就从此夹门到兴福寺听长安最著名的俗讲僧人文溆讲经。③ 此外,据入唐僧圆仁(793—864)的记载,兴福寺每年二月八日到十五日有供养佛牙的“佛牙会”,会昌二年(842)三月十一日,他也到兴福寺礼拜佛牙。④ 然而,至武宗会昌灭法时,尽毁佛寺,长安佛寺仅保存慈恩、荐福、西明、庄严四所寺院,兴福寺则在毁废之列。唐宣宗兴复佛法之后,将右街神龙二年所建的奉恩寺改为兴福寺。⑤ 先前的兴福寺(即弘福寺)未再恢复,自此湮沉影没。

四、《心经》与“监共译经”诸臣的题名

除了前述《圣教序》《述圣记》和太宗、皇太子答敕之外,此碑另刻有《心经》,为什么要刻此经?本文认为最重要的原因是:为了彰显玄奘“奉诏译经”的地位,显庆元年(656)高宗派遣六臣与玄奘监共译经,为了将这些大臣之名列上,故先刻玄奘所译《心经》,再列诸臣名于后。再则,《心经》系玄奘在太宗辞世前三日译出的经典,也有纪念太宗大力弘赞译经之意。

(一)显庆元年诏六臣“监共译经”

贞观二十三年玄奘译出《般若波罗蜜多心经》,显庆元年高宗方诏六臣监共译经,相隔六年之久,将二者并列其实并不合适;然而若不刻经,就无由

---

①《佛祖统纪》卷43《法运通塞志》十七之九,第983页。

②《唐会要》卷300《杂记》,第562页。

③《佛祖统纪》卷42,第983页。《资治通鉴》卷243,唐纪,敬宗宝历二年,第7850页。

④ 圆仁撰,小野胜年校注,白化文、李鼎霞、许德楠校注:《入唐求法巡礼行记校注》(花山文艺出版社,1992年)卷3,第398页。

⑤《旧唐书》卷18下《宣宗纪》,第615页。宋敏求纂修:《长安志》(《宋元方志丛刊》,中华书局,1990年)卷10唐京城四,第129页上。

列出监共译经大臣之名。在此注记监共译经大臣之名，显然是在太宗、皇太子答玄奘谢表之外，意图更进一步强调玄奘奉诏译经的地位；特别是此时太宗已辞世，高宗在位之时，于此标记高宗诏敕监共译经大臣，更增添立石的合理性。

关于监共译经事的缘由，系显庆元年正月辛未（6 日），高宗将太子忠改封为梁王，更立李弘（武后子）为太子。戊子（23 日），为新皇太子在慈恩寺设五千僧斋祈福，朝臣皆至寺里行香。此时黄门侍郎薛元超、中书侍郎李义府参见玄奘法师，问他古来翻译的仪式如何，如何可以更加发扬光大译经事业？玄奘应是听得出此中的弦外之音，因此回答前此翻宣经论，除僧人之外，还有君臣的赞助翻译者。同时，他也趁机请代为传达祈请高宗撰写慈恩寺碑文。次日（24 日）高宗即派内给事王君德奉宣口敕，派遣左仆射于志宁、中书令来济、礼部尚书许敬宗、黄门侍郎萨（薛）元超、杜正伦、中书侍郎李义府、国子博士范颓等诸学士监共译经，同时允诺撰写碑文。①

咸亨三年《集王圣教序碑》上所刻监共译经大臣之名，完全依照前述诏敕上的名衔，只是原来六臣监共译经，此石仅见五臣，少了杜正伦。（见表 1）

表 1 “监共译经”诸臣表

显庆二年（657）诏敕	咸亨三年（672）《集王圣教序碑》
太子太傅尚书左仆射燕国公于志宁（588—665）	太子太傅尚书左仆射燕国公于志宁
中书令兼检校吏部尚书南阳县开国男来济（610—662）	中书令南阳县开国男来济
礼部尚书高阳县开国男许敬宗（692—672）	礼部尚书高阳县开国男许敬宗
守黄门侍郎兼检校太子左庶子汾阴县开国男薛元超（623—684）	守黄门侍郎兼左庶子薛元超
守中书侍郎兼检校右庶子广平县开国男李义府（614—666）	守中书侍郎兼检校右庶子李义府
中书侍郎杜正伦（？—658）	

① 关于六臣监共译经事件的原委，详见拙文《玄奘的最后十年（655—664）——兼论总章二年（669）改葬事》，第 35—39 页。

上表中附记六臣的生卒年，因许敬宗在咸亨三年(672)八月壬午(24日)辞世，故当年十二月八日《集王圣教序碑》立石之时，仅有薛元超尚在世。

六名大臣中唯独缺刻了杜正伦，当系显庆三年(658)杜正伦被贬死之故。杜正伦因自身系元老，不大瞧得起李义府因附武后而显贵，两人在高宗面前因事争论，高宗不满大臣不和，遂将二人同时贬官，不过两人的贬所及其后的际遇则有很大的差别。杜正伦贬为横州刺史，李义府贬为普州刺史，横州(治在宁浦县，今广西壮族自治区横县南)约距长安五千五百三十九里，普州(今四川省安岳县)，约距长安二千三百六十里，即杜正伦贬所较为僻远，当年杜正伦就死在贬所。[①] 第二年(显庆四年)，高宗复召李义府兼吏部尚书、同中书门下三品，自余官封如故。[②] 此石少了杜正伦，正是因为他死在贬所，从此未复职之故。

又，玄奘在唐代的禁抑也和杜正伦的家族有关，杜正伦是太宗朝以来的重臣，笃信佛教，为玄奘正式的俗家弟子。高宗永徽二年(651)正月，时任谷州刺史的杜正伦和瀛州刺史贾敦颐、蒲州刺史李道裕、恒州刺史萧锐因朝集同会京师，一起从玄奘受菩萨戒。[③] 杜正伦贬死后，其侄子杜求仁参与徐敬业起兵讨伐武后的阵营。光宅元年(684)，因武后废中宗立睿宗，临朝称制，唐初功臣李勣(原名徐世勣，赐姓李，594—669)之子徐敬业，连同其弟徐敬猷、唐之奇、杜求仁、骆宾王(约638—?)等人，九月以匡扶李显复位为名，起兵于扬州，武后下令掘徐世勣之坟；其年兵败，以上诸人皆死。中宗复位后，平反了遭武后迫害的一些大臣，包括追复故司空、英国公李勣官爵，令所司为起坟改葬。然而因徐敬业起兵仍属叛变，故中宗下令从武后文明元年以来"破家臣僚所有子孙，并还资荫。其扬州构逆徒党，唯徐敬业一房不在免限，余并原宥"[④]。这里虽然没有提到杜氏，但他是伙同徐敬业的主要起事者之一，自然不在赦例，唐史中从此亦不见其后人的记载。

---

① 《旧唐书》卷82《李义府传》，第2767页；同书卷70《杜正伦传》，第2543页。

② 《旧唐书》卷82，第2767—2768页；《资治通鉴》卷200，唐纪十六，高宗显庆三年，第6310、6317页。

③ 《大慈恩寺三藏法师传》卷7，第158页。

④ 《旧唐书》卷7《中宗纪》，第137—138页。

(二) 关于《心经》的几个问题

为何选择刻《心经》? 有学者认为是因此经全文仅260字,篇幅恰当之故;[①]此外,玄奘翻译此经和太宗有所关联,也是重要的因素。

1.《心经》翻译的时机

《心经》系玄奘在太宗辞世之前数日译出,他在此时翻译此经,一则因太宗先前问他《金刚般若波罗蜜多经》译本的问题。二则是玄奘西行历经千辛万苦,在危急困顿之时,每念诵先前一病僧教授的梵本《心经》,得以度过重重难关。在太宗病重疾笃之时,玄奘译出此经应是期望对太宗有所帮助。

关于太宗辞世的时间,有两种不同的记载,《旧唐书》称"(五月)己巳(26日),上崩于含风殿,年五十二"[②]。《慈恩传》云:"至五月己巳,微加头痛,留法师宿宫中。庚午(27日),帝崩于含风殿。时秘不言,还京发丧,殡太极殿。其日,皇太子即皇帝位于梓宫之侧。"[③]二者相差了一天,当系因太宗在长安城南的翠微宫离世,秘不发丧之故。

据《开元释教录》,《般若波罗蜜多心经》系"贞观二十三年五月二十四日于终南山翠微宫译,沙门知仁笔受"[④]。在太宗病危疾笃之时,玄奘可能想起先前二十二年九月在玉华宫时,太宗向他询及当代人多受持《金刚般若经》,不知先前译本文义是否具足。按:在此之前,已有姚秦鸠摩罗什、北魏菩提流支、陈真谛三藏、隋笈多所译四个译本。玄奘答先前译本以鸠摩罗什、菩提流支较佳,但未完全依梵本译出,如"金刚般若",若依梵本应作"能断金刚般若";此外,旧译的梵本也有所缺漏。太宗以为玄奘既带梵本归来,遂命他重译此经,即是《能断金刚般若波罗蜜多经》;[⑤]今此本收在六百卷的《大般若波罗蜜多经》中,第五百七十七卷第九能断金刚分,并附有西明寺沙门玄则所撰的序。在玄奘之后,武后长安三年(703)义净再译此经,亦名《佛说能断金刚般若波罗蜜经》(T.239)。此外,玄奘可能忆及先前在西行途中

---

① 罗丰:《怀仁〈集王羲之圣教序碑〉》,第50—51页。

②《旧唐书》卷3《太宗本纪》,第62页。

③《大慈恩寺三藏法师传》卷7,第158页。

④《开元释教录》卷8,第490页。

⑤《大慈恩寺三藏法师传》卷7,第153—154页。

念诵对他有利的《心经》:

> 从是已去,即莫贺延碛,长八百余里,古曰沙河,上无飞鸟,下无走兽,复无水草。是时顾影唯一,但念观音菩萨及《般若心经》。初,法师在蜀,见一病人,身疮臭秽,衣服破污,愍将向寺,施与衣服饮食之直。病者惭愧,乃授法师此《经》,因常诵习。至沙河间,逢诸恶鬼,奇状异类,绕人前后,虽念观音不能全去,及诵此经,发声皆散,在危获济,实所凭焉。①

当时玄奘可能念的是梵文心经,② 陈寅恪认为蜀僧授玄奘梵本《心经》于成都之事,未尝不可信,其地实有梵僧《心经》之本,迄南宋僧徒犹能讽诵。③ 在太宗病重危笃之时,玄奘或许想起此二事,故翻译此经,期望能够济度太宗的病苦,乃至于面临生死之际的安宁,可以说是太宗的"安魂曲"。麟德元年玄奘辞世前,即口诵《心经》内容的一部分:"色蕴不可得,受想行识亦不可得;眼界不可得,乃至意界亦不可得;眼识界不可得,乃至意识界亦不可得,无明不可得,乃至老死亦不可得;乃至菩提不可得,不可得亦不可得。"④

2. 玄奘的《心经》译本

从1990年代,美国学者那体慧(Jan Nattier)从经文翻译的角度检视玄奘译《心经》,认为它不是从梵文汉译的经典,而可能原本是中文的伪经。学界纷纷就此展开讨论,有正反两种意见。⑤ 笔者学养不足,仅拟从《心经》译出的过程及其时代背景,提供检视此经真伪的另一种思考方式。

---

① 《大慈恩寺三藏法师传》卷1,第16页。

② 晚唐诗人李洞《送三藏归西域》一诗,系送西天竺僧人西归所作,用玄奘西行的典故云:"十万里程多少难,沙头弹舌授降龙",注云:"奘公弹舌念梵语心经,以授流沙之龙。"见《全唐诗》(中华书局,1985年)卷723,第8300页。

③ 陈寅恪:《敦煌本唐梵翻对字音般若波罗蜜多心经跋》,收入氏著《金明馆丛稿二编》(生活·读书·新知三联书店,2001年),第198页。

④ 《大慈恩寺三藏法师传》卷10,第221页。此系《心经》下列经文的大意:"舍利子!是诸法空相,不生不灭,不垢不净,不增不减。是故,空中无色,无受、想、行、识;……无眼界,乃至无意识界;无无明亦无无明尽,乃至无老死亦无老死尽。"

⑤ Jan Nattier, "The Heart Sūtra: a Chinese apocryphal text?" *Journal of the International Association of Buddhist Studies*. Vol. 15(2), pp.153－223.那体慧《〈心经〉:一部中国的伪经?》,收入那体慧著,纪赟译,伍小劭、崔翔校《汉文佛教文献研究》(广西师范大学出版社,2018年),第1—67页。纪赟:《〈心经〉疑伪问题再研究》,《福严佛学研究》第7期,第115—182页。

(1) 从唐初译经实际的层面而言

印顺法师晚年驳斥学者以为《大智度论》非龙树所造之文,其中的理由之一是佛典汉译非一人之力,而是有他人参与的集体工作,很难一手遮天。[①] 此一论点,也可以用以检视《心经》的翻译,它应是玄奘从梵文译出的。首先,《开元释教录》明确记载《心经》译出年月、地点,以及笔受僧人为弘福寺僧人知仁,即此经译出的时、地、人都很清楚。沙门知仁除了助译此经之外,贞观二十三年五月下旬,太宗驾崩,玄奘回到大慈恩寺译经,知仁也随行,此年年底,玄奘译出《因明正理门论本》(T.1628),知仁同样担任笔受之职。[②] 再则,玄奘奉诏译经,在译经团队的运作下,不容作假。贞观十九年玄奘从印度携回六百五十七部梵典(五百二十夹),在太宗的支持下,从全国各地征调十二名明解大小乘经论的高僧,以及九名长于文辞的缀文大德、一名字学大德玄应,擅长梵文的证梵语、梵文大德玄谟,都是一时之选,组成译经团,当年六月在弘福寺翻经院开始译经,其所译出的佛典皆署"奉诏译",奉皇帝之旨译经,若有作伪,即是欺君大罪。第三,唐初长安聚集不少中、外高僧,从印度来的僧人对佛典梵本的情况有相当的了解,他们也经常携带梵本来华,如果《心经》原无梵本,应很容易为人所识破。[③] 第四,唐初有道先佛后之争,在此背景下,僧人必当更加战战兢兢,不敢有所闪失,若有作伪,也必会被揭露。

第五,此经译出之后不久,即被刻之于石,或是为拓本流传,或是为末法时期准备,这些经本大都注明"三藏法师玄奘奉诏译"。河北房山石经有显庆六年(661)四月八日所造者(八洞七七〇),一般认为是最早的《心经》刻石,此时玄奘还在世;另有麟德二年(665)二月八日刻、总章二年(669)四月八日刻(八洞二三八)(图2),其上都注记"三藏法师玄奘奉诏译"。[④] 特别值

---

① 印顺述义,昭慧整理:《〈大智度论〉之作者及其翻译》(东宗出版社,1992年)第一章《〈大智度论〉的翻译》第一节《从佛典汉译的程序谈起》,第17—20页。

② 《开元释教录》卷8,第495页。

③ 纪赟《〈心经〉疑伪问题再研究》一文,即认为无法证明《心经》没有梵本。

④ 赵朴初主编,中国佛教协会、中国佛教图书文物馆编:《房山石经》(华夏出版社,2000年)第二册,第1、373页。贺铭:《早期〈心经〉的版本》,收入《纪念房山石经与云居寺创建1400周年暨中国佛教协会发掘拓印房山石经60周年国际学术讨论会论文集》(北京房山,2016年),第7—8页。

图 2　房山石经(八洞二三八)总章二年(669)《心经》

得注意的是：总章二年《心经》经文后，有“幽州录事参军郎余令敬造蜜多心经一卷”，郎余令是定州新乐县人，博学多才，知名当世，他和皇室国戚有所关联(见下文)，他在玄奘圆寂五年后即在其家乡附近的房山刻造此经。咸亨三年《集王圣教序碑》，其上《心经》也题“沙门玄奘奉诏译”。

(2) 玄奘本人对此经相当重视。显庆元年，高宗和武后第三子李显诞生，先前玄奘曾为武后做难月祈福的仪式，兼祈请平安出产后，让皇子出家，在十二月五日佛光王满月，敕令为其剃发，号“佛光王”，并为他祈福度七人。① 玄奘为庆贺佛光王满月，送上“金字《般若心经》一卷并函，《报恩经变》一部，袈裟法服一具，香炉、宝子香案、澡瓶、经架、数珠、锡杖、澡豆榼各一，以充道具，以表私欢”②。

(3) 当代僧人对此经的重视，分别撰序、疏、赞，可以说此经译出之后，就成为佛教的显学。唐代此经注疏如下：

---

① 关于中宗李显“佛光王”剃度事，参见拙文《玄奘的最后十年》，第 41—45 页。

②《大慈恩寺三藏法师传》卷 9，第 201—202 页。

大乘基(窥基,632—682)《般若波罗蜜多心经幽赞》(T.1710)

圆测(613—696)《般若波罗蜜多心经赞》(T.1711)

慧净《般若波罗蜜多心经疏》

靖迈《般若心经疏》(X.522)

法藏(638—715)《般若波罗蜜多心经略疏》(T33.1712)

智周(668—723)《般若心经疏》

智诜(609—702)《般若波罗蜜多心经疏》

慧忠《三注般若波罗蜜多心经》

大颠宝通(732—824)《般若波罗蜜多心经批注》

佚名《般若波罗蜜多心经疏》

净觉《注般若波罗蜜多心经》

智融《般若波罗蜜多心经注》

明旷《般若心经略疏》①

武敏之《注般若多心经》②

封无待《注心经并序》③

以上作注或疏者除了佚名、武敏之(即贺兰敏之,继武氏嗣)、封无待之外,都是一代名德高僧。基于以上几方面,本文认为似不宜仅就文献学翻译的角度,而完全忽视当时译经传统和背景,将此经判为"伪经"。

五、贺兰敏之、栖玄法师与弘福寺

《两京新记》称:《集王圣教序碑》阳面是贺兰敏之书写的《金刚经》,今

---

① 以上诸疏见方广锠编纂《般若心经译注集成》(上海古籍出版社,1994 年)前言,第 16—24 页。

② 道世撰,周叔迦、苏晋仁校注:《法苑珠林》(中华书局,2003 年)卷 100,第 2885 页:"注般若多心经一卷。右皇朝武侍极字愍之注。"

③ 落合俊典:《刑部节中封无待〈注心经并序〉本文及小考》,《佛教史研究》第一卷,第 161—182 页。按:开元十一年(723)《御史台精舍碑》(《金石萃编》卷 74),题名的官员中有"封无待"。则《注心经并序》应是 8 世纪的作品。

藏在碑林博物馆的《集王圣教序碑》另面并无任何文字的痕迹，究竟为何有此记载？又，贺兰敏之写《金刚经》在碑阳，也颇令人费解。贺兰敏之为武后外甥，他另制《栖玄法师墓铭》，贞观十九年栖玄法师被征召为玄奘译经团成员之一，其后在永徽六年（655）吕才事件中也有他的身影，高宗朝武后集团和弘福寺僧人的互动亦值得注意。

（一）贺兰敏之书《金刚经》

关于贺兰敏之是否曾在弘福寺碑书《金刚经》，按韦述《两京新记》："寺内有碑，面文，贺兰敏之写《金刚经》；阴文，寺僧怀仁集王羲之书写太宗《圣教序》及高宗《述圣记》。"①宋敏求（1019—1079）《长安志》的记载亦同，至清毕沅校《长安志》则称"沅按：今怀仁书圣教序记碑后并无贺兰敏之《金刚经》"②。关于此事，学者有不同解读，罗丰认为：韦述可能将《集王圣教序碑》和开元九年（721）集王字《兴福寺半截碑》（吴文碑）混记为一。③ 中宗神龙元年弘福寺改称"兴福寺"，明万历年间在西安出土了一断碑，因此碑出土时不完整，习称"半截碑"或"兴福寺断碑"。此碑上刻有："碑在京兴福寺陪常住，大雅集晋右将军王羲之行书勒上。"④

虽然今《集王圣教序碑》另面没有贺兰敏之所书的《金刚经》，但他确曾书《金刚经碑》。贺兰敏之不仅是一位书法名家，同时对佛教有相当的素养。元骆天骧《类编长安志》："金刚经碑，唐武敏之正书。碑以麟德二年立，在文庙。"⑤贺兰敏之和佛教关涉颇深，如其字"常住"，⑥即和佛教有关。又，他年仅二十二岁时，就担纲撰写《岐州法门寺舍利塔铭》，另撰《注般若多心经》，亦可见他在佛学上颇有造诣。赵明诚《金石录》卷4："唐岐州法门寺舍利塔

---

① 韦述撰，辛德勇辑校：《两京新记辑校》（三秦出版社，2006年）卷3，第30页。

② 《长安志》卷10，第125页上。

③ 罗丰：《怀仁〈集王羲之圣教序碑〉》，第50—51页。

④ 《金石萃编》卷73《吴文碑》。西林昭一解说，福本雅一、荻信雄、矢渊孝良释文：《兴福寺断碑》（二玄社，1989年）。

⑤ 骆天骧撰，黄永年点校：《类编长安志》（三秦出版社，2006年）卷10石刻，第285页。

⑥ 贺兰琬：《大唐故贺兰都督（敏之）墓志》，收入中国文物研究所、陕西省古籍整理办公室编《新中国出土墓志陕西》壹下册（文物出版社，2000年），第109页。

铭,贺兰敏之撰并行书,龙朔三年二月。"[①]此碑甚为书家所重视,杨慎(1488—1559)《墨池瑣录》:"古人例多能书,如……唐有贝灵该、缪师愈、郑预、胡英、邬彤、武尽礼、贺兰敏之法门寺碑……"[②]。值得注意的是,法门寺舍利塔碑是行书。

贺兰敏之系武则天的外甥,后被指定继武氏之嗣,一度改姓武,故文献上亦见"武敏之""武侍极"之称。武则天之父武士彟(559—635)先娶相里氏,生二子元庆、元爽。后来再娶武则天之母杨氏,生三女,次女为武则天;至于长女武顺,嫁与贺兰安石;三女名不详,夫名郭孝慎,两人皆早逝。武士彟辞世后,元庆、元爽对杨氏不甚恭敬,武则天遂贬谪两位兄长,其后俱死于贬所。因武氏无后,乾封元年(666),武后以其姊之子贺兰敏之继武士彟之嗣,改姓武氏,袭爵周公。贺兰敏之才学兼备,又因系武则天之甥,不满二十岁时,已任左中护军之职;高宗龙朔二年(662),转为兰台左侍极、弘文馆学士。龙朔三年(663),他撰文并书写法门寺舍利塔碑;显庆四年(659),重开法门寺地宫,迎佛骨舍利到东都洛阳的皇宫内供奉,三年后——龙朔二年(662),长安众僧、朝臣与百姓数千人护送佛骨于法门寺塔地宫石室贮藏,并建塔铭以志其事。此一舍利塔铭由贺兰敏之撰文并行书,足以显示他不仅富于文采,兼长于行书,此塔铭可以说是他个人之作,可惜未流传后世。由此可知,武则天选贺兰敏之继承武氏,应系他才学出众之故。

贺兰敏之亦有识人之明,他所荐举、交游的官员也都是一时之选,如张昌龄(?—666)、名儒李嗣真(?—696)、吴兢、《文选》学名家李善(630—689)、刘祎之(630—686)。[③] 敏之任职兰台太史时,和同僚完成了《三十国春秋》一百卷,[④]今只传一卷辑本。

---

① 赵明诚撰:《金石录》(宋淳熙龙舒郡斋刻本影印,北京图书馆出版社,2002年)卷4。佚名:《宝刻类编》(《石刻史料新编》第一辑第二十四册)卷2,第8页。朱长文:《墨池编》(《石刻史料新编》第四辑第九册)卷6,第24页。

②《墨池瑣录》(《景印文渊阁四库全书》第816册,台湾商务印书馆,1983年)卷3,第4页。

③《旧唐书》卷190上《张昌龄传》,第4995页;《旧唐书》卷191《李嗣真传》,第5098页;《新唐书》卷117《刘祎之传》,第4251页;《旧唐书》卷190中《李邕传》,第5039页。

④《旧唐书》卷46《经籍上》,第1991页。

然而贺兰敏之继武氏嗣，改为"武敏之"的时日仅维持六年。咸亨二年(671)六月，武后将他流放至雷州，后死于道中，年仅三十。他获罪的原因，史书上记载系因他的淫乱宫闱——对象包括其外婆即武后之母荣国夫人杨氏、太子妃杨氏、太平公主的宫人，以及没入武后为其母追福之用的内大瑞锦的贪渎行为。[①] 关于他的死因，新、旧《唐书》皆记载"至韶州，以马缰自缢而死"、"道中自经死"，《资治通鉴》则称他被绞死，"至韶州，以马缰绞死"。经他举荐、交好的朝臣，也都被贬谪到岭南。[②]

贺兰敏之是否如史书上所述那样才优德薄呢？他获罪的原因之一是烝于荣国夫人，然而此事颇为怪异，一则两人为祖孙，二则年龄相差六十岁，赵和平有专文为其辩诬。[③] 此外，至少有以下三个证据可以证明他的无辜获罪：

(一) 贺兰敏之墓志的出土。1964年在咸阳市周陵乡出土了《大唐故贺兰都督(敏之)墓志》(图3)，系由其子贺兰琬同(一作贺兰琬)撰文，从志文中可知中宗即位后，为他的表兄贺兰敏之平反，不仅追赠官爵，并且加以改葬："赠持节秦州都督，赠太子少傅，敕太子仆王先进监护葬事。"其子遂在景龙三年(709)八月十八日，将他葬于雍州咸阳县奉贤乡洪滨原。贺兰琬同在墓铭中清楚地说明其父的冤屈：

> 驾振都辇，声驰宇县。高明瞰室，丰屋部家，<u>心水如镜，贝锦成哗</u>。<u>非辜获罪</u>，命矣长嗟，哀哀令子，复此光华。[④]

上文明白地说他是"非辜获罪"，又为所指控的罪名辩护，"高明瞰室，丰屋部家，心水如镜，贝锦成哗"，"高明瞰室""水心如镜"比喻他节操上的清白，"丰屋部家""贝锦成哗"暗示以财富致变。

(二) 中宗即位后，对于受到武后迫害致死的一些官员，或追赠官爵，或

---

① 《旧唐书》卷183《武承嗣传》，第4728页。

② 《旧唐书》卷183《武承嗣传》，第4728页；《新唐书》卷260《外戚武士彟传》，第5836页；《资治通鉴》卷220，唐纪，高宗咸亨二年，第6367页。

③ 赵和平：《贺兰敏之烝于荣国夫人辨》，《庆祝宁可先生八十华诞论文集》(中国社会科学出版社，2008年)，第345—349页。

④ 《新中国出土墓志·陕西》壹下册，第109—110页。

图3 贺兰敏之墓志(《新中国出土墓志·陕西》壹上册,第102页)

加以改葬。神龙二年(706),迎回其死在巴州的兄长雍王李贤(章怀太子,654—684)灵柩,陪葬乾陵,特命其外甥贺兰琬监护丧事。《大唐故雍王墓志铭》中称"乃敕金紫光禄大夫、行卫尉卿、上柱国、西河郡开国公杨元琰,正议大夫、行太子率更令、骑都尉、韩国公贺兰琬监护丧事"①。由此可推知,中宗深知其兄李贤的枉死,故命同样冤死的表兄贺兰敏之的儿子贺兰琬监护丧事,多少有怜惜他们同命狐悲之意。此外贺兰敏之曾为武氏嗣,袭爵"周公",后因获罪夺爵,其母武顺原封为韩国夫人,故此时乃封贺兰琬为韩国公。

---

①《新中国出土墓志·陕西》壹下册,第107页。

（三）至玄宗世，更封太仆卿员外置同正员贺兰琬之母杨氏为宏农郡夫人，[①]也是对贺兰敏之的追荣之意。

贺兰敏之真正获罪的原因不得而知，他擅长行书，可能和弘福寺长于行书的僧人怀仁等人有所来往；弘福寺僧人有长于行书的传统，如高宗世怀仁、玄宗开元间僧人大雅皆能集王字成碑。又，贺兰敏之撰《注般若多心经》，为玄奘译的《心经》作注疏。另外《两京新记》称弘福寺有他书写的《金刚经》，此事或许有误，但似乎透露着以下的讯息：在高宗以大慈恩寺取代弘福寺的意向下，贺兰敏之和弘福寺僧人有某种程度的来往，可能倾向于弘福寺的立场。

（二）栖玄法师

贺兰敏之曾制普光寺僧栖玄的墓志一事，也值得特别关注。栖玄（一作"棲玄"，593—662）法师曾参与玄奘的译经团，贞观十九年玄奘返抵国门，唐太宗敕命于长安弘福寺译经，从全国各地征召高僧大德二十二人参与译事，栖玄法师即是九名"缀文"大德之一，一直到显庆元年开译《阿毗达磨大毗婆沙论》（T.1545）时他都仍是译经团的成员。[②] 永徽六年（655）"吕才事件"[③]是高宗对玄奘——包括辅政旧臣展开的第一波攻击，栖玄法师在其中扮演了一个重要角色。龙朔二年（662），栖玄法师圆寂，高宗下令厚葬，由贺兰敏之制墓铭。

在此有必要略述吕才事件。栖玄将玄奘译出的《因明论》及其弟子的注疏交给在高宗、武后近旁的尚药奉御吕才。根据这些资料，吕才造《因明注解立破义图》，讥毁玄奘弟子神泰、靖迈、明觉三人对玄奘所译《理门论》《因明论》所作义疏的矛盾之处。吕才在《因明注解立破义图》序中，详述栖玄法师和他的关系，以及栖玄将《因明论》及玄奘弟子的义疏交付予他的过程：

> 此《因明论》者，即是三藏所获梵本之内之一部也。……以其众妙

---

① 董诰等编：《全唐文》（中华书局，1987年）卷253，苏颋《进封贺兰琬母杨氏宏农郡夫人制》，第2557页上。

② 《阿毗达磨大毗婆沙论》（《大正新修大藏经》第二十七册）卷1，第4页。

③ 拙文：《玄奘的最后十年》，第28—35页。

之门，是以先事翻译。其有神泰法师、靖迈法师、明觉法师等，并以神机昭晰，志业兼该，精习群经，多所通悟，皆蒙别敕追赴法筵，遂得函文请益，执卷承旨。三藏既善宣法要，妙尽幽深，泰法师等是以各录所闻，为之义疏。诠表既定，方拟流通，无缘之徒多未闻见。复有栖玄法师者，乃是才之幼少之旧也。昔栖遁于嵩岳，尝枉步于山门，既篮仕于上京，犹曲睠于穷巷。……法师后逢《因明》创行，义趣幽隐，是以先写一通，故将见遗。仍附书云："此论极难，深究玄妙，比有聪明博识，听之多不能解，今若复能通之，可谓内外俱悉矣。"其论既近至中夏，才实未之前闻，耻于将试不知，为复强加披阅。于是依极成而探深义，凭比量而求微旨，反复再三，薄识宗趣。后复借得诸法师等三家义疏，更加究习，……①

拙文《玄奘的最后十年》中，怀疑吕才事件的背后可能有政治力作为后盾。因为吕才仅官"尚药奉御"（五品下），如果没有更强大实力的支持，他应不敢将攻击玄奘的《因明注解立破义图》在公卿缙绅前广为宣扬。尚药奉御属殿中省六局（尚食、尚药、尚衣、尚乘、尚舍、尚辇）之一，掌天子服御之事，和皇帝或皇后有比较直接的联系。

义楚《释氏六帖》（又称《义楚六帖》）有一则栖玄的记事，可知栖玄和武后的家族颇有关联，应可为后世解开"吕才事件"背后潜藏着的武后人际网络。《义楚六帖》是因高宗厚葬栖玄，"唐运已来，盛仪送唯玄一人"，为僧人殊荣，故标以"西玄时雄"之目，并述其生平：

姓程，汲郡共城人。立性淹敏，仁而又人，至于文藻书翰，颇为时雄所重。年十一，于相州慈润寺出家，礼慧休为师，听摄大乘、阿毗昙等，薄知隅奥。自后游涉齐、魏，寻师慕胜。<u>开皇中，与吕才栖蒙山隐遁</u>，守节贞素，木食涧饮，怡然味道，无问幽深。武德中，本师先住蒲州栖岩，便往同止。贞观初，因事入京，以德行见称，敕住普光寺二十年，弘福译经，又被征入，缀文证义。二十二年，高宗在春宫，奉为文德皇太后造大

① 《大慈恩寺三藏法师传》卷8，第167—168页。

> 慈恩寺，又敕住焉。显庆五年，荣国夫人杨氏，上后之母也，居常供养，修造功德，咸资口实。龙朔二年十一月十三日遘疾，自知不救，谓门人曰："吾年七十，死无恨矣，愿造一亿金铜隐起像，其功未就，后顷终毕。"言尽气绝，容貌如生，观者如市。长安令杨恩具表闻奏，天子嘉焉，下敕曰："普光寺僧闻有异也，业行淳修，道俗推仰，奄然坐化，释众摧梁，宜给鼓吹威仪，送至墓所。"丹兆赤车，长幡飞盖，鸣鞞聒地，清笳入云，隐振骈罗，数十里外，唐运已来，盛仪送唯玄一人。贺兰敏之制墓志，有光时代。……时为玄造幡盖、座帐等凶事，并皆官给。下有论文云云。①

根据上文，可知栖玄系河南汲郡人，早年在相州慈润寺出家，礼慧休为师。《慈恩传》中仅称吕才和栖玄是幼时相识，上文则详述两人兴味相投，兼有长期深厚的情谊。从开皇中至唐初武德初年，他们一同在蒙山长期隐遁；武德中，栖玄之师住蒲州栖岩寺，他遂前往同住。太宗贞观初年，他因事入京，敕住普光寺，达二十年之久。在此期间，吕才也到了长安，并且入仕。贞观十九年玄奘在弘福寺译经，栖玄被征为缀文大德。贞观二十二年，皇太子李治所建大慈恩寺完工，敕命五十大德入住，他也在其列。栖玄和李唐宫廷可能有更进一步密切的关系，贞观二十二年六月，太宗撰成《大唐三藏圣教序》、李治撰《述圣记》之后，玄奘上表请将此二序冠于新译经之首，并且颁给大郡名州各一本，此表作《玄奘师玄法师请经流行表》，②此玄法师可能是栖玄法师，玄奘和栖玄联名上表，可能因栖玄和皇室有所关联之故。

栖玄传称武后之母荣国夫人杨氏对栖玄的归信供养，栖玄辞世后高宗给予其前所未有的高规格僧人葬仪，事事官给，并且由武后的外甥贺兰敏之"制墓志"。贺兰敏之文采丰富，又长于行书，可能撰写并书墓铭。从武后之

---

① 释义楚：《义楚六帖》（宋崇宁三年刊本，京都东福寺藏），收入柳田圣山、椎名宏雄编《禅学典籍丛刊》第六册卷6，荷负兴持第二十一，第227页。

② 《大唐三藏玄奘法师表启》（X.1651，《卍新纂续藏经》第八十八册），第379页c—380页a。关于玄奘的表启，今可见两种本子，一是《大唐三藏玄奘法师表启》（X.1651－3），收入佐伯定胤、中野达慧共编《玄奘三藏师资传丛书》（第八十八册）卷上，第368页b—381页a（CBETA电子佛典）；一是《寺沙门玄奘上表记》（T.2119，第五十二册），前者有各表启的年月，后者无。

母杨氏、外甥贺兰敏之和栖玄的关系，可以推知武后在吕才事件中应扮演一个重要的角色。

可能因栖玄在吕才事件中扮演穿针引线的角色，使得佛教界对他不谅解之故，佛教史籍中都没有关于他的记载。成书于开元六年（718）由梓州司马孟献忠所撰的《金刚般若经集验记》中，收录一则出自《冥报拾遗》的记载：

> 郎余令《冥报拾遗》曰：普光寺栖玄法师，少小苦行，常以讲诵《金刚般若经》为业。龙朔二年冬十一月，于寺内端坐迁神，俨然不动。天子闻而嘉之，下制曰："普光寺僧栖玄，德行淳修，道俗钦仰，奄然坐化，释众摧梁。宜以三品礼葬，仍给鼓吹一部。"倾城士女，观者如市焉。（余令当在京都见诸大德及亲友共说）①

依此看来，栖玄系一位勤恳修习的僧人，常讲诵《金刚般若波罗蜜经》，故辞世时有异相，"端坐迁神，俨然不动"，而受到时人的景仰尊崇，高宗因而下令厚葬。《金刚般若经集验记》还注记：此事系《冥报拾遗》作者郎余令在长安时亲自访闻所得。如前所述，房山石经中总章二年所刻的《心经》即是时任幽州参事的郎余令所刻者。

虽然唐初郎余令《冥报拾遗》中记叙栖玄的德行修业，五代义楚对栖玄予以高度肯定，更冠以"西玄时雄"之目，但唐、宋的《高僧传》中皆未为他立传。五代宋初，《释氏六帖》流行海内外。义楚费时十一年，撰成《释氏六帖》，显德元年（954）上呈皇帝，后周世宗亟赏此书，命交付史馆颁行，并赐紫衣。赞宁《宋高僧传》中称此书"时枢密相国王公朴（？—959）为此书作序，冠于编首，今行于寰海矣"②。由此可知北宋初年此书盛传流行，但赞宁和其后佛教史家对栖玄却只字未提。《释氏六帖》一书未收入藏经，其后在中国失传，传入日本后，有宽文九年（1669）刊本，1944 年方由苏晋仁（1915—

---

① 《金刚般若经集验记》（X.1629，《卍新纂续藏经》第八十七册）卷下功德篇，第 462 页 a（CBETA 电子佛典）。

② 赞宁撰，范祥雍点校：《宋高僧传》卷 7《大宋齐州开元寺义楚传》，第 160 页。《佛祖统纪》卷 43《法运通塞志》十九之九，第 1011 页。

2002)带回中国。

《金刚般若经集验记》引《冥报拾遗》一书,其作者郎余令和高宗长子李弘、武后的侄子贺兰敏之皆有关联。郎余令出身河北世宦名家,新、旧《唐书》皆有他的传记;他年少即以博学知名,举进士第,先后为霍王李元轨(622—688,高祖十四子)府参军,终于著作佐郎。他的著作有龙朔年间撰成的《冥报拾遗》二卷,[①]此书已佚。此外,他另撰《孝子后传》三十卷,因梁元帝曾撰《孝德传》,故撰此书献给太子李弘(652—675)。[②] 李弘系高宗和武则天的长子,显庆元年立为太子。上元二年(675),李弘随高宗武后行幸洛阳,猝死于合璧宫。由此看来,郎余令和皇家或武后也有所联结。又,郎余令既和皇族有以上关联,贺兰敏之又是武后的近亲,因此他可能也和贺兰敏之相识。又,郎余令又是当时的名士,博学善画,工于山水,特以画风著称,[③]他和富有才学、擅长行书的贺兰敏之可能同属一个交游圈。如郎余令和著名诗人王勃(650—676)曾在一个秋天的晚上共同参加宇文德阳宅的夜宴;[④]此外,王勃也曾将他的著作致送贺兰敏之,而得到后者的褒扬赞誉。[⑤] 由此看来,郎余令可能也和贺兰敏之相识,甚至是其交游圈中的一员。

在栖玄、吕才以及宫廷之间的联系中,许敬宗可能扮演着另一个重要的角色。原来玄奘在弘福寺译经,许敬宗屡次奉诏监译或润色,包括贞观二十一年(647)译出的《因明入正理论》。《瑜伽师地论》系在贞观二十年五月至二十二年五月十五日于弘福寺翻经院译出的,由许敬宗奉诏监阅,并且撰写后序。起自贞观十九年、终于显庆之末译出的《成唯识论》,系“敕尚书左仆

---

① 《法苑珠林》卷100,第2885页。

② 《旧唐书》卷189下《儒学下·郎余令传》,第4962页;《新唐书》卷199《儒学中·郎余令传》,第5660页。《新唐书》卷58《艺文志二》,第1483页。

③ 《历代名画记》卷9:“郎余令,有才名,工山水、古贤,为著作佐郎,撰自古帝王图。按据史传,想象风采,时称精妙。”江少虞撰:《宋朝事实类苑》(上海古籍出版社,1981年)卷31,词翰书籍三,藏书之府:“淳化三年八月壬戌,秘阁成,太宗作赞赐之,宰臣李昉等请刻石阁下。李至上表,引唐秘书省有薛稷画鹤,郎余令画凤,贺知章草书,当时目为三绝。”第392页。

④ 王勃著,何林天校注:《重订新校王子安集》(山西人民出版社,1990年)卷6《宇文德阳宅秋夜山亭宴序》:“友人河南宇文峤,清虚君子;中山郎余令,风流名士。或三秋意契,辟林院而开襟;或一面新交,叙风云而倒屣。”第100页。

⑤ 《重订新校王子安集》卷8《上武侍极》《再上武侍极》,第132—133页。

射燕国公于志宁、中书令高阳公许敬宗等润色”[①]。1982 年出土的唐弘福寺首律师碑，系建于显庆元年，即由许敬宗撰文，裴宣机篆额，郭广敬书。[②] 由此观之，许敬宗和弘福寺有很深的渊源。在太宗晚年时，许敬宗已经转向高宗、武则天，高宗即位后，许敬宗代于志宁为礼部尚书即是一证。咸亨元年（670）三月许敬宗致仕，次年六月，贺兰敏之贬死雷州。初唐环绕着弘福寺的僧人、官员、皇亲国戚的关联，尚有待进一步的讨论。

余　言

从太宗《大唐圣教序》撰述的时代背景，以及《集王圣教序碑》内容的规划设计，显示贞观二十二年开始太宗受困于风疾体弱，长时间在离宫养病，大权渐归于留守京师的皇太子李治。太宗的最后一年半里，大都在京师之外的离宫调养身体，整个心情也从积极治国转向宗教的慰藉。他生命中最后的十三个月，长期将玄奘留在身边，这也引起李治的不安。《圣教序》和《述圣记》就是在此背景下撰成的，而大慈恩寺的兴建，以及将玄奘移住慈恩寺翻经院二事，都是在太宗远离长安、不知情的情况下下的决定。长安弘福寺僧人意识到其寺地位重要性可能转移到慈恩寺，故在寺主圆定领衔下上表请将上述二序刻石，并且加上太宗和皇太子答玄奘谢表书，以及显庆元年高宗诏敕共玄奘译经大臣的名字，以作为弘福寺为国家译经院之表记，并借此标举玄奘的译经地位。为了让监共译经诸臣的名字可以合理出现在此石碑上，因此将贞观二十三年五月太宗临终前，玄奘译出的《心经》刻在诸臣姓名之前——虽然《心经》译出和监共译经大臣完全无关。至于采用此经除了它是广为流行的经典、篇幅简短适用的因素之外，也有以此纪念太宗之意。

至于弘福寺《集王圣教序碑》，它的另面是否曾有贺兰敏之书写的《金刚

① 《因明入正理论》（T.1629，《大正新修大藏经》第三十二册）卷末《因明入正理论后序》，第 12 页 c；《瑜伽师地论》（T.1579，《大正新修大藏经》第三十册）卷 100，第 881 页 c；《成唯识论》（T.1585，《大正新修大藏经》第三十一册）卷 10，吴兴沈玄明撰《成唯识论后序》，第 59 页 c。

② 王建中：《唐弘福寺首律师碑考释》，《碑林集刊》第十辑，第 29—31 页。

经》？它的答案或许不是那么重要，反而是它透露出以下重要讯息：武则天的外甥、一度曾是武士彟继嗣的贺兰敏之和弘福寺应有某种关联。贺兰氏为曾在此参与玄奘译经、又和玄奘移住慈恩寺的栖玄法师制作墓志，而在“吕才事件”中，栖玄有意或无意中扮演了一个穿针引线的角色，以及他是武后之母荣国夫人供养的僧人，凡此都显示弘福寺不仅在唐初佛教界占有重要的地位，它也和其时复杂的政治变化有关。贺兰敏之贬死之冤，或许也和他与弘福寺的关联有关。

唐太宗首创为汉译佛经作序，称佛教为“圣教”的《圣教序》被下令置于诸经之首。这诚然是李唐开国以来，在尊崇道教的情况下，佛教翻转的一大契机，而《圣教序》更开启了此后皇帝撰述《圣教序》的非连续性传统，以迄于宋。太宗《圣教序》是佛教被皇室认证为“圣教”的铁证，并且刻之于石，在思想史和唐代政治史上都具有重大的意义。就思想史而言，一则，前此只有隋文帝《建舍利诏》中称佛教为圣教，①但它的影响力和意义都不如唐太宗为玄奘所译经制序大，除明言佛教为圣教之外，序的名称即以圣教为名，对着百官宣读，令置于经首。二则，此举打破了前此仅以儒教为“圣教”的独尊地位，北宋皇帝崇仰释教，仿效唐太宗各种佛教的行事，宋太宗、真宗和仁宗分别为佛典撰《圣教序》，并且仿照唐代《大唐三藏圣教序》刻石立碑，先是置于御书院，后移至北宋官方的译场太平兴国寺传法院，②有如慈恩寺大雁塔或弘福寺译场的圣教序刻石。北宋诸帝撰述《圣教序》，视佛教为圣教，等同儒家周、孔之教，引起古文运动的儒士如欧阳修等人的焦虑，遂对佛教展开更严厉的攻击。关于初唐诸《圣教序》，宋代佛教界和古文运动儒士有关“圣教”之争的焦虑及其影响，笔者将以另文讨论。

---

① 《广弘明集》(T.2103,《大正新修大藏经》第五十二册)卷 17:“仁寿元年六月十三日隋高祖《隋国立舍利塔诏》:‘门下。仰惟正觉大慈大悲，救护群生，津梁庶品。朕归依三宝，重兴圣教，思与四海之内一切人民俱发菩提，共修福业。’”第 213 页。

② 《佛祖统纪》卷 52《历代会要志》十九之一，天书御制，第 1217—1218 页。

北大藏汉简《苍颉篇·阔错》的释读与章旨

——兼论战国秦汉时期的丧葬礼仪

杨振红　单印飞

2009年北京大学入藏的西汉竹书《苍颉篇》中有《阔错》一章，目前被整理者归入此章的有12、13两枚简，[①]共42个字，形制、内容完整，没有残损。根据其他章的形制、体例，可以确定这两枚简简首的"阔错"两字是本章的章题。但由于本章收字大多冷僻，加上目前没有可以直接参照、对读的文献，故殊为难读。

众所周知，《苍颉篇》大约在唐宋时亡佚，传世文献中仅保留了只言片语，故历来对《苍颉篇》的内容、体裁、成书等情况均不清楚。幸运的是，20世纪初以来，不断发现汉简《苍颉篇》，为《苍颉篇》研究提供了前所未有的契机和条件。以王国维为代表，学界对《苍颉篇》展开了长期的整理与研究，对《苍颉篇》的讨论和认识逐渐深入。[②] 但截至目前，关于《苍颉篇》的体裁、文

---

① 北京大学出土文献研究所编：《北京大学藏西汉竹书〔壹〕》，上海古籍出版社，2015年，第80—83页。后文所引整理者释文、注释均出自此书，不再赘注。

② 研究成果主要有：王国维：《〈苍颉篇〉残简跋》，其著《观堂集林》卷5，河北教育出版社，2001年；胡平生、韩自强：《〈苍颉篇〉的初步研究》，《文物》1983年第2期；林素清：《苍颉篇研究》，《汉学研究》（台北）1987年第5卷第1期；福田哲之：《中国出土古文献与战国文字之研究》，佐藤将之、王秀雯译，万卷楼图书股份有限公司，2005年；朱凤瀚：《北大汉简〈苍颉篇〉概述》，《文物》2011年第6期；张存良：《〈苍颉篇〉的版本、流传、亡佚和再发现》，《甘肃社会科学》2015年第1期；张存良、巨虹：《〈苍颉篇〉研究的新进展》，中国文化遗产研究院编《出土文献研究》第14辑，中西书局，2015年；梁静：《出土〈苍颉篇〉研究》，科学出版社，2015年。详参梁静《出土〈苍颉篇〉研究》"前言"。

本性质等基本问题，仍存在明显分歧，学界未达成共识，这直接影响到《苍颉篇》内容的解读。关于《苍颉篇》的体裁，王国维根据西北汉简《苍颉篇》残简论断："《苍颉》一书，据刘子政、班孟坚、许叔重所说，与近出之敦煌残简，其于《急就》《千文》为类，而不与《说文》《玉篇》为类，审矣。"[①]胡平生则据阜阳汉简《苍颉篇》提出："《苍颉篇》的篇章、句式结构大体上说，可以分为两种类型：陈述式和罗列式。《苍颉篇》第一章是典型的陈述式，全章中心是'劝学'。第5章'□兼天下'一节也是陈述式，是些歌功颂德的内容。《爰历》篇首'爰历次貤，继续前图'，也是陈述，说明《爰历》接续《苍颉》。总的说来，陈述式的章节和句式似乎不是很多。罗列式的句式和章节在《苍颉篇》里占多数。在这一类的章节中，词与词虽然常以同义、近义相系联，但两个句子之间却往往没有多少逻辑联系，好像仅仅为了凑足四个字，求得一韵而已。如'笺表书插，颠顚重该'，'骫奊佐宥，傲悍骄倨'，都是毫不相干的内容。"[②]北大藏西汉竹书《苍颉篇》整理者沿袭这一思路，认为"北大《苍颉篇》简本所见之句式，仍可归纳为以往学者根据出土简所划分的所谓'罗列式'与'陈述式'两种"。简中出现的11章"章题虽有的可以看出与本章所收部分字之字义有联系，但并不能涵括全章所收字词之意义，收入同一章内的文字，即使是下文所云'罗列式'句，在字义上亦并非均是义同、义近（或义反）的，甚至在词类上也并非均是统一的，比如说均是名词或均是动词"。[③] 因此，在注释时采取了一字或一词多释的方式，一个字或词大多有多种解释。笔者初步研读北大藏《苍颉篇》后形成一个基本认识，即《苍颉篇》各章均有章旨即主题思想，虽然囿于体裁，内容稍显松散，跳跃性较大，但仍可以看出整章内容围绕章旨展开，句子之间文义有承启关系。《苍颉篇》并不是单纯的字书，而是带有明确意识形态色彩和教化功能的教科书。因此，每个字、

---

① 王国维：《重辑苍颉篇》，《王国维遗书》第7册，上海书店出版社，1983年，第1页。

② 胡平生：《阜阳汉简〈苍颉篇〉的初步研究》，《胡平生简牍文物论稿》，中西书局，2012年，第7页。此据胡平生、韩自强《〈苍颉篇〉的初步研究》，《文物》1983年第2期。

③ 北京大学出土文献研究所编：《北京大学藏西汉竹书〔壹〕》附录"北大藏汉简《苍颉篇》的新启示"，第173—174页。

词均只有一个字义或词义。① 本文即以这一认识为前提解读《阔错》章。受篇幅及主旨所限，关于《苍颉篇》的体裁、文本性质等问题，笔者拟另文讨论。

如前所述，《阔错》殊为难读，但本章中存在几个本义明确、一般不会产生歧义的字，这些字的字义均有一个共同指向，即与丧葬仪礼有关。这不由得让我们产生联想：《阔错》章的主旨是否与丧礼有关？它是否是《苍颉篇》作者为了收入与葬礼有关的字而专门设计的主旨为丧礼的章呢？笔者经认真研考后发现，本章中还有一些字也包含有与丧礼有关的义项，而且若以这些义项进行解释，很多句子可以得到通解。下面试加以论之。

为了便于讨论，先将《阔错》章的内容移录于下，并在每句前加上表示句子顺序的数字：②

> 1 阔错夒葆，2 党据趡(趆)等。3 祱③兝隖(坞)闉，4 钤锴④闺悝。5 骋亏劾⑤栁(柳)，(简 12)
>
> 6 餔䋼(津)邳鄗。7 祁絟镡幅，8 芒隒偏有。9 泫沄孃⑥姪，10 髼茀经臬。(简 13)

首先，我们来看第 3 句“祱兝隖(坞)闉”的第一个字“祱”。祱，整理者隶定为“棁”，认为通作“脱”，“脱”义为肉去骨、剥皮，假作“蜕”，即蛇、蝉蜕皮。周飞认为“此字从衣从兑，应释为祱。此字也见于阜阳简 C22，但字已

① 参见杨振红、贾丽英《北大藏汉简〈苍颉篇·颛项〉校释与解读》，杨振红、邬文玲主编《简帛研究二〇一六·春夏卷》，广西师范大学出版社，2016 年，第 222—250 页；杨振红《北大藏西汉简〈苍颉篇·颛项〉的文义及其思想背景》，《大东文化研究》(首尔)第 99 辑，2017 年。

② 释文据北京大学出土文献研究所编《北京大学藏西汉竹书〔壹〕》，但个别字的隶定有改动(详见后文)，并在异体字后加括号标出通行字。

③ 此字字形作 ，整理者释作“棁”，此从周飞等意见改。周飞：《北大简〈苍颉篇〉初读》，清华大学出土文献研究与保护中心网，2015 年 11 月 13 日，https://www.tsinghua.edu.cn/publish/cetrp/6831/2015/20151116085553204455185/20151116085553204455185_.html。

④ 此字字形作 ，整理者释作“䥅”，认为“钤䥅”即“钤镨”。按：此字右上为“左”而非“圣”，因此应直接释为“锴”。

⑤ 此字字形作 ，整理者释作“刻”。按：从字形看，右边从力而非刀，故应释为“劾”。

⑥ 此字字形作 ，整理者释作“孃”。按：《说文》衣部，“襄”的篆体作襄。许慎撰，段玉裁注：《说文解字注》，中华书局，2013 年，第 398 页下栏。

残,仅留衣旁,作。《说文》‘祱,赠终者衣被曰祱,从衣兑声’”①。胡平生认为:“此字从字形看应隶定为‘祱’,意义上则仍应读为‘蜕’。祱,《说文·衣部》:‘赠终者衣被曰祱。’在此处显然是讲不通的,因此还是应当读为‘蜕’。《说文·虫部》:‘蜕,蛇蝉所解皮也。’”②周飞、胡平生将其改释为“祱”是正确的,本字左边的偏旁从“衣”而非“木”。但关于“祱”的字义,结合《阔错》简其他内容,我们认为仍应按《说文》解释的本义去理解。

《说文》衣部:“祱,赠终者衣被曰祱。从衣,兑声。”段玉裁《说文解字注》:“按此字仅见《汉书·朱建传》。盖襚之或字,浅人所增,非许本书所有也。”③认为此字是“襚”的异体字,仅见于《汉书·朱建传》,应不是许慎《说文》原文,而是后人妄增的。查《汉书·朱建传》,其文曰:“及(朱)建母死……辟阳侯乃奉百金祱,列侯贵人以辟阳侯故,往赙凡五百金。”颜师古注:“赠终者之衣被曰祱。言以百金为衣被之具。祱音式芮反,其字从衣。”④今本《史记·郦生陆贾列传》作“辟阳侯乃奉百金往税。列侯贵人以辟阳侯故,往税凡五百金”,“祱”作“税”。裴骃《集解》引韦昭曰:“衣服曰税。税,当为‘襚’。”司马贞《索隐》案:“《说文》:‘税,赠终服也。’”⑤但从今天所能见到的材料看,段玉裁的判断有失审慎。其一,此字并非仅见《汉书·朱建传》。《汉书·鲍宣传附郇相》:“(郇)相王莽时征为太子四友,病死,莽太子遣使祱以衣衾,其子攀棺不听,曰:‘死父遗言,师友之送勿有所受,今于皇太子得托友官,故不受也。’”颜师古注曰:“赠丧衣服曰祱。祱音式芮反,其字从衣。”⑥用法及颜师古注与《朱建传》同。其二,《玉篇》衣部:“祱,式芮切,赠终者衣被。”⑦解释与《说文》及颜师古注同。其三,新近公布

① 周飞:《北大简〈苍颉篇〉初读》,清华大学出土文献研究与保护中心网,2015 年 11 月 13 日。

② 胡平生:《读〈苍〉札记四》,复旦大学出土文献与古文字研究中心网,2015 年 12 月 30 日,http://www.gwz.fudan.edu.cn/Web/Show/2704。

③ 许慎撰,段玉裁注:《说文解字注》,第 401 页下栏。笔者标点,下同,不赘注。

④《汉书》卷 43《朱建传》,中华书局,1962 年,第 2116—2117 页。

⑤《史记》卷 97《郦生陆贾列传》,中华书局,2014 年,第 3273 页。

⑥《汉书》卷 72《鲍宣传附郇相》,第 3095 页。

⑦《宋本玉篇》卷 28,中国书店,1983 年,第 504 页。

的西汉渔阳墓(该墓年代上限为汉文帝时期,下限为汉景帝初年)中一个木楬上记载:“青绪禅衣□□、□衣、绢绪禅衣三、□禅衣一、白绪禅衣六、缢禅衣一、相绪禅衣四□。凡廿六衣。王祱。”同出的另一枚木楬中记载:“陛下所以赠物:青璧三、绀缯十一匹、薰缯九匹。”宋少华指出这里的“王祱”应是长沙王临丧赠送给墓主人的衣物,“陛下赠物”应是皇帝派遣使臣吊祭赗赠之物。[①] 现在北大藏西汉竹书《苍颉篇》中也出现此字,不仅反证许慎《说文解字》中确有此字,并非“浅人所增”,而且应是汉代用字。由此也可以确定,《史记·郦生陆贾列传》中的“税”应是后人传抄时讹误的,本字应为“祱”。虽然“祱”的用法不常见,但一直到明代仍能见到“祱”的用例。《明史·段民传》:“(宣德)九年二月卒于官,年五十九。贫不能殓,都御史吴讷祱以衣衾。”[②]

其次,我们来看第10句“髳弟绖枭”的第一个字“髳”。整理者注释引《说文》和段玉裁注,认为是“鬏或省”“鬏,发至眉也”,通作“髦”。整理者注释可从,此进一步加以申说。

《说文》髟部:“鬏,发至眉也。从髟,敄声。《诗》曰:‘纨彼两鬏。’髳,鬏或省。汉令有髳长。”段玉裁注:“《庸风》:‘髧彼两髦。’传曰:‘髧,两髦之貌。髦者,发至眉,子事父母之饰。’许所本也。《内则》‘拂髦’注云:‘髦用发为之,象幼时鬌,其制未闻。’《既夕礼》曰:‘既殡,主人脱髦。’注云:‘儿生三月,鬋发为鬌,男角女羁,否则男左女右,长大犹为之饰,存之谓之髦,所以顺父母幼小之心。至此尸柩不见,丧无饰,可以去之。髦之形象未闻。’《玉藻》:‘亲没不髦’,注云:‘去为子之饰。’按,郑既言鬏之用而云其制未闻者,谓其状不可详也。毛云‘发至眉’,盖以发两绺下垂至眉,像婴儿夹囟之角发下垂。父母在,不失其婴儿之素也。依《礼》经曰脱,依《内则》注曰拂。髦振去尘箸之,是假他发为之。许引《毛诗》作鬏,今则《诗》《礼》皆作髦,或由音近假借。鬏与髦义,古画然

---

① 长沙市文物考古研究所、长沙简牍博物馆:《湖南长沙望城坡西汉渔阳墓发掘简报》,《文物》2010年第4期;宋少华:《长沙西汉渔阳墓相关问题刍议》,《文物》2010年第4期。

②《明史》卷158《段民传》,中华书局,1974年,第4314页。

不同……今《诗》统作髡。《释文》云：本又作优。按：统，冕冠塞耳者，鬏盖似之。髳即鬏字。而羌髳字只从矛……按《诗》髦即书髳。髳长见汉令，盖如赵佗自称蛮夷大长，亦谓其酋豪也。”[①]段玉裁考证甚详。他指出，许慎所引《诗·鄘风·柏舟》用字与其所看到的本子不同，许所引本作鬏，他所看到的《诗经》本均作髦，古代两字字义截然不同，当以鬏为是，后代可能因两字音近，将鬏假借为髦。鬏可省为髳，只有表示西夷羌名的髳从矛，非鬏之省。段说可从，只是随着北大藏汉简《苍颉篇》的发现，证明西汉前中期字书中已使用简省的髳字，而非鬏字。

关于髳（髦）的发式，《礼记·内则》郑玄注说“其制未闻”，《仪礼·既夕礼》郑玄注也说“髦之形象未闻”，表明东汉后期人们已不再梳髳（髦）的发型。段注说许慎《说文》释鬏为“发至眉”本于《诗》毛传，推测东汉前中期的许慎也没有见过髦（髳）的发型。故其时如何已不可考。毛传说其发型是“发至眉”。郑玄说“象幼时鬌”，即婴儿三个月后，剪发为鬌，“男角女羁，否则男左女右，长大犹为之饰存之，谓之髦”。《柏舟》孔颖达正义：“言‘两’者，以象幼时鬌，则知鬌以挟囟，故两髦也”。[②]《礼记·丧大记》：“小敛，主人即位于户内，主妇东面，乃敛。卒敛，主人冯之踊，主妇亦如之。主人袒，说髦，括发以麻。妇人髽，带麻于房中。”郑玄注：“士既殡说髦，此云小敛，盖诸侯礼也。士之既殡，诸侯之小敛，于死者俱三日也。”孔颖达疏：“髦，幼时翦发为之，至年长则垂著两边，明人子事亲恒有孺子之义也。若父死说左髦，母死说右髦，二亲并死则并说之，‘亲没不髦’是也。”[③]段玉裁据此推测髳（髦）的发型为：“盖以发两绺下垂至眉，像婴儿夹囟之角发下垂。”鬏，朱骏声按：“如今苏俗，处女额上饰发两绺，曰胡蝶须。”[④]综合各家注释，髳（髦）是上古父母在世时子女所梳的发式，以表示在父母面前子女永远为孩子之意，东汉时已不流行。其发型是将前额的头发剪至齐眉长短，分成左右两绺斜在鬓角部位。父母丧，殡殓仪式后（士大夫是在殡礼后说髦，诸侯是在小敛

① 许慎撰，段玉裁注：《说文解字注》，第431页上栏。

② 郑玄笺，孔颖达正义：《毛诗注疏》卷3，上海古籍出版社，2013年，第248—249页。

③ 郑玄注，孔颖达正义：《礼记正义》卷53，上海古籍出版社，2008年，第1708—1709页。

④ 朱骏声编著：《说文通训定声》，中华书局，1984年，第266页下栏。

后），要举行“说髦（髳）”[①]的仪式，将两绺头发束扎进头发，露出额头，前面不留发。父亲死，说左边的髦（髳）；母亲死，说右边的髦（髳）。父母双亡后，则不髦（髳）。“说髦（髳）”是丧葬仪式的重要环节。

下面我们再来看第10句的第三个字“绖”。整理者注释据《说文》、《玉篇》、《仪礼》郑玄注，认为“即服丧期间系在头上或腰间的麻带”。整理者注释可从，此进一步申说。

《说文》糸部：“绖，丧首戴也。从糸，至声。”[②]《玉篇》糸部：“绖，徒结切，麻带也。”[③]《仪礼·丧服》：“斩衰裳，苴绖、杖、绞带，冠绳缨，菅屦者。传曰：斩者何？不缉也。苴绖者，麻之有蕡者也。苴绖，大搹，左本在下，去五分一以为带。”郑玄注：“麻在首在要皆曰绖，绖之言实也，明孝子有忠实之心，故为制此服焉。首绖象缁布冠之缺项，要绖象大带，又有绞带象革带。齐衰以下用布。”[④]段玉裁《说文解字注》在引《仪礼·丧服》和郑注后按：“然则在首为绖，在要为带，《经》特举绖以统带耳。故许以‘丧首戴’释绖，犹言当心之縗，则负板、辟领皆统其中也。”[⑤]说戴在头上的称绖，戴在腰上的称带，《仪礼·丧服》只提绖不提带，是以绖统带，也包括负板（丧礼时披在背上的粗麻片）和辟领（丧服的领子，在丧服的衣领处纵横各剪入四寸，以所剪各反折向外，覆于肩，也称作适），所以许慎也以“丧首戴”解释绖。《淮南子·本经》：“衰绖苴杖，哭踊有节，所以饰哀也。”[⑥]《淮南子·主术》：“衰绖菅屦，辟踊哭泣，所以谕哀也。”[⑦]《白虎通·丧服》：“丧礼必制衰麻何？以副意也。服以饰情，情貌相配，中外相应。故吉凶不同服，歌哭不同声，所以表中诚也。布衰裳，麻绖，箭笄，绳缨，苴杖，为略及本绖者，亦示也，故总而载之，示有丧也。

① 今本《毛诗注疏》孔颖达引《既夕礼》《丧大记》等“说髦”均作“脱髦”（郑玄笺，孔颖达正义：《毛诗注疏》卷3，第248—249页）。

② 许慎撰，段玉裁注：《说文解字注》，第667页下栏—668页上栏。

③《宋本玉篇》卷27，第493页。

④ 郑玄注，贾公彦疏：《仪礼注疏》卷28，上海古籍出版社，2008年，第862—865页。

⑤ 许慎撰，段玉裁注：《说文解字注》，第668页上栏。

⑥ 何宁撰：《淮南子集释》卷8，中华书局，1998年，第599页。

⑦ 何宁撰：《淮南子集释》卷9，第684页。

腰绖者,以代绅带也。所以结之何?思慕肠若结也。必再结云何?明思慕无已。"[①]以上材料均表明,"绖"指丧礼时丧主所戴的麻质丧带,戴在头上的称首绖,戴在腰上的称腰绖,统称为绖,用以表示孝子忠诚、怀念之情。

以上三个字均为字义单一的专用字,专指某一事物或行为,不容易产生歧义。三个字的字义均与葬礼有关应不是巧合,而与本章的章旨有关。沿着这个思路,可以发现本章中其他一些字也包含有与丧礼有关的义项,而一些句子在丧礼的主旨背景下也可以通解其句意,从而对整章内容的理解有所助益。下面让我们进一步展开考察。

第1句"阏错蹷葆"的第四个字"葆"。"葆",《说文》艸部:"草盛貌。从艸,保声。"[②]然而《玉篇》艸部:"葆,补道切,草茂盛貌。又羽葆也。"[③]在"草茂盛貌"义之外,又指出一义项,即羽葆。段玉裁《说文解字注》也说:"《汉书·武五子传》曰:'当此之时,头如蓬葆。'师古曰:'草丛生曰葆。'引伸为羽葆幢之葆。《史记》以为宝字。"[④]认为其引申义是羽葆幢之葆。

羽葆是仪仗用具,分一般仪仗用和丧礼用两种。一般仪仗用,如《汉书·韩延寿传》:"延寿在东郡时,试骑士,治饰兵车,画龙虎朱爵。延寿衣黄纨方领,驾四马,傅总,建幢棨,植羽葆,鼓车歌车。"颜师古注:"羽葆,聚翟尾为之,亦今纛之类也。"[⑤]则羽葆是用野鸡尾巴上的羽毛制作的。《汉书·王莽传下》:"或言黄帝时建华盖以登仙,莽乃造华盖九重,高八丈一尺,金瑵羽葆,载以秘机四轮车,驾六马,力士三百人黄衣帻,车上人击鼓,挽者皆呼'登仙'。莽出,令在前。百官窃言:'此似輀车,非仙物也。'"[⑥]王莽时建华盖,上面设有"金瑵羽葆",百官看了之后偷偷说像运载灵柩的輀车,不像仙物。此也反证輀车设有羽葆。

丧葬仪礼所用羽葆,如《礼记·杂记下》:"升正柩,诸侯,执绋五百人,

---

① 陈立撰,吴则虞点校:《白虎通疏证》卷11,中华书局,1994年,第510—511页。
② 许慎撰,段玉裁注:《说文解字注》,第47页下栏。
③《宋本玉篇》卷13,第255页。
④ 许慎撰,段玉裁注:《说文解字注》,第47页下栏。
⑤《汉书》卷76《韩延寿传》,第3214—3215页。
⑥《汉书》卷99《王莽传下》,第4169页。

四綍，皆衔枚；司马执铎，左八人，右八人；匠人执羽葆御柩。大夫之丧，其升正柩也，执引者三百人，执铎者左右各四人，御柩以茅。”郑玄注：“升正柩者，谓将葬朝于祖，正棺于庙也……御柩者，居前道正之。”孔颖达疏：“此一经明诸侯、大夫送葬正柩之礼，执铎之差。‘升正柩’者，谓将葬，朝于祖庙，柩升庙之西阶，于两楹之间。其时柩北首。故《既夕礼》云‘迁于祖，用轴。升自西阶，正柩于两楹间’是也……‘匠人执羽葆御柩’者，匠人，工人也。羽葆者，以鸟羽注于柄头如盖，谓之羽葆。葆谓盖也。匠人主宫室，故执盖物御柩。谓执羽葆居柩葆前，御行于道，示指挥柩于路，为进止之节也。然《周礼》丧祝御柩，此云‘匠人’者，《周礼》王礼，此诸侯礼也。”①《礼记·丧大记》：“君葬用辁，四綍二碑，御棺用羽葆。大夫葬用辁，二綍二碑，御棺用茅。”郑玄注：“御棺，居前为节度也。”孔颖达疏：“此一经明葬时在路尊卑载柩之车，及碑、綍之等……‘御棺用羽葆’者，《杂记》云诸侯用‘匠人执羽葆’，以鸟羽注于柄末，如盖，而御者执之，居前以指麾为节度也。”②综上，葆是用鸟的羽毛插在柄头上，做成伞盖的样子。诸侯、大夫举行葬礼前，要先朝于祖庙。诸侯用轴（一说为辁）载棺柩，五百人拉着四根綍（绳子）牵引，在轴（辁）的左右各有司马八人执铎，匠人在前举着羽葆为先导，指挥队伍。从祖庙西边的台阶将棺柩升至祖庙两楹之间。大夫不用羽葆，而用茅御柩。由此或可确定，《阔错》第一句讲的是葬礼“升正柩”仪式，而且由于使用的是羽葆而非茅，所以本章所讲为诸侯（君）礼，即丧主或死者为诸侯级。

第4句“钤镛闰悝”的“钤镛”两字。“钤”，《说文》金部：“钤镛，大犁也，一曰类枱。从金，今声。”段玉裁注：“各本作相，误，今正。枱，耒耑也。耒者，手耕曲木也。耒枱与犁之别，一以人，一以牛也。”③一说，祭器名。《山海经·西山经》：“其十辈神者，其祠之，毛一雄鸡，钤而不糈；毛采。”郭璞注：“钤，所用祭器名，所未详也。”④镛，《说文》金部：“镛，钤镛也。从金，隋声。”⑤《急就

① 郑玄注，孔颖达正义：《礼记正义》卷52，第1669—1670页。

② 郑玄注，孔颖达正义：《礼记正义》卷54，第1775页。

③ 许慎撰，段玉裁注：《说文解字注》，第714页上栏。

④ 袁珂校注：《山海经校注》，上海古籍出版社，1980年，第38页。

⑤ 许慎撰，段玉裁注：《说文解字注》，第714页上栏。

篇》:"钤镛钩铚斧凿钮。"颜师古注:"钤镛,大犁之铁。"[①]"钤镛"指农器大犁或类枱(耒耜),古代常用作明器陪葬。《仪礼·既夕礼》:"陈明器于乘车之西……用器,弓、矢、耒耜、两敦、两杅、槃、匜。匜实于槃中,南流。无祭器,有燕乐器可也。"贾公彦疏:"谓常用之器,弓、矢,兵器;耒耜,农器;敦、杅,食器;槃、匜,洗浴之器,皆象生时而藏之也。"[②]此处的"钤镛"应当指作为陪葬品的大犁、耒耜类农器。

此句第三个字"闰"。《说文》王部:"闰,余分之月,五岁再闰也。告朔之礼,天子居宗庙,闰月居门中。从王在门中。《周礼》:'闰月,王居门中终月也。'"[③]古代历法一年较回归年相差约 10 日 21 时,故须置闰,三年闰一个月,五年闰两个月。置闰对于重四时节令的古代人来说意义重大,故《尚书·尧典》说:"以闰月正四时成岁。"古人也因此把闰看成是天道的体现。例如《尚书·舜典》:"三载考绩。三考,黜陟幽明。庶绩咸熙,分北三苗。"孔颖达正义:"三年一闰,天道成,人亦可以成功,故以三年考校其功之成否也。"[④]《后汉书·张纯传》载建武二十六年(50)张纯上奏:"礼说三年一闰,天气小备;五年再闰,天气大备。故三年一袷,五年一禘。"东汉的禘祫礼因此而定。[⑤]《白虎通·巡狩》:"因天道时有所生,岁有所成。三岁一闰,天道小备,五岁再闰,天道大备。故五年一巡狩,三年二伯出述职黜陟。"[⑥]正如考绩、禘祫、巡狩等均以三年一闰为期一样,古代人把行三年丧也看成是行天道。如《白虎通·五行》:"子丧父母何法?法木不见水则憔悴也。丧三年何法?法三年一闰,天道终也。"[⑦]

大约在春秋时开始以二十五月即两年零一个月代替三年之丧。如《春秋公羊传·闵公二年》:"三年之丧,实以二十五月。"何休解诂:"所以必二十

---

① 史游著,曾仲珊校点:《急就篇》,岳麓书社,1989 年,第 161 页。
② 郑玄注,贾公彦疏:《仪礼注疏》卷 38,第 1164—1168 页。
③ 许慎撰,段玉裁注:《说文解字注》,第 9 页下栏。
④ 孔安国传,孔颖达正义,黄怀信整理:《尚书正义》卷 3,上海古籍出版社,2007 年,第 110 页。
⑤《后汉书》卷 35,中华书局,1965 年,第 1195 页。
⑥ 陈立撰,吴则虞点校:《白虎通疏证》卷 6,第 290—291 页。
⑦ 陈立撰,吴则虞点校:《白虎通疏证》卷 4,第 198 页。

五月者，取期再期，恩倍，渐三年也。孔子曰‘子生三年，然后免于父母之怀。夫三年之丧，天下之通丧。’”徐彦疏：“言‘渐三年也’者，谓二十五月，渐得三年之竟，故云‘渐三年也’。”[①]《春秋繁露·玉杯》：“《春秋》讥文公以丧取。难者曰：‘丧之法，不过三年。三年之丧，二十五月。今按经，文公乃四十一月方取。取时无丧，出其法也久矣。何以谓之丧取。’曰：‘《春秋》之论事，莫重于志。今取必纳币，纳币之月在丧分，故谓之丧取也……’”[②]《白虎通·丧服》：“三年之丧何二十五月？以为古民质，痛于死者，不封不树，丧期无数，亡之则除。后代圣人，因天地万物有终始，而为之制，以期断之。父至尊，母至亲，故为加隆，以尽孝子之恩。恩爱至深，加之则倍。故再期二十五月也。礼有取于三，故谓之三年。缘其渐三年之气也。故《春秋传》曰：‘三年之丧，其实二十五月也。’”[③]《白虎通·丧服》：“既练，舍外寝，居垩室，始食菜果，反素食，哭无时。二十五月而大祥，饮醴酒，食干肉。二十七月而禫，通祭宗庙，去丧之杀也。”[④]《后汉书·陈忠传》载陈忠上疏：“夫父母于子，同气异息，一体而分，三年乃免于怀抱。先圣缘人情而著其节，制服二十五月，是以《春秋》臣有大丧，君三年不呼其门，闵子虽要绖服事，以赴公难，退而致位，以究私恩，故称‘君使之非也，臣行之礼也’。”[⑤]

古人认为三年一闰，天道终。父母于子，恩爱至重，三年乃免于怀抱，故取法三年一闰，父母死要服三年丧，以尽孝子之心。故疑“闰”代指三年父母丧。由此也可以确定，《阔错》章的葬礼指的是父母丧。这与前文谈到的“说髽”指父母丧亦相一致。

此句第四个字“悝”，《说文》心部：“悝，啁也。从心，里声。《春秋传》有孔悝。一曰：病也。”段玉裁注：“《释诂》曰：‘悝，忧也。’又曰：‘瘇，病也。’盖忧与病相因，悝、瘇同字耳。《诗》：‘悠悠我里。’《传》曰：

---

① 何休解诂，徐彦疏：《春秋公羊传注疏》卷9，上海古籍出版社，2014年，第353页。

② 苏舆撰，钟哲点校：《春秋繁露义证》卷1，中华书局，1992年，第23—25页。

③ 陈立撰，吴则虞点校：《白虎通疏证》卷11，第507—508页。

④ 陈立撰，吴则虞点校：《白虎通疏证》卷11，第517—518页。

⑤《后汉书》卷46《陈忠传》，第1560页。

'里,病也。'是则假借里为悝。"[①]《玉篇》心部:"悝,力止切,忧也,悲也,疾也。又口回切。"[②]结合上下文义,本章的"悝"当指丧主失去父母悲伤至极。《礼记·问丧》:"亲始死,鸡斯徒跣,扱上衽,交手哭。恻怛之心,痛疾之意,伤肾、干肝、焦肺,水浆不入口三日。不举火,故邻里为之糜粥以饮食之。夫悲哀在中,故形变于外也。痛疾在心,故口不甘味,身不安美也。"[③]文献中这类反映子逢父母丧悲伤痛苦的记载甚多。

第7句中的"紂",整理者注释据《说文》,"枲履也",即麻鞋,字亦作縶;引《急就篇》颜师古注,"圆头掩上之履也"。整理者注释可从,此进一步申说"紂"指丧服的麻鞋。

《说文》糸部:"紂,枲履也。从糸,封声。"[④]枲是雄麻的泛称,也叫牡麻、母麻(详见后文),枲履即牡麻制作的鞋。《荀子·正论》:"世俗之为说者曰:'治古无肉刑而有象刑:墨黥;慅婴;共,艾毕;菲[⑤]對屦;杀,赭衣而不纯。治古如是。"杨倞注:"菲,草屦也。'對'当为'紂',传写误耳。紂,枲也,《慎子》作'紂'。言罪人或菲或枲为屦,故曰'菲紂屦'。紂,方孔反。'對'或为'蒯',《礼》有'疏屦',《传》曰'藨蒯之菲也。'"[⑥]杨倞认为,"對"是"紂"传写之误,"菲"是草屦,"紂"是枲屦。又疑"對"或为"蒯","菲對屦"即《礼》中的"疏屦","藨蒯之菲"。宋代李衡《周易义海撮要》引《荀子·时则》作"菲紂屦":"荀卿曰菲紂屦。紂,枲也。《尚书大传》曰:'唐虞象刑,上刑赭衣,中刑杂屦。'杂屦即《传》所谓藨蒯之屦。要之,中刑之屦或菲或紂或藨或蒯,皆草为之。疑古者制为菲屦赭衣,当刑者服之,以示愧耻,屦校没足,使止而不行,小惩大戒,所以无咎。"[⑦]《方言》卷4:"屝、

① 许慎撰,段玉裁注:《说文解字注》,第514页下栏—515页上栏。

② 《宋本玉篇》卷8,第154页。

③ 郑玄注,孔颖达正义:《礼记正义》卷64,第2153页。

④ 许慎撰,段玉裁注:《说文解字注》,第668页上栏。

⑤ 沈啸寰、王星贤点校本此处以逗号断开(王先谦撰,沈啸寰、王星贤点校:《荀子集解》卷12,中华书局,1988年,第327页),笔者以为不宜断。

⑥ 王先谦撰,沈啸寰、王星贤点校:《荀子集解》卷12,第326—327页。

⑦ 李衡:《周易义海撮要》卷3,《四库全书》第13册,上海古籍出版社,1989年,第349页下栏。

屦、麤，履也。徐兖之郊谓之扉，自关而西谓之屦。”[①]王念孙指出“扉”通“菲”。[②] 根据《荀子》等说法，古时为了将罪犯与普通人相区别，让他们穿上特殊的服装，以羞辱之，死刑犯穿赭衣，犯中等罪行的刑徒穿草、麻制作的鞋，草鞋叫菲，麻鞋叫�。杨倞和李衡都提到《仪礼・丧服》中的“疏屦”和“藨蒯之菲”。《仪礼・丧服》：“疏衰裳，齐，牡麻绖，冠布缨，削杖，布带，疏屦，三年者。传曰：齐者何？缉也。牡麻者，枲麻也。牡麻绖右本在上。冠者沽功也。疏屦者，藨蒯之菲也。父卒则为母。继母如母……慈母如母。”郑玄注：“疏，犹麤也。”孔颖达疏：“‘疏屦’者，疏取用草之义，即《尔雅》云‘疏，不熟’之疏。若然，注云‘疏，犹麤’者，直释经‘疏衰’而已，不释‘疏屦’之疏。若然，斩衰章言‘菅屦’见草体者，以其重，故见草体，举其恶貌；此言‘疏’以其稍轻，故举草之总称。自此以下，各举差降之宜，故不杖章言‘麻屦’，齐衰三月与大功同‘绳屦’，小功、缌麻轻，又没其屦号。”[③]丧礼齐衰穿“疏屦”，根据孔颖达的解释，疏即麤，泛指用草等植物制作的鞋。斩衰用菅屦，齐衰三年、一年用麻屦，齐衰三月与大功用绳屦，小功、缌麻因服轻，没有屦名。孔颖达提到的《仪礼・丧服》“不杖，麻屦者”[④]，可反证齐衰一年的疏屦即麻屦。由此可知，草鞋、麻鞋也是丧服，穿质量粗劣的草、麻鞋是为了表达丧主哀痛自苦之心。麻鞋是齐衰三年者和一年者服。齐衰三年者已见前引，一年者亦见《仪礼・丧服》：“疏衰裳，齐，牡麻绖，冠布缨，削杖，布带，疏屦，期者。”[⑤]结合前文的考证，本章所讲为父母丧服三年，由于父丧为斩衰三年，母丧为齐衰三年，可进一步确定本章所讲为诸侯之母丧。

第9句“泫沄孃娙”的“泫沄”两字。整理者据《说文》及段注、《诗》毛传等，认为“泫”指水势盛大之貌，“泫沄”为双声叠韵联绵词，即水流翻腾之貌。按：《说文》水部：“泫，湝流也。从水，玄声。”段玉裁注：“湝当作潸，字之误也。《檀弓》曰：‘孔子泫然流涕。’《鲁语》：‘无洵涕。’韦曰：‘无声涕出为洵

① 钱绎撰集，李发舜、黄建中点校：《方言笺疏》卷4，中华书局，1991年，第165页。
② 王念孙撰，钟宇讯点校：《广雅疏证》卷7下，中华书局，1983年，第235页。
③ 郑玄注，贾公彦疏：《仪礼注疏》卷30，第899—902页。
④ 郑玄注，贾公彦疏：《仪礼注疏》卷30，第909页。
⑤ 郑玄注，贾公彦疏：《仪礼注疏》卷30，第904页。

涕。'按,洵者,泫之假借字也。《文选》诗曰:'花上露犹泫。'"[①]段注认为今本《说文》的"湝流"是"潜流"之误,"泫"可假借为"洵",是默默流泪的意思。其说可从。《全后汉文·太尉刘宽碑》:"门生郭异等,□公永慕□□□□□□□绋无以慰怀,洵涕述高,乃共刊石建碑,式序鸿烈。"[②]可证段注的说法。关于"沄",《说文》水部:"转流也。从水,云声,读若混。"段玉裁注:"回转之流,沄沄然也。《释言》曰:'沄,沆也。'郭云:'水流漭沆。'"[③]汉代文献中可以见到"泫沄"连用为词者,如张衡《思玄赋》"扬芒熛而绛天兮,水泫沄而涌涛"。李贤注:"泫音胡犬反,沄音户昆反,并水流貌也。"[④]用以形容水流汹涌。结合前后文的语境,则此处的"泫沄"当指孃姪因丧主母亲即姑姑的去世,心情悲痛,默默流泪,泪水汹涌不止状。

第三个字"孃",整理者据《玉篇》,母也;通"娘",指母亲。按:整理者意见可从。除整理者所举《玉篇》女部"孃,母也"[⑤]外,《说文》女部:"孃,烦扰也。一曰:肥大也。从女,襄声。"段玉裁在"烦扰"义外,另曰:"又按,《广韵》:'孃,女良切,母称。'娘亦女良切,少女之号。唐人此二字分用画然,故耶孃字断无有作娘者,今人乃罕知之矣。"[⑥]

第四个字"姪",整理者直接引《尔雅》《仪礼》《释名》,未加说明。按:《释名·释亲属》:"姑谓兄弟之女为姪。姪,迭也,共行事夫,更迭进御也。"[⑦]说姑称兄弟之女为姪。但《尔雅·释亲》说法不同:"女子谓昆弟之子为姪。"[⑧]《说文》女部:"姪,女子谓兄弟之子也。从女,至声。"段玉裁注:"各本作兄之女也,不完,今依《尔雅》正。《释亲》曰:'女子谓昆弟之子为姪。'《丧服·大功章》曰:'女子子适人者,为众昆弟姪丈夫妇人报。'《传》曰:'姪

---

① 许慎撰,段玉裁注:《说文解字注》,第552页上栏。
② 严可均辑,许振生审定:《全后汉文》,商务印书馆,1999年,第778页。
③ 许慎撰,段玉裁注:《说文解字注》,第553页上栏。
④《后汉书》卷59《张衡传》,第1921—1922页。
⑤《宋本玉篇》卷3,第67页。
⑥ 许慎撰,段玉裁注:《说文解字注》,第631页上栏。
⑦ 刘熙撰,毕沅疏证,王先谦补,祝敏彻、孙玉文点校:《释名疏证补》卷3,中华书局,2008年,第100页。
⑧ 郭璞注,邢昺疏:《尔雅注疏》卷4,上海古籍出版社,2010年,第212页。

者何也,谓吾姑者吾谓之姪。'《经》言丈夫妇人同谓之姪,则非专谓女也。《公羊传》曰:'二国往媵,以姪娣从,谓妇人也。'《左传》曰:'姪其从姑,谓丈夫也。'不谓之犹子者,女外成别于男也。今世俗男子谓兄弟之子为姪,是名之不正也。此从女者,谓系乎姑之称也。许误会用《公羊》'兄之女也'为训,非是。从至者,谓虽适人而于母家情挚也。"[①]据段注,《说文》以"兄之女"释"姪",段玉裁认为这一说法不准确,当依据《尔雅·释亲》等改正为"兄弟之子",包括子男和子女。段说虽是,但本章中仍具体指母亲的姪女。

《礼记·丧大记》:"于士,既殡而往;为之赐,大敛焉。夫人于世妇,大敛焉;为之赐,小敛焉。于诸妻,为之赐,大敛焉。"孔颖达疏:"诸妻,姪娣及同姓女也。"[②]古代有媵妻制。古诸侯嫁女,以姪娣从嫁称媵。《左传》成公八年:"卫人来媵共姬,礼也。凡诸侯嫁女,同姓媵之,异姓则否。"[③]《公羊传》庄公十九年:"媵者何?诸侯娶一国,则二国往媵之,以姪、娣从。"[④]《仪礼·士昏礼》:"妇彻于房中,媵、御馂,姑酳之。"郑玄注:"古者嫁女必姪、娣从,谓之媵。姪,兄之子。娣,女弟也。"[⑤]前举《释名·释亲属》"姪,迭也,共行事夫更迭进御也",即指此。《礼记·曲礼下》:"国君不名卿老、世妇,大夫不名世臣、姪娣,士不名家相、长妾。"孔颖达疏:"姪是妻之兄弟之女,娣是妻之妹,从妻来为妾也。"[⑥]《礼记·丧大记》:"君抚大夫,抚内命妇。大夫抚室老,抚姪娣。"孔颖达疏:"大夫以室老为贵臣,以姪娣为贵妾,死则为之服,故并抚之也。既抚姪娣,则贱妾不抚也。"[⑦]结合后文的"髽笄绖枲",本章的"孃姪"当指跟随丧主母亲陪嫁来的姪女,即文献中所说"诸妻""姪娣",俗称"小妻"或"妾"。

第10句"绖"后的"枲"字,整理者注释据《说文》《玉篇》《仪礼·丧服》,认为是"不结籽之麻",枲麻即牡麻,并按:"牡麻无实者也,夏至开花,荣而不

---

① 许慎撰,段玉裁注:《说文解字注》,第622页上栏。
② 郑玄注,孔颖达正义:《礼记正义》卷54,第1758页。
③ 杜预注,孔颖达等正义:《春秋左传正义》卷26,上海古籍出版社,1997年,第1905页。
④ 何休解诂,徐彦疏:《春秋公羊传注疏》卷8,第289页。
⑤ 郑玄注,贾公彦疏,王辉整理:《仪礼注疏》卷5,第129页。
⑥ 郑玄注,孔颖达正义:《礼记正义》卷5,第138页。
⑦ 郑玄注,孔颖达正义:《礼记正义》卷54,第1749页。

实，亦曰夏麻。"关于"枲"的本义，整理者注释可从。本章中"枲"与前面的"绖"合称"绖枲"，应专指丧礼时丧主所带的牡麻绖。

《说文》朩部："枲，麻也。从朩，[①]台声。"段玉裁注：

> 锴本作麻子也，非。《玉篇》云："有子曰苴，无子曰枲。"[②]《广韵》互易之，误也。《丧服传》曰："苴，麻之有蕡者也。牡麻者，枲麻也。"……枲既无实之牡麻，何以言枲实也？枲亦为母麻、牡麻之大名，犹麻之为大名也。芓者，母麻。一曰芓即枲也，是苴可呼枲之证也……《九谷考》曰："《间传》曰：'苴，恶貌也。斩衰貌若苴，齐衰貌若枲。'以今日北方种麻事目验之。牡麻俗呼花麻，夏至开花，所谓荣而不实谓之英者。花落即拔而沤之，剥取其皮，是为夏麻，夏麻之色白。苴麻俗呼子麻，夏至不作花而放勃，勃即麻实，所谓不荣而实谓之秀者。八九月间子熟则落，摇而取之，子尽乃刈，沤其皮而剥之，是为秋麻。色青而黯，不洁白。"《间传》所云若苴若枲，殆以是与？[③]

段玉裁考证已详。他采信《玉篇》《仪礼·丧服传》以及程瑶田《九谷考》的说法，认为枲为不结籽的雄麻，亦称牡麻、母麻，枲是大名。《四民月令》本注亦载：牡麻，"一名为枲"[④]。

按仪礼规定，丧礼时五服中除斩衰用苴绖外，齐衰、大功、小功、缌麻均用牡麻绖。除前引《仪礼·丧服》所载齐衰外，再如："大功布衰裳，牡麻绖，无受者。""繐衰裳，牡麻绖，既葬，除之者。"[⑤]武威汉简《甲本服传》《乙本服传》《丙本丧服》和郭店楚简《六德》等出土文献中亦有"牡麻绖"的相关记载。[⑥] 如《郭店楚简·六德》："绖(疏)斩布实丈，为父也，为君亦肰(然)。绖

---

① 整理者注释误作"从木"。

② 《玉篇》朩部："枲，司子切，麻也，有子曰苴，无子曰枲。"(《宋本玉篇》卷14，第282页)

③ 许慎撰，段玉裁注：《说文解字注》，第339页上栏。

④ 崔寔撰，石声汉校注：《四民月令校注》，中华书局，1965年，第41页。

⑤ 郑玄注，贾公彦疏：《仪礼注疏》卷31、32，第950、975页。

⑥ 甘肃省博物馆、中国科学院考古研究所编著：《武威汉简》，文物出版社，1964年，第91、129、133页；荆门市博物馆：《郭店楚墓竹简》，文物出版社，1998年，第188—189页。

（疏）衰齐戊（牡）粖（麻）实（绖），为（昆）弟也，为宴（妻）亦肰（然）。”①《阔错》中“绖”与“枲”连称为“绖枲”，当指丧服的牡麻绖，将两字颠倒是为了句子押韵。母丧为齐衰三年，故与牡麻绖的服制亦相吻合。

由于可资参考、对读的文献有限，《阔错》章中其他字的含义尚无法完全确定，因此也无法将本章的内容贯通地加以疏解。但是通过上述考察，我们可以推测本章的内容是叙述诸侯母亲的葬礼仪式。

在多重社会心理下，古代人对葬礼十分重视，甚至远远超过对生者以及现实生活的重视，并充分体现在丧葬用具和仪式上。葬礼仪式从朝祖庙的“升正柩”开始，本章第一句的“葆”就是指朝祖庙时用以御柩的羽葆。“葆”也揭示了死者的身份级别是诸侯（君）一级，而非大夫、士。葬礼是死者及其家庭社会关系的一次特殊展现，赙赠是最重要的展现方式之一。赙赠礼品的多寡、贵重程度是死者以及家庭成员社会地位、社会关系的物化表现。本章第三句的“祱”便是当时表示赙赠丧者衣被的专门用字。为了让死者能在地下过上富裕甚至奢华的生活，当时人要在墓中随葬大量物品，其中生产、生活用具是必不可少的，第四句的“钤镛”就是农耕社会的主要工具——大犁，相当于牛耕时代以前的耒耜。在重视血缘家族、等级分明的古代社会，亲亲、尊尊原则贯彻于丧礼始终，特别是对“同气异息，一体而分”的父母。早在先秦时期，便已确定五服的原则，父丧为斩衰，母丧为齐衰，子要服丧三年，取法三年一闰则天道成。正因为如此，当时便有了将父母丧称作“闰怛”的说法，所谓“怛”即悲伤至极，乃至憔悴毁损。第七句的“紨”和第十句的“绖枲”进一步揭示了死者的身份为丧主的母亲。“紨”即麻鞋，齐衰三年和一年者穿麻鞋。“绖”是服丧期间系在头上或腰间的麻带，枲是牡麻，故“绖枲”指齐衰的牡麻绖。由此可以确定，死者是丧主的母亲。至为悲伤的不仅仅是丧者的子女，还有自幼便随姑母从嫁的侄女。女性的情感表达直接而感性，孃姪在殡敛仪式上抑制不住内心的伤悲，泪水如“泫沄”般滂沱而下。这个仪式后，丧主要举行“说髳（髦）”礼，将代表母亲在的那绺头发梳起来，别在发髻中，它意味着生养他的母亲已不复在人间。

① 荆门市博物馆：《郭店楚墓竹简》，第188—189页。

值得注意的是,《阔错》章讲述的丧葬礼仪与《仪礼》等经典文献可以互相参证,而其中说到的“鬌(髦)”的发型以及“说鬌(髦)”等礼仪,到东汉郑玄时已完全消失,它似乎意味着此章成书较早。同样,《阔错》章选择诸侯(君)礼也是一个值得特别关注的现象。

《阔错》章通过叙说诸侯君母亲葬礼仪式的方式,将有关丧葬礼仪方面的用字收入《苍颉篇》中,从而使《苍颉篇》收字全面。这样的收字方式和体例,显示了北大藏汉简本《苍颉篇》与后世以《说文解字》为代表的字书、辞书的重要差异。

附记：原文以《北大汉简〈苍颉篇·阔错〉的释读与章旨》为题刊于《历史研究》2017 年第 6 期,本文略有改动。

墓志所见唐代潞州地区的粟特人

毛阳光

众所周知，中古时期大量粟特人沿着丝绸之路来到汉地，并散居在各地。随着20世纪以来，大量唐代粟特人及其后裔墓志的出土，对于粟特人的聚居分布情况，许多学者都进行了深入的研究，成果丰硕。而唐代河东地区，亦是粟特人居住较为集中的地区。荣新江就曾对于太原、代州、蔚州、介州的粟特人集聚情况进行了分析。① 葛承雍则撰文陈述了蒲州地方的粟特人踪迹。② 张庆捷利用《曹怡墓志》印证了初唐时期河东道西部萨宝府的存在，并探讨胡人在唐朝建立过程中的作用。在另一篇文章中，他还认为唐五代时期，粟特人的活动主要集中在介州大同之间的山西中北部地区，这里的粟特人数量较多。③ 而对于河东南部地位颇为重要的潞州地区，以往关注较少。贾发义《中古时期粟特人移入河东的原因及分布初探》虽然注意到了泽潞地区，但所举例证较少。④ 张正田《中原边缘——唐代昭义军研究》曾利用造像记及墓志文献来分析潞州地区的少数民族情况，认为这一地区胡汉

---

① 荣新江：《北朝隋唐粟特人之迁徙及其聚落》，袁行霈主编《国学研究》第6卷，北京大学出版社，1999年。荣新江：《北朝隋唐粟特人之迁徙及其聚落补考》，氏著《中古中国与粟特文明》，生活·读书·新知三联书店，2014年。

② 葛承雍：《崔莺莺与唐蒲州粟特移民踪迹》，氏著《唐韵胡音与外来文明》，中华书局，2006年，第44—59页。

③ 张庆捷：《唐代〈曹怡墓志〉有关入华胡人的几个问题》，荣新江、罗丰主编《粟特人在中国：考古发现与出土文献的新印证》，科学出版社，2016年；《〈大晋故鸡田府部落长史何公墓志铭〉发微》，《纪念岑仲勉先生诞辰130周年国际学术研讨会论文集》，中山大学出版社，2019年。

④《中华文史论丛》2015年第1期。

杂居,胡姓势力颇强。但张氏根据姚薇元《北朝胡姓考》所记载之胡姓渊源对照石刻中的姓氏背景进行推断,缺乏直接的证据。① 刘文涛利用近年这里出土墓志研究了拓跋元氏、匈奴呼延氏、氐族吕氏几个少数民族姓氏后裔。② 由于史料的局限,均未涉及粟特人的相关情况。

近年来,唐代河东道的潞州地区,其主要部分即今天山西省的长治地区,出土了大量唐代墓志,成为继洛阳、西安之后出土唐墓志最多的地区。③ 这些墓志内容丰富,涉及面极广,尤其集中于潞州中下级官吏以及唐后期昭义军的各级军将,也有大量的庶族地主和富民,形制与书写也颇具地域特色。一些学者已经利用这方面的资料开展了相关问题的研究。④ 在翻检这些墓志资料的过程中,笔者发现其中还有一定数量的粟特人及其后裔的墓志。其中,西安碑林博物馆收藏的三方墓志已经刊布。⑤ 郭桂豪通过对《安士和墓志》的研究,认为安士和就是出身武威的粟特人。他还钩沉了安士和家族进入潞州的轨迹,探讨了他的家族背景、婚姻与军旅生涯。这为我们研究安史之乱后中下层粟特军人的生活提供了个案。⑥ 此外,还有相当数

---

① 张正田:《中原边缘——唐代昭义军研究》第三章第三节"从史料所载姓氏看泽潞地区的民族"。作者承认根据姓氏推测其族属的方法存在局限性,但囿于史料缺乏不得已为之。但以保守态度论述而加以弥补。稻乡出版社,2007年,第137页。

② 刘文涛:《长治出土唐代潞州墓志初探》,山西大学2017年硕士学位论文,第66—70页。

③ 唐代的潞州包括今天山西省长治市上党区、潞州区、潞城区、屯留区、长子、壶关、黎城、平顺、武乡、襄垣、沁县以及河北的涉县。

④ 王庆卫:《从新见墓志挽歌看唐五代泽潞地区民间的生死观念》,《陕西师范大学学报》2012年第5期,第111—117页;刘天琪:《墓志"谶语"现象及志盖地域风格——以西安碑林新入藏隋唐潞州地区墓志为例》,《荣宝斋》2013年第6期,第118—131页;刘文涛:《长治出土唐代潞州墓志初探》,山西大学2017年硕士学位论文;张葳:《因宦徙居:唐代墓志所见潞州人口迁入情况的个案考察》,《魏晋南北朝隋唐史资料》第35辑,上海古籍出版社,2017年,第184—212页。

⑤ 分别是《唐故武威郡安氏夫人墓志》《唐常山故阎公金城米氏故夫人墓志》《唐故车营十将定远将军试太仆卿武威安公(士和)墓志》,参见赵力光主编《西安碑林博物馆新藏墓志汇编》294、295、321,线装书局,2007年,第757—758、759—760、832—833页。郭桂豪还认为341《李荣益及妻史氏墓志》中之史氏亦为粟特人,但从墓志记载来看,史氏的民族背景尚难判定。

⑥ 郭桂豪:《〈唐车营十将安士和墓志铭〉考释》,《北京大学研究生学志》2009年第4期,第105—111页。

量的潞州粟特人墓志不为人知。而且近年来河北邢台、邯郸，河南洛阳等地也出土了与中晚唐潞州有关的粟特军人墓志。这为我们研究唐代潞州地方社会、粟特人的迁移、生存状态等提供了新的契机。故而笔者在这里将这些粟特人资料予以揭示，并结合本文主题加以探究。

一、新出墓志中的潞州粟特人资料

《大唐故处士骑都尉君(康琮)志石铭》，拓本长宽均 45 厘米。笔者 2007 年在洛阳市场购得拓本，原石未见。[①] 墓志载："其先家本会稽郡，远祖后魏上党守，子孙因居焉，今为潞府屯留县人也。祖宗国初锡元从，帝朝散大夫，阖门享其荣祚矣。考信基，好黄老术，博闻多艺。高尚不□，度缅眉寿。"康琮家族进入潞州地区的时间很早，其先祖早在北魏时期就曾任上党郡守，因此家族在此繁衍生息，最终占籍屯留县。[②] 而会稽郡是唐代康姓粟特人经常使用的郡望，该墓志也是较早提及康姓会稽郡望的墓志文字。[③] 康琮的祖父在李唐建国的过程中投靠了唐朝，以国初原从的缘故，被授予高品阶的朝散大夫。这种情况在当时的粟特人中多有出现。[④] 但父亲康信基并未仕宦。而康琮作为府兵参加了高宗时期征讨辽东的战争，因为作战勇敢，凯旋之后

---

① 《大唐故处士骑都尉君志石铭》，笔者藏墓志拓本。令人费解的是：该墓志的年号是开宝，但无论是内容，还是文字风格，均为山西长治出土唐墓志无疑，并不存在作伪的可能。笔者这里仍将其视作盛唐时期的墓志。

② 张葳通过对潞州地区的唐人墓志早期迁居情况的分析，发现声称先祖在西晋、北魏及北齐时期担任上党郡守，因而迁居的情况在墓志中比较常见，因此是否有这样的史实值得怀疑，但说明这些家族早年来到潞州应该是真实的。参张葳《因宦徙居：唐代墓志所见潞州人口迁入情况的个案考察》，《魏晋南北朝隋唐史资料》第 35 辑，上海古籍出版社，2017 年。

③ 荣新江认为这里的会稽并非江南的会稽，而是指河西瓜州的会稽。中古时期粟特人以此来混淆概念，掩盖自己的民族背景。荣新江：《北朝隋唐粟特人之迁徙及其聚落》，《国学研究》第 6 卷，后收入氏著《中古中国与外来文明》，第 59—62 页。近来，尹波涛提出商榷，认为魏晋南北朝大量粟特人经由陆路或海路进入江南地区，一定数量的粟特人定居江南的会稽郡，为后来粟特人建构会稽郡的郡望提供了事实依据。《粟特康氏会稽郡望考论》，《敦煌学辑刊》2017 年第 1 期。

④ 相关研究参毕波《中古中国的粟特胡人——以长安为中心》，中国人民大学出版社，2011 年，第 100—113 页。

被授予骑都尉的勋官。康琮去世后与其妻温氏合葬于潞州府城西二十五里平原。有子二人,长子康斌,婚李氏。次子康圭,婚崔氏与药氏。这样看来,康琮家族的汉化程度已经很深,是目前已知较早进入潞州地区的粟特人后裔。

《大唐故游击将军行密云郡白檀府左果毅安府君(建)墓志铭》,墓志2017年出土于山西长治,现藏洛阳龙门博物馆。志长、宽均90厘米,形制硕大。安建是长安人,出身官僚世家,父、祖都在唐朝担任高级武官。其祖安令忠为左武卫大将军。父安晖任右骁卫翊府中郎将,兼平卢军副使。子安利,任右威卫翊府中郎将。从安建家族仕宦的经历以及安建生活的年代来看,这个家族应该是唐高宗时期归附唐朝,因而进入南衙禁军系统的。安建开元十年扈从东光公主赴奚和亲,之后在檀州担任白檀府左果毅。开元十八年(730),契丹与奚发生内乱,他又护送公主奔还。此后,不知为何他一直居住在上党,直至开元二十九年四月在这里去世。其妻张氏天宝元年去世后,二人均葬于潞州城西南二里平原。①

《唐故安府君(嵩)墓志铭》,该墓志出土较早,原石现藏洛阳龙门博物馆。② 墓志记载,安嵩"其先天兴人也"。天兴县是凤翔府的治所,凤翔府位于陇山之东,这里地处关中,农业发达,也是唐代沟通西域道路上的重要都会。③ 因此,这里有粟特人居住。这在其他新出石刻文献中也能够得到印证。如河北永年出土的《米国朝墓志》亦记载"其先居岐州凤祥(翔)人也"④。陕西凤翔出土的《康忠信墓志》载其建中四年,"来兹岐陇",自后一直担任凤翔府当军蕃落十将。直到开成元年在这里去世。⑤ 而《安嵩墓志》

① 《大唐故游击将军行密云郡白檀府左果毅安府君(建)墓志铭》,龙门博物馆藏石,笔者藏墓志拓本。

② 齐运通编:《洛阳新获七朝墓志》,中华书局,2006年,第308页。

③ 史念海:《唐代通西域道路的渊源及其沿途的都会》,氏著《唐代历史地理研究》,中国社会科学出版社,1998年,第367—368页。

④ 《唐故昭义军受宁远赐金鱼袋上柱国左决胜军将虞候米府君墓志铭》,洛阳龙门博物馆藏石,笔者收藏墓志拓本。

⑤ 《唐故凤翔蕃落十将云麾将军左金吾卫大将军试殿中监上柱国蓟县开国公会稽康府君墓志铭》,山东鄄石居藏石,笔者收藏墓志拓本。

称安嵩家族为“天兴甲族”，似乎在当地有一定的势力。只是没有明确这个家族何时自天兴县迁徙至潞州，并著籍在这里。安嵩父安三郎，未仕宦。夫人张氏，四子万贵、万封、万荣、万季。安嵩贞元十四年(798)正月二十六日卒于上党甲第，贞元十七年十一月十五日葬于上党城西一十里冯村之西原。从墓志来看，这个家族进入汉地的时间较长，汉化程度很高。

龙门博物馆还收藏有《故开府仪同三司试太子宾客上柱国建康县开国公李公(弼)墓志铭》，这是目前所见潞州出土粟特人墓志中家族背景最为显赫的一方。志主李弼，“其先武威安氏，后家京兆，今为长安人也。唐凉州都督、封归国公讳兴贵之云孙，郧国公讳修仁之来孙，左卫大将军讳元寿之孙，考右金吾卫翊府郎将讳姜，公即弟八子”。李弼源出武威安氏，其先祖安兴贵与其弟安修仁都是唐朝的开国功臣，安元寿亦追随太宗，后陪葬昭陵。其后世子孙仕宦唐朝，政治影响巨大。[①] 但墓志记载其世系有误，安元寿应该是李弼的高祖而非其祖，其父安姜与安元寿之间有两代人的空缺。而右金吾卫翊府郎将安姜文献中也未见记载。[②] 墓志称李抱玉为李弼三从叔，而“元戎”即李抱玉从弟李抱真，二人俱是中唐名将，先后执掌昭义军。安史之乱中，李抱玉兄弟参与平定叛乱，因耻与安禄山同姓，遂上奏肃宗改姓李氏。据墓志记载，李弼原来隶职朔方军，之后跟随李抱玉兄弟入朝平定安史之乱。建中初年，他随李抱玉进入昭义镇，任昭义军十将。李抱真接掌昭义后，又迁昭义后院军十将、昭义兵马副使，出镇临洺。李弼贞元五年(789)二月五日薨于临洺官宅，其年四月七日迁窆潞府城西南五里上党太平原。可见这个粟特裔家族已经定居这里，并将此作为其长眠之地。[③]

---

① 吴玉贵:《凉州粟特胡人安氏家族研究》，荣新江主编《唐研究》第三卷，北京大学出版社，1997年。

②《新唐书》卷75下《宰相世系表五下》所载武威安氏家族世系缺漏甚多，此处据吴玉贵所列安氏家族世系。吴玉贵:《凉州粟特胡人安氏家族研究》，荣新江主编《唐研究》第三卷，第325页。

③ 李抱真去世后归葬渑池，葬于其父齐管茔侧。穆员《相国义阳郡王李公墓志铭》，《全唐文》卷784，中华书局，1983年，第8193页。荣新江认为李抱真家族可能占籍洛阳。《安史之乱后粟特胡人的动向》，原载《暨南史学》第二辑，暨南大学出版社，2013年，收入氏著《中古中国与粟特文明》，第86页小注。

《唐故渤海吴氏武威安夫人墓志铭》,该墓志原石未见,这里依据的是笔者搜集的拓本照片。墓志载"武威信都之裔也,其先内黄人也"。安夫人亦望出武威,此后安氏家族似乎迁徙到河北信都,之后又定居相州内黄。相州原是昭义军治所,薛嵩去世后该地被魏博吞并。则安夫人家族是较早进入河北的粟特人,安史之乱后隶属昭义军麾下,昭义并入泽潞后进入潞州。其夫吴朝,为"衙前十将、朝议郎、试左率府卫大将军"。安氏大和七年(833)正月十日卒于上党之私第,享年八十二岁。正月二十四日窆于府城西南,归于大茔之原。从其居住地以及安葬地而言,均在上党。则吴朝确定为昭义军衙前十将,安夫人所出应该也是昭义军的粟特军人家族。

《唐故武威郡安氏夫人墓志》原石藏西安碑林博物馆。安氏亦望出武威,其父、祖情况不详。"周文王之苗裔也。承苑公之后,始祖宗祧,食封潞邑"。之后嫁与陇西李公。大中五年五月丁卯日卒,迁殡于紫府城西三里古原。[①] 从墓志"东连壶岫,西接衡漳,北望三陲之峰,前跳黎侯之岭"的记载来看,紫府城即潞州城。此外,潞州城亦有紫盖城的别称。中宗后期,玄宗曾任潞州别驾。"州境有黄龙白日升天。尝出畋,有紫云在其上,后从者望而得之。前后符瑞凡一十九事。"[②]此类祥瑞应该是玄宗继位后附会出来的,"紫云在其上"即紫盖之意,而紫府城、紫盖城之名或由此而得。

《武威郡安氏夫人墓志》,拓本见《西南大学新藏墓志集释》。[③] 安氏葬于大中五年(851)四月。墓志载:"夫人本望武威,周文王之苗裔也。"则该家族也以武威为郡望。安氏婚陇西李氏,有一子三女。从墓志中"幼闲妇道,长弘母仪。……聿修妇德,六姻仰则,诫训有方"等记载来看,安氏已经是汉化程度很深的粟特后裔。

《唐常山故阎公金城米氏故夫人墓志》,原石藏西安碑林博物馆。米氏是昭义后院军副使米公的妹妹。丈夫阎叔汶,"军府襟袖"。其子阎君庆,

① 赵力光主编:《西安碑林博物馆新藏墓志汇编》,线装书局,2007 年,第 757—758 页。

② 刘昫:《旧唐书》卷 8《玄宗纪上》,中华书局,1975 年,第 165 页。

③ 毛远明编著:《西南大学新藏墓志集释》221,凤凰出版社,2018 年,第 640—642 页。书中称该墓志出土于河北省邯郸市大名县境内,然根据墓志中对其葬地环境"东连壶岫,西接衡漳"的描述来看,该墓志应出土于山西长治地区。

“后院随身军”，都是昭义的军将。阎叔汶早卒，此后她一直住在夫家。米氏的兄长担任昭义军后院军副使，可见也是一个较大的米氏家族。米氏大中五年十二月六日在潞州私第去世，后葬于潞州城南二里林泉村。[①]

《唐故车营十将定远将军试太仆卿武威安公(士和)墓志》，[②]墓志亦藏西安碑林博物馆。安士和是上党潞城人，但墓志称“武威安公”，则其望出武威。安士和祖父以上名讳及经历无载，可见未曾仕宦。其父安良素，“儒林鸿业，学富九经，实德长材，闻一知十，不趋名利，靡谒王侯，公禄不窥，安闲乐道，时人号三教通玄先生”。“大和中，尊夫人赵氏崩，擗踊扈丧，来臻之潞，合祔于潞城旧域。”说明这个安姓家族长期在潞州城居住，这里还有家族的祖茔。[③] 这个家族直到安士和才进入戎伍，先后任昭义军右平射军将虞候、车营十将。安士和咸通七年(866)八月廿二日终于上党私第，春秋七十有三。“即以其年丙戌十月癸酉将殡于郡城西五里大平乡祔子茔之庚穴也。”

《唐故翟府君(谊)墓志》，长、宽均47厘米，原石由洛阳私人收藏。[④] 中古时期翟姓的族属，过去一直认为来自丁零。北朝时期丁零翟氏就活动在上党地区，[⑤]但文献中也有丁零来自康居的记载。而从近年来学者对敦煌吐鲁番文书中有关西域、敦煌翟氏以及出土翟氏墓志的研究来看，相当数量的翟氏是来自粟特地区的粟特人。[⑥] 而潞州南部的泽州也是唐代翟氏的郡望。[⑦] 可见，这一地区有相当数量的翟姓。翟谊的曾祖翟耆陁，从其名讳来

---

① 赵力光主编：《西安碑林博物馆新藏墓志汇编》，第759—760页。

② 赵力光主编：《西安碑林博物馆新藏墓志汇编》，第832—833页。相关研究参郭桂豪《〈唐车营十将安士和墓志铭〉考释》，《北京大学研究生学志》2009年第4期。

③ 郭桂豪前引文将《安禄山事迹》卷下记载的阿史那承庆所据的幽州潞县误为河东潞州潞城县，导致他认为安士和家族在安史之乱中由于叛军内讧由幽州逃奔潞州，之后定居于此，成为上党人。这是明显的误读。安士和家族中唐之后定居潞州没有问题，但进入潞州的时间尚不能确定。

④ 《唐故翟府君墓志》，笔者收藏墓志拓本。

⑤ 姚薇元：《北朝胡姓考》外篇第四《高车诸姓》，第335—337页。

⑥ 陈菊霞：《西域敦煌粟特翟氏及相关问题研究》，《中国边疆史地研究》2008年第3期；罗丰、荣新江：《北周西国胡人翟曹明及其墓门图像》，荣新江、罗丰主编《粟特人在中国：考古发现与出土文献的新印证》，论文认为翟氏是中亚戊地国的粟特人。

⑦ 郑炳林校注：《敦煌地理文书汇集校注》斯2052《新集天下姓望氏族谱》，甘肃教育出版社，1998年，第324页。

看,虽然不是常见的胡名,但也可能出自音译。查阅相关资料,耆陁之名也可以和文献中粟特人名的译音接近,如 *γyt* /*Γēt?*/,意为父、等级,用于人名; *γytk* /*Γētak?*/,也是某一人名。[①] 因此,这个翟氏家族可能是粟特翟氏的后裔。他们进入河东的时间比较早,"生于汾阳之上,而长于西河之内"。翟谊祖翟清,父翟琳,二人均未仕宦,名字已经汉化。而翟谊"鬻田亩□滋腹",则是一个地主。其家住潞州清安坊景云里。翟谊光启三年(887)七月二十六日在私第去世,此后与其妻任氏合葬于潞州城西南三里之万户乡。有子文通、文德,婚李氏、郭氏,其女适魏氏、常氏。

除了以上长治地区出土的唐墓志之外,由于唐代泽潞镇从大历十二年开始又逐步并入昭义军所在的河北邢、磁、洺三州,形成泽潞和邢洺两个区域。两个区域之间虽然间隔太行山,但由于政治、经济、军事上的密切联系,人员交流较为频繁,尤其是在军队的驻防上。因此,近年这里出土的一些昭义军将校墓志对潞州地区的粟特人亦有所揭示。以下是笔者搜集到的三例:

《唐故昭义军受宁远赐金鱼袋上柱国左决胜军将虞候米府君(国朝)墓志铭》,墓志长、宽均 35 厘米,现藏洛阳龙门博物馆。[②] 该墓志近年出土于河北永年。墓志记载"米氏之先,起自姬后。乃封厥□,都于乐□,后迁石国人。因此宗枝郁□,源流分派。其先居岐州凤祥(翔)人也"。墓志称其出自姬姓,自然不足凭信。但其先辈居住石国,入华后先迁居凤翔,之后进入河东地区,则勾画了这个粟特人家族的迁移轨迹。米国朝曾祖米右,祖米开,父米清,"并武艺间世,英略当时"。则米国朝出身军人世家。他"功在白刃,勋斩绿林。投剑扫云,挥戈破敌。数十年间,输诚效节,名贯昭义"。长期担任昭义军左决胜军将虞候。元和九年(814)闰八月八日卒于营内官舍,之后葬于洺州临洺县西南四里平原。米国朝死后葬于临洺,应该与元和八年(813)十一月癸酉,昭义节度使郗士美奏请诸军就食于临洺有关。[③] 米国朝

① Pavel Lurje, *Personal names in Sogdian texts*, Wien 2011, pp.199 - 200.

② 此据笔者收藏墓志拓本。

③ 刘昫:《旧唐书》卷 15 下《宪宗纪下》,第 448 页。

妻康氏，应该也出自昭义军的康姓粟特家族。

《唐故赵府君（进）及夫人康氏墓志铭》，原石出自河北邢台，现归当地私人收藏。[①] 志主赵进是昭义军右突骑军将虞候，妻康氏。康氏“大和四年六月廿二日于上党寝疾，终于私室”。赵进年八十余，开成元年（836）七月十四日卒于私第。则夫妇二人原本生活在潞州城，去世后应该也葬在这里。直到会昌元年（841）十月十九日，其子赵文通等才将其卜葬于邢州城龙岗县西董村西北三里祖之旧茔平原。从其家族旧茔在邢州来看，则赵进原本是昭义军的军将，很可能父辈生活在邢州。昭义军并入泽潞之后，仕宦在上党。由此可见，昭义镇的邢洺区亦有康氏粟特人存在。

《唐故李公申屠氏夫人墓志铭》，墓志现藏河北邯郸博物馆。[②] 志主李荣“考讳驶，昭义武锋军兵马副使、检校国子祭酒，娶东平康氏女，生公”。李驶是昭义军的军将，其妻康氏。李荣大中三年（849）正月去世，年七十四。则李驶生活的大致时间就在代宗、德宗、宪宗时期。李荣去世后，“卜域宅于上党”，则这个家族此时即居住于此。其母康氏亦是中唐昭义军康姓家族的成员。

此外，龙门博物馆还收藏有近年洛阳东郊出土的《大唐故云麾将军守左金吾卫大将军上柱国汲县开国子食邑五百户颍川康公（璀）墓志铭》。[③] 有趣的是：这方墓志尽管出土于洛阳，然而志主康璀的家族及仕宦却与潞州及昭义军有着密切的联系。墓志记载康璀家族“因祖从宦，居于中山，今为高平人矣”。其九代祖康咏，隋朝中山太守、颍川公，由于仕宦中山，“子孙承业，因遂家焉”。到了康璀这一代，占籍高平，即泽州，亦属泽潞地区。墓志没有记载其曾祖、祖父的情况，只提及“皆文武显达，并著于简册，故不具载”。但实际情况估计是没有仕宦，故而含混带过。而其父康某“故昭义军都知兵马使兼监察御史，赐紫金鱼袋”。都知兵马使在唐代藩镇中掌管兵马及军事调动，位高权重，常常成为藩镇储帅，地位仅

① 河北邢台私人藏石，笔者收藏墓志拓本。

② 陈瑞青、马小青：《唐李荣夫妇墓志铭考释》，孙继民主编《河北新发现石刻题记与隋唐史研究》，河北人民出版社，2006 年，第 131—135 页。

③ 毛阳光：《洛阳流散唐代墓志汇编续集》341，国家图书馆出版社，2018 年，第 690—691 页。

次于节度使。[①] 根据康璀生活的年代向前追溯,康璀父康某担任昭义军都知兵马使很可能是在昭义军并入泽潞之后,该家族居住生活亦在潞州。康璀是其次子,亦在昭义军担任军职,具体职务不详。康璀在元和四年(809)还参与了昭义军讨伐成德军王承宗的战争。此后他一直在昭义军任职。直到穆宗长庆元年(821),才离开这里,先后担任横海军同节度副使、天平军节度副使。此后,其家迁居洛阳嘉善里,康璀与妻甄氏去世后葬于洛阳城东三川乡。值得注意的是:其长子康公液,娶安氏;其长女,婚何氏。应该都出自潞州地区的粟特家族。

单纯从绝对数量上来看,以上墓志数量与潞州地区出土的大量唐代墓志相比或许并不算多。但考虑到唐代有墓志随葬的墓葬数量本身就少,毕竟绝大多数的平民百姓缺乏财力制作墓志。因此,这些墓志还是具有一定代表性,是可以说明问题的。就目前所见,粟特人及其后裔的墓志是这一地区唐墓志中除了汉族外,外族墓志数量最多的一类。那么,为什么会出现这种情况呢?

二、粟特人进入潞州地区的历史背景

在历史上,潞州地区本身处于农业区与畜牧区的分界线上。尤其是五胡十六国时期,羯、氐、鲜卑各族先后迁居此地。如石勒就是上党武乡羯人。氐族苻丕又与鲜卑慕容永在此相持。慕容永更是在长子建立政权,时间长达十余年。正是由于各族杂糅,复杂的政治与社会形势,导致了"上党有天子气"谶谣的发生。[②] 长期以来,这里就是胡汉杂糅之区。这其中就包含一定数量的粟特人。除了前面提到的康琮祖上之外,虽然目前在长治地区的隋唐碑刻墓志中没有找到更多的康姓资料,然而在潞州西数百里的晋州临

① 严耕望:《唐代方镇使府僚佐考》,氏著《唐史研究丛稿》,新亚研究所,1969年。此据《严耕望史学论文集》卷上,上海古籍出版社,2009年,第433—437页。

② 姜望来:《论"上党有天子气"》,《魏晋南北朝隋唐史资料》第25辑,武汉大学出版社,2009年,第74—84页。

汾，隋文帝仁寿三年（603）树立的《康僧贤造像记》，就是一批康姓粟特人和汉族佛教信徒共同建造的造像记，题记中有平阳县令康僧贤以及康子恭、康穆、康高明、康野彪、康景粲、康绍赞、康永贵等诸多康姓粟特人，可见当时这里有较为集中的康姓粟特人聚居。他们都信仰佛教，与汉族百姓一起进行佛事活动，可见汉化程度已经比较高了。[①] 这说明潞州周边地区是有一定数量的粟特人居住的。此外，洛阳师范学院河洛古代石刻艺术馆收藏的《隋故上党郡中正鱼府君（政）墓志》，鱼政是上党壶关人，其祖父鱼遵北齐时任瀛州大中正，父景任并州主簿。鱼政则在隋朝时任上党中正，"用能望重珪璋，流誉乡曲。既而雌黄是属，推择攸归，僚府虚怀，辟为中正"[②]。可见这个家族在这里有一定的势力和影响。自山西太原虞弘墓发掘之后，许多学者都对其族属进行了深入的探讨，都认为虞弘出自中亚鱼国。[③] 这一时期，鱼姓部族在河东地区的势力甚大，并州晋阳郡成为鱼姓的郡望。[④] 虞弘在北周时亦曾"领并、代、介三州乡团"。因此，鱼政家族应该是较早进入河东，之后定居在潞州的中亚人后裔。此外，隋开皇五年（585）树立在上党黎城县的《宝泰寺碑》碑阴题记中也有"大浮图主鱼行充"[⑤]。隋唐时期，随着国力的强盛，又有大量突厥游牧部落归附、迁居到这里。例如开元八年（720）三月，玄宗在敕令文中提及"关内、河东、河西入朝新降蕃酋等曰：嘉尔蕃酋，慕我朝化，相率归附，载变炎凉，而忠恳不渝，诚勤是励"[⑥]。其中应该也有不少的粟特人。

---

① 胡聘之：《山右石刻丛编》卷3，《石刻史料新编》第一编20册，台湾新文丰出版公司，1979年，第14990—14991页。

② 录文参邓盼《新见中古鱼氏的几方新材料》，刘进宝主编《丝路文明》第二辑，上海古籍出版社，2017年，第122页。

③ 最近的研究成果参冯培红《虞弘族属考——兼论鱼国为粟特漕国》，第六届"汉化？胡化？洋化：多元文化的碰撞与交融"国际学术研讨会论文。他认为鱼国就是粟特漕国，虞弘是粟特鱼国人后裔，原本姓鱼，为适应汉化而改鱼为虞。

④ 据北图BD.8679《士族志》及《太平寰宇记》卷40《河东道一·并州》姓氏，中华书局，2007年，第841页。

⑤ 常福江主编：《长治金石萃编》，山西春秋电子音像出版社，2006年，第78、80页，原书录文作"龙"，核对碑阴原图，似为"充"之误。

⑥ 宋敏求：《唐大诏令集》卷128，中华书局，2008年，第689页。

此外,潞州是唐代晋南地区的政治、经济和军事重镇,亦是重要的交通枢纽。正所谓"上党奥壤,地连秦晋"①。这里也是沟通洛阳与太原南北之间的交通要冲,其中距离洛阳四百七十里,玄宗开元年间两次巡幸潞州均是从洛阳出发。经由潞州,又有东、西两道通往太原府,大约七百里的路程。这里又是晋南东西之间的交通枢纽,向东有壶关道,可以直抵河北,向西则有乌岭道,可以直通关中。同时这里据太行之险,居高临下,南有著名的太行陉与天井关,逾此可以直达洛阳。翻越太行山,这里又可以掌控河北,具有极其重要的战略地位。② 唐前期这里先后建置总管府、都督府、大都督府。③ 玄宗为临淄郡王时,曾于中宗景龙年间任潞州别驾。开元十一年(723),玄宗巡狩河东,就曾驻跸潞州,"宴父老,曲赦大辟罪已下,给复五年。别改其旧宅为飞龙宫"。开元二十年十月辛卯,玄宗再次巡幸潞州,"至潞州之飞龙宫,给复三年,兵募丁防先差未发者,令改出余州"。作为龙飞之地,开元十七年将其升格为大都督府。安史之乱时期的至德元载(756),为平定叛乱,唐政府在这里设置泽潞镇。大历十二年(777),又将昭义军并入泽潞,形成犬牙交错之势,利用磁、洺、邢三州,借此控扼河北藩镇。④ 因此,晚唐杜牧就指出潞州重要的战略地位:"上党之地,肘京洛而履蒲津,倚太原而跨河朔。战国时,张仪以为天下之脊;建中日,田悦名曰腹中之眼。"⑤可以说,唐代的潞州是河东地区除了太原、蒲州之外非常值得关注的城市。

因此一些粟特人由于仕宦,先后迁居到这里,前面提到的安建就是一个例证。尤其是安史之乱中,泽潞镇设置之后,又有一批尚武的粟特人进入潞州。此时因仕宦进入潞州最为知名的粟特人当为李抱玉、李抱真从兄弟。二人本为唐初功臣安兴贵、安修仁后裔。安氏兄弟入唐后居住长安,"群从兄弟,或徙居京华,习文儒,与士人通婚者,稍染士风"。然而,凉州仍旧是安

---

① 宋敏求:《唐大诏令集》卷34《册潞州都督韩王元嘉文》,第142页。

② 严耕望:《唐代交通图考》第一卷《京都关内区》,台湾"中研院"历史语言研究所,1984年。

③ 对于唐前期潞州行政区划的变迁,可参看陈翔《唐代泽潞镇建置及扩建考》,《江西社会科学》2013年第2期,第111页。

④ 陈翔:《唐代泽潞镇建置及扩建考》,《江西社会科学》2013年第2期。

⑤ 杜牧:《樊川文集》卷16《贺中书门下平泽潞启》,上海古籍出版社,1978年,第234页。

氏家族的根基所在。凉州魏晋隋唐时期一直是丝绸之路上重要的都会，有大量的粟特人聚居于此，而安氏家族有着强大的地方影响力。如安忠敬开元年间去世后就归葬凉州祖茔。李抱玉（安重璋）“少长西州，好骑射，常从军幕，沉毅有谋，小心忠谨”①。安史之乱中，李抱玉作为李光弼的偏将屡立战功。代宗初年，被任命为泽潞节度使、潞州大都督府长史。李抱玉以与安禄山同为安氏为耻，遂上表改安为李。此后，这个粟特家族才改宗李氏。抱玉镇泽潞之时，重用其从弟李抱真。“甚器抱真，任以军事，累授汾州别驾”。此后，李抱真长期担任泽潞节度留后。代宗末年，又兼领昭义军及磁邢节度观察留后。② 李氏兄弟执掌泽潞时期，其子侄亦有进入泽潞者，前面提到的李弼就是一例，李弼此后就定居在潞州，并安葬在这里。郭桂豪前引文亦指出：昭义军独特的地理区位以及李抱真作为武威安氏家族的后裔，都使得昭义军具有复杂的民族成分和强烈的异族色彩。③

此外，大历后期及建中年间，泽潞又合并河北的邢、洺、磁三州，使得河北地区的粟特武人也进入到这一地区。昭义军节度使薛嵩原本就是安史降将，因此这里也有粟特军人存在。最典型的例证如薛嵩死后，魏博节度使田承嗣谋夺昭义军相、卫、磁、洺四州之地。逼迫朝廷中使孙知在与之巡视磁、相二州，“讽其大将割耳剺面，请承嗣为帅”④。而割耳剺面就是包括粟特人在内的少数民族经常使用的一种风俗。⑤ 前面提到的赵进，就是由昭义军并入泽潞后进入潞州的，其妻康氏很可能就是出身昭义军康姓家族。米国朝及妻康氏也存在这样的可能。因此，这一地区存在着原来昭义军的粟特人将校因仕宦原因进入潞州的现象。

除了石刻资料外，传世文献中也可以看到昭义军粟特军将的身影。如

---

① 刘昫：《旧唐书》卷 132《李抱玉传》，第 3645 页。

② 刘昫：《旧唐书》卷 132《李抱真传》，第 3645 页。

③ 郭桂豪：《〈唐车营十将安士和墓志铭〉考释》，《北京大学研究生学志》2009 年第 4 期，第 110 页。

④ 刘昫：《旧唐书》卷 141《田承嗣传》，第 3838 页。

⑤ 雷闻：《割耳剺面与刺心剖腹——从敦煌 158 窟北壁涅槃变王子举哀图说起》，《中国典籍与文化》2003 年第 4 期，第 95—104 页。

会昌三年(843),刘稹企图割据昭义时,麾下还有都将康良佺。[①] 石雄兵不血刃进入潞州后,被擒获的昭义将领中还有安全庆。[②] 晚唐这里还有安文祐、安崇阮父子。二人均为潞州上党人。文祐为昭义军牙门将,后为昭义军节度使。其子安崇阮,"少倜傥,有词辩,善骑射"[③]。可见,这个家族也是一个世代为昭义军将的粟特武官家族。因此,传世文献昭义军中粟特人的记载恰好可以与石刻墓志资料对应起来。以往学者利用石刻史料关注了河北魏博、成德、卢龙等藩镇的粟特武人,并认为魏博存在着粟特军人集团。[④] 而张正田研究昭义军的专著对此没有涉及。通过以上史料的分析,并结合墓志的记载,我们可以推知这一时期的泽潞镇也有相当数量的粟特军人,他们在中晚唐泽潞的政治、军事中也发挥了一定的作用。

三、唐代潞州地区社会的粟特印迹

既然潞州地区聚居着一定数量的粟特人及其后裔,他们的存在应该也会对当地的社会风气产生一定的影响。那么,我们在这里的出土器物中是否可以找到这样的一些蛛丝马迹呢?

20 世纪以来,长治及周边各县区发掘了一定数量的唐代墓葬。这些墓葬里出土的明器中时常有胡人俑与骆驼俑,抑或身着胡服的陶俑出现。尤其是骑着骆驼,从事商业贸易的骑驼胡人俑非常有特色。如长治东郊北石槽王义墓出土的一件骆驼俑,背上有椭圆形垫子,上有一高鼻深目、八字胡,头戴黑色尖顶卷檐帽的骑驼俑。长治北郊王休泰墓也曾出土过一件非常生动的骑驼俑,驼鞍上铺红色毡毯,上驮生活用具,鞍上悬挂禽畜。驼鞍上盘腿坐一骑驼俑,多须,头戴尖顶毡帽,着白色翻领胡服,赭色裤,尖头高筒靴。

---

① 欧阳修、宋祁:《新唐书》卷 214《刘悟传附刘稹传》,中华书局,1975 年,第 6017—6018 页。

② 欧阳修、宋祁:《新唐书》卷 214《刘悟传附刘稹传》,第 6018 页。

③ 薛居正:《旧五代史》卷 90《晋书·安崇阮传》,中华书局,1976 年,第 1186 页。

④ 森部丰:《粟特人的东方活动与东部欧亚世界历史的展开》第 4 章《粟特系突厥的东迁与河朔藩镇的动静》,关西大学出版部,2010 年;孙继民:《新出唐米文辩墓志铭试释》,《文物》2004 年第 2 期,收入孙继民主编《河北新发现石刻题记与隋唐史研究》。

类似的骑驼俑在其他唐墓中也多有发现。尽管只是普通的丧葬明器，在如此多的唐代墓葬中出现胡俑或骆驼俑，也在一定程度上反映了当时少数民族，尤其是粟特人在此聚集的社会现实。而且从这些墓葬的时间来看，绝大多数都在高宗至武后统治时期，此时也是唐代中外经济文化交流最为频繁的时期。对此，贾发义认为这反映了当地汉人与胡商有明确的经济与社会交往，说明胡商形象及文化已经渗入当地汉人的生活中。① 也有学者曾指出：唐代胡人图像的发现与分布，山西省只见于太原、长治两地。② 这一点也是耐人寻味的。

长治地区唐墓出土胡俑及骆驼俑一览表

出土地点	出土情况	入葬时间	资 料 来 源
长治市东郊	骑骆驼俑1件	调露元年(679)	《考古通讯》1957年第5期《山西长治唐墓清理简报》
长治市东郊	二号王义墓胡俑1件 骆驼俑1件 骑驼俑1件 三号墓骆驼俑1件	长安四年(704)十二月 三号墓入葬时间不详	《考古》1962年第2期《山西长治北石槽唐墓》
长治北郊	骆驼俑1件	大历六年(771)二月	《考古》1965年第8期《山西长治唐王休泰墓》
长治北	四号墓骆驼俑1件 骑骆驼俑1件 牵驼胡俑2件 六号墓骆驼俑2件	文明元年(684)五月 仪凤(679)四年二月	《考古》1965年第9期《山西长治北石槽唐墓》
长治北郊	骆驼俑1件	永昌元年(689)二月	《文物》1987年第8期《山西长治市北郊唐崔拏墓》
长治市西郊	陶胡踞坐俑1件 陶胡驭手俑1件 陶骆驼1件 骑驼胡俑1件	天授二年(691)五月	《文物》1989年第6期《山西长治市唐代冯廓墓》

① 贾发义：《中古时期粟特人移入河东的原因及分布初探》，《中华文史论丛》2015年第1期。

② 刘文锁：《唐代"胡人"图像初考》，余太山等主编《欧亚学刊》第六辑，中华书局，2007年，第100页。

（续表）

出土地点	出土情况	入葬时间	资料来源
长治县宋家庄	陶胡俑1件　陶骆驼俑1件　陶御驼俑1件	显庆五年（660）十一月	《文物》1989年第6期《长治县宋家庄唐代范澄夫妇墓》
长治市北郊	陶骆驼俑一件	时间不详	《文物季刊》1995年第4期《长治市防爆电机厂唐墓》
长治市东郊	胡人牵马、驼俑3件　胡人骑驼俑1件　胡人骑马俑3件　骆驼俑1件	上元三年（676）八月	《文物》2003年第8期《山西长治唐代王惠墓》
长治城区	着胡服陶俑2件	上元三年（676）三月	《文物世界》2005年第5期《长治云步街唐墓》
长治襄垣县	胡人侍俑1件　胡人牵马俑1件	永徽六年（655）十一月	《文物》2004年第10期《山西襄垣唐代浩氏家族墓》
长治襄垣县	瓷骆驼俑1件	久视元年（700）十一月	《文物》2004年第10期《山西襄垣唐墓（2003M1）》
长治襄垣县	陶骆驼俑1件	永徽四年（653）	《文物》2004年第10期《山西襄垣唐代李石夫妇合葬墓》

从文献记载来看，唐代潞州地区虽然不盛产丝绸，赋税所出都以麻、布为主。① 然而这里地处黄河中游，汾水流域本就是唐代桑蚕丝绸重要的产区，蒲州、绛州、潞州、泽州都产桑蚕丝绸。② 高宗时期担任潞州市令的郭文感墓志中就有这样的记载“一中外之衡，利有无之室。富移期月，化洽百廛。蚕妾荷筐篚之恩，脾夫赖胥尉之德”。这些词句透漏出当时潞州市场商业的繁荣，各族之间的贸易，其中“蚕妾”一词则反映出当地存在丝绸的生产和市场的交易。而铭文中“春水迎蚕，秋星令织”的描述也刻画了当地桑蚕和丝织的情况。③ 正是由于良好的基础，明清时期这里成为全国

① 李吉甫：《元和郡县图志》卷15《河东道四》，中华书局，1983年，第418页。
② 卢华语：《唐代桑蚕丝绸研究》，首都师范大学出版社，1995年，第48页。
③ 赵文成、赵君平：《秦晋豫新出墓志搜佚续编》331《唐郭文感墓志》，国家图书馆出版社，2015年，第418页。

著名的丝织品中心,所出产的潞绸为皇家贡品。[①] 此外,唐后期隶属泽潞镇的河北磁州、邢州、洺州三州也都盛产丝绸制品。加之这里既处于太原、洛阳、长安之间的交通要冲,又有连结河北的便利,可以将周边地区生产的丝绸与手工业品运输到长安、洛阳以及太原。中唐时期,刘从谏任昭义节度使,“岁榷马征商人,又熬盐,货铜铁,收缗十万”[②]。可见当地的商业还是具有一定规模,故而墓葬中的明器出现经营丝绸贸易的胡商和骆驼题材也就不难理解了。

洛阳龙门博物馆还藏有咸通二年(861)葬于潞州城东南二里曾任昭义军下级官吏的郑延昌墓志。郑延昌其人的经历较为平淡无奇,但墓志四边线刻的乐舞图纹饰却非常独特。在其四周的壶门纹内共线刻了八个乐舞胡人,他们有的吹奏觱篥、长笛、排箫,有的弹奏琵琶,有的拨弄拍板,有的敲击羯鼓,栩栩如生。其中的两个胡人,一个头戴尖顶帽,高鼻深目,一部虬髯,正在拍击羯鼓;另一个胡人亦是高鼻深目,胡须满脸,正在热情地起舞。从其飞动的舞姿来看,极可能是唐代胡人极为流行的胡腾舞。以往乐舞图多见于唐代高等级墓葬壁画中,而此种纹饰在唐代墓志中甚为少见,但也并非孤例。笔者近来曾寓目的山西介休出土的《唐故介休县皇兴乡乞伏村修文里胡府君(志宽)墓志铭》,四边纹饰则是线刻十二个吹奏各种乐器的伎乐人,这些乐人头戴风帽,坐在圆毯上奏乐,从穿戴服饰来看,亦是胡人形象。[③] 可见,这种题材纹饰的墓志应该是河东地区所特有。所谓艺术源自生活,反映生活,而河东地区墓志上生动刻画胡人艺术表演的此类纹饰,应该也是当时当地胡人日常生活情趣的展现。[④]

而在出土的墓志中,笔者还注意到这样一个现象。潞州出土的墓志中出现了多例志主以胡子为名的现象。如开元三年葬于屯留的上党人王德,

① 长治市地方志编纂委员会:《长治市志》第七章《纺织》,海潮出版社,1995 年,第 104 页。

② 欧阳修、宋祁:《新唐书》卷 214《刘从谏传》,第 6015 页。

③ 原石藏巩义马氏一苇草堂。

④ 关于这方墓志的考证以及图案的研究,参沙武田《唐粟特后裔郑延昌墓志线刻胡人乐舞图像研究》,《丝绸之路研究集刊》(第四辑),商务印书馆,2019 年,第 33—66 页。

其子名胡子。[①] 潞城人陶德，字胡子。[②] 上党人田德，亦字胡子。[③] 晚唐时期的上党人唐国朝，三子名胡子，四子名小胡。[④] 直到五代后晋时期，担任昭义军衙前讨击使的孙思畅，其孙辈仍有名胡儿的。[⑤] 而潞州以南的泽州，晚唐牛庆的孙女名胡娘儿。[⑥] 可见此类名字在潞州地区是较为普遍的。而且名胡子的均为汉族百姓。我们知道，中古时期“胡”特指伊朗系统的粟特胡人。[⑦] 胡子之名，我们在唐代敦煌著名的粟特聚落从化乡差科簿中的汉式人名中也可以看到 5 例，均为曹、康等粟特胡人。[⑧] 洛阳龙门东山出土的贞观初年归附唐朝的六胡州大首领安菩的儿子中也有安胡子。[⑨] 这表明，胡子之名是逐渐汉化的粟特人较为常用的一个名字。而唐代最为知名的胡子典故出自韩琬《御史台记》中韦铿嘲笑萧嵩、邵景相貌的记载，“景、嵩状貌类胡，景鼻高而嵩须多。同时服朱绂，对立于庭。铿独帘中窃窥而咏曰：‘一双胡子着绯袍，一个须多一鼻高。’”[⑩]可见，唐代长相多须髯、高鼻等类似胡人者即可称为胡子。尽管其他地区出土唐墓志中胡子之名并非没有，但类似潞州地区的汉族百姓墓志中较多地出现这种情况也值得我们思考。为何这一地区的人名中较多出现胡子的名称？前面提到的王德，其父王买就曾任潞州市丞。而泽州人牛庆也是世代经商。是否因为他们的相貌或者父辈希望他们具备胡人的某些优点而以胡子为名呢？

---

① 《唐代墓志汇编》开元 031，第 1174 页。

② 《唐代墓志汇编》开元 109，第 1229 页。

③ 《唐代墓志汇编续集》万岁登封 002，上海古籍出版社，2001 年，第 344 页。

④ 《唐代墓志汇编续集》咸通 065，第 1084 页。

⑤ 周阿根《五代墓志汇考》120《孙思畅及妻刘氏赵氏合祔墓志》，黄山书社，2012 年，第 324 页。

⑥ 《大周故陇西郡牛府君墓志》，笔者收藏墓志拓本。

⑦ 荣新江《何谓胡人——隋唐时期胡人族属的自认与他认》，樊英峰主编《乾陵文化研究》(四)，三秦出版社，2008 年，第 4—9 页。

⑧ 池田温：《八世纪中叶敦煌的粟特聚落》，氏著《唐研究论文选集》，中国社会科学出版社，1999 年，第 22 页。对胡名的研究，可参蔡鸿生《唐代九姓胡与突厥文化》，中华书局，1998 年，第 38—42 页。王丁：《胡名释例》，《敦煌写本研究年报》第十三号(高田时雄先生古稀记念)，京都大学人文科学研究所中国中世写本研究班，2019 年 3 月，第 99—134 页。

⑨ 赵振华、朱亮：《安菩墓志初探》，《中原文物》1982 年第 3 期。

⑩ 李昉等：《太平广记》卷 255，中华书局，1961 年，第 1986 页。

此外，潞州地区汉唐以来一直是胡汉冗杂之地，当地风俗“人性劲悍，习于戎马”①。而通过文献与石刻史料，目前唐代潞州所见最多的胡人就是粟特人。尤其是到了中晚唐，昭义军中有较多数量的粟特武人。而晚唐时期的潞州，仍旧是“且上党重镇，赤狄遗人，师旅荐兴，风俗难理”②。当然，这种风气由来已久，形成并非一朝一夕。那么，唐代潞州这种风气的延续是否部分也有粟特人的因素呢？这值得我们深入思考。

结　语

通过近年来新出土的墓志资料，我们可以较为清晰地了解河东潞州地区粟特人及其后裔生存的状况，丰富了我们对于晋东南地区粟特人的认知。正是由于中古时期潞州胡汉杂糅的大背景，唐代独特的政治地位以及便利的交通，北朝隋唐以来，这里不断有粟特人迁入。康、安等粟特姓氏，都可以在这里见到。但和两京、太原等城市相比，迁居潞州的粟特人身份较低，多数都没有太显赫的仕宦经历，从事商业贸易或农业经营，这使得他们很难保持自己的文化个性。就目前而言，这里未见粟特聚落存在的直接证据，亦没有揭示粟特人信仰祆教、景教等宗教信息的资料。从墓志记载来看，这些粟特后裔的汉化程度均较高，这表现在他们的名字都是常见的汉式人名，他们所遵从的也是儒家或佛教的价值观。他们普遍与当地的汉族通婚，多数对于自己原来的少数民族背景不置一词。个别人深受儒家文化的浸润，如前面提到的安良素，俨然是一位饱读诗书、淡泊名利，在地方颇具声望的处士。

在中唐以后，这里还居住着相当数量的粟特军人，这也是潞州中唐以后特殊的战略地位所形成的。他们中一些是为了平定安史之乱而随着平叛唐军进入泽潞地区的，之后定居在此。也有一些是早先迁居于此，擅长骑射的粟特人，他们也成为昭义军中将校的重要来源。此外，并入泽潞的原来河北昭义军邢、磁、洺三州的军人也应该是其来源。他们长期在这里仕宦、征战，

---

① 魏徵：《隋书》卷30《地理志中》，中华书局，1973年，第860页。

② 令狐楚：《为昭义王大夫谢知节度观察等留后表》，《全唐文》卷540，第5481页。

正是由于数量较多，他们之间通婚的情况较为普遍。这一点也能够改变以往我们对于这一地区藩镇军人组成的认识。

在中古时期开放、融合的时代背景之下，潞州地区的粟特人虽然逐渐汉化，但在这里也留下了他们的些许印迹，如墓志上胡韵浓厚的音乐歌舞，反映胡人商旅生活的明器，汉族百姓的胡子之名，习于戎马的尚武风气，都成为那个时代潞州生活着的这一族群的历史记忆。

附记：本文为国家社科基金项目“2000 年以来流散唐代墓志整理与研究”（批准号：19BZS004）阶段性成果。

本文所用墓志拓本资料：

1. 康琮墓志

2. 安建墓志

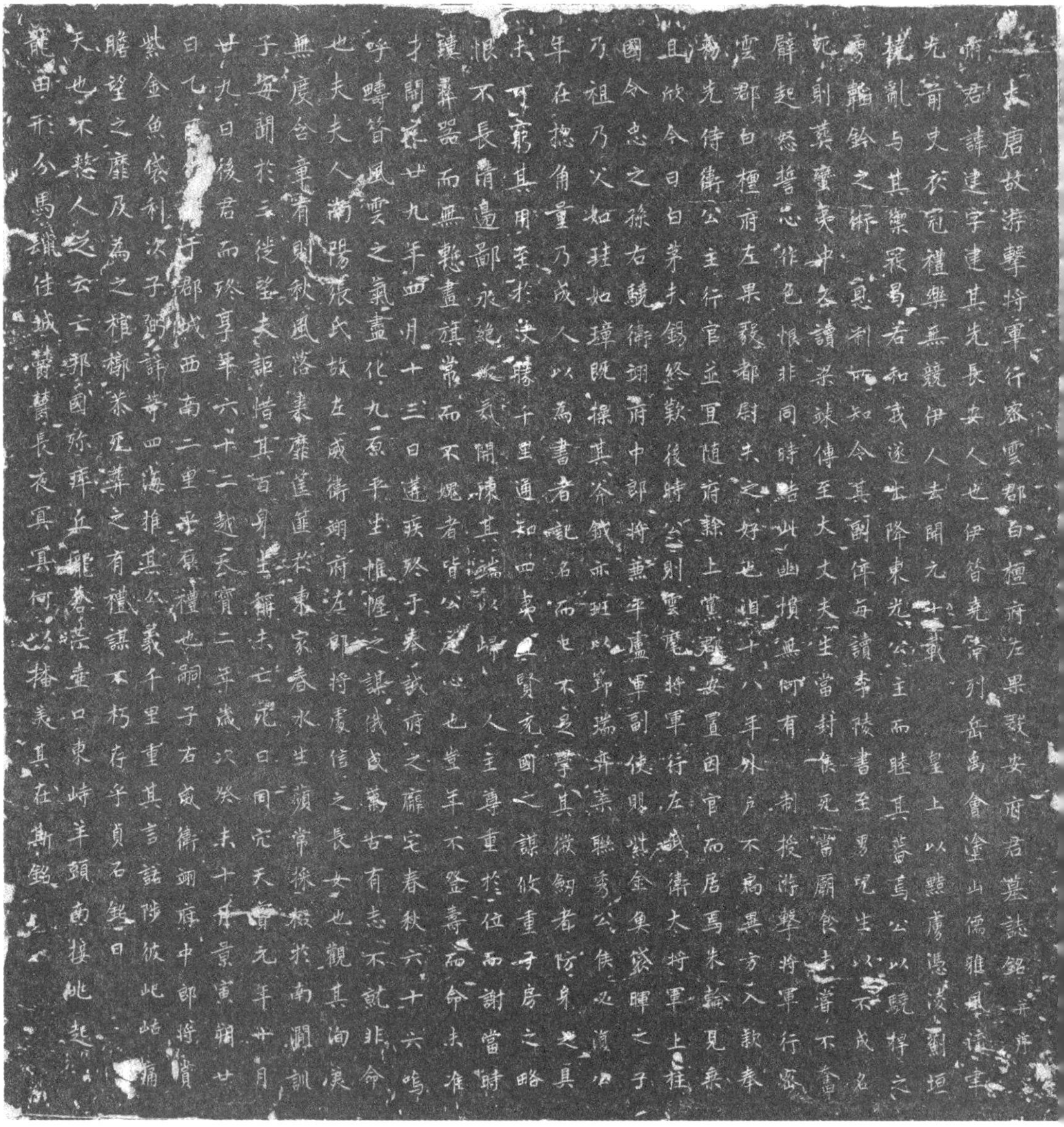

大唐故游擊將軍行盛雲郡白檀府左果毅安府君墓誌銘并序
府君諱建字建其先長安人也伊昝堯帝列岳禹會塗山儒雅風流牢
光前史衣冠禮樂無競伊人去開元十載皇上以黷虜憑淩劉垣
擾亂与其樂罷曷若和戎遂出降東光公主而睦其蕃焉公以驍捍之
勇韜鈐之術息刑所知令其副倅每讀李陵書至男兒生以不成名
死則葬蠻夷中各讀梁妹傳至大丈夫生當封侯死當廟食未嘗不奮
臂起怒誓忘作色恨非同時結此幽憤無何有制授游擊將軍行盛
雲郡白檀府左果毅都尉夫之好也洎十八年外戶不扃異方入款奉
勑先侍衛公主行官並宜隨府隸上黨郡安置因官而居焉朱輪見乘
且欣今日白茅未錫終歎後時公則雲麾將軍行左武衛大將軍上柱
國令忠之孫右驍衛翊府中郎將兼平盧軍副使賜紫金魚袋暉之子
乃祖乃父如珪如璋既操其斧鉞亦班以節瑞弈葉聯芳公侯必復
年在摠角量乃成人以為書者記名而也不足學其微劍者防身之具
未可窮其用至於決勝千里通知四夷□賢充國之謀攸重子房之略
恨不長淯邊鄙永絕氛祲開陳其端□□□人主尊重於位而謝當時
鐘彝器而無懸畫旗常而不愧者皆公□心也豈年不登壽而命未准
才聞在廿九年四月十三日遘疾終于春誠府之廨宅春秋六十六嗚
呼疇昝風雲之氣盡化九泉平生帷幄之謀俄成萬古有志不就非命
也夫夫人南陽張氏故左威衛翊府左郎將處信之長女也觀其洵淚
無慶合亹有則秋風落素靡蓮蓮於東家春水生蘋常掇擷於南澗訓
子安胡於三徙望夫詎惜其百身生稱未亡荒日同穴天寶元年廿月
廿九日後君而終享年六十二越天寶二年歲次癸未十一月景寅朔廿
日乙酉合于郡城西南二里平原禮也嗣子右威衛翊府中郎將賞
紫金魚袋利次子卿詳等四海推其公義千里重其言話陟彼屺岵痛
膽望之靡及為之楦欒茶死葬之有禮謀不朽存乎貞石銘曰
天也不慭人之云亡邦國殄瘁丘壟蒼茫壺口東峙羊頭南接屺起
龍首形分馬鬣佳城鬱鬱長夜冥冥何以播美其在斯銘

3. 李弼墓志

4. 吴朝妻安夫人墓志

5. 米国朝墓志

6. 翟谊墓志

石刻文本中的灾害史:《泗州大水记》与贞元八年水患的别样图景

夏　炎

唐代地方官参与地方灾害救济的行为,学界多有关注。① 但由于史料的局限,使得我们对于地方官应灾的历史细节缺乏细致而深入的了解。唐德宗贞元十三年(797)吕周任所作《泗州大水记》是研究唐后期水灾史的重要石刻资料,为我们进一步探寻唐代地方官府应灾的历史面相提供了可能。目前学界尚无专文对《泗州大水记》进行讨论,仅将其中的片段作为唐代灾害史研究的史料加以利用。鉴于此,本文拟以《泗州大水记》的文本叙述为中心,讨论唐代灾害史研究的相关问题,敬请方家指正。

一、石刻文本个性的发现

《泗州大水记》,唐吕周任撰,《文苑英华》卷833、《唐文粹》卷76、《全唐

---

① 学界对于唐代地方官应灾的研究主要集中在灾害奏报方面。此外,么振华还专门研究了唐代地方官在因灾蠲免程序中所发挥的效用及官吏渎职行为对灾害救济的影响;刘勇以刺史为中心,探讨地方官上报灾情、防御灾害、处置灾害、救灾效果等问题;毛阳光重点考察了各级地方官员重视与参与灾害救济的历史面相。李殷则重点关注唐前期灾害应对的实际效果,并以江淮地区作为空间个案,探讨唐后期的应灾政策及其实践。参见么振华《唐朝的因灾蠲免程序及其实效》,《人文杂志》2005年第3期,第120—125页;《关于官吏渎职行为对唐代灾害救济影响的考察》,《求索》2010年第11期,第238—241页;刘勇《唐代刺史与灾荒》,《江汉论坛》2011年第7期,第90—94页;毛阳光《唐代灾害奏报与监察制度略论》,《唐都学刊》2006年第6期,第13—18页;《唐代灾害救济实效再探讨》,《中国经济史研究》2012年第1期,第56—58页;李殷《唐前期灾害应对实效性再探——以中央赈灾政令为中心》,《历史教学(下半月刊)》2016年第11期,第23—29页;《唐后期应灾政策的演变及其实践探析——以江淮地区为中心》,《中国社会经济史研究》2018年第2期,第1—9页。

文》卷481有载，但文字略有出入。文末有“勒于石”三字，故此记当为石刻文字。但自欧阳修以下便无此石刻著录，说明原石在北宋已佚，亦无拓本传世。该文详记德宗贞元八年(792)，泗州地区发生特大洪水，刺史张伾携官民抗灾一事，同时亦有作者的议论。以下将《文苑英华》所载《泗州大水记》全文移录如下，并参校《唐文粹》《全唐文》，①进而讨论相关问题。

《春秋左氏传》曰：“天反时为灾(《粹》‘灾’作‘妖’)，地反物为妖(《粹》‘妖’作‘灾’)。”其于水也，反利为害矣。在唐尧时，包山陵而若漫(《粹》《全》“若漫”作“浩滔”)天。在汉武时，浮啮桑而浸钜野，皆震荡上心，昏(《粹》《全》“昏”作“昏”)垫下人，其故何哉？天其或者警休明而表忠诚也。

皇唐贞元八年，岁在壬申夏六月，上帝作孽，罚兹东土，浩淼长澜，周亘千里。请究其本而言之：是时，山泐桐柏，发硎歕涌，下注淮渎，平湍七丈。浮寿逾濠，下连沧波。东风驾海，潮上不落。雨水相逆，溅涛倒流，矗缩回薄，冲壅汴(《粹》《全》“汴”作“淮”)泗。积阴骤雨，河潟瓴建，不舍昼夜，至于旬时(《粹》“时”作“浹”)。乾坤合怒，云雷为屯，以水济水，吞洲(《全》“洲”作“州”)漂防。走不及窜，飞不及翔，连甍为河海(《粹》“海”作“宫”)，噍类如鱼鳖。事出虑外，孰能图之？

开府议(《粹》《全》“议”作“仪”)同三司、校检(《粹》《全》“校检”作“检校”)右散骑常侍兼御史大夫、泗州刺史、武当郡王张公(《全》“公”后多“伾”字)，以其始至也，聚邑老以访故，搴薪楗石以御之。其渐盛也，运心术以驭事，维舟编桴以载之。遂连轴(《粹》“轴”作“舳”)促橹，敛邑之惸嫠老弱、州之库藏图籍、官府之器，先置于远墅，军资甲楯、士女马牛，遽迁于水次。将健丁壮，遏水之不可者，任便而自安，迨(《粹》“迨”作“逮”)数日而计行矣。洪波汗漫，不辨(《粹》“辨”作“测”)涯涘，惊飈鼓涛，舟不得不覆；巨浪崩山，城不得不圮。崇丘

① 本文《文苑英华》《唐文粹》《全唐文》采用的版本及页数：《文苑英华》，中华书局，1966年，第4392—4393页；姚铉辑：《重校正唐文粹》，《四部丛刊初编》(再版)，商务印书馆，1926年，简称《粹》；《全唐文》，中华书局，1983年，第4911—4912页，简称《全》。

(《全》“丘”作“邱”)如岛,稍稍而没;厦(《粹》“厦”作“夏”)屋如杳(《粹》《全》“杳”作“查”),况况(《粹》《全》“况况”作“泛泛”)相继。天回地转,混茫其中。公独与左右十数人,缆舟于郡城西南隅女墙湿堵之上,以向冲波而(《全》“而”作“之”)来,不亦危哉! 公之左右失色,同辞请移。公曰:“伾,天子守土臣也,苟有难而违之,若王(《粹》‘王’作‘君’)命何! 且南山隔淮,几五六里,吾能往矣,况是别境,‘离局,奸也’,虽死不为。”公于是使部内十驿迁于虹城西鄙而南,傍南山(《粹》无“山”字)而东四百里,达维扬之路,俾星邮无壅;有(《粹》《全》“有”作“又”)东北直渡,经下邳,五百里,至于徐州,通廉察之问;又移书(《粹》无“书”字)淮南城将,令断扁舟往来,立标树信,以虞寇贼(《粹》“贼”作“盗”)之变。公每端拱对水而诉曰:“伾奉圣主明诏,司牧此州,以亲(《粹》‘亲’作‘观’)万姓,河公何为不仁,降此大沴,伾之罪也。”厉声正色,阽危不挠,历数(《粹》“数”作“再”)旬而水定,又再旬而水抽(《全》“抽”作“耗”)。

自水始至,及水始耗,已一(《粹》《全》“一”作“六”)时矣。又一时而复流,郊境之内,无平不陂,郛郭之间,无岸不谷,尺椽片瓦,荡然无所有。可异者,惟(《粹》“惟”作“唯”)公之灵(《粹》“灵”作“露”,《全》“灵”作“路”)寝与内寝岿然存焉。岂不可浮而往,盖(《全》“盖”作“抑”)不可颠而坏乎? 斯则神仰公之仁,先庶物而遗己;神赏公之忠,临大难而守节;神高公之义,动适权以成务。故保其听政养安之所,旌公之善也。昔邵(《全》“邵”作“召”)伯之理也,人爱甘棠而勿剪(《粹》《全》“剪”作“翦”)。方兹神灵支(《粹》《全》“支”作“扶”)持,不亦远乎! 公乃舍车而徒,弃輴而泥,吊亡恤存,绥复军郡。远轸圣虑,诏左庶子姚公吊而赈之,至于修府署,建城池,诏有司计功而偿缗。立廛(《粹》“廛”作“鄽”)市,造井屋,公申劝科(《粹》“科”作“料”)程,以贯(《粹》《全》“贯”作“贳”)以贷,才逾年,而城邑复常矣。其于(《全》“于”作“余”)缩板为垣,树柳为丽,端衢四达,廨宇双峙,(《全》“双峙”后多“双阙云耸,琼台中天”八字)即公之新意(《全》“意”作“惠”)也。

天灾流行，何代无之？逢昏即盛，遇贤即退。故刘琨（《粹》《全》“琨”作“昆”）返（《全》“返”作“反”）风而火灭，王尊临河而水止。盖忠诚之至也。公尝领羸兵守孤城，以百当万，俾国家全山东之地。名载青史，公即国之长城也。今以一苇之航，挂（《粹》《全》“挂”作“绁”）于危堞之上，以当涨海之势。城颓而一块不倾，水止而所济获全，公即国之贞臣也。固知明主之委任于公也，皆感而通焉。

周任不敏，学于旧史氏，借古人以谕公，未（《全》无“未”字）或曰（《粹》无“曰”字，《全》“曰”后多“未”字）同年矣，谨述而记（《粹》“记”作“纪”）之。时贞元十三年，岁在丁丑，清和之日（《全》“日”作“月”），哉生魄，勒于石。（《粹》无“时……石”之句）①

《泗州大水记》的叙事背景是德宗贞元八年夏泗州地区发生的一次水患，文章的第二段重点描述了此次水患的情况及破坏程度。实际上，贞元八年的水患并非仅仅是泗州的局部性灾害，而是一次全国性的大范围水患。《旧唐书》卷13《德宗纪下》载贞元八年七月，“辛巳，大雨。八月乙丑，以天下水灾，分命朝臣宣抚赈贷。河南、河北、山南、江淮凡四十余州大水，漂溺死者二万余人”②。此次水灾波及范围广，破坏性大，③么振华曾对唐代水灾溺死伤亡情况进行总结，在其所列表格中，贞元八年的水灾伤亡人数在唐代居第一位。④ 至于此次水灾的具体情形，《新唐书》卷36《五行志三》：“（贞元）八年秋，自江淮及荆、襄、陈、宋至于河朔州四十余，大水，害稼，溺死二万余人，漂没城郭庐舍，幽州平地水深二丈，徐、郑、涿、蓟、檀、平等州，皆深丈余。八年六月，淮水溢，平地七尺，没泗州城。”⑤《新唐书》卷7《德宗纪》载：贞元八

① 《文苑英华》卷833，第4392—4393页。

② 《旧唐书》卷13《德宗纪下》，中华书局，1975年，第375页。

③ 刘俊文有专文论述唐代的水害，认为唐代的水害不但次数多，而且范围大，其中贞元八年的水患是重要案例。同时，文章还讨论了水害成因、统治者的水害对策以及水害对政治的影响。参见刘俊文《唐代水害史论》，《北京大学学报》1988年第2期。此外，陈可畏的相关文章亦可参考。参见陈可畏《唐代河患频发之研究》，《史念海先生八十寿辰学术文集》，陕西师范大学出版社，1996年，第183—206页。

④ 么振华：《唐代自然灾害及其社会应对》，上海古籍出版社，2014年，第124页。

⑤ 《新唐书》卷36《五行志三》，中华书局，1975年，第932页。

年,“六月,淮水溢”[①]。《新唐书》中特别记载了“淮水溢”“没泗州城”,可见在这次大规模水患中,泗州城的确是重灾区。[②]

《泗州大水记》的主人公泗州刺史张伾,《旧唐书》卷187下《忠义下》、《新唐书》卷193《忠义下》有传,因德宗建中初固守临洺,以功迁泗州刺史。据郁贤皓考证,其任泗州刺史当在贞元八年至二十一年间(792—805),[③]在州十余年,后死于任上。

《泗州大水记》的作者吕周任,据《全唐文》卷481作者小传:“周任,德宗朝,官侍御史。”据李德辉考证:“本条小传,疑以吕周之官为吕周任之官。吕周,青州刺史吕霁子。开元后期,自殿中侍御史授侍御史,后历任金部员外郎、祠部郎中、秦府都督……吕周任则德宗朝人,《文苑英华》卷833、《唐文粹》卷76有其《泗州大水记》,记事从贞元八年至十三年,乃另一人,仕历不明。《汇编》贞元一三三、《补遗》第一辑《大唐故……卢公(翊)墓志铭并序》:‘(贞元二十年八月)文林郎试太子通事舍人吕周任述。’此人即《泗州大水记》之作者。”[④]故吕周任曾为太子通事舍人为是。

关于吕周任与张伾之关系,亦史载无文。但吕周任愿为张伾歌功颂德,并刻石纪念,表明其二人当具有密切关系。观其文字之生动翔实,推断吕周任曾亲历此事,时或任泗州僚属,亦未可知。就目前存世的唐文而言,如《泗州大水记》以地方官应灾为核心题材的长篇文章实不多见。文章不仅描述了水灾发生时的景况及其造成的严重后果,同时还详细记述了泗州刺史张伾在水灾前后的积极应对措施,包括灾前访问耆老、修筑防御工事、转移百姓与官府财产,灾后保障交通与联络通畅、防止民变、赈恤灾民、重建州城等具体而实际的行为。此外,还叙述了朝廷派遣使臣到泗州赈灾,并拨专款协助地方重建州城诸事。若从灾害史研究的史料角度讲,该文记载了此次水灾的时间、地点、灾害程度、影响以及应对措施,是研究唐代后期区域水灾史重要且完整

---

① 《新唐书》卷7《德宗纪》,第198页。

② 泗州在历史上是水患重灾区,清康熙十九年(1680),泗州城终被大水淹没。参见伍海平、曾素华《黄淮水灾与泗州城湮没》,《第二届淮河文化研讨会论文集》,2003年10月。

③ 郁贤皓:《唐刺史考全编》,安徽大学出版社,2000年,第946页。

④ 李德辉:《全唐文作者小传正补》卷481《吕周任》,辽海出版社,2011年,第589页。

的个案资料。然而我们必须认识到,《泗州大水记》所载刺史的一些应灾行为以及作者所表达的灾害观念,实际上仍然是以往灾害史研究的传统课题。虽然该文本内容翔实而完整,但如果仍然按照传统的"从史料到史实"的灾害史研究方法对其文本进行解读,便会有题无剩义之感,其史料价值亦会随着研究理路的僵化而被湮灭。鉴于此,我们研究工作的起点应当是挖掘《泗州大水记》的石刻文本个性,进而提取石刻文本中暗含的别样历史信息。

实际上,围绕贞元八年水患,除去两《唐书》的概略性描述以及《泗州大水记》之外,尚有三份相对完整的文本存世,分别是陆贽与权德舆所撰状、疏以及德宗的诏书,从而为我们进一步讨论问题提供了史料支撑。实际上,就在贞元八年水患发生后,德宗并没有立即下诏遣使赈灾,而拜相不久的陆贽曾围绕此事上奏皇帝,德宗亦有回应。陆贽的奏文是《请遣使臣宣抚诸道遭水州县状》《论淮西管内水损处请同诸道遣宣慰使状》两篇,[①]《资治通鉴》卷234简明扼要地记录下了这次君臣对话。

> 河南、北、江、淮、荆、襄、陈、许等四十余州大水,溺死者二万余人,陆贽请遣使赈抚。上曰:"闻所损殊少,即议优恤,恐生奸欺。"贽上奏,其略曰:"流俗之弊,多徇谄谀,揣所悦意则侈其言,度所恶闻则小其事,制备失所,恒病于斯。"又曰:"所费者财用,所收者人心,苟不失人,何忧乏用!"上许为遣使,而曰:"淮西贡赋既阙,不必遣使。"贽复上奏,以为:"陛下息师含垢,宥彼渠魁,惟兹下人,所宜矜恤。昔秦、晋仇敌,穆公犹救其饥,况帝王怀柔万邦,唯德与义,宁人负我,无我负人。"八月,遣中书舍人京兆奚陟等宣抚诸道水灾。[②]

就在陆贽上奏的同时,时任左补阙的权德舆亦上《论江淮水灾上疏》,请求德宗尽快遣使赈济。[③]《新唐书》卷165《权德舆传》略载其事。

① 参见陆贽《请遣使臣宣抚诸道遭水州县状》《论淮西管内水损处请同诸道遣宣慰使状》,陆贽撰,王素点校《陆贽集》,中华书局,2006年,第552—559页。

② 《资治通鉴》卷234《唐纪五〇·德宗贞元八年》,中华书局,1956年,第7533—7534页。

③ 参见权德舆《论江淮水灾上疏》,权德舆撰,郭广伟校点《权德舆诗文集》,上海古籍出版社,2008年,第738—740页。

贞元八年,关东、淮南、浙西州县大水,坏庐舍,漂杀人。德舆建言:“江、淮田一善熟,则旁资数道,故天下大计,仰于东南。今霪雨二时,农田不开,庸亡日众。宜择群臣明识通方者,持节劳徕,问人所疾苦,蠲其租入,与连帅守长讲求所宜。赋取于人,不若藏于人之固也。”帝乃遣奚陟等四人循行慰抚。①

陆贽、权德舆所上的状、疏全文至今依然传世,足见其二人的上奏行为对于此次遣使赈灾的重要意义。而就在陆、权上奏之后,德宗才最终发布了遣使赈灾诏书。② 诏书对于遣使作出了具体的分工,在此节选《册府元龟》卷162《帝王部·令使二》载贞元八年八月诏:“……宜令中书舍人奚陟往江陵襄、郢、随、鄂、申、光、蔡等州,左庶子姚齐梧往陈、许、宋、亳、徐、泗等州,秘书少监雷咸往镇、冀、德、棣、深、赵等州,京兆少尹韦武往杨、楚、庐、寿、徐、润、苏、常、湖等州宣抚。应诸州百姓因水不能自存者,委宣抚使赈给……”③据《旧唐书》卷149《奚陟传》:“贞元八年,擢拜中书舍人。是岁,江南、淮西大雨为灾,令陟劳问巡慰,所在人安悦之。”《泗州大水记》:“远轸圣虑,诏左庶子姚公吊而赈之。”此姚公即为姚齐梧。从《旧唐书》《泗州大水记》的记载看,此次遣使赈灾的确是得到了实施。然而如果将上述德宗对此次水患的反应与陆贽、权德舆等人的上奏联系起来考察的话,我们发现德宗对于救灾的态度明显是消极和被动的。为了进一步说明问题,我们再来看一看陆贽《请遣使臣宣抚诸道遭水州县状》:

右频得盐铁、转运及州县申报,霖雨为灾,弥月不止,或川渎泛涨,或溪谷奔流,淹没田苗,损坏庐舍,又有漂溺不救,转徙乏粮,丧亡流离,数亦非少。……前者面陈事体,须遣使抚绥,陛下尚谓询问来人,所损

① 《新唐书》卷165《权德舆传》,第5076页。

② 参见《唐会要》卷77《诸使上·巡察按察巡抚等使》,中华书局,1955年,第1416页;《册府元龟》卷106《帝王部·惠民二》,中华书局,1960年,第1264页;《册府元龟》卷162《帝王部·命使二》,第1959页;《文苑英华》卷435《遣使赈恤天下遭水百姓敕》,第2202—2203页;《全唐文》卷52《遣使宣抚水灾诏》,中华书局,1960年,第567页。其中,《册府元龟》卷106记此次诏书的发布时间为贞元七年八月,误。《唐会要》卷77将“姚齐梧”误作“姚齐语”。《文苑英华》文字较多,《全唐文》当据《英华》。关于唐代朝廷遣使赈灾问题的讨论,参见毛阳光《遣使与唐代地方救灾》,《首都师范大学学报》2003年第4期。

③ 《册府元龟》卷162《帝王部·命使二》,第1959页。

> 殊少,即议优恤,恐长奸欺。臣等旬日以来,更审借访,类会行旅所说,悉与申报符同。但恐所闻圣聪,或未尽陈事实。……初闻诸道水灾,臣等屡访朝列,多云无害于物,以为不足致怀,退省其私,言则顿异。霖潦非可讳之事,搢绅皆有识之人,与臣比肩,尚且相媚,况乎事或暧昧,人或琐微。以利己之心,希至尊之旨,其于情实,固不易知,如斯之流,足误视听。所愿事皆覆验,则冀言无诈欺,大明照临,天下之幸也。……①

当贞元八年水患发生后,陆贽"前者面陈事体,须遣使抚绥",而德宗的反应则是"询问来人,所损殊少,即议优恤,恐长奸欺",并没有立即遣使赈济。而对于割据的淮西镇,德宗亦无救济之心。与此同时,朝臣一般的反应则是认为"无害于物"。可见在朝廷的立场上,从皇帝到大多数臣僚均对此次水患持消极态度。这一反应当与唐代的灾害奏报体制、君臣关系以及淮西吴少诚割据等问题紧密相关。而就在朝廷消极应对的氛围中,《泗州大水记》所载泗州刺史张伾积极主动的应灾行为便显得尤为耀眼,与德宗君臣的消极态度形成了鲜明的对比。文本的流传固有其复杂的原因,但目前存世的关于贞元八年水患的四份相对完整的文本,则具有一定的历史逻辑在内。其中,陆贽、权德舆与德宗的言论代表朝廷,而吕周任的文章则代表地方。如果略去陆贽、权德舆的名人效应,前三者文本的流传与德宗的消极应灾态度密切相关。而就在这一朝廷应灾背景下,吕周任的《泗州大水记》作为孤立文本却得以流传,不能不说这是对朝廷消极应灾政策的一种反应。而就上述列举的奏文、诏书而言,此次全国大范围的水患记录,中央的记录相对较多,而地方的应对记录目前则只有《泗州大水记》最为翔实。当然,我们决不能据此认为其他地方官在面对水患时毫无应灾举动,但《泗州大水记》所具有的孤立文本特性,却可以为我们重新发现历史提供重要线索。

二、史家选择与历史特殊性

简单而言,历史学研究的对象主要是两类人,一是文本中的人,二是写文

---

① 陆贽撰,王素点校:《陆贽集》,第552—556页。

本的人。二者共同为史料注入灵魂。而在以往灾害史的研究中,往往重“事”而不重“人”,对于与文本密切相关的人的思想、行为关注不够。鉴于此,本文提出“文本中的灾害史”研究范式,旨在通过分析作者的写作意图与写作对象入手,发现文本中暗含的别样信息,进而还原灾害史的丰富历史形象。

按照《泗州大水记》作者的写作意图,其终极目标实际上并不在于叙述水灾本身,而是要通过记述抗灾之行为以彰显泗州刺史张伾之德,进而赞颂皇帝之德,正所谓“固知明主之委任于公也,皆感而通焉”。因此,与其说这是一段水灾实录,不如说是一篇刺史应灾的德政记录。正因为如此,《泗州大水记》被后世所重。元人王恽《玉堂嘉话》卷8:“周世宗南伐,驻跸临淮,因览唐贞元中《泗州大水记》,诏窦俨论其事。”窦俨,显德中,累拜翰林学士判太常寺。我们看到,窦俨围绕《泗州大水记》所议论的核心并非贞元八年的泗州水灾,而是在其所包含的灾异天谴观的基础上,杂糅阴阳五行学说,借以劝谏君主实施德政。① 这一“以灾害论德政”的叙述方式在当时的知识界应具有一定普遍性,反映出知识精英对灾异天谴论的认同与接受。②

《泗州大水记》写作的终极目标是宣扬德政,这一观念贯穿全文。文章开篇引《左传·宣公十五年》“天反时为灾,地反物为妖”之语,明确表达了作者的灾异天谴观,认为灾害是“天其或者警休明而表忠诚也”,这是作者构思全文的知识背景。在此框架下,作者通过列举事实,将天灾与人事相关联,

---

① 窦俨认为贞元八年大水的原因在于,“贞元壬申之水,非数之期,乃政之感也。德宗之在位也,启导邪政,狎昵小人。裴延龄专利为心,阴潜引纳;陆贽有其位,弃其言。由是明明上帝,不骏其德,乃降常雨,害于粢盛,百川沸腾,坏民庐舍,固其宜也”。王恽:《玉堂嘉话》卷8《窦俨水论》。

② 卜风贤认为,古代消除灾害的根本办法不是积极地防灾抗灾,而是通过皇帝本人改进品性操守、实行所谓的“德”政。围绕灾异与人事之关联,学者们亦从多个视角探讨相关问题。如刘俊文认为唐代水害会对政治产生影响,主要导因于儒家学说中的“天人合一”和“阴阳五行”观。潘孝伟认为中国古代关于灾荒成因问题的解释,颇受“天人感应”观念的影响,不乏所谓“天灾”“天谴”的唯心之说。然而,唐代又有人试图作出唯物主义的解释。李军认为在灾害天谴论的压力下,唐代因灾求言颇为盛行。参见卜风贤《中国古代的灾荒理念》,《史学理论研究》2005年第3期,第33页;刘俊文《唐代水害史论》,《北京大学学报》1988年第2期,第54页;潘孝伟《唐代减灾思想和对策》,《中国农史》1995年第1期,第42页;李军《论唐代帝王的因灾求言》,《首都师范大学学报》2006年第1期,第21—25页。

提出“逢昏即盛,遇贤即退”观念,突出刺史德政退灾的主旨思想。在上述思想观念的基础上,作者总结出张伾具有的仁、忠、义三种品格,这是其论赞的核心观点。

对于作者所论的仁、忠、义等儒家纲常伦理,并非笔者关心之话题,但是该观点的立论依据则是本文讨论问题的出发点。文章遵循摆事实、讲道理的论说原则,所得出的论点均建立在一些具体史事之上,认为:“斯则神仰公之仁,先庶物而遗己;神赏公之忠,临大难而守节;神高公之义,动适权以成务。故保其听政养安之所,旌公之善也。”其中,“先庶物而遗己”“临大难而守节”“动适权以成务”应当是张伾应灾行为的高度提炼,是其立论所据之史事。如果认为这样的表述较为抽象的话,文末还有一句话似较具体,即“今以一苇之航,挂于危堞之上,以当涨海之势。城颓而一块不倾,水止而所济获全,公即国之贞臣也”。我们发现,作为全文论点的总结,作者并没有面面俱到地将张伾的应灾行为一一列举,而是仅仅强化了某种单一行为,即“今以一苇之航,挂于危堞之上,以当涨海之势”,如果将这一总结性记录与《泗州大水记》对刺史应灾行为细节的描写文字对号入座的话,“公独与左右十数人,缆舟于郡城西南隅女墙湿堵之上,以向冲波而来”正是上述总结性记录的具体体现。作者认为刺史的这一行为“不亦危哉”,僚属见状大惊失色,纷纷请求长官不要冒险,迅速撤离至安全之处。随即作者记录了张伾的一段言论:“伾,天子守土臣也,苟有难而违之,若王命何!且南山隔淮,几五六里,吾能往矣,况是别境,‘离局,奸也’,虽死不为。”据《左传·成公十六年》:“侵官,冒也;失官,慢也;离局,奸也。”杜预注:“远其部曲为离局。”可见如同当年固守临洺,张伾在水患面前无所畏惧,亲临一线,指挥抗灾的行为,正是作者真正要极力赞扬的核心行为。而张伾仁、忠、义的品格所依赖的“先庶物而遗己”“临大难而守节”“动适权以成务”等亦全部指向上述行为。

可见作者精心选取的刺史亲力亲为的应灾举动应当是《泗州大水记》论赞的核心材料,而就在张伾之前的玄宗开元年间,时任冀州刺史的柳儒也采取过类似的应灾行为,这个故事被记载于后人为其撰写的墓志中。《柳儒墓志》:

公讳儒,字昭道,河东人也。……寻改授冀州刺史。是岁,天降淫雨,河流为灾。爰降丝纶,是忧垫溺。公躬自相视,大为隄防。庶人以宁,官政用乂。特降玺书慰问,曰:"卿国之才臣,职是方牧。属河流漾溢,天雨霖霪,而率彼吏人,具兹舟楫,拯救非一,式遏多方。夫家以宁,糇粮用济。其事甚美,雅副朕怀。"寻改为青州刺史。①

据陈翔考证,柳儒任冀州刺史当在开元十一、二年(723、724)。② 虽然墓志的撰写者韩休并没有如《泗州大水记》那样对柳儒的应灾行为进行非常详细的描写,但"躬自相视,大为隄防"则透露出一个信息,即刺史柳儒亦曾亲临现场参与救灾行动。玄宗在褒奖诏书中也提到"率彼吏人,具兹舟楫,拯救非一,式遏多方",可见朝廷褒奖的焦点也在于柳儒亲自率吏民乘舟视察的行为。

柳儒与张伾的应灾举动具有相同之处,他们都是作为地方长官亲临抗灾救灾前线,一言以蔽之,即"亲力亲为"。

然而我们并不能据此就得出一个带有普遍性的结论,这是由上述两个故事的结局带给我们的提示。我们发现,这些应灾故事的结局亦具有一些相似性。柳儒亲自救灾的结果是"庶人以宁,官政用乂",其应灾行为得到了"特降玺书慰问"的殊荣,这一记录被韩休写进了墓志。而在张伾的努力下,泗州"历数旬而水定,又再旬而水抽",其事迹亦被作者"谨述而记之",并"勒于石"。由此可见,以上材料的作者写作意图很明显,就是要将他人的某些特殊事迹流传于后世,这里便有一个作者主观选择的问题。

笔者强调的是作者的主观选择,而非主观臆造。主观选择下的文本叙事是经过人为筛选而留下的客观史实,作者的主观意图并不存在于叙述本身,而体现在选择的过程中。作者的主观选择决定叙事的性质,而并非改变叙事的可信度。在一般情况下,作者经过主观选择而刻意留下的叙事文本

① 韩休:《大唐故银青光禄大夫薛王府长史上柱国河东县开国男柳府君(儒)墓志铭并序》,吴钢主编《全唐文补遗·千唐志斋新藏专辑》,三秦出版社,2006年,第165页。

② 陈翔:《〈唐刺史考全编〉拾遗、订正》,杜文玉主编《唐史论丛》第14辑,陕西师范大学出版总社有限公司,2012年,第275页。

具有一定特殊意义，愈是作者大加着墨的叙述，实际上其所叙史实本身或许愈具有历史的特殊性。我们必须意识到，一人一事，越是被刻意宣扬，反而越不具备普遍性。相反，正是由于该人该事所具有的特殊性，才造就了他的经典示范意义。我们绝不可以仅仅依据寥寥数条史料就得出一个具有普遍意义的结论，一定要重视作者主观选择下的客观史实所具有的历史特殊性。

由此，不同时空下的作者对客观史实的主观选择共同指向了一个观念，即刺史亲力亲为的应灾行动在当时是一种由地方官个人实施的特殊行为，这一行为并非在法令规定之内，完全由地方官个人意志所决定。由于这一行为本身所具有的危险性和困难性，在当时地方官的应灾举措中并不具备普遍性。同时从文本流传的角度看，相关史料的稀少也证明了这一行为的特殊性。由此反证出当时绝大多数地方官并不会做出上述特殊举动，而更为直接的证据则来自流传下来并不多的地方官应灾记录。在这些记录中，史家一般仅记救灾的结果，即使涉及救灾过程，亦是减租放粮等赈济行为，足证大部分地方官都在循规蹈矩，而极少敢于特立独行。①

经过上文的讨论，我们了解到唐代地方官府在应对水旱灾害时，偶尔会出现地方长官亲临前线的独特行为，这些历史片段被作者刻意选取并传之后世。柳儒与张伾虽然分别代表了唐代不同时期不同地域地方官的某些应灾行为，但是这种地方官亲力亲为的应灾举动在唐代并不具备普遍意义，显示出唐代地方官府应灾的独特历史形象。

三、长时段与经典示范

在《泗州大水记》的文末部分，作者为了使自己对张伾的赞颂更有说服力，说自己是“学于旧史氏，借古人以谕公”，进而他将张伾的行为与两个汉代的故事相类比，即“刘琨返风而火灭，王尊临河而水止”。吕周任的引经据

---

① 毛阳光列举了高祖、武后、中宗、玄宗、代宗、德宗、宪宗、穆宗、文宗、懿宗诸朝地方官的应灾记录共计14条，参见毛阳光《唐代灾害救济实效再探讨》，《中国经济史研究》2012年第1期，第57—58页。

典,为我们进一步认识唐代地方官的上述应灾行为提供了线索。

所谓“王尊临河而水止”的故事取自《汉书》卷76《王尊传》:

> 天子(成帝)复以(王)尊为徐州刺史,迁东郡太守。久之,河水盛溢,泛浸瓠子金隄,老弱奔走,恐水大决为害。尊躬率吏民,投沉白马,祀水神河伯。尊亲执圭璧,使巫策祝,请以身填金隄,因止宿,庐居隄上。吏民数千万人争叩头救止尊,尊终不肯去。及水盛隄坏,吏民皆奔走,唯一主簿泣在尊旁,立不动。而水波稍却回还。吏民嘉壮尊之勇节,白马三老朱英等奏其状。下有司考,皆如言。于是制诏御史:“东郡河水盛长,毁坏金隄,未决三尺,百姓惶恐奔走。太守身当水冲,履咫尺之难,不避危殆,以安众心,吏民复还就作,水不为灾,朕甚嘉之。秩尊中二千石,加赐黄金二十斤。”数岁,卒官,吏民纪之。①

西汉末年,东郡太守王尊面对严重水患,实施了一系列应灾行为。其中王尊亲率官民、冒险亲为、吏民苦劝、誓死不离、吏民称颂、朝廷褒奖的叙事结构似曾相识,确实与吕周任笔下的张伾救灾故事极其相似。再来看看“刘琨返风而火灭”,《后汉书》卷79上《儒林·刘昆传》:

> 建武五年(29),(刘昆)举孝廉,不行,遂逃,教授于江陵。光武闻之,即除为江陵令。时县连年火灾,昆辄向火叩头,多能降雨止风。征拜议郎,稍迁侍中、弘农太守。先是崤、黾驿道多虎灾,行旅不通。昆为政三年,仁化大行,虎皆负子度河。帝闻而异之。二十二年,征代杜林为光禄勋。诏问昆曰:“前在江陵,反风灭火,后守弘农,虎北度河,行何德政而致是事?”昆对曰:“偶然耳。”左右皆笑其质讷。帝叹曰:“此乃长者之言也。”顾命书诸策。②

在史家的笔下,东汉初年,刘昆因其德政而致“反风灭火,虎北度河”,得到了刘秀的嘉许,并命史官载于史册。刘昆的故事与上引“王尊临河而水止”的案例颇有不同,王尊的故事更近似于实录,而刘昆的故事听来则颇为离奇,

---

① 《汉书》卷76《王尊传》,中华书局,1962年,第3236—3238页。

② 《后汉书》卷79上《儒林·刘昆传》,中华书局,1965年,第2550页。

但我们却不能简单地将其视为神话，故事的背后当隐藏有复杂的历史现象。① 实际上，究竟是神话抑或实录并不重要，对吕周任而言，刘昆故事所具有的德政观念才是关键所在。

按照吕周任的思维逻辑，王尊与刘昆的故事应是其描写泗州刺史张伾救灾故事的重要借鉴材料。无论是王尊亲临现场救灾的叙事结构，还是刘昆因德退灾的德政观念，均渗透在《泗州大水记》的字里行间。实际上，还有两个可供吕周任借鉴的前朝材料，故事的主人公一个是任荆州刺史的萧梁宗室萧憺，另一个是隋初任瀛州刺史的郭衍。

关于萧憺救灾的材料，一个有力的实物证据来自至今仍屹立在南京郊外的萧憺墓神道碑。碑额题“梁故侍中司徒骠骑将军始兴忠武王之碑”，碑额文字清晰，碑文部分可见，仍可辨认2 800余字，历代金石著作多有著录。萧憺卒于普通三年(522)，碑文由徐勉撰文，贝义渊书，是现存萧梁碑刻中最具代表性的作品。② 现将碑文中涉及萧憺应灾的一段文字移录如下。

> (天监)六年(508)，沮漳暴水，泛滥原隰。南岸邑居，频年为患。老弱遑遽，将至沉溺。公匪惮栉沐，躬自临视。忘垂堂之贵，亲版筑之劳，吏民忧□□□□□□□色方□□□□城，购□□金，所活甚众。□及□□□境叹服。德之攸感，皆曰神明。四郡所漂，赈以私粟。鬓眉绾髮，莫不歌颂。是岁嘉禾，一茎九穗，生于郁洲，甘露降于府桐树。唐叔之美事，菽□贞并以□闻□□□□。③

萧憺，字僧达，为梁文帝萧顺之第十一子。天监元年(502)任使持节、都督荆湘益宁南北秦六州诸军事、荆州刺史，封始兴郡王。上引碑文记述了天监六

① 笔者曾以“飞蝗避境”为研究对象，探讨所谓神话文本叙述背后隐藏的客观历史真相。参见夏炎《环境史视野下“飞蝗避境”的史实建构》，《社会科学战线》2015年第3期。

② 汪庆正：《南朝石刻文字概述》，《文物》1985年第3期，第82页。萧憺碑现位于南京市栖霞区甘家巷西新合村市民广场内，建有碑亭保护。2016年7月25日，笔者赴南京对萧憺碑进行实地考察。由于事先未与相关部门取得联系，无法打开碑亭大门，只得通过门缝窥见石碑局部。碑额文字依然清晰，碑文部分文字依稀可识。

③《梁故侍中司徒骠骑将军始兴忠武王(萧憺)之碑》，毛远明编著《汉魏六朝碑刻校注》第3册，线装书局，2008年，第180页。

年荆州大水,萧憺携吏民抗灾一事。虽有部分文字漫漶,已无法识读,但与本文论题密切相关的信息却得以保留。其中"公匪惮栉沐,躬自临视。忘垂堂之贵,亲版筑之劳"正与王尊、柳儒、张伾等人的应灾行为如出一辙。此外,正史亦对天监六年萧憺抗灾一事有所记录,《梁书》卷22《太祖五王·始兴王憺传》:

(天监)六年,州大水,江溢堤坏,憺亲率府将吏,冒雨赋丈尺筑治之。雨甚水壮,众皆恐,或请憺避焉。憺曰:"王尊尚欲身塞河堤,我独何心以免。"乃刑白马祭江神。俄而水退堤立。邴州在南岸,数百家见水长惊走,登屋缘树,憺募人救之,一口赏一万,估客数十人应募救焉,州民乃以免。又分遣行诸郡,遭水死者给棺槥,失田者与粮种。是岁,嘉禾生于州界,吏民归美,憺谦让不受。①

在史家的笔下,萧憺道出"王尊尚欲身塞河堤,我独何心以免"之语,充分体现出"王尊临河而水止"所具有的经典示范意义。面临"江溢堤坏"的危急局面,萧憺"亲率府将吏,冒雨赋丈尺筑治之""乃刑白马祭江神"竟与《汉书》所载"尊躬率吏民,投沉白马,祀水神河伯"的行为具有极大的相似性。同时,萧憺也如王尊一样经历了官民苦劝、誓死不离现场的过程。虽然萧憺的故事中并没有朝廷褒奖一事,但史家却添加了"嘉禾生于州界"的美好结局,而"吏民归美"则体现出对于萧憺个人应灾行为获得的社会认同。

从文字的内容和结构上看,碑刻与正史两种以萧憺救灾为中心的文本,其取材的来源似乎并不相同。正史描写详细生动,碑文记述则简明扼要。但就在碑文所记萧憺应灾的为数不多的文字中,萧憺亲自参与救灾这一重要的核心行为,碑文却完全没有将其忽略,反映出碑文的创作者徐勉对这一应灾行为的重视与认同。

再来看郭衍的故事。《隋书》卷61《郭衍传》:

(开皇)五年(585),授瀛州刺史。遇秋霖大水,其属县多漂没,民皆

① 《梁书》卷22《太祖五王·始兴王憺传》,中华书局,1973年,第354页。

> 上高树,依大冢。衍亲备船筏,并赍粮拯救之,民多获济。衍先开仓赈恤,后始闻奏。上大善之,选授朔州总管。①

隋初,瀛州遭水患,刺史郭衍亦是不顾个人安危亲自参与灾后救援,最后也获得了朝廷的褒奖。经过史家的剪裁,该故事从叙事的生动性到人物描写的鲜活性均不及上引诸条材料,但我们仍然需要强调的是,作者虽然惜墨如金,却单单将郭衍亲力亲为的举动选择出来着意描述,明显反映出作者对郭衍这一应灾行为的认同。

从西汉末的王尊到东汉初的刘昆,从萧梁的萧憺到隋初的郭衍,再到唐代的柳儒与张伾,在汉唐间长达数百年的时光里,毫无关联的不同时空下的六个人身上却反复发生着具有类似情节的故事,引人深思。当然,我们依然不能根据以上这些具有独特性的叙事而得出一个长时段的普遍性结论。但是这些长时段中的重复案例却提示我们,在汉唐时代,地方官亲力亲为的应灾举动虽然并不具备普遍意义,却具备经典的示范意义。

这一示范意义的获得并非来自叙述对象本身行为的特殊性,而主要取决于该行为的认同程度,那些来自多方的认同为经过选择后的史实提供了流传后世的可能性。王尊得到了朝廷的褒奖,刘昆受到了光武帝的赞许,萧憺得到了吏民称颂,而柳儒亦受到玄宗的玺书慰问。目前虽然没有找到张伾得到朝廷褒奖的证据,但《泗州大水记》对张伾的赞颂则可视为知识精英的认同。② 这种来自各方对应灾独特行为的认同,反映出汉唐时代人们对地方官个人行为的特殊诉求。

然而个人行为示范意义的强化,实际上则反衬出体制不健全的现实。较之前代,唐代的应灾体制已有进一步完善,但体制的弊端依然十分明显。从整体上讲,唐代的应灾体制是"救大于防""抚大于救"。同时,就地方官个人因素而言,一些官员瞒报、谎报灾情和徇私舞弊的现象亦时有发生。一些

---

① 《隋书》卷61《郭衍传》,中华书局,1973年,第1469页。

② 明人朱曰藩《山带阁集》卷33:"按唐贞元壬申,泗州大水,吕周任作纪,归功于刺使张公。记中叙张之处画,可谓条理矣。是年,泗虽水不为灾,奉天子明诏,守一方民。有大患,以身捍之,要当以张为法。"可见后世对张伾"以身捍之"行为亦持认同观念。

官员为了及时救助百姓,甚至不惜违反法令,擅自开仓赈济。[①] 我们暂且不论上述个人行为意图的好恶,仅从制度层面讲,这些行为显然游离于法令之外,朝廷对此基本上持否定意见。而在各类地方官救灾的个人行为中,地方长官的亲力亲为因其具有的独特性而得到了各方的一致认同。该行为的独特性不仅表现在亲力亲为的外在层面,更重要的是其虽非在法令之内,却又不违背制度原则,这是其获得高度认同的前提。而人们对这一行为认同更重要的评判原则是一定要获得圆满的结果。之所以认为王尊等人的行为具有经典示范意义,皆因他们的个人特殊行为最终战胜了灾患,而那些虽然亲力亲为却并没有获得良好结局的地方官们便不会被载入史册,因为他们并不"经典"。

总体上讲,唐代的灾害救助仍然主要依靠相关体制维系,但地方官的个人因素亦不容忽视。地方官在法令之外且合理的个人行为,在整个汉唐时代均得到了人们的推崇。这种具有特殊性的历史面相,活化了灾害史的历史形象,应当是今后唐代灾害史研究继续关注的课题。

结　语

就贞元八年水患案例本身而言,现存资料虽然有限,但我们依然能够通过相关信息建构某些历史画面。在中央层面,诸如陆贽、权德舆的上疏,德宗的被动态度,遣使赈灾的史实和效果以及由此带来的税制改革等等,[②]均可以被我们形象地展现出来。而在地方层面,《泗州大水记》则是一个刺史应灾的完美个案。中央与地方,整体与局部,似乎构成了一个较为完整的唐代水灾研究案例。然而如果按照上述线索铺陈开来,进而进行唐代水患研究的话,实际上我们仅仅获得的是全新的历史知识,而非全新的历史认识。

---

① 参见毛阳光《唐代灾害救济实效再探讨》,《中国经济史研究》2012 年第 1 期,第 56—57、61—63 页。

② 关于贞元八年水灾导致的税制改革,《新唐书》卷 54《食货志四》:"贞元八年,以水灾减税,明年,诸道盐铁使张滂奏:出茶州县若山及商人要路,以三等定估,十税其一。自是岁得钱四十万缗,然水旱亦未尝拯之也。"第 1382 页。

因为诸如君相关系、遣使赈灾、税制改革、地方官应灾等话题均是传统研究范式下已经获得的历史认识,案例虽然看似完整,但我们只不过是通过一个案例将过去的认知更加具体化和形象化而已。实际上,研究的创获并没有超越传统的范式和结论。因此本文便欲从文本叙述的视角重新探讨灾害史的相关论题,以期获得新的认知。

本文的写作旨趣与其说是具体的灾害史研究,毋宁说是灾害史料与研究范式的反思。阎守诚曾经针对唐代灾害史料简略的特点,提出处理这些材料的基本原则:“一是要收集齐全同一次灾害在不同文献中的记载,以期尽量了解记录这次灾害的全貌;二是要将记录该次灾害的史料,与所涉及的救灾情况、灾区的地理情况等相关因素联系起来考察,以深入发掘灾害史料的内涵;三是对灾害史料要有可信度的考察。”①其中,“深入发掘灾害史料的内涵”应是我们在今后的研究中需要重点强化的史料处理原则。笔者曾经提到,以往的灾害史研究主要是在灾害学的研究范式下展开工作的,这一研究模式被称为“灾害历史学”。② 由于灾害历史学研究具有自然科学与社会科学的双重属性,使得唐代灾害史研究亦基本在此框架下展开研究。纵观近百年的唐代灾害史研究,学界在灾害史数据库建设、灾害年表制作、灾害时空分布、分类灾害考察以及“荒政”研究方面,取得了丰厚的研究成果。③ 当前,若欲在唐代灾害史研究方面继续向前迈进,则必须在认真吸收前人研究成果的基础上,转变思路,更新视角,发现文本中暗含的独特信息,“活化”灾害史的历史形象,将是继续深化唐代灾害史研究的有利途径。

所谓“活化”历史,就是重在从史料中探寻文本叙述的个性,从作者的写作意图出发,挖掘叙述背后隐藏的历史特殊性,这一理路便是本文所强调的“石刻文本中的灾害史”研究范式。从这个意义上讲,《泗州大水记》正是一个合格的文本。对于这类体现历史特殊性的材料,我们一定要充分重视。

---

① 阎守诚主编:《危机与应对:自然灾害与唐代社会》,人民出版社,2008 年,第 15 页。

② 参见夏炎《中古灾害史研究的新路径:魏晋南北朝地方官灾后救济的史实重建》,《史学月刊》2016 年第 10 期,第 24 页。

③ 参见么振华《唐代自然灾害及救灾史研究综述》,《中国史研究动态》2004 年第 4 期;《唐代自然灾害及其社会应对》,第 4—23 页。

但是绝对不可仅仅根据寥寥数条特殊性的史料就得出一个具有普遍性的结论,这是在史料较少的中古史研究中,极易出现的史料处理误区,应当在研究中加以警惕和防范,否则便会陷入以偏概全的陷阱,其对历史的认识往往具有一定危险性。就本文所讨论的核心问题而言,地方长官亲力亲为的应灾举动在当时具有特殊性,其背后不仅反映出唐代应灾体制的不健全,同时也从一个侧面丰富了地方官府应灾的历史画面。

当然,本文虽然强调历史特殊性,但并非夸大特殊性与偶然性而忽视规律与经验的意义。这类特殊性质材料的传世往往与作者的主观选择密切相关,经过主观选择后而传之后世的材料一定暗含时人赋予其存在权利的历史信息。就唐代地方官亲力亲为的应灾行为而言,在当时虽不具备普遍性,但若从一个长时段的历史时期来看,这一行为却具有经典的示范意义,而示范意义的赋予则来自各方的认同。这一结论的获得又提示我们,长时段的辅助研究往往会为断代史的研究提供一个可以拓展思维的空间,诸多特殊性在不同时空下的反复发生恰恰体现了历史的规律性与经验性的存在。

附记:文本为中央高校基本科研业务费专项资金资助项目。本文原刊夏明方、郝平主编《灾害与历史》第一辑,商务印书馆,2018 年 7 月。收入本书时有改动。

霸史的谱系

——五胡十六国史料的继承与再编

梶山智史 撰　卫丽 译

前　　言

五胡十六国时期的史书被称为“霸史”。霸史的分类概念源于唐初编纂的《隋书·经籍志》。《隋书》卷33《经籍志·霸史》的概念如下所记：

> 自晋永嘉之乱，皇纲失驭，九州君长，据有中原者甚众。或推奉正朔，或假名窃号，然其君臣忠义之节，经国字民之务，盖亦勤矣。而当时臣子，亦各记录。……今举其见在，谓之霸史。

永嘉之乱以后，中原群雄割据，有的臣属正统王朝（晋），有的擅自称帝，但这些政权在君臣的忠义节操和国家国民的培养上，都很热心认真。而且当时的臣子们也留下了各自记录。隋书将当时仍存在的记录列举出来，称为霸史。也就是说，霸史是指永嘉之乱以后出现的关于割据政权的史书，可以说大体上是以十六国史为设定的概念。

《隋书·经籍志》中列举了23种关于十六国的霸史，但正如后所述，实际上有50种以上。其中，北魏崔鸿撰的《十六国春秋》作为总结4—5世纪华北地区“十六国时期”的史书而广为人知。以《十六国春秋》为首的霸史，被认为是后世《魏书》《晋书》《资治通鉴》中所包含的十六国史相关记述的史料依据。

在有关五胡十六国史料继承关系的先行研究中，有将《魏书》中的十六国相关记事与《十六国春秋》和《晋书》中相同内容的记述进行比较的周一良的研究,[①]还有将前赵的霸史即和苞《汉赵记》中现存的佚文与《十六国春秋》和《晋书》中同样内容进行对比的町田隆吉的研究。[②] 这些研究表明,《魏书》和《晋书》中有关十六国的记述继承了《十六国春秋》。但是,关于《魏书》《晋书》和《资治通鉴》分别是在什么原则下对霸史的记述进行采纳的,仍留有研究的余地。

我们知道,大部分霸史今天已经散佚,只剩下类书中所引用的片断佚文。这是难以弄清从霸史到正史再到《资治通鉴》的史料继承问题的主要原因。关于霸史佚文,有明人屠乔孙、项琳之和清人汤球的辑佚和复原成果。[③] 还有最近日本的五胡研究会编《五胡十六国霸史辑佚》一书问世。[④] 屠乔孙和汤球的成果重点放在了霸史的复原上,而《五胡十六国霸史辑佚》则是将重点放在佚文的收集和整理上,首次明确了现存霸史佚文的整体情况,意义深远。[⑤] 根据该书,霸史佚文变得容易利用了。

本文将对五胡十六国进行整体性记述的《晋书》和《资治通鉴》作为考察对象,考察二书在编辑十六国的相关记载时,是在怎样的原则下对先前的霸史进行取舍、选择以及继承的。关于这个问题,我将通过比较各书的相关史料来考察。但是在比较十六国史料时,必须首先留意的是,霸史的原版书已经散失,即使是类书中记载的霸史佚文,也以类书中各编目相关的内容为中心节录,所以原本的样子不一定就是如此。在这种情况下,不得不说要弄清史料继承关系的全貌基本是不可能的。但即使是断片的佚文,也可以通过

① 周一良:《魏收之史学》(收录于周一良著《魏晋南北朝史论集》,北京大学出版社,1997年。原载《燕京学报》第18期,1935年)。

② 町田隆吉:《〈汉赵记〉佚文考:唐修〈晋书〉の一侧面》(《东洋史论》第1号,1980年)。

③ 关于屠乔孙等人的成果,参见拙文《屠本〈十六国春秋〉考:明代における五胡十六国史研究の一斑》(《史学杂志》第119篇第7号,2010年7月)。汤球的成果,参见赫继东、曹书杰《汤球及其辑佚成就》(《古籍整理研究学刊》1996年第6期)等。

④ 五胡の会编(关尾史郎、岩本笃志、町田隆吉、三崎良章、市来弘志、小林聪、山口洋、平田阳一郎、山下将司、会田大辅、梶山智史、园田俊介、堀井裕之、峰雪幸人共同编纂)《五胡十六国霸史辑佚》(燎原书店,2012年)。

⑤ 参见关尾史郎《"霸史"の概要とその佚文蒐集の意义について》(收录于《五胡十六国霸史辑佚》)。

将其与《晋书》和《资治通鉴》相同内容的文字进行比较，来明确各书的编纂倾向问题。

一、五胡十六国的霸史及其存佚状况

（1）五胡十六国霸史概况

从十六国到南北朝时期，编纂了许多有关五胡十六国史的史书。下面列举记录中残留的部分。[①] 其中粗体字部分是《隋书·经籍志》史部霸史类列举的史书。

前赵史（3种）…… ①**〔前赵〕和苞《汉赵记》10卷** ②〔前赵〕公师彧《高祖本纪》 ③〔前赵〕公师彧《功臣传》

后赵史（10种）…… ①**〔后燕〕田融《赵书》（别名《二石集》《赵石记》）10卷** ②**〔后赵〕王度《二石传》2卷** ③ **王度《二石伪治时事》2卷** ④ 王度、陆翙《二石伪事》6卷 ⑤ 王度、陆翙《二石书》10卷 ⑥ 吴笃《赵书》 ⑦ 周融《赵义》1卷 ⑧〔后赵〕傅彪、贾蒲、江轨《大将军起居注》 ⑨〔后赵〕佐明楷、程机《上党国记》 ⑩〔后赵〕石泰、石同、石兼、孔隆《大单于志》

前燕史（3种）…… ①**〔后燕〕范亨《燕书》20卷** ②〔后燕〕杜辅全《燕纪》 ③〔后燕〕崔逞《燕记》

后燕史（3种）…… ①**〔后燕〕范亨《燕书》20卷** ②〔后燕〕董统《后燕书》30卷 ③〔后燕〕封懿《燕书》

南燕史（4种）…… ①〔南燕〕王景晖《南燕起居注》1卷 ②**〔北燕〕王景晖《南燕录》6卷** ③**〔南燕〕张诠《南燕书》5卷** ④ **游览先生《南燕书》7卷**

北燕史（2种）…… ①〔北魏〕韩显宗《燕志》（别名《冯氏燕志》）10卷 ②**〔北魏〕高闾《燕志》10卷**

前秦史（5种）…… ①《前秦起居注》 ② **何仲熙《秦书》8卷** ③〔后秦〕车

---

① 参见邱敏《〈十六国春秋〉史料来源述考》（《西北第二民族学院学报》1991年第1期），吴振清校注《三十国春秋辑本》（天津古籍出版社，2009年）的序文，魏俊杰《十六国旧史存亡探析》（《四川图书馆学报》2014年第1期）。

频《秦书》3 卷 ④〔刘宋〕**裴景仁《秦记》11 卷** ⑤〔后燕〕田融《苻朝杂记》1 卷

后秦史(2 种)…… ①〔后秦〕马僧虔、卫隆景《秦史》 ②〔**北魏**〕**姚和都《后秦记》10 卷**

前凉史(6 种)…… ①〔前凉〕索绥《凉国春秋》50 卷 ②〔前凉〕刘庆《凉记》12 卷 ③〔前凉〕索晖《凉书》 ④〔**西凉**〕**刘昞《凉书》10 卷** ⑤〔**燕**〕**张谘《凉记》8 卷** ⑥〔**东晋**〕**喻归《西河记》2 卷**

后凉史(1 种)…… ①〔**后凉**〕**段龟龙《凉记》(别名《凉州记》)10 卷**

南凉史(1 种)…… ①**《托跋凉录》10 卷**

北凉史(3 种)…… ①**《凉书》10 卷** ②〔**北魏**〕**宗钦《蒙逊记》10 卷** ③〔**北魏**〕**高道让《凉书》10 卷**

西凉史(1 种)…… ①〔**西凉**〕**刘昞《敦煌实录》10 卷**

夏史(1 种)…… ①〔夏〕赵逸(赵思群)《夏国书》

成汉史(1 种)…… ①〔**东晋**〕**常璩《蜀李书》(别名《汉之书》)10 卷**

全面记述十六国的史书(2 种)…… ①〔**北魏**〕**崔鸿《十六国春秋》102 卷** ②〔梁〕萧方等《三十国春秋》30 卷(或 31 卷)

包含十六国史的史书(2 种)…… ①〔**东晋**〕**常璩《华阳国志》12 卷** ②〔东晋〕陆翙《邺中记》2 卷

如上所述,唐以前出现了约 50 种霸史,大多数是国别史。这些史书几乎都是在十六国各国为官的人物创作的,可以说是有关十六国史的第一手史料。另外,在十六国中 15 个国家有国别史相关的记载,其中只有西秦没有关于国别史的记录,但从后世的史书中有关于西秦的记载来看,西秦的史书很可能是以某种形式编造的。

相对于以上的国别史,《十六国春秋》和《三十国春秋》是全面记述十六国的史书。前者是北朝,后者是南朝编纂的,所以撰者的正统观念和历史认识各不相同,但两书有一个共同点,就是都是先在十六国各国史上汇编,再进行编辑。从这个意义上来看,这些史书又都是二手史料。这两本书的特征将在后面叙述。

除此之外,作为包含十六国史内容的史书,还有常璩的《华阳国志》和陆翙的《邺中记》。前者包含成汉的记述,不过仍然保持了巴蜀、汉中等地地方志的性格。[1] 后者包含后赵时期的邺城史事,不过主要还是一部以邺都为中心的史书。两者都是和其他霸史风格稍有不同的史书。

(2) 崔鸿《十六国春秋》与萧方等《三十国春秋》

霸史之中,关于《十六国春秋》和《三十国春秋》还留有相关记述,可以稍微分析以了解其特征。

《十六国春秋》全102卷,由北魏崔鸿(478—525)于522年左右成书。崔鸿出身于门阀士族东清河郡崔氏,是受孝文帝之命负责编纂北魏国史的崔光的侄子,[2]《魏书》卷67有传。年纪轻轻就有“著述之志”的他,决心总结北魏成立前在华北兴亡的前赵、后赵、前燕、前秦、后燕、后秦、南燕、夏、前凉、成汉、后凉、西秦、南凉、西凉、北凉、北燕的“十六国”历史,网罗各国霸史加以整理、审订,在统一的形式下重新建构,命名为《十六国春秋》。其体裁是把各国的记录称为“录”,把君主的纪称为“传”,并且到处留有崔鸿自己对史事的评论。[3] 各“录”的卷数详细情况不明,从全102卷的卷数来看,1个国家可能集中在6卷左右。这种叙述方式考虑到北魏的正统观,同时也对十六个国家保持了平等和公平性。[4]

---

① 但是《华阳国志》并不是单纯的地方志,从正史的经籍志等中被分类为霸史类和伪史类来看,有霸史的一面。津田资久《〈华阳国志〉に見える蜀汉叙述》(竹内洋介、大室智人编《ACRI Research Paper Series:6〈华阳国志〉の世界~巴、蜀、そして南方へのまなざし~》,东洋大学アジア文化研究所,2018年)认为,《华阳国志》的编撰中包含“华阳”地区国史的意图,其本质属于霸史的性格。

② 关于崔鸿一族的历史动向,参见拙文《北朝における东清河崔氏:崔鸿〈十六国春秋〉编纂の背景に关する一考察》(《史林》第96卷第6号,2013年11月)。

③《魏书》卷67《崔鸿传》云:“鸿弱冠便有著述之志。见晋魏前史皆成一家,无所措意。以刘渊、石勒、慕容儁、苻健、慕容垂、姚苌、慕容德、赫连屈孑、张轨、李雄、吕光、乞伏国仁、秃发乌孤、李暠、沮渠蒙逊、冯跋等,并因世故,跨僭一方,各有国书,未有统一,鸿乃撰为《十六国春秋》,勒成百卷。因其旧记,时有增损褒贬焉。”(《魏书》,中华书局,1997年)。另外,《史通·外篇》卷12《古今正史篇》载:“魏世黄门侍郎崔鸿,乃考覆众家,辨其同异,除烦补阙,错综纲纪,易其国书曰录,主纪曰传,都谓之《十六国春秋》。”关于刘知幾《史通》的版本,使用了浦起龙释《史通通释》(上海古籍出版社,1978年),同时还参考了西胁常记译注《史通内篇》(东海大学出版会,1989年)和西胁常记编译注《史通外篇》(东海大学出版会,2002年)。

④ 拙文《崔鸿〈十六国春秋〉の成立について》(《明大アジア史论集》第10号,2005年3月)。

《三十国春秋》共30卷(或31卷),由南朝梁的萧方等(528—549)编纂于540年左右。萧方等是梁元帝萧绎的长子,《梁书》卷44有传。本传只记录了他撰写了《三十国春秋》,但并未提及详细内容。据郑樵《通志》[①]和王应麟《玉海》[②]记载,其内容是以晋(西晋、东晋)为正统,再加上东汉末至东晋末兴亡的29个国家的历史。一般认为这29国包含了崔鸿《十六国春秋》中的十六国,不过此外,还有哪些国家被收录则不清楚。这本书的体裁是编年体,各国的记录被称为"传",[③]从书名和卷数可以推测出每一个国家都有一卷。卷数与《十六国春秋》相比并不算多,根据以下王应麟《玉海》卷41《艺文志》的记载,其内容相当丰富:

> 晋春秋略　唐志编年,杜延业《晋春秋略》二十卷。中兴书目,唐秘书省正字杜公业撰(唐志作延业)并序。起晋宣帝,迄恭帝,一百五十六年。以后魏崔鸿《十六国春秋》尚未究尽,梁萧方等著《三十国春秋》,以晋为主,附列二十九国,采集为广,遂加删缉,号曰晋春秋略。凡一百八万余言。

据此,唐杜延业认为崔鸿《十六国春秋》的内容不够充分,因而以广泛采集史料的萧方等《三十国春秋》为基础,创作了《晋春秋略》20卷。这里所说的"采集为广",意思是《三十国春秋》比《十六国春秋》所包含的国家更多,同时《十六国春秋》中没有记载的史事也被《三十国春秋》采集的意思。萧方等大概是根据当时南朝存在的十六国各国的霸史编纂了《三十国春秋》的十六

---

① 郑樵《通志·艺文略·霸史》载"三十国春秋,三十卷。梁湘东王世子萧方等撰,起汉建安,迄晋元熙,凡百五十六年,以晋为主,包吴孙、刘渊等三十国事。"(王树民点校《通志二十略》,中华书局,1995年)。

② 王应麟《玉海》卷41《艺文中》载"三十国春秋,隋志古史,三十国春秋三十一卷,梁湘东世子萧方等撰。唐志伪史类,萧方三十国春秋三十卷,武敏之三十国春秋一百卷,(旧志同)蔡允恭后梁春秋十卷。中兴书目,三十卷。方等采削诸史,以晋为主,附列汉刘渊以下二十九国。又上取吴孙皓事,起宣帝,迄恭帝。又三十国春钞一卷。"关于《玉海》版本,使用了《合璧本玉海》(中文出版社,1977年),同时还参考了武秀成、赵庶洋校证《玉海艺文校证》(凤凰出版社,2013年)。

③ 关于这些《三十国春秋》的特征,参见魏俊杰《萧方等〈三十国春秋〉探析》(《兰台世界》2013年第3期)。

国史部分。①

(3) 现存五胡十六国的霸史佚文

实际上,这些霸史除了常璩的《华阳国志》外已全部散佚,只是在唐宋时期编纂的类书中还残存着片断佚文。那么,到底有多大数量的佚文呢?根据《五胡十六国霸史辑佚》将现存的各霸史佚文统计如下(数字为总计数):

和苞《汉赵记》………………………………… 8条
田融《赵书》………………………………… 86条
吴笃《赵书》………………………………… 1条
王度《二石传》………………………………… 16条
王度、陆翙《二石伪事》 ………………………… 10条
范亨《燕书》………………………………… 60条
王景晖《南燕录》………………………………… 1条
张诠《南燕书》………………………………… 3条
高闾《燕志》………………………………… 6条
车频《秦书》………………………………… 44条
裴景仁《秦记》………………………………… 35条
姚和都《后秦记》………………………………… 9条
张谘《凉记》………………………………… 1条
喻归《西河记》………………………………… 6条
段龟龙《凉记》………………………………… 51条
高道让《凉书》………………………………… 1条
刘昞《敦煌实录》………………………………… 18条
常璩《蜀李书》………………………………… 9条

---

① 在萧方等编纂《三十国春秋》的540年代,520年代成书的《十六国春秋》是否从北朝传入南朝尚不清楚。当时的江南存在田融《赵书》、范亨《燕书》、裴景仁《秦记》、段龟龙《凉记》等霸史(刘知幾《史通·内篇》卷5《旧习篇》中关于梁阮孝绪《七录》伪史的说明),所以萧方等根据这些十六国各国史编纂了《三十国春秋》的十六国史部分。也就是说,萧方等《三十国春秋》没有参考崔鸿《十六国春秋》。

崔鸿《十六国春秋》………………………… 806 条

萧方等《三十国春秋》……………………… 110 条

如上所述,有现存佚文的霸史只有 20 种。其中应该注意的是崔鸿《十六国春秋》的 806 条,其数量很突出。由此可以看出,《十六国春秋》是关于十六国史最广为人知、阅读量也最大的史书。与此同时,萧方等《三十国春秋》也有 110 条。① 可见,这也是一部比较常用的史书。

另一方面,其他各国史的佚文多则有两位数,少则只有一位数。但是田融《赵书》、范亨《燕书》、段龟龙《凉记》、车频《秦书》、裴景仁《秦记》等还留有相当数量的佚文,所以在一定程度上也还是得到了认可的。但是,综合上述统计数据可以看出,类书在引用霸史以获取五胡十六国史相关知识时,比起各国史,《十六国春秋》和《三十国春秋》有着压倒性的被利用的倾向。

二、从霸史到《晋书》

接下来对从霸史到《晋书》十六国史部分的史料继承的具体情况进行考察。作为先行研究,对包括十六国国别霸史在内的史料比较中,有本文开头提到的町田隆吉的研究。② 根据他的研究,将和苞《汉赵记》中与前赵霸史相关的现存 7 条佚文与《十六国春秋》和《晋书》的相同记载进行比较,发现《汉赵记》的佚文在内容上被《晋书》继承,但是《汉赵记》的记载很可能是通过《十六国春秋》而被《晋书》所继承的。也就是说,《晋书》中关于汉、前赵的记载并不是直接从《汉赵记》中获取的,而是根据重新编辑《汉赵记》记载的《十六国春秋》而来。那么,关于其他国家的记载又是怎样的呢? 下面讨论几个事例。

(1) 成汉李雄的出生、容貌、资质

关于成汉李雄的出生、容貌、资质,首先对《太平御览》所引常璩《蜀李

① 这 110 条是仅限与五胡十六国史相关的佚文数量。萧方等《三十国春秋》不仅记载了十六国史,实际上三国、两晋史也属于记述范围,因而还留下了实际关于三国、西晋、东晋的记载。加上这些,现存《三十国春秋》的佚文更多。

② 町田隆吉:《〈汉赵记〉佚文考:唐修〈晋书〉の一側面》。

书》(2 条)、崔鸿《十六国春秋·蜀录》、《晋书》卷 121《李雄载记》的记述进行比较。① [在引用文中为了区分内容,附加(a)、(b)、(c)的符号。]

常璩《蜀李书》	①《李蜀书》曰:(a) 武帝讳雄,始祖第三子。始祖后方娠,梦双虹自门升天,一虹中断。及生,后常言:"三子若成人,必有先亡者,有大贵者。"后果李荡早卒,李雄王蜀。(《太平御览》卷 398·人事部 39) ②《蜀李书》曰:(a) 武帝讳雄,字仲儁。始祖第三子。(b) 帝身长八尺三寸,美容貌。相工相之曰:"此君将贵,其相有四。目如重云,鼻如龟龙,口如方器,耳如相望。法为贵人,位过三公,不疑也。"帝每周旋乡里,有识者皆器重之。(c) 有刘化者,道术士也,太康中,每语乡里曰:"李仲儁有大贵之表,终为人主也。"(《太平御览》卷 363·人事部 4)
崔鸿《十六国春秋·蜀录》	崔鸿《十六国春秋·蜀录》曰:(a) 李雄,字仲儁,特第三子。母罗氏,梦双虹自门升天,一虹中断,既而生荡。后罗氏汲水,忽然而寐,梦大虹绕其身,遂有孕,十四月而生雄。常言:"二子若有先亡,在者必大贵。"荡以李流世卒。(b) 雄长八尺三寸,美容貌。相工相之曰:"此君将贵,其相有四。目如重云,鼻如龟龙,口方如器,耳如相望。法为贵人,位过三公,不疑。"雄少以烈气闻,识者皆器重之。(《太平御览》卷 123·偏霸部 7)
《晋书》卷 121《李雄载记》	(a) 李雄,字仲儁,特第三子。母罗氏,梦双虹自门升天,一虹中断,既而生荡。后罗氏因汲水,忽然如寐,又梦大蛇绕其身,遂有孕,十四月而生雄。常言:"吾二子若有先亡,在者必大贵。"荡竟前死。(b) 雄身长八尺三寸,美容貌。少以烈气闻,每周旋乡里,识达之士皆器重之。(c) 有刘化者,道术士也,每谓人曰:"关陇之士皆当南移,李氏子中惟仲儁有奇表,终为人主。"

以上三者比较起来,首先是称呼不同。在《蜀李书》中李雄被称为"武帝",其父亲李特被称为"始祖",母亲罗氏被称为"始祖后"。而在《十六国春秋》中把这些名字改写成了"李雄""李特""母罗氏"。这是《蜀李书》以成汉为正统的表现,与此相对,《十六国春秋》则是将成汉视为非正统而改变的。《晋书》沿袭的是《十六国春秋》的称呼。

① 关于《太平御览》的版本,使用了中华书局 1960 年版,同时还参考了夏剑钦、王巽斋等校点河北教育出版社 2000 年版。关于《晋书》的版本,使用了中华书局 1974 年版。

下面讨论一下记载的内容,首先关于(a)和(b),《蜀李书》的内容基本上都被《十六国春秋》继承,只是细节上部分文字存在差异。《十六国春秋》并不是单纯地引用《蜀李书》的记载,例如母罗氏生李雄之前的经历、之后母罗氏的话等,其特征是在加上若干细节表现的同时,继承了前者记载的内容。

另一方面,《晋书》的记载,比起《蜀李书》,与《十六国春秋》的相似性更高,直接引用的地方更多,但是细节上仍有不同。例如,在(a)中,罗氏身怀李雄时梦见的东西,在《十六国春秋》中是“大虹”,而在《晋书》中则是“大蛇”,这可能是传写时造成的错误。李雄哥哥李荡的死,在《十六国春秋》中写作“荡以李流世卒”,而在《晋书》中则略写“荡竟前死”。(b)《十六国春秋》中有相士称赞李雄相貌的词语,而《晋书》中则没有,这估计是《晋书》的编纂者判断这句话过于繁杂而删掉的。虽然像这样对细节进行了修改,但是可以看出《晋书》的记载基本上还是根据《十六国春秋》的内容和表达进行取舍的。

关于(c),三者中仅《十六国春秋》没有相关佚文。那么《晋书》的这一部分有可能是从《蜀李书》中收录的。但是这里引用的《十六国春秋》本身也有佚文,《太平御览》从原版中摘录出的内容,并不一定就是原来的样子,所以《十六国春秋》原著中可能也有关于道士刘化的故事。这样的话,《晋书》也有可能是从《十六国春秋》中引用了这一记载。值得注意的是,《蜀李书》和《晋书》的文字表达存在很大不同。《晋书》从《十六国春秋》中完全照抄(a)和(b),却唯独从《蜀李书》摘出(c),并特意对细节进行编辑的可能性并不大。如果是这样的话,可以推测《蜀李书》的记述被《十六国春秋》加工过,而《晋书》又引用了《十六国春秋》。

(2) 苻坚的食具

接下来关于前秦苻坚使用的食具问题,可以将刘知幾《史通》所引裴景仁的《秦记》和崔鸿《十六国春秋》以及《晋书》的记述进行比较。《史通·内篇》卷6的叙事中有以下对《秦记》和《十六国春秋》的比较:

案裴景仁《秦记》称苻坚方食,抚盘而诟,王劭《齐志》述洛干感恩,脱帽而谢。及彦鸾撰以新史,重规删其旧录,乃易抚盘以推案,乃变脱帽为免冠。夫近世通无案食,胡俗不施冠冕。直以事不类古,改从雅言,欲令学者何以考时俗之不同,察古今之有异。

据此,裴景仁《秦记》中“苻坚方食,抚盘而诟”的记载,在崔鸿(字彦鸾)的《十六国春秋》中,“抚盘”改成了“推案”。关于这句话的改变,刘知幾认为十六国时一般没有用“案”(带脚的饭桌)吃饭的习惯,恐怕用的是“盘”(扁平的大盘子),因而批评崔鸿把这个“盘”改写成具有古风色彩的“案”字,造成对古今习俗的理解混乱。

因此从《晋书》卷114《苻坚载记》来看,该部分作如下记载:

坚率步骑二万讨姚苌于北地,次于赵氏坞,使护军杨璧游骑三千,断其奔路,右军徐成、左军窦冲、镇军毛盛等屡战败之,仍断其运水之路。……苌众危惧,人有渴死者。俄而降雨于苌营,营中水三尺,周营百步之外,寸余而已,于是苌军大振。坚方食,去案怒曰:“天其无心,何故降泽贼营!”

在这里描写384年前秦和后秦的战争中,后秦阵营突降惠雨,苻坚愤怒叹气的场面。其中与苻坚食具相关的记载写作“去案”,用的是“案”字而非“盘”字。这就说明《晋书》不是根据《秦记》而是根据《十六国春秋》的表达记载了这一部分内容。

与此相关,在《史通·外篇》卷17《杂说》中还有以下记载:

然自二京失守,四夷称制,夷夏相杂,音句尤媸。而彦鸾、伯起,务存隐讳,重规、德棻,志在文饰,遂使中国数百年内,其俗无得而言。

据此,崔鸿(字彦鸾)、魏收(字伯起)、李百药(字重规)、令狐德棻等北朝至唐初的历史学家们,记述夷狄和中原之民混在一起、语言“肮脏”的十六国北朝历史时,出现避开“粗俗肮脏”的语言,将其改写成格调高雅的语言的倾向。从这里可以看出,崔鸿《十六国春秋》在吸收各国历史时,采取了连细微的词语和表达都要加以修改的方针,根据情况,将通俗的“脏话”改成古老且文雅的语言。这样一来,《晋书》的编纂者恐怕没有参考《秦记》,而是毫无批判地沿袭了《十六国春秋》的时代错误。

(3) 桓温对前燕慕容恪的评价

关于桓温对前燕慕容恪的评价,可以比较《太平御览》所引范亨的《燕书》,《史通》所引萧方等的《三十国春秋》,以及《晋书》卷111《慕容暐载记》的记述。

范亨《燕书》	《燕书》曰:慕容恪之威声震于外敌。初,列祖崩,晋人喜曰:"中原可图矣。"桓温曰:"慕容恪尚存,所忧方重耳。"(《太平御览》卷469·人事部110)
萧方等《三十国春秋》	萧方等《三十国春秋》说,朝廷闻慕容儁死曰:"中原可图矣。"桓温曰:"慕容恪在,其忧方大。"(刘知幾《史通·内篇》卷28·模拟篇)
《晋书》卷111《慕容暐载记》	慕容恪,字玄恭,皝之第四子也。幼而谨厚,沈深有大度。……及儁嗣位,弥加亲任。累战有大功,封太原王,拜侍中、假节、大都督、录尚书。儁寝疾,引恪与慕容评属以后事。及暐之世,总摄朝权。初,建邺闻儁死,曰:"中原可图矣。"桓温曰:"慕容恪尚存,所忧方为大耳。"

这里要比较的是下划线部分。360年前燕的慕容儁死时,东晋朝廷人人感到高兴,都认为中原可图,桓温却说慕容恪尚在,更应有所担忧。比较三书关于这部分的记载,首先关于称呼,在《燕书》中称呼的是慕容儁的庙号"列祖(烈祖)",而在《三十国春秋》中将其改写为"慕容儁",《晋书》和《三十国春秋》使用的是相同的名字。记载内容大体上一致,例如《燕书》中的"晋人喜"这一记述在《三十国春秋》和《晋书》中没有,在桓温的语言中,《燕书》中描写担心时用的是"重"字,而在《三十国春秋》和《晋书》中,则是"大"字。总体看来,《晋书》和《三十国春秋》的相似性更高,而与《燕书》的表达方式有微妙的不同。由此看来,关于这部分记载,《晋书》依据的是《三十国春秋》而不是《燕书》。

另外,这部分内容虽然在现存的《十六国春秋》佚文中并未记录,但也不能排除《十六国春秋》原书中有这部分内容的可能性。如果是这样的话,《晋书》上述内容很可能是从《十六国春秋》中引用的。不过,上述刘知幾《史通·内篇》卷28《模拟篇》有如下所述:

> 善人君子，功业不书，见于应对，附彰其美。如《左传》称楚武王欲伐随，熊率且比曰："季梁在，何益。"至萧方等《三十国春秋》说，朝廷闻慕容儁死曰："中原可图矣。"桓温曰："慕容恪在，其忧方大。"以此而拟左氏，又所谓貌异而心同也。

刘知幾的评论认为，使用对话来称赞慕容儁是萧方等的叙述手法，这是仿照《左传》的笔法（但是正如前所述，这个内容和笔法已经在范亨《燕书》中看到，而不是《三十国春秋》的原创。刘知幾并没有注意到这一点）。刘知幾应该能看到《十六国春秋》和《三十国春秋》关于这件事的完整记载，因而才列举了《三十国春秋》这段事例以显示《三十国春秋》叙述手法的特征。由此可见，《晋书》关于这件事的记载是从《三十国春秋》中摘录的应是无疑。

（4）参合陂之战

接下来，关于北魏与后燕之间的参合陂之战，将对以下内容进行比较：郦道元《水经注》所引的范亨《燕书》、《太平御览》所引的《十六国春秋·后燕录》、《三十国春秋》、《晋书》卷123《慕容垂载记》。［引用文中的（a）、（b）符号用来划分内容。］

范亨《燕书》	按《燕书》，（a）建兴十年，慕容宝自西河还，军败于参合，死者六万人。（b）十一年，垂众北至参合，见积骸如山，设策吊之，死者父兄皆号泣，六军哀恸。垂惭愤呕血，因而寝疾焉。舆过平城北四十里，疾笃。筑燕昌城而还。（《水经注》卷13）①
崔鸿《十六国春秋·后燕录》	崔鸿《十六国春秋·后燕录》曰：……（a）（建兴）十年五月，太子宝率众八万伐魏，范阳王德为之后继。魏闻宝将至，徙于河西。宝临河不敢济，引师还，次于参合。俄而魏军大至，三军奔溃，宝与德等数千骑奔免。（b）十一年三月，垂大众出参合，太子宝出天门。垂至参合，见积骸如山，设祭吊之，死者父兄各皆号哭，军中哀恸。垂惭愤呕血，因而寝疾，筑燕昌城而还。（《太平御览》卷125·偏霸部9）

① 杨守敬、熊会贞疏，段熙仲点校，陈桥驿复校：《水经注疏》（江苏古籍出版社，1989年）。

（续表）

萧方等《三十国春秋》	《三十国春秋》曰：(a) 后燕慕容垂遣其子宝步骑七万伐后魏，战于参合陂，大败，宝以数千骑奔免，士众还者十一二。(b) 宝恨参合之败，屡言魏有可乘之机。由是自率大众伐魏，至参合，见往年战处积骸如山，设吊祭之礼，死者父兄一时号哭，军中皆恸。垂惭愤呕血，因而寝疾，却还道卒。(《太平御览》卷 323 · 兵部 54)
《晋书》卷 123《慕容垂载记》	(a) 遣其太子宝及农与慕容麟等率众八万伐魏，慕容德、慕容绍以步骑一万八千为宝后继。魏闻宝将至，徙往河西。宝进师临河，惧不敢济。还次参合，忽有大风黑气，状若堤防，或高或下，临覆军上。沙门支昙猛言于宝曰："风气暴迅，魏军将至之候，宜遣兵御之。"宝笑而不纳。昙猛固以为言，乃遣麟率骑三万为后殿，以御非常。麟以昙猛言为虚，纵骑游猎。俄而黄雾四塞，日月晦冥，是夜魏师大至，三军奔溃，宝与德等数千骑奔免，士众还者十一二，绍死之。初，宝至幽州，所乘车轴无故自折。术士靳安以为大凶，固劝宝还，宝怒不从，故及于败。(b) 宝恨参合之败，屡言魏有可乘之机。慕容德亦曰："魏人狃于参合之役，有陵太子之心，宜及圣略，摧其锐志。"垂从之，留德守中山，自率大众出参合，凿山开道，次于猎岭。遣宝与农出天门，征北慕容隆、征西慕容盛逾青山，袭魏陈留公泥于平城，陷之，收其众三万余人而还。垂至参合，见往年战处积骸如山，设吊祭之礼，死者父兄一时号哭，军中皆恸。垂惭愤欧血，因而寝疾，乘马舆而进，过平城北三十里疾笃，筑燕昌城而还。

其中，《晋书》中的划线部分是与各霸史的佚文相对应的部分。首先，(a)是建兴十年(395)后燕的慕容宝与慕容麟等人一起向北魏进攻，后燕军在参合陂大败的记载。四者相比，《晋书》和《十六国春秋》在内容、文字表达上的相似度都很高。而另一方面，《燕书》和《三十国春秋》在内容上虽然相似，但细节表达方面却有差异。这一部分，《晋书》应是以《十六国春秋》为题材进行书写的。

其次，(b)是建兴十一年(396)后燕的慕容垂再次进攻北魏的记事。其中值得注意的是，有慕容垂亲自到参合陂，悼念在前一年战争中像山一样堆积的士兵尸体的记述。《燕书》："垂众北至参合，见积骸如山，设策吊之，死者父兄皆号泣，六军哀恸。"《十六国春秋》："垂大众出参合，太子宝出天门。垂至参合，见积骸如山，设祭吊之，死者父兄各皆号哭，军中哀恸。"《三十国春秋》："至参合，见往年战处积骸如山，设吊祭之礼，死者父兄一时号哭，军中皆恸。"《晋书》:"垂至参合,见往年战处积骸如山,设吊祭之礼,死者父兄一时号哭,军中皆恸。"比较四者,可知《三十国春秋》和《晋书》大致相同。也就是说,关于这一部分,《晋书》是根据《三十国春秋》而写的。那么,《晋书》在记述北魏和后燕的一系列战争时,参考的是《十六国春秋》和《三十国春秋》这两本书。另外,(a)(b)两者在《晋书》中有很多在《十六国春秋》和《三十国春秋》的佚文中不存在的记述,这些记述恐怕都存在于《十六国春秋》或《三十国春秋》的原著中,《晋书》是从其中的一个引用而来的。

三、从霸史到《资治通鉴》

(1)《资治通鉴》五胡十六国部分的史料来源

为了考察《资治通鉴》中五胡十六国史部分的史料来源,应该参考的是《资治通鉴考异》,因为这本书里说明司马光等编纂者参考了怎样的史料,怎样考证史实等过程。那么,司马光在编撰《通鉴》五胡十六国史部分时使用了怎样的史料呢? 下面我们根据《五胡十六国霸史辑佚》,总结《资治通鉴考异》中引用的霸史佚文及其数量。

范亨《燕书》…………………………………… 18 条

常璩《华阳国志》……………………………… 16 条

崔鸿《十六国春秋》…………………………… 35 条

萧方等《三十国春秋》………………………… 12 条

杜延业《晋春秋略》…………………………… 7 条

《通鉴考异》所引霸史资料仅有 5 种。《晋春秋略》又是《三十国春秋》的节略版,因此司马光利用的霸史资料实际上只有 4 种。其中,范亨《燕书》、常璩《华阳国志》、萧方等《三十国春秋》在《宋史·艺文志》中都有记载,北宋时似乎还有完整的书存在。但是《十六国春秋》当时已经残缺了,司马光也未能看到完整的书。① 除此之外十六国各国霸史则都已散佚。在

① 王应麟《玉海》卷 41《艺文》载"《十六国春秋》(后魏),隋志霸史,崔鸿撰《十六国春秋》一百卷。(唐史伪史类:一百二十卷)国史志,鸿书世有二十余卷,旧志五十卷,盖(转下页)

制约因素如此众多的史料环境中,当时唯一保留下来的国别史霸史《燕书》被频繁使用,这一点值得关注。我们推测,司马光在编纂《通鉴》五胡十六国史部分时,对同一内容,会尽量使用古老的史料。 ①

司马光不仅收录了霸史的内容,还采用了霸史的叙述手法。刘羲仲所编撰的《通鉴问疑》②中,有其父亲刘恕和司马光关于《通鉴》编纂方针的如下问答。

> 君实曰:道原言,诸国名号各从臣子所称,固为通论。然修至十六国,有修不行者。……今欲将吴、蜀、十六国及五代偏据者,皆依《三十国春秋》书为某主,但去其僭伪字,犹《汉书》称赵王歇、韩王信也。至其死则书曰卒,谥曰某皇帝,庙号某祖、某宗。

据此,司马光(字君实)向刘恕(字道原)提议,关于孙吴、蜀汉、十六国、五代等非正统王朝的君主之称,参考萧方等《三十国春秋》的称谓方法,一律以"某主"为准。这里所谓的《三十国春秋》的称谓方法是什么样的?《三十国春秋》称呼十六国君主时,一律称"某王某"。这一点被唐代刘知幾《史通》评价为将十六国公平对待。③ 现存的《三十国春秋》佚文中有相关事例,比如汉刘聪被称为"汉王聪",夏赫连勃勃被称为"夏王勃勃",后燕的慕容熙被称为

(接上页) 献书者妄分篇第。晁说之曰:'司马公休言温公所考《十六国春秋》非崔鸿全书。'"可见,司马光之子司马康(字公休)对朋友晁说之说温公(司马光)使用的《十六国春秋》并不是崔鸿的完本。据町田隆吉《〈资治通鉴考异〉所引〈十六国春秋〉及び〈十六国春秋钞〉について:司马光が利用した〈十六国春秋〉をめぐって》(《国际学レヴュー》第12号,2000年3月)考证,司马光能看到的原本《十六国春秋》20余卷中有《前赵录·刘海渊传》《刘聪传》,《后赵录·石勒传》《石虎传》,《前燕录·慕容儁传》,《前秦录·苻坚传》,《后秦录·姚兴传》,《北凉录·沮渠蒙逊传》,《南凉录·秃发乌孤传》《秃发利鹿孤传》,《西秦录·乞伏乾归传》《乞伏炽盘传》《乞伏暮末传》,《夏录·赫连勃勃传》共含14篇传记。

① 町田隆吉在《〈资治通鉴考异〉所引〈十六国春秋〉及び〈十六国春秋钞〉について:司马光が利用した〈十六国春秋〉をめぐって》中指出了这一点。

② 关于刘羲仲《通鉴问疑》的版本,使用了《四库全书》史部15《史评类》(上海古籍出版社,1987年)。

③ 刘知幾《史通·内篇》卷14《称谓篇》载:"续以金行版荡,戎羯称制,各有国家,实同王者。晋世臣子党附君亲,嫉彼乱华,比诸群贼。此皆苟徇私忿,忘夫至公。自非坦怀爱憎,无以定其得失。至萧方等始存诸国名谥,僭帝者皆称之以王。此则赵犹人君,加以主号,杞用夷礼,贬同子爵。变通其理,事在合宜。小路可观,见于萧氏者矣。"

“燕王慕容熙”。① 《三十国春秋》是站在以晋为正统的立场上写的，所以晋以外的君主不能称之为“帝”。因此萧方等对十六国君主采取了这种称谓方法。司马光说的就是这种叙述手法。

实际上司马光在《通鉴》文本中确实采用了这样的手法。例如，就汉刘渊的称谓来看，304 年称汉王之前用姓名叫“刘渊”，称汉王以后称为“汉王渊”，308 年即皇帝位以后称为“汉主渊”。关于其他的十六国君主，在称呼皇帝的阶段一律使用“某主某”这个称呼。所以《通鉴》并不是单纯模仿《三十国春秋》的称谓方法，而是将“王”改成了“主”字。但是在统一称帝后的十六国君主号这一点上，《通鉴》学习了《三十国春秋》的叙述手法。

(2) 参合陂之战的相关记载

下面，我们对《通鉴》的五胡十六国史部分的实际情况进行讨论。我们选取在前一章中也提到的参合陂之战的《通鉴》记载。

《资治通鉴》卷 108 · 晋纪 30 · 孝武帝太元二十年(395)五月条	魏王珪叛燕，侵逼附塞诸部。五月，甲戌，燕主垂遣太子宝、辽西王农、赵王麟帅众八万，自五原伐魏，范阳王德、陈留王绍别将步骑万八千为后继。散骑常侍高湖谏曰：“魏与燕世为婚姻，彼有内难，燕实存之，其施德厚矣，结好久矣。间以求马不获而留其弟，曲在于我，奈何遽兴兵击之！拓跋涉圭沈勇有谋，幼历艰难，兵精马强，未易轻也。皇太子富于春秋，志果气锐，今委之专任，必小魏而易之，万一不如所欲，伤威毁重，愿陛下深图之！”言颇激切，垂怒，免湖官。
《资治通鉴》卷 108 · 晋纪 30 · 孝武帝太元二十年(395)七月条	秋七月，……魏张衮闻燕军将至，言于魏王珪曰：“燕狃于滑台、长子之捷，竭国之资力以来，有轻我之心，宜羸形以骄之，乃可克也。”珪从之，悉徙部落畜产，西渡河千余里以避之。燕军至五原，降魏别部三万余家，收穄田百余万斛，置黑城，进军临河，造船为济具。

① 《太平御览》卷 610《学部》4 中载：“萧方等《三十六国春秋》曰：汉大将军、东平王约，汉王聪戏之曰：‘汝诵何书。味何句也。’约曰：‘臣诵《孝经》，每咏“身体发肤，受之父母，不敢毁伤”至于“在上不骄，高而不危”，未尝不反覆诵之。’聪大悦。”《太平御览》卷 322《兵部》53 中载：“又(萧方等《三十六国春秋》)曰，夏王勃勃自号真兴元年，夏刻石都南，颂其功曰，我皇诞命世之期，应天纵之德，仰协时来，俯从民望。属奸豪鼎峙之际，群凶岳立之秋，故运筹命将，举无遗策，亲御六戎，即有征无战，五稔之间而治风弘阐矣。”《太平御览》卷 21《时序部》6 中载：“《三十国春秋》曰，燕王慕容熙后符氏，尝季夏思冻鱼脍，仲冬须生地黄，皆下有司切责之，不得，加之以辟焉。”除此之外还有一些事例。

（续表）

《资治通鉴》卷108·晋纪30·孝武帝太元二十年（395）八月—九月条	八月，魏王珪治兵河南。九月，进军临河。燕太子宝列兵将济，暴风起，漂其船数十艘泊南岸。魏获其甲士三百余人，皆释而遣之。宝之发中山也，燕主垂已有疾，既至五原，珪使人邀中山之路，伺其使者，尽执之。宝等数月不闻垂起居，珪使所执使者临河告之曰："若父已死，何不早归！"宝等忧恐，士卒骇动。……燕术士靳安言于太子宝曰："天时不利，燕必大败，速去可免。"宝不听。安退，告人曰："吾辈皆当弃尸草野，不得归矣！"燕、魏相持积旬，赵王麟将慕舆嵩等以垂为实死，谋作乱，奉麟为主。事泄，嵩等皆死，宝、麟等内自疑。
《资治通鉴》卷108·晋纪30·孝武帝太元二十年（395）十月辛未—十一月己卯条	冬，十月，辛未，烧船夜遁。时河冰未结，宝以魏兵必不能渡，不设斥候。十一月，己卯，暴风，冰合，魏王珪引兵济河，留辎重，选精锐二万余骑急追之。燕军至参合陂，有大风，黑气如堤，自军后来，临覆军上。沙门支昙猛言于宝曰："风气暴迅，魏兵将至之候，宜遣兵御之。"宝以去魏军已远，笑而不应。昙猛固请不已，麟怒曰："以殿下神武，师徒之盛，足以横行沙漠，索虏何敢远来！而昙猛妄言惊众，当斩以徇！"昙猛泣曰："苻氏以百万之师，败于淮南，正由恃众轻敌，不信天道故也！"司徒德劝宝从昙猛言，宝乃遣麟帅骑三万居军后以备非常。
《资治通鉴》卷108·晋纪30·孝武帝太元二十年（395）十一月乙酉—十一月丙戌条	魏军晨夜兼行，乙酉，暮，至参合陂西。燕军在陂东，营于蟠羊山南水上。魏王珪夜部分诸将，掩覆燕军，士卒衔枚束马口潜进。丙戌，日出，魏军登山，下临燕营。燕军将东引，顾见之，士卒大惊扰乱。珪纵兵击之，燕兵走赴水，人马相腾躐，压溺死者以万数。略阳公遵以兵邀其前，燕兵四五万人，一时放仗敛手就禽，其遗迸去者不过数千人，太子宝等皆单骑仅免。杀燕右仆射陈留悼王绍，生禽鲁阳王倭奴、桂林王道成、济阴公尹国等文武将吏数千人，兵甲粮货以巨万计。
《资治通鉴》卷108·晋纪30·孝武帝太元二十年（395）十二月条	燕太子宝耻于参合之败，请更击魏。司徒德言于燕主垂曰："虏以参合之捷，有轻太子之心，宜及陛下神略以服之，不然，将为后患。"垂乃以清河公会录留台事，领幽州刺史，代高阳王隆镇龙城。以阳城王兰汗为北中郎将，代长乐公盛镇蓟。命隆、盛悉引其精兵还中山，期以明年大举击魏。
《资治通鉴》卷108·晋纪30·孝武帝太元二十一年（396）三月庚子—闰月乙卯条	三月，庚子，燕主垂留范阳王德守中山，引兵密发，逾青岭，经天门，凿山通道，出魏不意，直指云中。魏陈留公虔帅部落三万余家镇平城。垂至猎岭，以辽西王农、高阳王隆为前锋以袭之。是时，燕兵新败，皆畏魏，惟龙城兵勇锐争先。虔素不设备，闰月，乙卯，燕军至平城，虔乃觉之，帅麾下出战，败死，燕军尽收其部落。魏王珪震怖欲走，诸部闻虔死，皆有贰心，珪不知所适。

（续表）

《资治通鉴》卷108·晋纪30·孝武帝太元二十一年（396）闰月条	垂之过参合陂也，见积骸如山，为之设祭，军士皆恸哭，声震山谷。垂惭愤呕血，由是发疾，乘马舆而进，顿平城西北三十里。太子宝等闻之，皆引还。燕军叛者奔告于魏云："垂已死，舆尸在军。"魏王珪欲追之，闻平城已没，乃引还阴山。垂在平城积十日，疾转笃，乃筑燕昌城而还。

下划线部分与前章引用的《燕书》《十六国春秋》《三十国春秋》以及《晋书》慕容垂载记有类似记载。《通鉴》与《晋书》相比，文字数量具有压倒性多数，内容之丰富一目了然。而且与之前诸书不同，从后燕和北魏两方立场来记述，是《通鉴》的特征。另外，关于文字的表达方式，没有将《燕书》《十六国春秋》《三十国春秋》《晋书》中的某一个部分全部抄写的痕迹，可以看出文字是经过反复推敲后重新写的。司马光可能是综合运用《燕书》《十六国春秋》《三十国春秋》《晋书》和《魏书》，重构了关于参合陂之战的记载。

（3）《通鉴》所引的《十六国春秋》评论

另外，我们还想以下面的记载为例，对《资治通鉴》的编撰手法进一步进行探讨。

《资治通鉴》卷102·晋纪24·海西公太和五年(370)十月壬戌条	冬十月，……壬戌，猛遣将军徐成觇燕军形要，期以日中。及昏而返。猛怒，将斩之。邓羌请之曰："今贼众我寡，诘朝将战。成，大将也，宜且宥之。"猛曰："若不杀成，军法不立。"羌固请曰："成，羌之郡将也，虽违期应斩，羌愿与成效战以赎之。"猛弗许。羌怒，还营，严鼓勒兵，将攻猛。猛问其故，羌曰："受诏讨远贼。今有近贼，自相杀，欲先除之！"猛谓羌义而有勇，使语之曰："将军止，吾今赦之。"成既免，羌诣猛谢。猛执其手曰："吾试将军耳，将军于郡将尚尔，况国家乎，吾不复忧贼矣！"
《资治通鉴》卷102·晋纪24·海西公太和五年(370)十月甲子条	甲子，……猛望燕兵之众，谓邓羌曰："今日之事，非将军不能破勍敌，成败之机，在兹一举，将军勉之！"羌曰："若能以司隶见与者，公勿以为忧。"猛曰："此非吾所及也。必以安定太守、万户侯相处。"羌不悦而退。俄而兵交，猛召羌，羌寝不应。猛驰就许之，羌乃大饮帐中，与张蚝、徐成等跨马运矛，驰赴燕陈，出入数四，旁若无人，所杀伤数百。及日中，燕兵大败，俘斩五万余人，乘胜追击，所杀及降者又十万余人。评单骑走还邺。 崔鸿曰：邓羌请郡将以挠法，徇私也。勒兵欲攻王猛，无上也。临战豫求司隶，邀君也。有此三者，罪孰大焉。猛能容其所短，收其所长，若驯猛虎，驭悍马，以成大功。《诗》曰："采葑采菲，无以下体。"猛之谓矣。

这是一篇关于370年前秦与前燕之间发生的战争中,前秦军统率王猛和邓羌之间对话的记载。由于邓羌的部下徐成犯了军法,总大将王猛想对徐成处以斩首。这时邓羌为徐成求情,王猛不听。邓羌勃然大怒,试图率兵攻打王猛。于是王猛接受邓羌的请求,同意放过徐成。另外,在与前燕军决战之前,邓羌请求王猛让其担任司隶校尉。王猛说:“这不在我的权限范围内。”邓羌执拗地退回大帐中,即使前燕前来攻打也不出来。于是王猛答应委任邓羌为司隶校尉一职的请求,邓羌这才和徐成一起出征,大败前燕军。

值得注意的是,在叙述了这一系列历史事件之后,以“崔鸿曰”的形式记载了崔鸿对这一史实的评论。我们将这一部分摘列如下:

> 崔鸿曰:邓羌请郡将以挠法,徇私也。勒兵欲攻王猛,无上也。临战豫求司隶,邀君也。有此三者,罪孰大焉。猛能容其所短,收其所长,若驯猛虎,驭悍马,以成大功。《诗》曰:“采葑采菲,无以下体。”猛之谓矣。

崔鸿引用《诗经·邶风·谷风》中“采葑采菲,无以下体”这句话,称赞了王猛善于用人。王猛了解邓羌虽然任性粗暴却有武将才能,很好地运用了邓羌的能力,进而使前秦取得胜利。这个评论毫无疑问引用了《十六国春秋》的评论部分。也就是说,关于这篇记载,司马光大概是参考了《十六国春秋·前秦录·苻坚传》的原著。众所周知,《通鉴》中的“臣光曰”作为司马光阐述其史论的部分随处可见。关于上述内容,司马光赞同崔鸿的见解,因而没有叙述自己的史论而是从《十六国春秋》中直接引用了崔鸿的史论。另外《通鉴》中直接引用《十六国春秋》的史论还有一条,①直接引用萧方等《三十

① 《资治通鉴》卷106《晋纪》28“孝武帝太元十一年(386)三月”条,关于后燕慕容垂对母亲追尊、配享的记载:“崔鸿曰:齐桓公命诸侯无以妾为妻。夫之于妻,犹不可以妾代之,况子而易其母乎。《春秋》所称母以子贵者,君母既没,得以妾母为小君也。至于享祀宗庙,则成风终不得配庄公也。君父之所为,臣子必习而效之,犹形声之于影响也。宝之逼杀其母,由垂为之渐也。尧、舜之让,犹为之、哙之祸,况违礼而纵私者乎。昔文姜得罪于桓公,《春秋》不之废。可足浑氏虽有罪于前朝,然小君之礼成矣。垂以私憾废之,又立兄妾之无子者,皆非礼也。”这条很可能是《十六国春秋·后燕录·慕容垂传》的史论。由此可知,司马光曾经看过《十六国春秋·后燕录》。

国春秋》的史论也有一条。[①] 看来司马光不仅采用了两本书的正文，同时对史论也有采纳。

结　　语

下面对本文的内容进行总结。

① 现存的霸史佚文中，占绝大多数的是崔鸿《十六国春秋》的佚文，共806条。另外萧方等《三十国春秋》的佚文也有110条左右。这两本书被认为是获得有关十六国史知识时最常用的史书。

②《十六国春秋》在继承《蜀李书》《秦记》《燕书》等国别史的记载时，除了将十六国君主的称呼从“武帝”“始祖”等尊号改为姓名外，还采取了细致的语句和文字表达方式。另外《三十国春秋》同样也是对各个国家的霸史进行了先行再编纂的史书。

③《晋书》中与十六国相关的记载，与《蜀李书》《秦记》《燕书》等国别史相比，与《十六国春秋》和《三十国春秋》相似性更高。编撰原则可能是不参照作为一手史料的国别史，而是主要根据经过崔鸿和萧方等再编辑的《十六国春秋》和《三十国春秋》，一边削减繁杂的部分一边采用。

④《资治通鉴》的十六国相关记载是以《十六国春秋》和《三十国春秋》为中心，尽可能多地参考史料，重新推敲文字，进而重建每一篇记事。因此记载的内容与《晋书》相比要丰富得多。

⑤《资治通鉴》关于十六国君主的称呼，模仿了《三十国春秋》的称谓方法。

综上所述，本稿尽管始终是对五胡十六国史料中细微的语句和文字表达进行的繁琐的考察，不过也对各史料继承和重组的具体情况进行了若干阐述。《晋书》和《资治通鉴》的十六国相关记载都以《十六国春秋》和《三十

---

① 《资治通鉴》卷113《晋纪》35“安帝元兴三年（404）”条，关于刘裕与王谧关系的记载：“萧方等曰：夫蛟龙潜伏，鱼虾亵之。是以汉高赦雍齿，魏武免梁鹄，安可以布衣之嫌而成万乘之隙也。今王谧为公，刁逵亡族，酬恩报怨，何其狭哉。”

国春秋》为主要史料依据,但两者关于十六国史料的编纂原则却各不相同。与《晋书》相比,《资治通鉴》能够运用更多的关于五胡十六国史的史料。《通鉴》的十六国相关记载如此丰富,说明类书中引用的各霸史的佚文被大幅省略,司马光参照的《燕书》《十六国春秋》《三十国春秋》的原著内容远比现存的佚文丰富。关于《资治通鉴》的五胡十六国史料,陈勇正在系统地进行研究。① 根据陈勇的研究,现在关于五胡十六国史,《资治通鉴》中独有的内容非常多。例如《通鉴》前燕国部分全部约 4 万 5 千字,其中独有的约 2 万 5 千字,《通鉴》前秦国部分全部约 6 万 2 千字,其中独有的约 2 万 8 千字。这些《通鉴》独有的内容来源于《燕书》《十六国春秋》和《三十国春秋》的原著。不过在现存的霸史佚文中,也有连《通鉴》都不存在的内容。② 在十六国各国史、《十六国春秋》和《三十国春秋》的原著中,到底收录了多少史料呢? 如果可能的话,我想看看各霸史的原版书,当然那是不可能的。

话说回来,《十六国春秋》是五胡十六国史的集大成者,一直以来人们都知道它是霸史的核心史料。但是根据本文的考察,《三十国春秋》也可以和《十六国春秋》并列为五胡十六国史的主要史料。但是关于《三十国春秋》的成立背景和史料性质还有很多不清楚的地方,这是今后应该考察的课题。另外本文还未能对《魏书》中五胡十六国相关的记载进行探讨。关于这些课题,将另稿讨论。

附记:本文日文版刊载于《唐代史研究》第 22 号,日本唐代史研究会,2019 年 8 月,第 3—24 页。

---

① 已经有陈勇著《〈资治通鉴〉十六国资料释证:汉赵、后赵、前燕国部分》(中国社会科学出版社,2010 年),陈勇著《〈资治通鉴〉十六国资料释证:前秦、后秦国部分》(中国社会科学出版社,2015 年)两本出版。

② 例如,岩本笃志在《敦煌本“霸史”再考:杏雨书屋藏敦煌秘笈〈十六国春秋〉断片考》(《资料学研究》第 7 号,2010 年 3 月)中释文和考察过的霸史佚文是拥有独特内容的史料。岩本先生认为这一史料是萧方等《三十国春秋·后燕慕容垂传》的一部分。

奚智父子墓志与北魏后期墓志形制变化中的晋制

王庆卫

在中国墓志文化发展的过程中，北魏孝文帝迁都洛阳所带来的影响是十分重要和显著的，奠定了墓志成为后世葬俗礼仪的基础。墓志作为墓葬随葬品中独特的一类，兼有文本性和物质性的特征，关于北魏后期墓志文化的发展和变化，以前学者多从内容和文体学的角度展开讨论，近年墓志的物质性构成越来越引起学界的关注，产生了许多重要的研究成果。一般而言，在太和十八年(494)迁都洛阳后，北魏墓志的使用在数量上呈现出喷发式的增长，使用的人群以元魏宗室和胡汉大族居多，对比平城时代的墓志，最大的改变就是在墓志文的撰写中，吸取了新的因素，形成了较为成熟的墓志文体。关于洛阳时代北魏墓志文体的变化，中日学者通过对冯熙、冯诞父子墓志的研究，认为这种变化背后有着北魏朝廷和孝文帝的推动作用，尤其是王肃在北魏后期墓志文化的生成过程中发挥了重要的作用，[①] 而这种变化不是对南朝墓志形式简单的复制和移植，而是通过丧家、文士和朝廷的多重参与而形成的，是丧家在政治社会方面彰显其家族身份

① 梶山智史：《北魏における墓志铭の出现》，《骏台史学》第157号，2016年，第23—46页；刘连香：《北魏冯熙冯诞墓志与迁洛之初陵墓区规划》，《中原文物》2016年第3期；梶山智史：《北朝の墓志文化》，《魏晋南北朝史のいま》，勉诚出版株式会社，2017年，第278—288页；窪添庆文：《墓志を用いた北魏史研究》，汲古书院，2017年，第5—124页；徐冲：《冯熙墓志与北魏后期墓志文化的创生》，《唐研究》第23辑，北京大学出版社，2017年，第109—143页；梶山智史：《北朝における墓志の普及と类型》，《刻まれた记忆と记录——中国石刻史料データベースの构筑・活用と可能性》，东洋大学アジア文化研究所，2019年，第33—62页。

和地位的外化表现。①

墓志在北魏后期成为丧葬文化中十分重要的一类随葬品，在葬礼过程中墓志承担着一定的展示功能，而这种展示的对象之一是从家宅到葬地之间路途上所有的人群，对于这些人群而言，墓志的外形就处于首先被视觉触及的感官，在墓葬内墓志被放置于墓室的入口处或甬道中，由此现象可以看出墓志在整个丧葬礼仪中的重要性。在洛阳时代，北魏墓志的形制以正方形或近正方形为主要形式，可能已经形成了一套对墓志外形尺寸以及装饰纹样的等级规定，虽然传世文献没有相关的记载，但从大量的考古发现中可以大致总结出人员的品级和墓志形制之间的对应关系。②

汉唐之间墓葬形制有着很大的变化，总的趋势是从多室墓向单室墓转变，随葬品逐渐由仪仗组合取代了模型明器组合，经过约五百余年的变化和调整，形成了考古学中所称的“晋制”，而北魏平城时期和洛阳时代墓葬形制的新变无疑就是晋制影响下的产物。③ 墓志的形制除了有其自身发展的规律之外，外形特征的变化深刻地受到了墓葬晋制的影响，作为晋制下墓葬随葬品中的重要一环，透过墓志形制的演变，会加深我们对北魏墓葬晋制的进一步理解。

关于晋制在北魏墓葬形制中的反映，倪润安已经从墓葬形制、随葬品的多种变化中进行了全面的讨论，④不过对于墓志在晋制影响下的形制演变还有可供分析的余地。奚智、奚真父子墓志一为圆首碑形，一为方形，正属于北魏墓葬晋制转型演变过程中的典型个案之一，本文希望在分析墓志文体

① 徐冲：《从“异刻”现象看北魏后期墓志的“生产过程”》，《复旦学报》2011 年第 2 期，此据《中古时代的礼仪、宗教与制度》中的修订稿，上海古籍出版社，2012 年，第 423—447 页；徐冲：《冯熙墓志与北魏后期墓志文化的创生》，《唐研究》第 23 辑，第 109—143 页。

② 赵超：《试谈北魏墓志的等级制度》，《中原文物》2002 年第 1 期；苗霖霖：《北魏后宫墓志等级制度试探》，《史林》2010 年第 5 期。除此种意见之外，还有学者认为北魏墓志并未形成等级制度，如松下宪一《北魏墓志的等级制度考略》（《中国魏晋南北朝史学会第十届年会暨国际学术研讨会论文集》）等。

③ 齐东方：《中国古代丧葬中的晋制》，《考古学报》2015 年第 3 期；霍巍：《六朝陵墓装饰中瑞兽的嬗变与“晋制”的形成》，《考古》2015 年第 2 期。

④ 倪润安：《光宅中原：拓跋至北魏的墓葬文化与社会演进》，上海古籍出版社，2017 年。

的基础上,探讨迁洛之后晋制对墓志形制的影响,进而窥视墓志文化在南北朝时期国家正统争夺中的表现及其意义。

一、北魏后期新型墓志文体的来源及其表现

奚智、奚真墓志 1926 年出土于河南孟津地区,旋归属于右任先生收藏,1938 年又由于右任先生捐献给陕西省历史博物馆(今西安碑林博物馆前身),是鸳鸯七志斋藏品中比较特殊的一组父子墓志。

奚智墓志(图 1)呈圆首碑形,高 57 厘米,宽 40 厘米,文字正体,14 行,满行 17 字,刊刻时间为正始四年(507)。为讨论方便,谨移录志文如下:

故征士奚君讳智,字洪筹者,恒州樊氏嵎山/浑人也。始与大魏同先,仆脍可汗之后裔。中/古迁移,分领部众,遂因所居,改为达奚氏焉。/逮皇业徙嵩,更新道制,敕姓奚氏。君故大/人大莫弗乌洛头之曾孙,内行羽真散骑常/侍镇西将军云中镇大将内亦干之孙,兖州/治中卫将军府长史步洛汗之子。头年耆多/策,每蒙引议,下关之谋,时亦预焉。干受任遍/威,雄名远振,为夷之俗,以为誓首,虽郅都守/边,何以过也。君秉直私闺,不求朝利,故无任/焉。卒于洛阳,时年七十三矣。葬在廛泉之源。/妻燉煌宋氏。大魏正始四年岁在丁亥三/妻南阳宗氏。月庚申朔十三日壬申记。/俱合葬焉。①

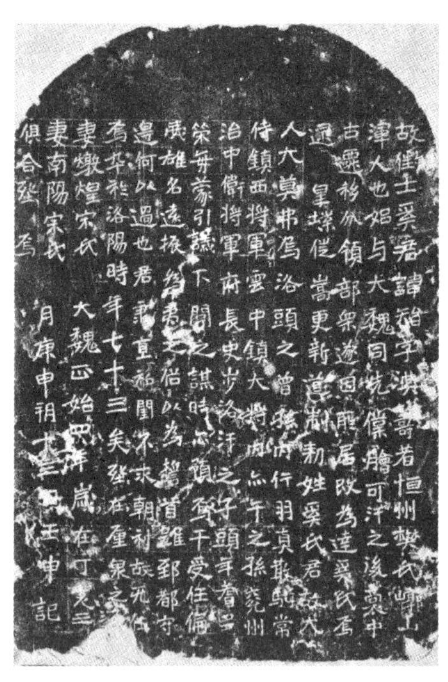

图 1

① 赵力光:《鸳鸯七志斋藏石》,三秦出版社,1995 年,第 22 页;赵超:《汉魏南北朝墓志汇编》,天津古籍出版社,2008 年,第 50 页。

奚真墓志(图2)呈方形,长宽均47厘米,文字正书,20行,满行20字,刊刻于正光四年(523)。为讨论方便,谨移录志文如下:

图2

魏故孝廉奚君墓志铭/君讳真,字景琳,河阴中练里人也。其先盖肇傒轩辕,/作蕃幽都,分柯皇魏,世庇琼荫,绵弈部民,代匡王/政。可谓芬桂千龄,松茂百世者矣。高祖大人乌筹,量/渊凝雅,若岳镇瞩,国祚经始,百务怠殷。帏谋幄议,每/蒙列预,故外抚黎庶,内赞枢衡。又尝为昭成皇帝/尸,位尊公傅,式拟王仪,蒙赐鸡人之官,肃旅之卫。曾/祖使持节镇西将军云中镇大将干,气略勇毅,威偃/边夷,并流声所莅,勋刊秘牒。祖治中长史翰,弱冠多/艺,书剑两闲,佐州翼府,每著能迹。

父征君智，自生简/亮，卷默玄赜，养德闾詹，不干荣利。君资累叶之桢，禀/气而慧，内穆宗门，外和乡邑。故为邦人所宗，本郡察/孝焉。恕保永算，位登邦社，如何不吊，瘿兹患祸。春秋/六十，卒于河阴西乡。宗亲嗥愕，朋故悲恻，子思礼等/既倾穹旻，结楚山河，乃刊玄石，悕铭不朽。其辞曰：/庆自福生，验若符契，君禀先灵，诞降而慧。易色奉亲，/肃躬当世，治家外接，两修能济。如何不吊，遘患殂弊，/山宇长沦，泉门永翳。/大魏正光四年岁在癸卯十一月癸未朔廿七日己/酉葬于洛京西瀍泉之源。夫人乐安孙氏合葬。①

奚智父子出自帝室十姓之一，《魏书》卷113《官氏志》载："至献帝时，七分国人，使诸兄弟各摄领之，乃分其氏。自后兼并他国，各有本部，部中别族，为内姓焉。年世稍久，互以改易，兴衰存灭，间有之矣，今举其可知者。献帝以兄为纥骨氏，后改为胡氏。次兄为普氏，后改为周氏。次兄为拓拔氏，后改为长孙氏。弟为达奚氏，后改为奚氏。次弟为伊娄氏，后改为伊氏。次弟为丘敦氏，后改为丘氏。次弟为侯氏，后改为亥氏。七族之兴，自此始也。"②北魏早期历史上，七分国人是拓跋族发展的一个重要阶段，奚智和奚真墓志所言其族出的情况，正可以和相关史料相验证，为理解具体的过程提供了可贵的线索。③ 奚真墓志言其高祖为昭成皇帝尸，不仅说明达奚氏和皇族的密切关系，更是魂人在北魏社会中的重要体现。④ 奚智父子墓志记载的家族状况，前人讨论颇多，此不赘述。

关于墓志的写作义例，明代王行总结道："凡墓志铭书法有例，其大要十有三事焉：曰讳、曰字、曰姓氏、曰乡邑、曰族出、曰行治、曰履历、曰卒日、曰

① 赵力光：《鸳鸯七志斋藏石》，第64页；赵超：《汉魏南北朝墓志汇编》，第142页。

② 魏收：《魏书》（修订本），中华书局，2017年，第3265—3266页。

③ 相关研究颇多，参考松下宪一《北魏胡族体制论》，北海道大学出版会，2007年；陈鹏《拓跋鲜卑七分国人时间异说形成考》，《魏晋南北朝隋唐史资料》第28辑，武汉大学人文社会科学学报编辑部，2012年，第55—69页。

④ 段锐超、段元秀：《"魂人"礼俗与北魏文化认同》，《民俗研究》2017年第1期；段锐超：《两方墓志再现拓跋鲜卑"魂人"习俗》，《寻根》2017年第5期；顾春军：《驳北魏"魂人"说兼谈相关问题——与段锐超、段元秀就〈"魂人"礼俗与北魏文化认同〉一文商榷》，《民俗研究》2017年第5期。

寿年、曰妻、曰子、曰葬日、曰葬地。”①所谓十三事，主要是指墓志文中序文部分的必备因素。北魏墓志文不一定满足十三事的全部要求，不过最核心的内容基本都有。一篇完整的墓志文体由志题、序文和铭文三个部分组成，结合这三个部分和十三事的书写变化，是分析墓志文体发展演变的时代特征及其社会意义的基本路径。

奚智墓志刊刻于正始四年(507)，还保留着北魏墓志文的某些早期特征，没有志题和铭文部分，整篇墓志的撰写基本符合十三事的规范，不过缺少了卒日和子两个事项。奚真墓志刊刻于正光四年(523)，墓志文体中志题、序文和铭文齐全，序文写作中也缺少卒日和子二事。平城时期墓志文的内容比较简略，序文基本只有姓名、官历和死亡年三方面内容，奚智父子墓志文中十三事已经接近齐全，这也是北魏墓志在迁洛后走向成熟的一个体现。平城时期的墓志志题有称为“墓表”的，基本还没有写作“墓志铭”的情况出现，到了迁洛后墓志的志题多数作“墓志铭”，不同时期志题的名称虽然有别，不过对于墓志文体来讲没有根本性的变化。对比奚智父子墓志，二者在文体上的最大差异就是铭文的有无问题，而墓志铭文的出现也是北魏前后期具有实质性变化的特征之一。

太和十八年(494)孝文帝迁都洛阳给北魏墓志形制带来了巨大的改变，墓志成为丧葬习俗是从这个时间开始的，尤其在孝明帝时期普及到了各个阶层当中。在北魏墓志普及的过程中，一般学者多认为文体新变尤其是有铭文的新型墓志文本是从南朝传入北魏的，经过北魏社会的吸收进而成为当时墓志文体的重要组成部分。目前在南朝发现的最早书写有铭文的是大明八年(464)的刘怀民墓志，此志清末出土于山东益都，长 51 厘米，高 48 厘米，略呈方形，端方旧藏，现收藏于京都大学人文科学研究所，墓志文为：

> 宋故建威将军齐北海二郡太守笠/乡侯东阳城主刘府君墓志铭。/茗茗玄绪，灼灼飞英，分光汉室，端禄/宋庭。曾是天从，凝睿穷灵，高沉两克，/方圆双清。眩紫皇极，剖金连城，野兽/朝浮，家犬夕宁。淮棠不

① 王行：《墓铭举例》卷 1，《石刻史料新编》第三辑第 40 册，新文丰出版股份有限公司，1986 年，第 65 页。

翦，涠鸮改声。/履淑违征，潜照长冥。郑琴再寝，吴涕/重零。铭恸幽石，丹□□□。/君讳怀民，青州平原郡平原县都乡吉迁里。春秋五十三，大明七年十月/己未薨。粤八年正月甲申葬于华山之阳朝。/夫人长乐潘氏，父询，字士彦，给事中。/君前经位，□条如左：/本州别驾，勃海清河太守，除散骑侍/郎，建威将军盱眙太守。①

刘怀民墓志文志题、序文和铭文齐全，不过先铭后序，与后世成熟的墓志文体有别，可能是墓志文体早期的形态表现。学界一般把墓志文中"墓志"一词的出现作为墓志起源的标志之一，最早学者以为刘怀民墓志中出现的"墓志"是最早的例证，随着新材料的不断涌现，在刘怀民墓志之前使用"墓志"来标志墓志的有刘宋永初二年（421）谢珫墓志，据此来看北魏墓志中使用"墓志铭"的源头并不一定是刘怀民墓志。

具有"墓志"志题、序文和铭文是完全成熟的墓志文体状态，尤其是铭文更具有独特地位。序文重在叙事，铭文重在颂德。最早的墓志铭文是从碑的铭文承袭而来，碑志中使用铭文，使铭实现了文体的一大转换，并派生了一个崭新的功能，就是抒发序文的未尽之意。② 今天学者关注墓志，主要是偏重序文而忽视铭文，但是在古人撰写墓志文的时候，都是以铭文为主体、序文为补充的，所以中古时期的墓志志题多写作"某某墓志铭并序"。③ 甚至在北魏时还出现了只有铭文而无序文的情况，如景明二年（501）赵谧墓志等。④ 关于墓志文体成立的时间，从《文选》开始相沿甚久的说法以为当以颜延之撰《王球墓志》为标志；⑤程章灿最早也是持这种观点，后来他修正己说，指出有行文格式的墓志是一种起源于晋宋之际的江左文体形态；⑥孟国栋则认为墓志文体的成立当在魏晋时期。⑦

① 毛远明：《汉魏六朝碑刻校注》，线装书局，2007年，第119页。

② 程章灿：《墓志铭的结构与名目——以唐代墓志铭为例》，《古籍整理研究学刊》1997年第6期。

③ 胡可先：《中古墓志铭的文体形态与书写规则》，《浙江大学学报》2019年第3期。

④ 罗新、叶炜：《新出魏晋南北朝墓志疏证》（修订本），中华书局，2016年，第54页。

⑤ 黄金明：《汉魏晋南北朝诔碑文研究》，人民文学出版社，2005年，第285页。

⑥ 程章灿：《墓志文体新论》，《学术研究》2005年第6期。

⑦ 孟国栋：《墓志的起源与墓志文体的成立》，《浙江大学学报》2013年第5期。

《南齐书》卷10《礼志下》云：

> 建元二年，皇太子妃薨，前宫臣疑所服。……有司奏："大明故事，太子妃玄宫中有石志。参议：墓铭不出礼典。近宋元嘉中，颜延作王球石志。素族无碑策，故以纪德。自尔以来，王公以下，咸共遵用。储妃之重，礼殊恒列，既有哀策，谓不须石志。"从之。①

从上面的话语可以看出石质墓志是起源于元嘉十八年(441)的王球墓志，但是墓志本身不是出于礼典当中，南朝墓志的流行是从王球志开始的，王球志的一个特点就是铭辞在墓志文体中的使用。在这个时期，帝陵和士族墓葬均采取聚葬的形式，朝廷的重臣和官吏并不陪葬帝陵，在丧葬礼制上表现出士族以家族墓分区以抗衡皇权。② 南朝铭辞墓志的出现，就是在皇权再度垄断墓碑这一纪念物的背景下，对士人群体做出的文化补偿，由此形成的士族和皇权共存的一种文化模式。③

《文章缘起》载晋东阳太守殷仲文为其从弟作墓志，此志早于王球墓志近30年，虽然志文今已不存，但从当时的文学风尚来看此志应该会使用铭文。西晋傅玄撰《江夏任君墓铭》为："君讳倏，承洪苗之高胄，禀岐嶷之上姿。质美珪璋，志邈云霄。景行足以作仪范，柱石足以虑安危。弱冠而英名播乎遐迩，拜江夏太守。内平五教，外运六奇，邦国人安，飘尘不作。铭曰：峨峨任君，应和秀生。如山之峙，如海之渟。才行阐茂，文武是经。群后利德，泊然弗营。宜享景福，光辅上京。如何夙逝，不延百龄。"④ 任倏墓志有序有铭无志题，十三事中只有讳、姓氏、族出和履历四事，这可能就是墓志文体成立过程中的早期现象。墓志文体成立的典型个案是西晋元康九年(299)的贾皇后乳母美人徐氏墓志，徐氏墓志呈圭首碑形，高86厘米，宽50厘米，两面刊刻文字，1953年出土于洛阳地区，其志文为：

> (碑阳)晋贾皇后乳母美人徐氏之铭。/美人讳义，城阳东武城人也。

① 萧子显：《南齐书》(修订本)，中华书局，2017年，第170—171页。
② 韩国河：《魏晋时期丧葬礼制的承传与创新》，《文史哲》1999年第1期。
③ 徐冲：《冯熙墓志与北魏后期墓志文化的创生》，第126页。
④ 严可均：《全上古三代秦汉三国六朝文》，中华书局，1958年，第3451页。

其祖祢九族,出自海滨/之寓。昔以乡里荒乱,父母兄弟终亡,遂流离进窜司川河内之土。娉处大原人徐氏为/妇。美人姿德,迈纵文母;立身清洁,逮矣伯姬。温雅闭闲,容容如也。居家里治,模范过于/仁夫。不下堂而睹四方。怃育群子,勋导孔明,教化猛于严父,恩覆诞于春阳。机神聪鉴,/闻于远近,接恤施惠,称于四邻。人咸宣歌,邑室是遵。/晋故侍中行大子大保大宰鲁武公贾公,平阳人也。公家门姓族,鲜于子孙。夫人宜城/君郭,每产辄不全育。美人有精诚笃爽之志,规立福祚,不顾尊贵之门。以甘露三年岁/在戊寅,永保乳贾皇后及故骠骑将军南阳韩公夫人。美人乳侍,在于婴孩。抱勖养/情若慈母,恩爱深重过其亲。推燥居湿,不择冰霜,贡美吐飡,是将寝不安枕,爱至贯肠。/勋语未及,导不毗匡。不出闺阁,戏处庭堂。声不外闻,颜不外彰。皇后天姿挺茂,英德休/康。年十三,世祖武皇帝以贾公翼赞万机,辅弼皇家。泰始六年岁在庚寅正月,遣宗/正卿泗淦子陈惶娉为东宫皇大子妃。妃以妙年,托在妾庶之尊。美人随侍东宫,官给/衣裳,服冕御者。见会处上待礼,若宾有所。论道非美人不说,寝食非美匪卧匪食,游观/非美人匪涉不行,技乐嘉音非美人匪睹不看。润洽之至,若父若亲。大康三年五月/廿四日,武皇帝发诏,拜为中才人。息烈,司徒署军谋掾。大熙元年四月廿二日,/武皇帝薨。皇帝陛下践祚。美人侍西官,转为良人。永平元年三月九日,故逆臣大傅/杨骏委以内授举兵,图危社稷。杨大后呼贾皇后在侧,视望□候,阴为不轨。于时宫人/实怀汤火,惧不免豺狼之口,倾覆之祸,在于斯须。美人设作虚辞。皇后得弃离。元恶骏/伏罪诛。圣上嘉感功勋。元康元年拜为美人。赏绢千匹,赐御者廿人。奉秩丰重,赠赐隆/溢。皇后委以庶绩之事,托以亲尼。宰膳同于细御,宠遇殊持。元康五年二月,/皇帝陛下中诏,以美人息烈为大子千人督。抽擢荣覆,积累过分,实受大晋魏魏之恩。/美人以元康七年岁在丁巳七月寝疾,出还家宅,自疗治。/

(碑阴)皇帝陛下、皇后、慈仁矜愍,使黄门旦夕问讯,遣殿中大医、奉/车都尉关中侯程据、刘琁等,就家瞻视。供给御药、饮食众属,/皇后所啖珍奇异物,美人悉蒙之。疾病弥年,增笃不损。厥年/七十八。以

> 八年岁在戊午四月丁酉朔廿有四日丙□直平/戊时丧殒。/皇后追念号咷，不自堪胜。赐秘器衣服，使宫人女监宋端临/亲终殡。赐钱五百万，绢布五百匹，供备丧事。/皇帝陛下遣使者郎中赵旋奉三性祠。/皇后遣兼私府丞谒者黄门中郎将成公苞奉少牢祠于家/堂墓次。九年二月五日，祖载安措，永即窈窴。子孙攀慕断绝，/永无瞻奉。呜呼哀哉。遂作颂曰：/穆穆美人，迈德娥英，齐纵姜姒，登于紫庭。涉历阙闼，二宫是/经，侍侧皇家，扶奖顺声。启悟谶微，国政修明，宪制严威，美人/惟听。遐迩慕赖，宣歌驰名，当享无穷，永寿青青。昊天不吊，奄/弃厥龄，神爽飞散，长幽窴窴。悠悠痛哉，千秋岂生，号咷割剥，/崩碎五情。谨赞斯颂，终始素铭。①

徐氏墓志正背两面的文字组成一篇完整的墓志文本，从墓志文体的要素来看，志题、序文和铭文完整，其撰者应该是朝廷中的文章大手笔，对比后代的典型墓志可达乱真的地步，可见徐氏墓志无疑应该是墓志文体成立的标志之一。

既然墓志文体的成立时间在汉晋时期，那么南北朝墓志书写的文本渊源又是什么呢？东晋南朝墓志数量接近 80 种，朱智武根据不同时代墓志文体的差异，分为三个阶段：1. 东晋到刘宋大明年间。这个时期的墓志文内容比较简单，通常不超过 300 字，十三事并不齐全，中后阶段开始注意文辞的修饰，并出现了以“墓志”为称呼的语词。2. 大明末到萧齐时期。第一期的墓志形制基本不见，序文和铭文成为这个时期内墓志文本的基本格式，不过二者的位置并不固定，开始出现撰者的记载。3. 萧梁到陈朝。这个时期墓志文体基本成熟，书写格式趋于统一，序前铭后，志题多写作“墓志铭”或“墓志铭并序”，铭文篇幅增加几乎可以和序文相当，序文中骈文句式大量使用，文学色彩强烈但记事作用减弱。② 由于东晋南朝墓志文体的特点，很可能给人留下这个时期的墓志并不是西晋墓志的延续，而是在某种文化中断基础上的重新回归和发展的印象，比较东晋南朝的墓志特点，可以看出都是在西晋

---

① 河南省文化局文物工作队第二队：《洛阳晋墓的发掘》，《考古学报》1957 年第 1 期；赵超：《汉魏南北朝墓志汇编》，第 9—10 页。

② 朱智武：《东晋南朝墓志研究》，花木兰文化出版社，2014 年。

各类墓志形制下的发展和演变，并不存在文化上的割裂现象。

孝文帝迁都洛阳后，北魏墓志文化呈现出蓬勃的发展状态。洛阳时代的墓志从太和十九年（495）开始，其文体就和平城时期迥异，尤其是冯熙和冯诞墓志都会加深我们的这种意识。正因为这种差异性，学者很多都认为是北奔的王肃把南朝的新墓志知识带到了北魏，并被孝文帝所运用，然后逐渐扩大到元魏宗室和高官显贵之间人群的使用。① 这种观点成立的前提是北魏文化远远落后于南朝，而且南北之间交通不便，北魏对于南朝社会中的重大事件一无所知。那么，历史事实真的如此吗？

平城地区的司马金龙夫妇墓是北魏中期一座有代表性的墓葬，司马金龙是司马懿弟司马馗的九世孙，因为刘裕诛杀诸司马，其父司马楚之降魏，受到北魏朝廷的礼遇和重视。司马金龙墓葬的形制和随葬器物都显示其吸取了西晋葬俗的影响，并在融合关陇和河西文化的基础上，初步形成了北魏自身特有的物质文化，成为北魏中期丧葬文化的集中表现。② 太和十八年（494）十月六日刊刻的陶浚墓志长 51 厘米，宽 49.5 厘米，呈近正方形。陶浚为司徒录尚书事，乃陶渊明之孙，应当是由南入北之人。③ 陶浚墓志形制和司马金龙妻钦文姬辰墓志相类，说明主持墓志的制作者都有着东晋文化的深厚背景和文化知识。崔亮、刘芳和郭祚等著名文士，“皆以文学为帝所亲礼，多引与讲论及密议政事”④，在太和改制时期还参与了澄清流品的事项。在孝文帝时期，南北交聘颇多，前后次数高达三十多次，这些交聘使节身具文化上的内涵，同时还兼有搜集情报的作用。⑤ 齐永明十一年（493）魏臣房

---

① 梶山智史：《北魏における墓志铭の出现》，《骏台史学》第 157 号，2016 年，第 23—46 页；梶山智史：《北朝の墓志文化》，《魏晋南北朝史のいま》，第 278—288 页；窪添庆文：《墓志を用いた北魏史研究》，第 5—124 页；梶山智史：《北朝における墓志の普及と类型》，《刻まれた记忆と记录——中国石刻史料データベースの构筑・活用と可能性》，第 33—62 页。

② 倪润安：《光宅中原：拓跋至北魏的墓葬文化与社会演进》，第 175—176 页。

③ 洛阳市文物局：《洛阳出土北魏墓志选编》，科学出版社，2001 年，第 3 页文、第 215 页图。

④ 司马光：《资治通鉴》卷 139“齐纪五・明帝建武元年”，中华书局，1956 年，第 4370 页。

⑤ 参阅逯耀东《北魏与南朝对峙期间的外交关系》，《从平城到洛阳：拓跋魏文化转变的历程》，中华书局，2006 年，第 256—289 页；蔡宗宪《中古前期的交聘与南北互动》，稻乡出版社，2008 年；史睿《南北朝交聘记的基础研究——以〈酉阳杂俎〉为中心》，《中国典籍与文化》2016 年第 1 期；史睿《北朝士族音韵之学与南北交聘》，《文史》2016 年第 4 期。

景高、宋弁等人出使南齐，时王融接待，房景高和宋弁分别询问王融作《曲水诗序》一事。当时北魏都城尚在平城，南方文人一篇新作就已经被北方士人知晓，这些都说明在当时的北魏朝廷中对于南朝的知识和文化是比较了解的，并不是处于完全不知的状态。[①] 故此有学者指出，北魏后期北方的文化在礼乐改革的过程中塑造了与南朝有别的文学观念和文学作品，形成了新的文学风尚，取得的成就并不逊色于南朝，最终使北朝文学的发展达到了新的历史阶段。[②]

北魏文学发展受到崔浩事件的影响，汉族文士大量被杀，不过到了献文帝时期开始恢复，到孝文帝时呈现出丰富的面貌，在太和初年光以写作哀诗和诔文著名者已超过百人。不仅如此，孝文帝时期朝廷诗赋唱和十分盛行，元魏宗室中就有元勰、元僖、元丕、元澄、元桢等人经常参加，这些人多是孝文帝南迁的重要支持者。从孝文帝汉化改革的参与者来看，大部分人群是河北、凉州和青齐士人，他们多有任职中书省的经历，加之出身和政治观念相似，组成了一个强大的文化集团。从这方面来看，孝文帝改革的知识背景有着严格的一致性，而由南入北的归降南人是很难真正融入其中的，南朝因素在文化中的影响，无疑是相当微弱的。[③] 王肃在孝文帝后期的改制过程中一定发挥了作用，但是他入魏时间较晚，而且多数是以边将的身份长期居于前线，仅仅在宣武帝时期短暂位居要津，如此来看的话，王肃本人在迁都改制中的作用可能并没有想象的那样重要，他可以作为北朝礼学上的参考对象之一，但很难担当主创者的角色。[④] 在孝文帝时期，北魏的制度发生了很大的变化，即以晋制作为国家方针进行改革，丧葬礼仪作为汉化改革中的重要一环，不可避免地要按照晋制来实行相关的墓葬制度。

---

① 何德章：《北魏迁洛后鲜卑贵族的文士化——读北朝碑志札记之三》，《魏晋南北朝隋唐史资料》第 20 辑，武汉大学人文社会科学学报编辑部，2003 年；收入氏著《魏晋南北朝史丛稿》，第 263—282 页。

② 蔡丹君：《鲜卑贵族与北魏洛阳文学风气的形成》，《民族文学研究》2018 年第 2 期。

③ 金溪：《北朝文化对南朝文化的接纳与反馈》，北京大学 2012 年博士学位论文，第 34—63 页。

④ 沈琛：《再造礼乐：关于王肃形象的历史书写》，《学灯》第二辑，上海古籍出版社，2017 年，第 156—175 页；仇鹿鸣：《〈隋唐制度渊源略论稿〉中的王肃》，《中国中古史集刊》第 5 辑，商务印书馆，2018 年，第 49—56 页。

墓志作为葬制的核心组成部分,其物质属性和文本属性的实施依据只有按照晋制才可以塑造文化上的正统,由此来看的话,迁洛后北魏墓志文体的渊源应该是西晋的墓志文体。南朝墓志文化的知识在北方地区对于士人来讲并不陌生,王肃奔北所带来的更大可能是士族和刘宋皇族在文化模式中的争夺和妥协事件在当时南方社会中的影响,受此启发北魏墓志也直接模仿了西晋以徐氏为代表的墓志文体模式,志题、序文和铭文兼备,当然也一定会借鉴学习南朝墓志的某些有利因素,以此与南朝争夺文化上的正统地位和南方士人精英阶层的好感。迁洛以后到正始末年的北魏墓志约 35 种,其中志题和铭文齐全的墓志达到了 18 种,有志题无铭文的 5 种,有铭文无志题的 7 种,志题铭文皆无的 4 种。永平年间志题和铭文齐备的墓志已经占到此时墓志总数的一半左右,之后比例逐渐增加,到了正光以降志题铭文齐备的墓志占到八成以上。① 孝文帝迁都后,没有了在平城地区保守势力的掣肘,晋制改革全面展开,所以在墓志文化中的一个表现就是墓志大量出现,文体也和平城时期魏制下的墓志格式呈现出不同的面貌,以元氏墓志、冯熙和冯诞墓志为代表的文本意义上的晋制正式出现,而奚智父子墓志文本形式的变化正是墓志晋制发展过程中在不同层级人群和时间段内的产物。

二、从碑形墓志到方形墓志

太和十五年(491)正月,北魏君臣对于南北正统的问题有过激烈的争论,《魏书》卷 108《礼志一》载:

(穆亮、冯诞、郭祚、崔挺、贾元寿等)“臣等受敕共议中书监高闾、秘书丞李彪等二人所议皇魏行次。尚书高闾以石承晋为水德,以燕承石为木德,以秦承燕为火德,大魏次秦为土德,皆以地据中夏,以为得统之征。皇魏建号,事接秦末,晋既灭亡,天命在我。故因中原有寄,即而承

① 窪添庆文:《墓志を用いた北魏史研究》,第 31—42 页。

> 之。彪等据神元皇帝与晋武并时，桓、穆二帝，仍修旧好。始自平文，逮于太祖，抗衡秦、赵，终平慕容。晋祚终于秦方，大魏兴于云朔。据汉弃秦承周之义，以皇魏承晋为水德。二家之论，大略如此。臣等谨共参论，伏惟皇魏世王玄朔，下迄魏、晋，赵、秦、二燕虽地据中华，德祚微浅，并获推叙，于理未惬。又国家积德修长，道光万载。彪等职主东观，详究图史，所据之理，其致难夺。今欲从彪等所议，宜承晋为水德。"诏曰："越近承远，情所未安。然考次推时，颇亦难继。朝贤所议，岂朕能有违夺。便可依为水德，祖申腊辰。"①

这是北魏朝廷文化政策明确转向晋制的宣言，在五德学说上承袭西晋为水德。东晋南朝在同北朝对峙的过程中，随着北伐的一次次失败，放弃了统一中原的思想，为了和北魏争夺国家正朔，从刘宋时基本塑造起以建康为中心的天下观念。② 北魏向晋制转变，就是向西晋文化学习，塑造起以洛阳为中心的天下观念，进而展开同南朝的同质性和排他性竞争，在王权和天下秩序的框架下，太和十八年(494)迁都洛阳无疑具有文化指向的象征性，也暗示了北魏朝臣的自信心和决心。③ 北魏早期，拓跋珪选择"魏"作为国号，以便和鲜卑旧俗区别开来，目的是为了以德抚民，成为中原之主。北魏朝廷此举的深层含义是对抗江南的东晋政权，表示北魏才是曹魏政权的合法继承者，实际上国号之争是一场正朔之争。④ 东晋是西晋的延续，南朝宋齐以禅让为名而自认为正朔，东晋朝廷曾经多次北伐，但多成为权臣争斗的工具，刘裕自立取代了东晋，这些政治更迭的影响，严重打击了南方士人对南朝政权的信心，转而大规模投奔北魏，在这个过程中入北的士人逐渐失去了对东晋的忠心，而转为对传统汉文化的追求。孝文帝时期，汉族士人尊称他为"四三

---

① 魏收：《魏书》(修订本)，第 2999 页。

② 中村圭尔：《六朝江南地域史研究》，汲古书院，2006 年，第 513—535 页；户川贵行：《东晋南朝における传统の创造》，汲古书院，2015 年，第 115—135 页。

③ 倪润安：《光宅中原：拓跋至北魏的墓葬文化与社会演进》，第 282 页。

④ 何德章：《北魏国号与正统问题》，《历史研究》1992 年第 3 期。另康乐《从西郊到南郊：国家祭典与北魏政治》(稻乡出版社，1995 年，第 192 页)与罗新《十六国北朝的五德历运问题》(《中国史研究》2004 年第 3 期)主张北魏早期乃承前秦为正朔，本文取何德章意见。

皇而六五帝”的圣君,[①]自定鼎嵩洛之后,北魏政权在南北正统争夺战中逐渐处于主动的地位。

北魏建国之后,定位是曹魏的继承者,由于拓跋族本身没有太多的文化积累,所以在统一北中国的过程中,除了大量吸收十六国文化来补充自身外,同时还吸收了东晋南朝文化的某些因素。十六国文化的三个来源分别是河西、关陇和东北地区,而这三个地区的文化基本上是延续了西晋文化的传统,曹魏文化的痕迹在西晋文化中很难独立出来,所以北魏平城时期的文化面貌呈现出融汇多个地区文化的复杂情况。从墓葬材料来看,平城地区的墓葬文化来源有四:1. 早期拓跋族文化传统;2. 十六国文化要素;3. 东晋南朝文化;4. 西域文明基因,其中最重要的无疑还是十六国文化。[②]

以洛阳地区为代表的墓葬文化形成了中国古代墓葬形制中的“晋制”,主要内容包括:1. 不封不树;2. 墓室由多室墓向单室墓转化;3. 土洞墓开始在高等级墓葬中使用;4. 形成了以牛车为中心的新明器制度;5. 墓志的出现和使用。[③] 北魏在建构自己的文化过程中,无法有效地利用曹魏文化元素,曹魏立国时间太短其实没有形成独属于自身的文化面貌,即使有部分因素也已经融入了西晋文化的洪流之内,鉴于此,北魏平城时期的墓葬已经开始了回归晋制的做法。对比西晋洛阳地区墓葬的特点,平城墓葬以弧方形为基本形制,高等级者还有部分前后双室的情况;随葬品形成了完整的三大俑群组合,分别是镇墓兽镇墓俑、牛车鞍马男女俑、禽畜俑;墓主生平多用砖、石质墓志表现,石质墓志有碑形、长方形和方形三种形制。[④] 平城时期受到崔浩之难影响的汉化政策,在冯太后、孝文帝执政时期继续急剧发展,这种晋制传统的做法至少已经在宋绍祖墓中得到了体现,到太和十五年(491)则通过诏令的形式成为北魏文化的基本国策。

墓志的使用是晋制中的重要组成部分,墓志虽然产生于东汉末,但成为

---

① 魏收:《魏书》(修订本)卷62《李彪传》,第1520页。

② 倪润安:《北魏平城时代平城地区墓葬文化的来源》,《首都师范大学学报》2011年第6期。

③ 刘斌:《洛阳地区西晋墓葬研究——兼谈晋制及其影响》,《考古》2012年第4期。

④ 倪润安:《北魏平城时代平城墓葬的文化转型》,《考古学报》2014年第1期。

墓葬文化中的礼仪制度则始于西晋。中古墓志中大量位于首尾、志阴等特殊位置,并以特殊行款书写的家族谱系记载,这种做法也是从西晋墓志中开始出现的。① 西晋墓志多数为碑形墓志,有圆首、圭首,另外还有一些方形墓志存在。② 在文体上西晋墓志多数不具备完整的志题、序文和铭文部分,文字书写有两面、单面及多面的情况,可以看出西晋墓志的使用还没有形成标准化和格式化,这也是和墓志是新兴器物有所关联。十六国时期河西地区的墓志均作圆首碑形,可以视为西晋墓志文化的延续,北魏平城时代的圆首碑形墓志,其形制主要就是继承了十六国时期河西圆首碑形墓表的外观,文本内容融入了东晋南朝墓志的某些撰写要素,进而形成了具有平城特征的墓志形式。③

平城时期北魏墓志数量不多,大概不超过二十种,但是形制多样,有碑形墓志、方形墓志和四边起框的方形墓志,总体看来这个阶段还没有形成统一的样式,不过从出土情况来看,碑形墓志应该是平城时期墓志的一种基本形式。④ 在迁都洛阳后,北魏碑形墓志也有少量发现,据统计约有 13 种,其中太和到正始年间的有韩显宗墓志、拓跋忠暨妻司马妙玉墓志、封和突墓志和奚智墓志。太和二十年(496)的韩显宗墓志出土于洛阳,呈圭首碑形,墓志文体中志题、序文和铭文齐全,序文中运用了骈偶的句式。⑤ 景明五年(504)的拓跋忠暨妻司马妙玉墓志出土于大同,呈圆首碑形,墓志文体中志题、序文和铭文齐全,序文中运用了骈偶的句式。⑥ 正始元年(504)的封和突

---

① 陈爽:《出土墓志所见中古谱牒探迹》,《中国史研究》2013 年第 4 期;又见氏著《出土墓志所见中古谱牒研究》,学林出版社,2015 年。

② 福原启郎:《西晋墓志的意义》,《文史哲》1993 年第 3 期。

③ 张铭心:《十六国时期碑形墓志源流考》,《文史》2008 年第 2 期;张铭心:《司马金龙墓葬出土碑形墓志源流浅析》,《纪念西安碑林九百二十周年华诞国际学术研讨会论文集》,文物出版社,2008 年,第 553—562 页;关尾史郎:《"五胡"时代的墓志及其周边》,《吐鲁番学研究》2017 年第 2 期。

④ 殷宪:《北魏早期平城墓铭析》,《北朝研究》第 1 辑,北京燕山出版社,1999 年,第 163—192 页。

⑤ 毛远明:《汉魏六朝碑刻校注》第 3 册,第 321—322 页。

⑥ 大同北朝艺术研究院:《北朝艺术研究院藏品图录 · 墓志》,文物出版社,2016 年,第 78—79 页。

墓志出土于大同,呈圆首碑形,墓志文体中志题、序文和铭文齐全。[①] 奚智墓志的文体只满足了十三事的要求,无题无铭。在这四方碑形墓志中,志主地位较高的韩显宗、拓跋忠和封和突三人都和孝文帝南迁有密切关系,他们的墓志文本所采用的格式无疑属于晋制下的产物。而奚智当时属征士,身份地位较低,他的墓志文体无题铭可能和其接触不到这种新型的墓志模式有关,或者说这种志题序铭齐全的墓志书写方式首先在元魏宗亲和高级官员中使用,然后才逐渐普及开来,成为当时所有人墓志书写的标准范本,奚真墓志的文本特征就是晋制下墓志文本扩大化的映现。至于奚智等人墓志采取的碑形墓志形制正是平城时期墓志基本形制的残留,似乎说明迁洛后对于晋制下方形墓志形制的接受有一个过程,当时人们还有一定观念上的抗拒和反复存在。

洛阳时代北魏墓志的晋制特征之一是要素完整的墓志文体书写格式,另一表现就是方形墓志的选择。在平城时期方形墓志的使用以钦文姬辰墓志为代表,钦文姬辰墓志,石质,接近方形,长 30 厘米,宽 28 厘米,正背两面阴刻铭文。这种接近方形的墓志形制,一般认为是受到东晋墓志形制的影响,而其双面刻字的方式,和西晋徐氏墓志的方法一致,两者之间似乎有着某种渊源。在南朝社会以建康为天下观的墓葬形制下,墓室多为单一的长方券顶,墓室中出现了各类拼嵌的砖壁画,瓷器进一步流行,随葬品中石制品成组出现,尤其是方形墓志到了齐梁时期成为墓葬文化中的新元素,但是方形墓志并没有成为南朝墓志形制的主流。[②] 墓志属于晋制系统的器物,南朝使用方形墓志并没有超出晋制的范畴,而且方形墓志在平城时期已经成为北魏墓志形制的一种常见类型,所以北魏朝廷出于和南朝争夺文化正统的考虑和需要,在晋制范围内选择方形墓志为基本形制,从而开始了和南朝文化在同一平台上的竞争。太和二十年(496)的元桢墓志、太和二十三年(499)的元弼墓志和元彬墓志的形制均为正方形,这个时期还有一些元氏墓

---

① 毛远明:《汉魏六朝碑刻校注》第 4 册,第 23—25 页;郭月琼:《封和突墓志渊源考》,《中古墓志与胡汉问题研究》,宁夏人民出版社,2013 年,第 23—33 页。

② 韦正:《六朝墓葬的考古学研究》,北京大学出版社,2011 年。

志非正方形，但是到了景明之后，正方形墓志的选择似乎成为元氏一种集体的有意识选择的结果。这种以正方形墓志形制为发展主流的趋势，元魏宗室包括其妻女是主要的使用人群，[①]这种以元魏宗室为代表的方形墓志使用群体，正说明了方形墓志的社会影响及其示范作用。

洛阳地区魏晋时期墓葬墓道多为南向和东向的情况；[②]北魏平城地区墓葬的墓道方向以向西为主，另外还有南向和东向的情况，时间越晚南向墓葬数量越多；而迁洛之后北魏墓葬呈现出清一色的南向状况，墓室以方形或近方形为主，这种南向墓葬所遵循的应该是根据汉族礼制而规定的新制度。[③] 在墓葬形制的变化中，方形墓志和墓室形制是比较契合的，迁洛后的丧葬文化选择了方形墓志成为晋制的代表形制，这二者之间是否有一定的关联，根据古代墓葬的生死观念和五行信仰来看，这种关联是有一定可能性的。[④]

洛阳时代北朝对于南朝墓葬文化的争夺方法主要有四种，分别是获取先机、吸收超越、并行竞争、反制破解，从而奠定了北魏王朝的正统地位和优势实力。[⑤] 在南北对峙的情况下，南朝社会与晋制越行越远，北朝士庶则回归晋制，并进一步发展形成了墓葬文化中的新晋制。以迁都洛阳为象征符号的晋制实施，使得北魏在太和时期完成了文化政策的调整，到正光、孝昌时期终于实现了晋制在旧都洛阳地区的全面复归，而奚智父子墓志的文本特征和形制变化正是晋制下发展确立的表现。

晋制下的北魏后期墓志形式，除了形制和文本方面的表现之外，书法也

---

① 马立军：《试论北魏碑志关系的转化与墓志形制演变》，《史林》2008 年第 2 期；此据氏著《北魏墓志文体与北朝文化》，中国社会科学出版社，2015 年，第 88—97 页。

② 刘斌：《洛阳地区西晋墓葬研究——兼谈晋制及其影响》，《考古》2012 年第 4 期。

③ 王音：《北朝晚期墓葬形制研究——以北魏洛阳时代至北齐都城地区的墓葬为例》，《故宫博物院院刊》2018 年第 3 期。

④ 刘凤君：《南北朝石刻墓志形制探源》，《中原文物》1988 年第 2 期；赵超：《式、穹窿顶墓室与覆斗形墓志——兼谈古代墓葬中“象天地”的思想》，《文物》1999 年第 5 期；巫鸿：《黄泉下的美术：宏观中国古代墓葬》，生活·读书·新知三联书店，2010 年，第 179—185 页。

⑤ 倪润安：《南北朝墓葬文化的正统争夺》，《考古》2013 年第 12 期；又见氏著《光宅中原：拓跋至北魏的墓葬文化与社会演进》，第 278—299 页。

是其中不可或缺的组成单元。北魏时期总体来讲文化面貌和南朝有一定的差距，对于南朝士人来说书法艺术是他们标志身份的表现形式之一，当时南朝基本是在二王书法笼罩下的发展和创新，而北魏则走上了另一条道路。书法史上，南朝“今妍”，北方“古质”。北魏楷书的特点是“斜划紧结”的模式，从最早的元桢墓志（图 3）[①]到后来的元简墓志等元魏宗室墓志，以及元氏嫔妃和外嫁的元氏女儿，他们的墓志文字都写得很丰满，字形长而字势横展，撇捺的笔画弧度都比较大，横画呈现出左低右高的倾斜，刻工大多精良，能够把笔画的圆势和书写的韵致刻划出来。[②] 这批墓志集中出现在实施晋

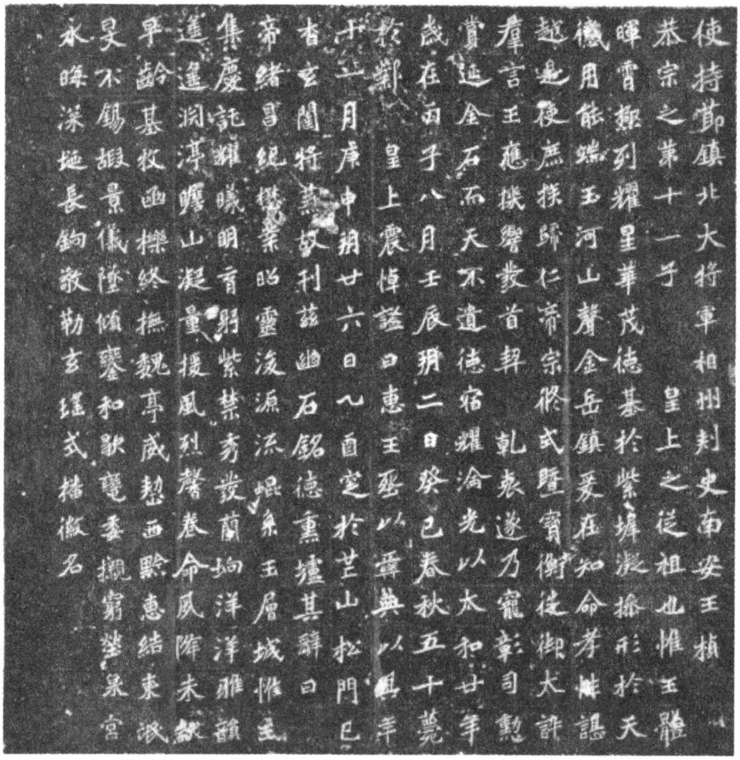
使持節鎮北大將軍相州刺史南安王楨
恭宗之第十一子　皇上之從祖也惟王體
暉霄極列耀星華茂德基於紫墀凝操形於天
儀用能端玉河山聲金岳鎮爰在知命孝性諶
越是使庶揆歸仁帝宗攸式暨寶衡徙御大訢
羣言王應機響發首契乾衷遂乃寵彰司勳
賞延金石而天不遺德宿耀淪光以太和廿年
歲在丙子八月壬辰朔二日癸巳春秋五十薨
於鄴　皇上震悼謚曰惠王葬以彝典以其年
十一月庚申朔廿六日乙酉窆於芒山松門巳
杳玄闇將蒸故刊茲幽石銘德熏壚其辭曰
帝緒昌紀懋業昭靈浚源流崐系玉層城惟王
集慶誕耀曦明育躬紫禁秀發蘭絢洋洋雅韻
遙遙淵渟暉山凝量援風烈馨卷命風降未紱
早齡基牧西樂終撫魏亭威懾西黔惠結東泯
旻不錫嘏景儀隆傾鑾和歇寵委櫬窮塋泉宮
永晦深埏長鈞敬勒玄瑤式播徽名

图 3

① 赵力光：《鸳鸯七志斋藏石》，第 12 页。

② 刘涛：《北魏楷书》，收入《书法谈丛》，中华书局，2014 年，第 129—139 页；刘涛：《鲜卑汉化与北魏书法之变》，收入《魏晋书风：魏晋南北朝书法史札记》，广东人民出版社，2019 年，第 122—129 页。

制后的496至524年之间,无疑可以被视为北魏文字的官样模本,或者可称之为书法领域的晋制表现,而其出现的标志当属元桢墓志,奚智奚真墓志也属于这种书风。北魏迁洛后凸显的书法风尚可称之为"洛阳体",这同平城书体有很大的变化,平城书体平画斜画均呈宽结姿态,而洛阳体的形成和出现可以看到南朝书体的影响,可以说晋制下的洛阳时代墓志特点中,书体是受南朝影响最大的,这也是北魏社会吸收南朝文化先进因素的重要体现。

结 语

在北魏墓葬文化中,从太和十五年(491)开始的回归晋制政策深刻地影响了北朝社会,北魏王朝在与南朝政权争夺国家正朔的过程中,逐步形成了富有时代特色的新晋制墓葬形制。作为墓葬文化中重要组成元素的墓志,无论在外观形制、墓志文体,还是在书法艺术方面,都呈现出明显的晋制风格。不同记忆群体和政治集团的交互作用,使得历史在竞争和渗透中被各种叙述持续不断地书写,奚智奚真父子墓志中呈现出的文体变化、形制差异和书法相类等现象,都是进一步理解北魏政权实施晋制过程中的接受史。晋制下的墓志文体和书法表现在太和迁洛之后基本完成,而形制的发展则相对滞后一筹,无志盖的方形墓志属于一个过渡阶段的形制,盝顶形墓志的出现才标志着新晋制墓志形制的正式形成。

附记:本文为国家社会科学基金一般项目"唐代石刻史料编年辑证"(17BZS033)的阶段性成果。

《南巡碑》与北魏前期爵制

王安泰

一、前　　言

自北魏建国初始，即已将爵制纳入官僚体系内，其间或有制度变易，但爵位仍是王公贵族显示地位的身份象征。过往研究多关注爵制在北魏官僚体系中的作用，以及作为鲜卑贵族身份象征的意义。特别是在北魏前期，学界一般将当时的爵位视作没有封国食邑的虚封，[①]并进而探讨爵位的级别、[②]爵位与官品的关系、[③]爵位与其他官职的关

① 多数学者都主张北魏前期封爵并无食邑，但川本芳昭认为，北魏前期存在部分以人口或本籍地代替食邑的实封爵。参矢野主税《北魏・北周・隋における封爵制》，载《古代学》第5卷第2期，1956年，第108—125页。内田吟风：《北魏封邑制度考》，载《神户大学文学会研究》第10卷，1956年；后收入内田吟风《北アジア史研究——鲜卑柔然突厥篇》，同朋舍，1975年，第119—139页。张维训：《试论北魏的食邑制度——拓跋魏封建化的措施之一》，载《厦门大学学报》1979年第4期，第116—137页。张鹤泉：《北魏前期诸王虚封地改封考》，载《古代文明》第5卷第1期，2011年，第62—71页。川本芳昭：《北魏の封爵制》，载《东方学》第54辑，1979年；后改题为《封爵制度》，收入川本芳昭《魏晋南北朝时代の民族问题》，汲古书院，1998年，第252—275页。

② 孙正军：《从"五等"到"三等"——北魏道武帝"制爵三等"原因钩沉》，载《文史》2010年第1期，第63—78页。王安泰：《再造封建——魏晋南北朝的爵制与政治秩序》，台湾大学出版中心，2013年，第85—91页。

③ 胡鸿：《能夏则大与渐慕华风——政治体视角下的华夏与华夏化》，北京师范大学出版社，2017年，第242—282页。冈部毅史：《北魏前期の位阶秩序について——爵と品の分析を中心に》，载《东洋学报》第94卷第1期，2012年；后收入冈部毅史《魏晋南北朝官人身分制研究》，汲古书院，2017年，第214—244页。

联等面向。①

另一方面,1980年于山西省灵丘县发现的《南巡碑》,碑阴载有当时随行官员的官职与爵号,强化了学界对北魏前期官制的认识。学者考察的重心包括《南巡碑》碑阴的门下、中书、将军、爵位等官职类型,②以及官爵与官品的对应情形,③尤其是《南巡碑》中出现许多胡族体系官职与内朝官、禁卫武官,诸如内行令、内行内小、内阿干、内都幢将、羽真等,更受到学界瞩目。④

然而在过往的研究成果中,仍有一些尚待解决的课题。首先,《魏书》云自北魏道武帝废除伯男爵后,直至孝文帝太和改制才恢复为五等爵;但是《南巡碑》记有许多男爵,究竟伯男爵号重新出现的时间点为何,以及伯男爵号恢复的理由,仍需再行检讨。其次,《南巡碑》载有数十个王侯爵号,这些爵号的封国称谓与地理分布是否存有特殊性;进一步而言,北魏前期的封国,在虚封以外是否还存有其他意义,亦有分析的价值。因此本文将重新整理《南巡碑》碑阴关于爵号的内容,并对上述课题进行探究,进而考察爵制在

① 阎步克:《品位与职位——秦汉魏晋南北朝官阶制度研究》,中华书局,2002年,第410—472页。窪添庆文:《魏晋南北朝官僚制研究》,汲古书院,2003年,第113页。张鹤泉:《北魏前期封授诸王爵位加拜将军号制度试探》,收入中国魏晋南北朝史学会、山西大学历史文化学院编《中国魏晋南北朝史学会第十届年会暨国际学术研讨会论文集》,北岳文艺出版社,2012年,第72—91页。

② 张庆捷:《北魏文成帝〈南巡碑〉碑文考证》,载《考古》1998年第4期,第79—86页。川本芳昭:《北魏南巡碑について》,载《九州大学东洋史论集》第28期,2000年;后收入川本芳昭《东アジアにおける诸民族と国家》,第31—61页。

③ 冈部毅史:《北魏前期の位阶秩序について——爵と品の分析を中心に》,第214—244页。大知圣子:《关于北魏前期爵和品相对应的基础考察——以南巡碑为中心》,收入中国魏晋南北朝史学会、山西大学历史文化学院编《中国魏晋南北朝史学会第十届年会暨国际学术研讨会论文集》,第92—107页。

④ 张庆捷、郭春梅:《北魏文成帝〈南巡碑〉所见拓跋职官初探》,载《中国史研究》1999年第2期,第57—69页。松下宪一:《北魏石刻史料に见える内朝官——北魏文成帝南巡碑の分析を中心に》,载《北大史学》第40期,2000年;后收入松下宪一《北魏胡族体制论》,北海道大学出版会,2007年,第57—86页。张金龙:《文成帝〈南巡碑〉所见北魏前期禁卫武官制度》,载《民族研究》2003年第4期;后收入张金龙《魏晋南北朝禁卫武官制度研究》,中华书局,2004年,第713—745页。窪添庆文:《文成帝期の胡族と内朝官》,收入张金龙主编《黎虎教授古稀纪念中国古代史论丛》,世界知识出版社,2006年;后收入窪添庆文《墓志に用いた北魏史研究》,汲古书院,2017年,第447—489页。

北魏前期的意义。

二、南巡碑爵制史料的再整理

《南巡碑》1980 年出土于山西省灵丘县东南，碑首题名为“皇帝南巡之颂”，一般简称为“南巡碑”。① 《南巡碑》是北魏文成帝于和平二年(461)出巡鄴城等地时，于灵丘进行大射活动而立。碑阳纪录立碑缘由，碑阴则载随从臣下的官爵姓名。《文物》1997 年第 12 期载有《山西灵丘北魏文成帝〈南巡碑〉》一文[以下简称(《南巡碑》1997)]，对《南巡碑》进行释文，并公布拓片图版。由于图版缩放比例较小，难以辨识，其后学者仍多参照[《南巡碑》1997]进行释文。

笔者曾于 2015 年 7 月至山西省灵丘县觉山寺，考察《南巡碑》原石，遂对爵制有关的文字再作释读，整理如表 1“《南巡碑》带爵者整理表”。以下就针对《南巡碑》与传世文献的异同，以及笔者释文与过往研究的相异处，再行检讨。为求行文方便，下文皆以“列—行”标示该名带爵者在碑阴中的位置。

表 1 《南巡碑》带爵者整理表②

列—行	姓 名	爵位	列—行	姓 名	爵位
1—1	步六孤伊□	平原王	1—5	張益宗	彭城公
1—2	一弗步□□	太原王	1—6	林金閭	平凉公
1—3	吕河一西	襄邑子	1—7	楊保年	東海公
1—4	尉遲其地	西郡公	1—8	斛骨乙莫干	日南公

① 南巡碑发现时已断作数块，经拼接后大致恢复原貌，但许多文字已难辨识。关于南巡碑发现经纬与石碑形制等信息，见靳生禾、谢鸿喜《北魏〈皇帝南巡之颂〉碑考察报告》，载《山西大学学报》1994 年第 3 期，第 18—24、113 页；山西省考古研究所、灵丘县文物局《山西灵丘北魏文成帝〈南巡碑〉》，载《文物》1997 年第 12 期，第 70—80 页。

② 本表以考察报告揭载释文与笔者考察所见为基准，并对参其他研究者的释文。诸家有异同者，另作注说明；若仅涉繁简字体转换或异体字者，诸如勑/敕/勅、萬/万、獨/独、陀/陁、廣/広、醜/丑、壽/寿等，则不另出注释，径以原石字体为主。正文已论述的内容，亦不另作批注。

（续表）

列—行	姓　名	爵位	列—行	姓　名	爵位
1—9	乙旃惠也拔	福禄子	2—15	□□尸婆	□陽公
1—10	代伏云右子尼	魏昌男	2—16	茹茹常友	□□郡王
1—11	乙旃阿奴	安吴子	2—17	素和勑俟陵②	□□公
1—12	蓋婁太拔	晉安男	2—18	獨孤侯尼須	東安王③
1—13	社利幡乃婁	陰陵男	2—19	素和其奴	平昌公
1—14	是婁勑万斯	東平公	2—20	常伯夫	陽樂侯
1—15	尉遲沓亦干	建安男	2—21	毛法仁	南郡公
1—16	張天度	南陽公	2—22	比子乙得	□城子
1—17	賈愛仁	平陽公	2—23	符真衛	丹陽公
1—18	若干若周	嘉寧男	2—24	胡優比西□陁	□□侯?
1—21	吐難於如剴	□陽男	2—25	拔拔俟俟頭	安復侯
1—22	一弗阿伏真	江乘男	2—26	李真奴	扶風公
1—23	韓天愛	范陽子	2—27	袁紇尉斛	汝南公
1—24	賀若槃大羅①	□武子	2—28	宜懃渴侯	興平侯
1—28	胡墨田	永平子	2—29	熱阿久仁	永興侯
1—29	賀若貸別	建德子	2—30	郁豆眷	順陽公
1—40	宿六斤阿□	蔡陽男	2—31	豆連求周	長廣公
2—10	□□提折間□	□□王?	2—32	黄盧頭	東□公
2—11	何良	樂安王	2—33	慕容白曜	高都公
2—12	出大汗□	樂良王	2—34	韓道仁	魯陽侯
2—13	□□連茂烈	常山王	2—36	吕羅漢	野王侯
2—14	杜豐	中山公	2—38	斛律頞拔	□□侯

① 诸家皆作賀若盤大羅，应为賀若槃大羅。

② 诸家皆作素和勑俟伕，应作素和勑俟陵。

③ 東安王獨孤侯尼須，即《魏书》的刘尼，《宋书》则作“侍中司徒安南大将军新建王独孤侯尼须”。

（续表）

列—行	姓　名	爵位	列—行	姓　名	爵位
2—39	孔伯恭	濟陽男	3—44	達奚庫勾	比陽男
2—40	胡莫那	□□男	4—1	□□匹和以斤	北德男
3—8	蓋婁内亦干	河中□□子?	4—2	□和拔□□	□□男
3—9	楊醜頹①	高平男	4—7	□□□懃	野陟男
3—11	吴都	華容男	4—8	拔烈蘭步愛	比陽男
3—14	丘目陵□仁	□□子	4—11	獨孤□□	夾道男
3—16	胡翼以吉智	壽張子	4—13	段去斤	□□男
3—18	趙騰	新安子	4—14	大野□石頂	祁陽男
3—19	任玄通	武安子	4—15	茹茹命以斤	壺關男
3—20	楊思福	馳魚男	4—16	斛律西婼	永寧男
3—21	胡比他紇	南□男	4—29	泣利傉但	宣道男
3—24	屋引立真□	武原子	4—30	李敷	平棘子
3—25	莫那婁愛仁	新安子	4—32	獨孤平城	建德子
3—27	趙三月	泰昌男	4—33	叱奴地□	曲梁子
3—33	斛律羽都居	鍾離侯	4—39	素和	方輿侯
3—35	苟黄	永寧子	5—20	□	□□子?
3—36	烏地延	遂安子	5—39	長兒大食勤	□□子
3—38	斛律出六拔	晉安子	6—7	□□□□	□招子?
3—39	獨孤去頹	沙渠男			

（一）1—2太原王一弗步□□。许多学者已指出，从官位与爵号判断，一弗步□□就是《魏书》所记载的乙浑。但《魏书》云乙浑至和平三年（462）才封太原王，②而《南巡碑》则表明乙浑在和平二年以前即已受封太原王。另如2—12乐良王出大汗□（即拓跋万寿），《魏书》本传云拓跋万寿于和平三

① 诸家皆作丑，原石作醜。
②《魏书》卷5《高宗纪》，中华书局，2017年，第144页。

年封乐浪王,[①]但《魏书》本纪云和平二年,[②]同样有和平二年与三年两说,校勘记论证应为和平二年。

(二) 1—23 范阳子韩天爱。《魏书》不见韩天爱,但有同带范阳子的韩天德。据《魏书》记载,“(韩)备弟均,字天德,……赐爵范阳子”[③],二者爵称相同,仅天爱与天德之名相异。韩均之兄韩备字延德,亦即韩均兄弟之字以“德”为行,且德、爱字形相近,因此韩天爱应即韩天德。[④]

(三) 1—40 蔡阳男宿六斤阿□。学者已指出,宿六斤阿□即《魏书》的宿石,但两者记载的封国相同、爵称有异:

> (宿沓干)从征平凉有功,拜虎威将军、侍御郎,赐爵汉安男。真君四年(443),从驾讨蠕蠕,战没。……(宿石)年十三,袭爵,擢为中散。……兴光中(454—455),迁侍御史,拜中垒将军,进爵蔡阳子,……(高宗时)改爵义阳子。[⑤]

宿石于真君六年袭爵其父宿沓干的汉安男爵,至兴光中进爵蔡阳子,后改为义阳子,未尝为蔡阳男,与《南巡碑》所记不同。

(四) 2—13 常山王□□连茂烈。学者指出,2—11 乐安王何良即拓跋良,2—12 的乐良王出大汗□即拓跋万寿。由此类推,□□连茂烈应即《魏书》所记的拓跋素,理由有二。首先,拓跋素于太武帝始光三年(426)继承其父拓跋遵的常山王爵,[⑥]卒于和平三年。[⑦] 因此文成帝时期立《南巡碑》时,拓跋素仍为常山王。其次,根据《元侔墓志》,元侔的高祖为常山王遵,曾祖

① 中华书局旧版点校本《魏书》云和平三年,而同卷《汝阴王天赐传》校勘记云,对照本纪内容,汝阴王天赐与乐浪王万寿都应于和平二年受封;而 2017 年新版《魏书》径改为和平二年,且未出校勘记。《魏书》卷 19 上《乐浪王万寿传》,第 520 页。

② 《魏书》卷 5《高宗纪》,第 143 页。

③ 《魏书》卷 51《韩茂传》,第 1242 页。

④ 韩天爱以字行的情形,在《南巡碑》中并非特例,如 1—5 的张益宗,《魏书》云“张宗之,字益宗”,亦以字行。《魏书》卷 94《张宗之传》,第 2189 页。

⑤ 《魏书》卷 30《宿石传》,第 806 页。

⑥ 《魏书》卷 4 上《世祖纪上》,第 83 页。《魏书》卷 15《常山王遵传》,第 435 页。

⑦ 《魏书》卷 5《高宗纪》,第 144 页。

为常山康王素连,[①]亦带有“连”字。众所周知,北魏前期鲜卑贵族的汉名多为音译,常有同人不同名的现象,[②]《元侔墓志》与《南巡碑》皆出现的“连”字,可视为□□连茂烈即为拓跋素的旁证。

（五）与过往释文相异之处

（1）1—21□阳男吐难於如剀。[《南巡碑》1997]释作吐难于如剀,川本芳昭、松下宪一等作吐难子,原石实为吐难於如剀。

（2）3—11 華容男吴都。[《南巡碑》1997]释作慕容男吴都,诸家释文都理解为姓“慕容”名“男吴都”之人。但从原石看来,容的上一字更近似“華”,所以应释作受封華容男的吴都。

（3）4—15 壶關男茹茹命以斤。[《南巡碑》1997]释作靈開男,诸家皆同,但唐代以前县级单位未见以靈開为名者,实难理解。根据原石,第二字应为“關”的异体字“閞”。第一字较难识别,从字形与文义推敲,“壶”字的可能性更大,因此应释作壶關男。

（4）4—39 方與侯素和。[《南巡碑》1997]释作方興侯,诸家皆同。原石之字确实近似于興,但也可能为與,暂理解为方與侯。

由上述整理可知,《南巡碑》所记爵位与《魏书》有一些不同之处,但大体仍可相互对应。接下来将从《南巡碑》所记男爵反思,北魏前期恢复伯男爵号的时间点与原因。

三、北魏前期伯男爵号的再行

北魏前期爵制的沿革,大致可分为几个阶段。北魏道武帝登国元年(386)建国之初,即“班爵序勋各有差”;在平定河北后,道武帝又于天兴元年(398)“典官制,立爵品”,[③]此时爵位体系已初具规模。到了天赐元年(404),道武帝

---

① 赵超:《汉魏南北朝墓志汇编》,天津古籍出版社,2008 年,第 60 页。

② 参何德章《北魏鲜卑族人名的汉化——读北朝碑志札记之一》,载《魏晋南北朝隋唐史资料》第 14 辑,1996 年,第 41—43 页。

③《魏书》卷 2《太祖纪》,第 37 页。

遂改五等爵为三等爵，直至孝文帝太和十六年(492)，方又开建五等：

(天赐元年)九月，减五等之爵，始分为四，曰王、公、侯、子，除伯、男二号。皇子及异姓元功上勋者封王，宗室及始蕃王皆降为公，诸公降为侯，侯、子亦以此为差。于是封王者十人，公者二十二人，侯者七十九人，子者一百三人。王封大郡，公封小郡，侯封大县，子封小县。王第一品，公第二品，侯第三品，子第四品。……旧制，诸以勋赐官爵者子孙世袭军号。(太和)十六年，改降五等，始革之，止袭爵而已。①

(太和十六年正月)乙丑，制诸远属非太祖子孙及异姓为王，皆降为公，公为侯，侯为伯，子男仍旧，皆除将军之号。……(太和十八年十二月)己酉，诏王、公、侯、伯、子、男开国食邑者：王食半，公三分食一，侯伯四分食一，子男五分食一。②

根据上述史料文意，北魏自天赐元年始，长期维持王、公、侯、子四等爵，直至孝文帝改制，方恢复伯、男爵号。③ 因此早期学界多认为伯、男爵号实再行于孝文帝时期。④ 至《南巡碑》出土后，碑阴有二十余人拥有男爵称号，学者据此认为，男爵在孝文帝以前业已恢复，但是伯爵仍需至太和年间才再度施行；⑤有学者进一步提出，北魏至太武帝时已出现伯男爵号，但制度上仍是王公侯子的四品级别，未纳入伯男爵号；⑥另有学者指出，文成帝以前即已恢复男爵，最晚至文成帝时又恢复伯爵号，其目的是为了构筑“王公侯子男”的一至五品官品序列。⑦

---

① 《魏书》卷113《官氏志》，第3233、3236页。

② 《魏书》卷7下《高祖纪下》，第201页。

③ 有学者提出，在道武帝天赐元年以前，仍存有伯男爵号。参严耀中《北魏前期政治制度》，吉林教育出版社，1990年，第175页。

④ 在南巡碑发现以前，关于北魏伯、男爵恢复的时间有孝文帝初年说、太和十六年说等。孝文帝初年说见宫崎市定《九品官人法の研究——科举前史》，同朋舍，1974年，第446—447页。太和十六年说见内田吟风《北魏封邑制度考》，第119—139页。

⑤ 孙正军：《从“五等”到“三等”——北魏道武帝“制爵三等”原因钩沉》，第63—78页。冈部毅史：《北魏前期の位阶秩序について——爵と品の分析を中心に》，第214—244页。

⑥ 张鹤泉：《北魏前期虚封爵的等级问题》，载《社会科学战线》2014年第1期，第84—94页。

⑦ 如川本芳昭认为，伯爵复于和平四年。参川本芳昭《北魏の封爵制》，第252—275页。

就目前史料观察，早在太武帝时期，即追赠寇谦之宗族“太守、县令、侯、子、男者十六人”[1]，显然已将男爵纳入常态性的授爵体系之中。至于个例方面，明元帝时期已有于栗磾为新城男、[2]费郁为五等男的记载；[3]至太武帝时期，子爵、男爵人数更是大幅增加，除了学者已整理的崔剖、长孙陈、和归、楼安文、宿沓干、屈观之子、苟颓、费于、尉元、张忠、李洪之等11人外，[4]尚有宗室拓跋陵为襄邑男，[5]崔宽为沂水男、崔模为武城男，[6]尉拨为介休男，[7]贾秀为阳都男等，[8]显示在明元帝、太武帝时期，授予男爵已是常态。

虽然《南巡碑》中完全不见伯爵，但是考察其他史料，仍可见北魏前期伯爵的踪迹。在《南巡碑》立碑后两年的和平四年(463)十二月，文成帝下诏云“今制皇族、师傅、王公侯伯及士民之家，不得与百工、伎巧、卑姓为婚，犯者加罪”[9]，就明确提及伯爵。[10] 延兴二年(472)五月，孝文帝诏云“旧制诸镇将、刺史假五等爵，及有所贡献而得假爵者，皆不得世袭”[11]，诏书不使用假三等或假四等的词汇，而是直接称为假五等爵，可能也包含伯男爵号。[12] 不仅

---

① 《魏书》卷42《寇赞传》，第1046页。

② 关于于栗磾的新城男爵，《魏书》云，“永兴中(409—413)，关东群盗大起，西河反叛。栗磾受命征伐，所向皆平，即以本号留镇平阳。转镇远将军，河内镇将，赐爵新城男。……刘裕之伐姚泓也，栗磾虑其北扰，遂筑垒于河上，亲自守焉”。永兴是北魏明元帝年号，而刘裕讨伐姚泓的时间是明元帝泰常元年(416)，可知于栗磾获得新城男的时间点，应在409年至416年之间。《魏书》卷31《于栗磾传》，第819页。

③ 《魏书》卷44《费于传》，第1105页。

④ 参张鹤泉《北魏前期虚封爵的等级问题》，第89—90页。

⑤ 《魏书》卷14《高凉王孤传》，第408页。

⑥ 武城男，中华书局旧版点校本《魏书》作武陵男，2017年新版点校本《魏书》径改为武城男。《魏书》卷24《崔玄伯传》，第699、701页。

⑦ 《魏书》卷30《尉拨传》，第811页。

⑧ 《魏书》卷33《贾彝传》，第879页。

⑨ 《魏书》卷5《高宗纪》，第146页。

⑩ 诏书仅提到伯爵未言及子爵，表示王、公、侯、伯爵可能只是通称，应亦包含子、男爵。

⑪ 《魏书》卷113《官氏志》，第3236页。

⑫ 北魏前期假爵是独立于正爵以外的临时性称号，不具有正爵的各项待遇，参张鹤泉《北魏假爵制度考》，载《吉林大学社会科学学报》2009年第5期，第52—59页。王安泰《再造封建——魏晋南北朝的爵制与政治秩序》，第176—183页。至于假爵是否也经历从五等改为三等、再恢复为五等的变化，目前尚难判定。

是在文成帝以后,此前北魏亦有授予伯爵的记录,根据高允所记《征士颂》,太武帝所延请的征士中,范阳卢玄爵为固安伯;①另如许多学者所论,叱列延庆之祖叱列输石于太武帝末年获爵临江伯,②都是太武帝时期已有伯爵的重要参考。

由上可知,《南巡碑》中所见男爵并非特例,至少在太武帝时期,甚至早在明元帝时期,伯男爵号已获得恢复。若如学者所言,明元帝、太武帝未将伯男爵号纳入爵级秩序中,那么为何明元帝与太武帝愿意重新采用伯男爵号呢,关键或许在于以崔浩为首的汉人士族官僚。崔浩的重要政治理念,就是"大旨先以复五等为本"③,期望能"恢复"西周封建的精神。④ 但现实是道武帝天赐元年改制后,连伯、男爵号都遭到废除,遑论"恢复"封建。不过即便崔浩的政治理想最后无法实现,至少争取恢复名义上的完整五等爵号一事,并非难事。因此可以推论,在崔浩等汉人士族官僚的努力之下,自道武帝天赐元年废五等、行三等,至明元帝、太武帝再度采用伯、男爵,其间应仅历时十几至二十余年。

四、南巡碑封国的地理分布

如前所述,过往研究多认为,北魏前期爵制是没有封国与食邑的虚封制,亦有学者认为当时部分封爵是以人口代替食邑;⑤但在没有实际封国方面,学界并无异议。这不仅是当代研究者的观点,数百年前已有类似论述:

> 又道武以来,有受封为建业公、丹阳侯、会稽侯、苍梧伯之类,此皆

---

① 《魏书》卷48《高允传》,第1189页。

② 《魏书》卷80《叱列延庆传》,第1911页。

③ 《魏书》卷35《崔浩传》,第903页。

④ 陈寅恪:《崔浩与寇谦之》,载《岭南学报》第11卷第1期,1950年;后收入陈寅恪《金明馆丛稿初编》,生活·读书·新知三联书店,2001年,第120—158页。逯耀东:《崔浩世族政治的理想》,收入沈刚伯先生八秩荣庆论文集编辑委员会主编《沈刚伯先生八秩荣庆论文集》,联经出版事业公司,1976年;后收入逯耀东《从平城到洛阳——拓跋魏文化转变的历程》,中华书局,2006年,第71—95页。

⑤ 川本芳昭:《北魏の封爵制》,第252—275页。

> 江南土地，未尝为魏所有，可见当时五等之爵多为虚封。前史虽言侯伯四分食一，子男五分食一，然若真食五分之一，则不至如高允之贫乏。且受封丹阳会稽等处者虽五分之一，亦于何而取之乎。①

马端临将北魏后期侯伯四分食一、子男五分食一的食邑制混入前期爵制讨论，姑置不论。重点在于，马端临已注意到北魏将封国置于南朝领域内，并以此作为北魏爵位为虚封的证明。如果北魏将封国置于南朝仅有虚封的意义，即使北魏将所有封国都置于自身疆域内，也不影响虚封的效果。为何北魏前期要将封国设于自身疆域之外呢，显然北魏朝廷应有其他考虑。② 南巡碑保存了和平二年当时的八十余名封爵，可作为考察北魏前期封国分布的切入点。根据表1整理，可发现《南巡碑》封国的几点特色。③

首先，如过往学者所论，文成帝时期有许多封国位于刘宋境内；不仅如此，当时封国并未特别集中于某一区域，而是相对平均地分布于各地；位于北魏境外的封国数量，亦与位于北魏境内者相近。进一步而言，北魏朝廷并非无意识地将封国安置于境外，而是有意识地将封国安置在一个特定的范围，这个特定的范围，就是以汉晋时期的疆域为基准。在此范围内，都是北魏已经或即将统治的区域，因此北魏只是"提前"将诸侯分封于各地，此一分封策略已滥觞于十六国时期。④ 北魏自道武帝时期开始，就将许多封国安置于自身领域之外，其目的是为了宣示继承汉晋的天下秩序，并向上天与百姓证明自己是天下的唯一正统。

其次，封于北魏境外、甚至位于长江以南者，多数并非汉人士族或东晋

---

① 马端临：《文献通考》卷273《封建考十四·后魏诸侯王列侯》，中华书局，1986年，第2172页中。

② 严耀中认为北魏前期许多封国位于境外，并无特殊意义，仅是爵名的区别。胡鸿则认为封地的远近、大小，或有声望上的影响。严耀中：《北魏前期政治制度》，第178页。胡鸿：《北魏初期的爵本位社会及其历史书写——以〈魏书·官氏志〉为中心》，《历史研究》2012年第4期，第42页。

③ 另有学者提出，南巡碑中的部分封国，就是文成帝巡行时所经的封国。张庆捷：《北魏文成帝〈南巡碑〉碑文考证》，第81—82页。

④ 王安泰：《汉·赵の封国と天下秩序について》，《中央大学アジア史研究》第38号，2014年，第31—74页。王安泰：《皇帝的天下与单于的天下——十六国时期天下体系的构筑》，收入童岭主编《皇帝·单于·士人——中古中国与周边世界》，中西书局，2014年，第78—94页。

南朝降人，而是鲜卑贵族。例如日南公斛骨乙莫干、嘉宁男若干若周、祁阳男大野□石顶等，都是以北族之姿受封于南方。显然当时在安排境内或境外封国时，并非以胡汉或本籍郡望为标准，而是随意或以其他标准加以制定。

第三，《南巡碑》中部分封国并非采用北魏前期的郡县名号，而是使用两晋（特别是西晋）的郡县名称，亦即这些封国是参考西晋的地名而设。这些封国通常位于北魏境外，如永兴侯（扬州会稽郡）、安复侯（荆州安成郡）、安吴子（扬州宣城郡）、泰昌男（荆州建平郡）、沙渠男（荆州建平郡）、晋安男（扬州晋安郡）等。这些区域既非北魏统辖，北魏朝廷也不会随着东晋南朝更新地名，只能沿用汉晋旧名。由此可知，北魏朝廷是参考汉晋旧典与舆地图，将鲜卑贵族与朝廷官员安置于境外，亦为北魏以汉晋疆域作为分封范围的证明。另有少数封爵如西郡公（凉州）、福禄子（凉州酒泉郡）、永平子（凉州张掖郡）等，也是沿用西晋与十六国时期的名称而来。

其他尚有一些值得注意的细节，一是部分封国地名不见于正史，诸如北德男、夹道男、宣道男、驰鱼男等，封国皆非唐代以前县级地名，亦难考证其地理位置。但是考虑到前文所述的壶关男、方与侯，原被释为同样难解的灵开男、方兴侯，原石所见北德、夹道、宣道、驰鱼等字也难辨识，因此除了北魏新设封国名号的可能性外，亦不能排除释文与原字有所误差。

二是有部分封国名号重叠，包括晋安子斛律出六拔与晋安男盖娄太拔，新安子赵腾与新安子莫那娄爱仁，比阳男达奚库勾与比阳男拔烈兰步爱，永宁子苟黄与永宁男斛律西婼，建德子贺若贷别与建德子独孤平城等。《南巡碑》反映北魏前期已不刻意回避爵号重复，此种封国地名重叠现象是否始于北魏前期，以及封国名称重叠与否的差异等课题，日后仍有关注的必要。

北魏前期以拓跋宗室为核心的鲜卑贵族为王公侯爵，是非常合理的安排，但是将鲜卑统治集团普遍封于北魏境内与境外的策略，恐怕未必是鲜卑贵族刻意拟定的策略，更有可能是北魏沿用十六国时期各国的政策而来。特别是考虑到道武帝径自废除伯、男二等爵号，以及《南巡碑》中所见爵号重复现象，更说明北魏前期统治者并不重视魏晋以来鼓吹的西周“封建”与五等爵，而是更务实地考虑鲜卑统治集团如何能在官僚体系中维持主导权，因而方有日后崔浩的复封建论，以及孝文帝的改制。《南巡碑》所见的男爵称号与封国分布，正反映了北魏前期政治体系的特色。

小　结

本文主要针对《南巡碑》中爵位相关的问题进行分析，整理小结如下。首先，《南巡碑》中带爵者的爵号，与传世文献对照大致相同，但在封国地名方面，尤其是第三列以降较难辨识的部分，仍需再加考察。其次，魏明元帝与太武帝时期已推行伯、男爵号，因此《南巡碑》中的男爵称号并非特例。而伯男爵号恢复的关键，应是以崔浩为主的汉人士族官僚，为了“恢复”西周以五等诸侯为主的“封建”制，与北魏皇权妥协的结果。此外还需注意，《南巡碑》的封国不仅限于华北，而是分布于汉晋时代所囊括的疆域，此一分封模式是延续十六国时期以来的分封策略，目的是为了宣示北魏继承汉晋的天下。至于北魏前期爵制的整体样貌，以及封国分布与政治体系间的关系等课题，将留待日后再行探讨。

附记：本文原载《中国出土资料研究》第20号（东京，2016年），现改订为简体字版，并在原本内容上进行增补。

身份与记忆：唐代幽州墓志中的迁葬现象

蒋爱花

在中国历史上，幽州的称呼跨越千年，其地势三面环山、东面靠海，呈西北向东南偏向，西北高，东南低。在唐代的政区规划中，幽州属河北道管辖，其地“关山险峻，川泽流通，据天下之脊，控华夏之防，钜势强形，号称天府”①。《天府广记》曾这样描述：“左环沧海，右拥太行，南襟河济，北枕居庸。苏秦所谓‘天府百二之国’；杜牧所谓王不得不可为王之地’；杨文敏谓‘西接太行，东临碣石，巨野亘其南，居庸控其北’；又云：‘燕蓟内跨中原，外控朔漠，真天下都会。’”②有唐一代，伴随着亚洲内陆边疆民族态势渐次东移，中原王朝与北方民族的战争从西向东甚至向东北方向转移，王朝的边防重镇也渐次由西北转移至东北，处于农业文化与游牧文化过渡地带的幽州逐渐显现出与众不同的区域社会特色。

《隋书·地理志》记载旧置幽州，隋文帝统一中国后，省并州县，改“燕郡”为“幽州”。《太平寰宇记》记载：炀帝三年罢州，以其地并入涿郡，“幽州”废，置“涿郡”。确切地说，581—606年为“幽州”，607—617年称“涿郡”。大业三年(607)，涿郡统领蓟、良乡、安次、涿、固安、雍奴、昌平、怀戎、潞九县。唐时期的幽州角色多变，国力强势时，为开疆拓土的经略之地；国力衰微时，则为军事防守的要地；多数时期，充任中央政府经营东北的前沿。贞观十九年(645)，唐太宗用兵辽东，往返均经过蓟城。唐天宝

① 顾祖禹著、贺次君点校：《读史方舆纪要》，中华书局，2005年，第440页。

② 孙承泽撰：《天府广记》卷1《形胜》，北京古籍出版社，1984年，第6—7页。

元年(742),幽州改称为范阳郡,仍治蓟城。安禄山兼领范阳、平卢(治所在今辽宁朝阳)、河东(治所在今山西太原)三镇节度使,天宝十四载(755)起兵,后攻占洛阳。翌年,安禄山自称皇帝,国号大燕,以范阳(幽州)为大都,年号"圣武"。后来,史思明自称大燕皇帝,称范阳为燕京并作为都城。唐平定安史之乱后,仍改范阳郡为幽州。可见幽州的称呼既有历史渊源,又历时最久。在整理唐代幽州地区墓志时,必须注意地名多变、所辖区域多变的情况。

墓志是埋入墓穴中能标明墓志主人身份的一种石刻,它记述死者姓名、家世、生平事迹,其记载具有补史价值和稳定性。《释名·释典艺》曰:"碑,被也。此本葬时所设也,施鹿卢,以绳被其上,引以下棺也。臣子追述君父之功美以书其上,后人因焉。无故建于道之头,显见之外,名其文,就谓之碑也。"其中唐代墓志大多对葬地记载较详细,对确定唐时期幽州的地理位置提供了理想的实物证明。

中华人民共和国成立前,已经有众多出土于幽州的唐代墓志现世,且多为《全唐文》未收之篇目。罗振玉主编的《京畿冢墓遗文》收录了部分唐代墓志,可惜大多未经过现代考古学的科学发掘,出土地点不详,尚能留存至今的只有录文。① 此后,周绍良、赵超主编的《唐代墓志汇编》及《唐代墓志汇编续集》收录了全国各地发现的唐代墓志,不乏幽州地区的墓志。② 近年来,在北京及周边地区出土的唐代墓志原石,多收藏于首都博物馆、北京石刻艺术博物馆、北京市文物研究所以及各区县文物所。2007年以来,在北京市延庆南菜园、密云县大唐庄、通州区相继出土了多处唐墓,以唐前期居多;2013年,唐幽州卢龙节度使刘济之墓在房山区长沟镇被发现。

针对唐代幽州墓志的研究多为个案研究。比如1956年发现的张建章墓志引起了学界的持续关注,徐自强、佟柱臣等先后发表了相关文章,赵其昌《唐张建章墓志续考》在总结两位学者观点的基础上,对代表唐王朝出访渤

① 罗振玉编:《京畿冢墓遗文》,台湾新文丰出版公司,1982年。

② 周绍良主编:《唐代墓志汇编》,上海古籍出版社,1992年;周绍良、赵超主编:《唐代墓志汇编续集》,上海古籍出版社,2001年。

海国的使臣张建章进行了补充说明。[①] 首都博物馆鲁晓帆在历年《首都博物馆丛刊》中发表的考证论文涉及20余方墓志，如《唐高行晖墓志考》《唐高行晖墓志再考》《唐李永定墓志考释》《唐阎氏父子墓志考》《唐忤钦墓志考释》《唐华封舆墓志考》《唐代幽州经济的佐证——两墓志考辨》《北京出土的唐代墓志十方考》《唐董唐之墓志铭考释》等。[②] 张天虹《从新刊唐代〈李仲昌墓志铭〉看安史之乱后士人"北走河朔"》[③]关注唐代中后期幽州藩镇的士人生活，延伸了陈寅恪的"北走河朔为社会常情"的问题。陈康《试论北京唐代墓志的地方特色》一文从幽州在唐代的地位、北京出土唐志概况、北京唐志的内容和特色等方面综述了北京地区出土的唐代墓志。[④]

墓志的使用是中古时期丧葬活动的一部分，而丧葬寄托了人们对死后世界的情感寄托。唐人的丧葬形式中有"归葬""权葬""权厝""迁厝""迁祔"等不同的表达方式。这些表达方式勾勒出了唐人在死后的不同归宿。第一种是归葬，即归葬祖茔，是最为时人认可的丧葬方式。第二种是权葬，又称"权厝"，即权且埋葬在祖茔之外的地方。第三种是迁厝，又称"迁祔"，即在权且埋葬之后，又迁回祖茔归葬。[⑤] 由于唐代幽州墓志铭中的迁葬现象尚未引起学者们的注意，本文拟以唐代幽州墓志铭中的迁葬现象以及反映出的区域社会特征展开讨论，望方家指正。

一、归葬幽州之"旧茔"

从已刊布的唐代墓志中，笔者整理出有关幽州的墓志99方。可分为四

---

① 赵其昌：《唐〈张建章墓志〉续考》，《首都博物馆丛刊》第18期，第15—30页。北京图书馆徐自强、考古研究所佟柱臣先后作了考证，徐自强一文刊于《文献》丛刊1979年第2辑，佟柱臣一文刊于《黑龙江文物丛刊》1981年创刊号，均注意到了当时唐与渤海的交通路线。

② 分别见《首都博物馆丛刊》1997年第11期、2015年第29期、1994年第8期、2010年第24期、2011年第25期、2009年第23期、2004年第18期、2008年第22期、2012年第26期。

③ 张天虹：《从新刊唐代〈李仲昌墓志铭〉看安史之乱后士人"北走河朔"》，《河北大学学报》2011年第3期。

④ 陈康：《试论北京唐代墓志的地方特色》，北京市文物局官方网站，网址为http://www.bjww.gov.cn/2005/8-23/95411.html。

⑤ 张慧霞：《唐人的权葬与迁葬研究》，中央民族大学2012年硕士学位论文。

种情况：第一种，志主在幽州地区做官或生活的墓志铭，如《唐蓟州刺史兼御史大夫张府君（建章）墓志铭》[①]。第二种，志主死后埋在幽州地区的墓志，如“唐故开府仪同三司、使持节陇州诸军事、行陇州刺史、上柱国、南阳县开国伯张道昇”窆于幽州良乡县阎沟山。[②] 第三种，间接与幽州相关的唐代墓志，如“唐故恒王府司马幽州节度经略军兵曹参军太原王府君”的墓志铭提到了其父亲王思“以营田授勋，终幽州昌平县尉”[③]。第四种，墓志为葬于幽州地区的妇女、平民、道士等墓志，如《唐故朝议大夫前行幽州大都督府录事参军幽州节度押衙使持节蓟州诸军事守蓟州刺史静塞军营田等使银青光禄大夫检校国子祭酒兼侍御史上柱国吴郡陆府君故夫人王氏墓志铭并序》[④]《唐郭君墓志》[⑤]《大唐天宝十三载故开元观道士王公墓志铭并序》[⑥]等。

通过对幽州地区出土的墓志整理发现，郡望地在幽州或周边区域的世家大族，如范阳卢氏、上谷寇氏、北平田氏侯氏等都极少葬在幽州，多数选择“权葬”于别处，最后再归葬洛阳邙山、长安等地。存在迁葬记载的多以幽州范围内的迁葬为主，而从外地远道迁葬至幽州地区的为数较少，其迁葬或改葬原因各异。

高行晖（691—759）终任官为怀州别驾，墓志中记载墓主人为范阳潞县人。

> 公名行晖，字行晖，本郡之潞县人也……以乾元二年十二月二日寝疾，终于怀之官舍，享龄六十九。夫人汝南袁氏……以大历元年七月廿九日终于幽州平朔里之私第，享龄七十二……嗣子崇文，承公志业，缵公基绪……自台丞亚相，再为尚书，一为司空……封茅裂土，名芳竹帛，功勒鼎彝。干祸乱以机权，镇风俗以易简。封食斯重，孝敬自中。遂灼元龟，筮灵蓍，日辰叶兆，窀穸方启。以元和二年岁在丁亥十一月朔日

① 《唐代墓志汇编》中和007，第2510—2512页。
② 《唐代墓志汇编》永贞007，第1945—1946页。
③ 《唐代墓志汇编》元和060，第1990页。
④ 《唐代墓志汇编》大中141，第2361—2362页。
⑤ 《唐代墓志汇编续集》开元124，第538页。
⑥ 《唐代墓志汇编续集》宝应003，第686页。

甲申归祔于潞县高义乡庞村之原。①

高行晖去世于乾元二年（759）怀州官舍，其夫人去世于大历元年（766）幽州私第，而元和二年（807）才归葬于潞县，相隔近50年。为什么隔这么长的时间？对照两《唐书》中的记载，可以发现：一方面，高行晖夫妇的儿子高崇文（746—809）在外地做官，父母去世之时，高崇文正征战于长武城、宁州（今陕西、甘肃）等地，等到元和二年（807）才回到幽州故里。出于合葬父母的礼法要求，高崇文迁父亲高行晖之墓由怀州至故里潞县（今北京通州区），将父母之墓合葬。迁葬完成两年后（809），高崇文病卒；另一方面，根据墓志及《新唐书·高崇文传》记载："其先自渤海徙幽州，七世不异居"②，高氏家族从西晋末年开始在幽州为官，③属于幽州的名望之家。高行晖曾为尚书，位列三公，其子高崇文时过半个世纪后将父母归葬故里，在唐人看来，是为"至孝"。

不以万里之远迁葬回幽州，是一种值得关注的现象。比如唐故开府仪同三司、使持节陇州诸军事、行陇州刺史、上柱国、南阳县开国伯张道昇，生前在幽州为官，终任官为陇州刺史，卒于长安私第，"窆于幽州良乡县阎沟山"，由长安迁回幽州，其子"泣血扶护还乡"，这是所搜集到的权葬地与安葬地距离最远的个案，两者相距约两千里。④

此外，《王仲堪墓志铭》记载墓主人在异乡去世，后来归葬幽州的情况：

> 以为诸侯聘问，岁惟其常，妙选行人，以通两君之好，（贞元）十二年冬十一月，公奉使于蒲；春二月，旋车自蒲，经途遥遥，旅次云鄙，以贞元十三年二月三日不幸暴殂于望岩之传舍，享年六十有四……以贞元十三年二月十七日殡于蓟东之别墅，从权也。以其年四月六日迁神于蓟县燕夏乡甘棠原，礼也。⑤

① 《唐代墓志汇编续集》元和007，第805—806页。
② 《新唐书》卷170《高崇文传》，中华书局，1975年，第5161—5163页。
③ 《唐代墓志汇编续集》元和007，第805—806页。
④ 《唐代墓志汇编》永贞007，第1945—1946页。
⑤ 《唐代墓志汇编》贞元076，第1891页。

王仲堪为太原王氏后裔,五代祖王冲举家迁徙到幽州安次县(今河北廊坊安次区),成为幽州的名门望族。贞元十二年冬天,王仲堪奉幽州节度使之命出使蒲州,十三年二月三日在客舍得病而亡,死后权葬于蓟县东的别墅,四月迁葬回蓟县燕夏乡。当然,在数量庞大的唐代幽州地区墓志铭中,跨区域的异地迁葬也不少见。

之所以迁葬是出于夫妻合葬的礼法要求,比如迁丈夫墓与妻子合葬者,《李神德墓志》云:

> 公讳神德,字贞,王父因世居洛,为河南府河南县人也。……自兹宿卫,调拜司戈。职恭其劳,恩制累赏。授游击将军、果毅都尉,仍长上。以神襟独运,武略冠伦,又无何,特阶宁远将军、忠武将军、云麾将军,拜易州长乐府折冲都尉,依旧长上。以久侍丹陛,克清邦禁,既高其功,亦荣其职。迁右领军卫中郎将、兼右羽林军上下。节制严肃,警察弥坚。蕴德怀仁,贵游慑伏。忽遘寝疾,莫痊良医。痛哉哲人,国丧其宝。享年五十有七,以长安四载十一月十二日,薨于洛依仁坊私第也。追赠本卫将军,宠后命也……(张氏)享年七十有七,以开元廿六年七月廿三日,薨于幽府私第。以其年岁次戊寅十月乙丑朔廿六日庚寅,龟筮献兆,启殡合葬于幽府城西南三十里福禄乡卢沟河西鹿村西北百步平原,礼也。①

李神德(648—704),祖父世居洛阳,籍贯河南府河南县人。墓主人在武则天时期担任东都洛阳宫中宿卫,先做司戈(正八品下),②由于在武则天身边做侍卫时间比较长,功高劳苦,恪尽职守,屡次受到武则天的奖赏,散官官阶由游击将军特升至宁远将军,再授忠武将军、云麾将军,跳级升品,资历由从五品下进阶至从三品上。后前往易州长乐府做折冲都尉,又迁回洛阳,回到宫中做右领军卫中郎将兼右羽林军,可见其受宠之极。长安四年(704),李神

---

① 《全唐文补遗》第8辑,三秦出版社,2005年,第383页。关于墓志录文中提到的"迁右领军卫中郎将、兼右羽林军上下,节制严肃,警察弥坚"。笔者有不同的句读意见,认为"迁右领军卫中郎将、兼右羽林军,上下节制严肃,警察弥坚"。

② 《唐六典》卷25《左右羽林军》,中华书局,1992年,第643页。

德殁于洛阳依仁坊，死后获赠右领军卫将军，应该皆为拜武后所赐。其夫人张氏开元二十六年（738）在幽州城私第去世。其年十月，后人启李神德灵柩，由洛阳迁到幽州之地。在唐代前期幽州地区的墓志中，多以殁于幽州而迁葬别处，比如迁往两京地区，但像李神德这样卒于洛阳、后迁葬幽州的京官并不多见。①

另有一方墓志《刘騆暨妻张氏墓志铭》：

> 大和己酉岁（829）夏六月旬有廿九日，殁于瀛州之官署，享年四十有五……（夫人）宝历元年（825）正月十四日先殁，享年三十有三。其年十一月殡于幽州幽都县西界卅里房仙乡新安里岗原，礼也……以大和三年秋八月十三日，启夫人故茔，迎府君神柩，遂迁祔焉。合葬非古，奉周公之仪；墓而不坟，遵宣父之典。②

刘騆妻子宝历元年（825）先于丈夫去世，十一月葬于幽都县房仙乡新安里岗原。大和三年（829）六月，丈夫刘騆去世，与妻子合葬一处。合夫妻之葬是周礼的礼法体现，此现象还见于《唐故瀛洲司马陉邑安平范阳三县令幽州节度押衙兼侍御史太原王公夫人博陵崔氏墓志铭》中的记载：

> 公讳郅，太原祁人也……窆于府城南十里姚村之南原，以权礼也。夫人博陵崔氏，……奈何寿不□（遐，笔者补）德，先公而逝。权厝于陉邑，有子四人……遘等州佐县寮，不离恒冀；逵幽州节度，要以拱摄，文安县尉。顷以道路艰阻，岁□（时，笔者补）未通，名宦既拘，久乖洒扫；罔极之切，今获吉辰。以元和九年十月十七日迁陉邑口座□姚村，立堂合祔，礼也。③

关于王郅的个人履历，在他本人的墓志铭中有详细记载："起家棣州厌次尉，累至定州功曹掾……移拜本州陉邑令。自陉邑转深州安平令，自安平迁涿

---

① 陈康：《新见唐代〈李神德墓志〉考释》，刘少刚主编《出土文献研究》第9辑，中华书局，2010年，第359—366页。

②《全唐文补遗》第7辑，三秦出版社，2000年，第102页。

③《唐代墓志汇编》元和077，第2002页。

郡范阳令。"①早年王郅曾在陉邑为县令,后迁转至范阳令,终任官为瀛洲司马。其夫人崔氏先去世,"权厝于陉邑",当为王郅做陉邑等县令时去世。后王郅"以贞元五年(789)三月遘疾,廿一日终于官舍,享年五十三",葬于幽州城南姚村。元和九年(814),其子幽州文安县尉王逵,从陉邑迁母亲崔氏之墓与父亲王郅之墓合葬于幽州城姚村。从权葬到迁葬,相隔25年最终得以实现,既有实现夫妻合葬的礼法要求,也有其子在幽州做官的便利条件。

二、异乡异族:少数民族的墓志

吐蕃人禄东赞曾担任松赞干布时期的大相,其后裔论博言与妻子刘氏"咸通乙酉重五(865),聘东垣回,暍疾于路,迄秋分永逝于蓟城南郛析津坊,寿六十一……夫人防御军使检校太府卿兼御史中丞中山刘騊长女,先于公殁十余年,墓于幽都之西三十里新安原……嗣子幽州节度牙门将从礼,卜以其年孟冬廿五日,合祔故室茔隩"②。墓志的记载表明,吐蕃禄东赞后裔论博言的妻子刘氏,为前文中提到的刘騊长女,先于论博言十余年去世,葬于幽都县的新安原。而论博言于咸通六年(865)病于途中,在析津坊去世,其子论从礼于当年孟冬将亡父亡母合葬。

论博言为吐蕃名相禄东赞后裔,其家族从曾祖父论弓仁(墓志中名为"布支")开始归唐,③祖叔父论惟明、祖父论惟贞均曾参与平定德宗时期的"泾原兵乱",皆被封为"奉天定难功臣"。④ 到论博言时,已历四代。他们的

① 《唐代墓志汇编》贞元021,第1852页。

② 《全唐文补遗》第7辑,第141页。

③ 陈康:《唐〈论博言墓志〉考释》,《北京文物与考古》第五辑,2002年,第202—209页。陈康另有一文《从〈论博言墓志〉看吐蕃噶尔氏家族的兴衰》对于论博言家族的内迁和兴衰过程有详细的描述,认为论博言祖上的钦陵(弓仁)、惟贞等都是唐代吐蕃内附的功臣将领,其家族的内迁是禄东赞为首的噶尔家族衰落的表现。参见《北京文博》1999年第4期。

④ 关于唐代"奉天定难功臣"的研究,可参见黄楼《唐德宗"奉天定难功臣"、"元从奉天定难功臣"杂考》,《魏晋南北朝隋唐史资料》第24辑,第150—164页。该文结合出土墓志对"奉天定难功臣"及"元从奉天定难功臣"的政治背景、赐予情况及流变等问题进行考察。另有王苗《唐代功臣号研究》,中央民族大学2012年硕士学位论文。

身份应该属于入朝蕃将。唐朝建立伊始，中央政府授予边疆民族首领荣誉化的官员身份。比如封吐蕃的松赞干布为“驸马都尉、西海郡王”，一方面是为了边境地区的稳定，另一方面也是政权之间博弈后的平衡状态。马驰认为唐代蕃将按照其活动范围可分为两类，一类是入朝蕃将，指那些已基本听命于朝廷调遣的蕃人将领。第二类是那些基本不脱离本蕃，并受边州都督、都护或节度使押领的羁縻州世袭唐朝官封的蕃人君长。① 将入朝蕃将纳入唐代官僚制度的体制内，是唐代中央政府处理民族关系的一大特色。论博言自大和初年（约 827）受到李载义赏识，入幽州为官，后征战到交趾，定居于幽州，其家族近百年的入华历程使之汉化程度较高。从论博言娶汉人刘騊之女、其子对父母行合葬之礼，可以看出其生前的婚姻、死后的丧葬深受中原文化之影响。

唐时，幽州的北部活跃着突厥、回纥，东北活跃着奚、契丹、靺鞨、室韦等族。唐代幽州卢龙节度使刘济（757—810）曾经击退契丹、奚人的进犯。② 历史上，发生过较多的战争、交往乃至融合。贞观四年（630），东突厥被唐军打败后，大量的降众被安置于幽州并且定居。随之，粟末靺鞨也迁入燕州（今北京怀柔、顺义），新罗人迁入良乡广阳城，唐置归义州统之。开元四年（716），契丹弹汗部迁入幽州东北置归顺州（今北京顺义），开元二十年（732）奚人李诗、琐高等以其部落五千帐来降，安置在良乡县广阳城。③ 奚人的汉族妻子墓志中记载行合葬之礼，从侧面反映出幽州地区非汉人入华以后的汉化。

《李府君夫人清河张氏墓志铭》记载：

> 有唐大历十年，岁在单于三月甲午朔七日庚子，贝国太夫人清河张氏薨，享年九十。……（李）府君以开元廿四年十二月二日即世，子等幼

① 马驰：《唐代蕃将》，三秦出版社，1990 年，第 3—4 页。

② 拙著《割据与恭顺：唐代幽州卢龙节度使刘济墓志铭考释》，（韩）《亚洲研究》2012 年第 5 期，第 73—90 页。

③ 陈康：《试论北京唐代墓志的特色》，详见北京市文物局官方网站，网址为 http://www.bjww.gov.cn/2005/8-23/95411.html。

稚，在于孩提。……粤以其年四月廿九日，奉迁玄寝祔于府君，从周制也。[①]

根据王策的研究，此李府君为奚人，被唐廷封为"归义王"，属于唐代奚人的内迁家族。[②] 墓主人于开元二十四年(736)便去世，其子尚在孩提，夫人清河张氏于大历十年(775)去世，葬于李府君墓之侧，"从周制也"。因为在唐人的观念中，"合葬非古，周公有之，归乎其居，死则同穴"[③]。李府君与夫人的合葬体现出生活在幽州地区的奚人已经受到汉文化的直接影响。

三、随子(孙)而迁

唐朝诗人王勃在《送杜少府之任蜀州》中写道："与君离别意，同是宦游人"，"宦游"是唐代官员生活的基本特征之一。一旦选择步入官场，他们极有可能开始在全国范围内的宦游，客观上增大了官僚队伍的流动性，自然会产生随子(孙)而迁的现象。

蔡雄为信都人，曾祖为号州别驾，祖父为沧州乐陵令，父亲蔡济为泽州司户，均不是幽州的官员。蔡雄年轻时因遭遇安史之乱而游历于幽燕之地，他辞官远赴檀川，寻找医生治病。墓志中记载如下：

又属丧乱未平，忧人生疾，卧治不追，辞荣寻医。车次檀川，疾之已亟。以贞元三年二月十六日，终于题舆之官舍，春秋五十有三……长曰昭，幽州良乡尉，以十九年十月廿五日迁窆于良乡邑北复业乡之原，礼也。[④]

蔡雄终任官为莫州刺史，其子官职为幽州良乡县尉。贞元三年(787)，53岁的蔡雄死于官舍，被葬于檀州密云。贞元十九年(803)，蔡昭迁父亲蔡

---

① 《北京市文物研究所藏墓志拓片》，北京燕山出版社，2003年，第8页。

② 王策：《〈唐归义王李府君夫人清河张氏墓志〉考》，《北京文物与考古》2004年第6辑，第167—192页。

③ 《西安碑林博物馆新藏墓志续编》，《萧璿墓志》，陕西师范大学出版社，2014年，第246页。

④ 《唐代墓志汇编续集》贞元074，第787—788页。

雄之墓葬于良乡邑复业乡。时隔16年，儿子并没有因为志中提到的“丧乱已平”（安史叛乱被平反）而归葬父亲之墓回到信都的家族墓地。

随子而迁的记载亦多见于女性墓志，比如《唐故太夫人吴金墓志铭》记载墓主人随子官于蓟门并葬于幽州城保大乡：

> 夫人讳金，渤海安陵人也……夫人育子二人：长曰中孚。早为物□□、遂。贞元初，从官蓟门，时位为幽州永清尉兼都麾掌记……贞元四祀四月十日，终于幽都县遵化里之私第，时春秋七十有三……以十月十日，权迁兆于城西北保大乡之原，龟筮之宜也。①

贞元四年（788），吴金去世，儿子中孚于贞元初年来到幽州担任永清尉等官职。可能母亲随着儿子来到幽州生活，死于幽州，所以中孚将母亲葬于幽州城外的保大乡。

除了随子而迁，亦有随孙而迁的个案。根据《孙英墓志铭》记载：

> 府君讳英，其先乐安人也。……祖因官至燕，遂为涿郡范阳人也。……以开成二年四月廿六日，休明私第，享年六十二。以其年四月廿七日，归葬于良乡县金山乡韩村管西南三里大茔，礼也。夫人王氏，……春秋九十七，以咸通八年二月廿一日，权窆于丘园。以咸通十一年十月十六日，龟筮祔于府君旧茔，礼也。……有孙男二人：长曰自丰，充幽州器仗官。仲曰克绍，文武忠孝，纳士招贤，州县知名，乡中行者。代父之忧，何图不幸短命，今也则亡。②

孙英与妻子二人分别于开成二年（837）、咸通八年（867）去世后，相差30年的时间，且葬于不同的地方。王氏寿至97岁高龄，当时儿子已经去世，合葬事宜自然落到了长孙自丰的身上。墓志中明确记载自丰为“代父之忧”，代替死去的父亲尽孝。自丰的身份为低级官吏幽州的器仗官，咸通十一年

---

① 《新中国出土墓志·北京卷》（壹）下册14，《唐故太夫人吴氏（金）墓志铭》，文物出版社，2003年，第9页。

② 《新中国出土墓志·北京卷》（壹）下册33，《唐故幽州副将乐安郡孙府君（英）夫人太原王氏合祔墓铭》，第25—26页。

(870)将祖母与祖父孙英合葬。

四、身份与记忆：墓志中的民风转向

唐代幽州郭下治两县，西部为幽都县，东部为蓟县。由于历史的原因，又有蓟县附郭，除了幽州这个名称之外，公私文书之中还常常称之为蓟城。[①] 蓟自先秦时代便是较为重要的地区之一，尽管其地理位置在隋唐以前不可比拟关中、河洛地区，但充当东北地区的屏障作用却不可小觑。正如唐晓峰所认为，“蓟国占据北京小平原地区，蓟城位于永定河的渡口地带，处于华北地区交通干道的枢纽地位，从控制北方的战略意图来讲，其位置最为关键。而后代所有经略北方的政治家、军事家毫无例外地选择蓟城的位置作为核心战略基地，更从历史上证明了这一点”[②]。

从《旧唐书》的记载亦可以明显看出唐开元年间中央王朝对边境之地的关注：“开元二十一年(733)，分天下为十五道……又于边境置节度、经略使，式遏四夷。”[③]设置节度使、经略使的目的在于遏制突厥、契丹、奚族等民族的南下。在河北设置节度使，其目的也是为了控扼东北少数民族的侵扰。

唐代幽州地区出土的墓志情况复杂，有的墓主人生前担任幽州镇的官员，死后安葬幽州；有的墓主人从幽州前往外地做官，死后亦迁葬于幽州周围；有的墓主人因为子(孙)在幽州为官，夫妻双方均过世后，儿(孙)不顾路途遥远，从河南洛阳等地迁一人之墓合葬，以合“周礼”。唐代幽州地区的墓志铭还有“改葬”的说法，比如张建章墓志提到，墓主人在咸通七年(866)去世，先被安葬于幽州城西南七里邓村，墓志由其弟张总章书写。中和三年(883)十月十六日，自邓村原改葬于幽都县礼贤乡高梁河北原。[④] 前后相差17年的时间，但墓志中并没有明确交代改葬的缘由。

唐人权葬后有两种可能，一种指权葬后不再迁葬，权葬地即为最终归宿

---

① 赵其昌：《京华集》，北京燕山出版社，2014年，第33页。

② 唐晓峰：《燕“并蓟居之”辨证》，《历史地理》第34辑，上海人民出版社，2017年，第15页。

③《旧唐书》卷38《河北道》，第1385页。

④《唐代墓志汇编》中和007，第2510—2512页。

地;另一种则是权葬后,再迁葬祖茔或其他地点。出现权葬及迁葬现象,是由文化、习俗及经济等众多因素造成的。唐代幽州地区的墓志中存在迁葬的现象,但多数是在幽州范围内的迁葬,此前的第一次埋葬为权葬,第二次甚至第三次葬为归葬。虽然在唐代社会中,宗族观念依然很强,但不再归葬于祖茔而是权葬于现居地的情况已大量出现。究其原因,社会流动与人员的流动使得聚族而葬的观念有了一定程度的弱化。①

从考古数据中,我们还发现幽州地区的僭越现象比较常见、尚武风气比较明显,所出土的墓葬形制超越官方规格。据《大唐开元礼》中“凶礼”的规定:

> 凡百官葬墓田,一品方九十步,坟高一丈八尺。二品方八十步,坟高一丈六尺。三品方七十步,坟高一丈四尺。四品方六十步,坟高一丈二尺。五品方五十步,坟高一丈。六品已下方二十步,坟不得过八尺。其域及四隅,四品已上筑阙,五品已上立土堠,余皆封茔而已。②

官方为了抑制日渐奢侈的社会风气,曾经规定丧葬礼制有所降低。根据杜祐《通典》的记载,可知:

> 开元二十九年(741),墓田之制:一品,茔,先方九十步,今减至七十步;坟先高丈八尺,减至丈六尺。二品,先方八十步,今减至六十步;坟先高丈六尺,减至丈四尺。三品先方七十步,减至五十步;坟先高丈四尺,减至丈二尺。其四品先方六十步,减至四十步;坟先高丈二尺,减至丈一尺。五品先方五十步,减至三十步;坟高一丈,减至九尺。六品以下先方二十步,减至十五步;坟高八尺,减至七尺。其庶人先无文,其地七步,坟高四尺,其送葬祭盘,不许作假花果及楼阁,数不得过一牙盘,其百官葬仪具开元礼。③

换算成现在的度量衡,从数据上统计得出三品以上,官员墓室的长、宽为4—

---

① 张慧霞:《唐代的权葬及迁葬研究》,中央民族大学2012年硕士学位论文。

② 中敕:《大唐开元礼》卷3《序例下》,民族出版社,2000年,第34页。

③ 杜佑:《通典》卷86《丧制 · 葬仪》,商务印书馆,1935年,第479页。

5米；五品以上，官员墓室的长、宽为3—4米；九品以上，官员墓室的长、宽为2.5—3米；而庶人墓的长度大多在2.5米以下。查阅相关考古材料时，笔者发现北京地区出土的墓葬形制远高于唐代的官方规定：1980年，在海淀区钓鱼台东门外出土的平民郭君墓，墓室平面呈长方形，长4.65米、宽3.42米；1987年，北京市西城区灵境胡同附近出土的处士纪宽墓，墓室南北长3.8米、东西宽3.4米；1973年，在北京海淀区朱房村出土道士王徽墓，墓室东西长4米、南北宽3.84米；1985年，丰台区永定门外出土的赵悦墓，其墓室长4.55米、宽3.8米；特别是出土于丰台区王佐乡林家坟附近的史思明墓，①更是显示出超常的僭越之态。墓室为方形石室，东西长5.54米、南北宽5.05米；同时还出土44枚由汉白玉磨制而成的玉册、白玉饰件、银带饰、铜坐龙、铜牛等物。

玉册最能代表墓主人具有僭越之嫌。《旧五代史·礼志》中载："魏晋郊庙祝文书于册，唐初悉用祝版，惟陵庙用玉册，玄宗亲祭郊庙，用玉为册。"②本身是为帝王陪葬之冥器的玉册，在史思明墓中发现以前，仅唐李重润、前蜀王建墓等为数不多的墓葬中有发现，以物证史，可以肯定当时河北幽州地区的社会政治之状态。正如董坤玉所言，"北京地区的唐墓面积并不像中原地区那样严格，特别是中唐以后，有别于西安地区墓葬形制普遍低于自身等级的情况，北京地区几乎所有的墓葬形制都远远高于礼制的规定。庶人的墓室长度多在2.5米以上，多数官员墓葬的规格也远远超出自身品级……"③

士人喜欢"北走河朔"成为唐代后期的典型文化特征。陈寅恪先生认为："在长安文化统治下之士人，若举进士不中，而欲致身功名之会者，舍北走河朔之外，则不易觅其他之途径也。"④从墓志的记载可以看出，墓主人的身份或为驻守北地的将士，或为担任幽州辖区州县的官员，或为随子（孙）而

① 北京市文物研究所：《北京丰台史思明墓》，《文物》1991年第9期，第28—39页。
② 薛居正等：《旧五代史》卷143《礼志》，中华书局，1976年，第1910页。
③ 宋大川主编，董坤玉著：《北京考古史·魏晋南北朝隋唐卷》，上海古籍出版社，2012年，第60页。
④ 陈寅恪：《唐代政治史述论稿》，生活·读书·新知三联书店，2001年，第211页。

迁的女性。唐前期的墓志中，尚且能够观察到“权葬”的墓志，但中后期出现了“其先太原人，因官而居，今为燕人”的记载，甚至有的墓志主人为远在异乡的异族人，内迁之后受到中原文化的影响，丧葬习俗均已实现了汉化——去世后“从周制”并最终安葬幽州。

安史之乱后，幽州镇逐渐成为河北三镇地域的文化中心，随着割据一方程度的加深，人们对于幽州的向心力、认同度有了明显的提高，出现“官于燕地，因家徙此，遂为蓟人”的现象亦不足为奇。对于出现多方超越官方规定的墓葬形制以及使用伪朝年号的墓志，能够从侧面反映出幽州地区民众“动摇不定”或者“随遇而安”的心态，这与长久以来少数民族文化影响不无关系，导致幽州地区“王朝”意识淡薄。

德藏吐鲁番出土《幽通赋注》古写本的再研究

——关于其性质、年代及流传

徐　畅

一、写本描述和研究概述

20世纪初，由格伦威德尔（A. Grünwedel）和勒柯克（A. von Le Coq）率领的德国吐鲁番考察队在吐鲁番地区获得了相当数量的文物与文献材料，其中的大部分保存在今天的德国国家图书馆（Staatsbibliothek Preussischer Kulturbesitz）以及柏林亚洲艺术博物馆。1996年6—8月间，荣新江先生赴柏林调查这批文献，①曾检出写本形态、用纸均相同的Ch 2400、Ch 3693、Ch 3699、Ch 3865四个残片，尺寸分别为13.2×29.6 cm，13.1×18.5 cm，13.9×16.4 cm，19×47.2 cm，正面各存16行、11行、9行、26行，整个写本行间有极细的丝栏，所抄文献皆大字正文，双行小注，书体为带有浓厚隶意的行楷书。经比定，四残片内容为班固《幽通赋》的某种注本，依内容先后，可缀合成前后相连的一件写本，整体顺序为Ch 3693r+Ch 3699r+Ch 2400r+Ch 3865r。

荣先生随即将这个发现写信传达给上海的徐文堪先生：

> 又有隶意甚浓的写本四件，大字正文为班固《幽通赋》，双行小字既非今本《汉书注》，也不见于今本诸家《文选注》，若是《汉书》古注本，就

① 参荣新江《柏林藏吐鲁番汉文残卷（佛经以外部分）草目》，见氏著《德国吐鲁番收集品中的汉文典籍与文书》，饶宗颐编《华学》第3辑，紫禁城出版社，1998年，第309—325页。

> 更有价值了,行笈无书可按,尚不能断。①

柏林归来,他在为这批德藏汉文文书编目、定性时,又提出写本《幽通赋》之注文可能在《文选》《汉书》注之外,为单行之古注。②

随后,荣先生将携回之四残片照片出示给饶宗颐先生,选堂将其印入所编《敦煌吐鲁番本〈文选〉》,并将荣氏撰写之叙录,附于书前:

> 班孟坚幽通赋并注(德藏吐鲁番本Ch.3693+Ch.3699+Ch.2400+Ch.3865)
>
> 正文存"形气发〔于根柢兮,柯叶汇而零〕茂。恐冈(魍)魉〔之责景兮,羌未得其〕云已。犁(黎)〔淳耀于高辛兮,芈〕强大于南汜;〔嬴取〕威于伯仪兮,姜本〔支乎〕三趾;既人(仁)〔得其信然〕兮,仰天路而同轨。东从虐而歼仁兮,〔王合位乎〕三五。〔戎女烈而〕丧孝兮,伯祖归于龙虎;〔发〕还师以成性兮,重醉行〔而自耦〕"。若干字缺文,今为补足。此赋注语甚长,现存起于子辂死事,当是正文"溺招路以从己兮"句下者,"子辂"即"子路"。李善注博引曹大家、应劭、项岱、晋灼、韦昭、张晏及《汉书》音义各说,皆不见于此注,不知出自谁氏。参王重民《敦煌古籍叙录》76—78页。③

选堂在全书的《序》中,也特别提到这个写本:

> 拙编《敦煌吐鲁番本〈文选〉》,网罗世界各地收藏《昭明文选》古写本之残缣零简,由于闻见所限,未能全力以赴,久置箧衍,未敢厘定,赖荣新江兄之助,得以整比完编。就中柏林藏吐鲁番写本《幽通赋》并注,新江携来,尤为难得。比勘李善注引曹大家注,不是一物,疑出《汉书》旧注,一时难下断语,故刊于附录,用俟贤者之探讨。

并初步考虑了此注本为项岱注的可能性:"今观柏林所藏吐鲁番本《幽通赋》注,非李善注本所采之曹大家注,或即项岱之注,有待细考。"④

---

① 荣新江:《柏林通讯》,《学术集林》卷十,1997年8月,第396页。

② 荣新江:《德国吐鲁番收集品中的汉文典籍与文书》,《华学》第3辑,第312、320页。

③ 饶宗颐编:《敦煌吐鲁番本〈文选〉》,中华书局,2000年,第8页,图版见第108—111页。

④《敦煌吐鲁番本〈文选〉》之代前言《唐代文选学述略》,第3页。

2001 年,西胁常记所编《柏林吐鲁番收集品中的汉文文献》一书收入这件写本,标题为"班固《幽通赋》(《文选》卷 14,15a—b)",刊布四残片缀合后的图版,但未提及饶、荣二人的比定成果。[①] 2002 年,西胁氏又给出了全卷录文,还考证了部分注文的出典,据以推补残简所缺文字,形成复原本;通过比勘注文与《文选》《汉书》旧注,提出注本写作年代为 6 世纪以降的六朝,或 3 世纪三国时代两说;认为注本不同于所见旧注,但应首先考虑是否项岱注。[②] 同年,王素先生在对吐鲁番集部古籍进行评介时,也提及有班孟坚《幽通赋》注本,引饶说以其非《文选》本。[③]

2006 年,许云和发表了对此写本的新研究,在录文基础上,考证注文出典,从注文的体例、性质,论证其非《汉书》古注和《文选》注本;又据此本为类书征引情况,确认为《幽通赋注》的单行本,一直到清代还有流传;从此本征引最早之书为刘宋时师觉授的《孝子传》,而又最早为虞世南《北堂书钞》所引,认定其约形成于宋元嘉十二年(435)后,隋大业(605—617)前;再从书法、避讳等角度考证抄写时间可能在公元 5 世纪下半。[④] 但作者未见西胁常记的成果,出典考证多与其相合。2007 年,荣新江编《吐鲁番文书总目(欧美收藏卷)》完稿时,未见许氏此书,故相关著录仍维持原推测。[⑤]

值得注意的是,写本四个断片的背面,文字与正面倒置,而顺序与正面相同,即 Ch 3693v+Ch 3699v+Ch 2400v+Ch 3865v,拼合起来,为一个诗卷抄本。所抄均为五言诗,共 18 首,格式大体相同,每首均另行起,各占三四行不等,每行约二十一二字。书法为隶法之中间出楷笔,文字规整,时代似较正面为晚。

---

① T. Nishiwaki, *Chinesische Texte vermischten Inhalts aus der Berliner Turfansammlung* (*Chinesesische und manjurische Handschriften und seltene Drücke* Teil 3), Stuttgart: Franz Steiner Verlag, 2001, pp.136 - 138, Tafel 28.

② 西胁常记:《〈幽通赋〉注の残简》,《ドイツ将来のトルファン汉语文书》,京都大学学术出版会,2002 年 7 月,第 225—263 页,图 49—52。

③ 王素:《敦煌吐鲁番文献》,文物出版社,2002 年,第 209 页。

④ 许云和:《德藏吐鲁番本汉班固〈幽通赋〉并注校录考证》,收入氏著《汉魏六朝文学考论》,上海古籍出版社,2006 年,第 26—62 页。

⑤ 荣新江主编:《吐鲁番文书总目(欧美收藏卷)》,武汉大学出版社,2007 年,第 299 页。

这个诗卷抄本,荣新江先生在回国后与徐俊先生合作整理考释。1997年6月,柴剑虹先生访德时也曾调阅过录这份诗卷,后在荣、徐提供的写本照片、录文基础上进行初步整理,将残卷时代定在5世纪上半叶。[①] 2001年,西胁常记发表了四残片缀合后的图版,题作"咏史诗"。[②] 2002年,徐俊、荣新江对诗卷作全面研究,在残片缀接、诗歌作者及时代、文字校录等方面多有新见。[③] 许云和进一步认为残诗卷第四首以后的11首都是毛伯成的作品,且就是《隋书·经籍志》著录的《毛伯成诗》一卷,又对毛伯成的生年和事迹略做考证。[④]

以上介绍了德藏吐鲁番出土Ch.3693等四残片的正背写本形态及其研究状况。正面存62行1 500余字,为汉赋之古注本,背面存450余字,为魏晋诗歌残卷,正如相关学者指出的,这是迄今为止已发现吐鲁番文书中篇幅较大,所存文字较多的文学作品写本之一,[⑤]在吐鲁番汉文文学资料中显得弥足珍贵。但既往的研究并没能完满地解决正面《幽通赋》注古写本[⑥]的录文、性质、年代、流传等一系列问题,以其为《幽通赋》注单行本的说法,是依靠比勘注文与今本《汉书》注(颜注及其引旧注)、《文选》注(李善注、五臣注、六臣注及旧注)文字异同,然汉晋之间赋注佚者十之八九,不对其作通盘把握,实难理清古写本与《汉书》《文选》注之纠葛,所谓"单行本"之说亦不过空中楼阁。

1996年荣新江在柏林考察时,曾据原件校录了四残片上的文字,但为他

---

① 柴剑虹:《德藏吐鲁番北朝写本魏晋杂诗残卷初识》,载《庆祝吴其昱先生八秩华诞敦煌学特刊》,文津出版社,1999年,第107—116页;收入氏著《敦煌吐鲁番学论稿》,浙江教育出版社,2000年,第345—354页。

② Nishiwaki, *Chinesische Texte vermischten Inhalts aus der Berliner Turfansammlung*, pp.139-140, Tafel 29.

③ 徐俊、荣新江:《德藏吐鲁番本"晋史毛伯成"诗卷校录考证》,载蒋寅、张伯伟编《中国诗学》第7辑,人民文学出版社,2002年,第1—13页。

④ 许云和:《德藏吐鲁番本"晋史毛伯成"诗卷再考》,收入氏著《汉魏六朝文学考论》,第62—75页。此文又刊于《西域研究》2008年第1期,第99—107页。

⑤ 徐俊、荣新江:《德藏吐鲁番本"晋史毛伯成"诗卷校录考证》,第1—9页。

⑥ 研究者对此德藏吐鲁番出土《幽通赋注》写本称呼不一,本文以下叙述、论证中,一律以"古写本""《幽通赋注》古写本"指代之,不再特别说明。

事迁延，未得整理发表。笔者有幸从荣先生治学，蒙其见示柏林所录初稿，今即以此为基础，参照其德国购置及IDP上较清晰之图片，同时对校西胁常记、许云和两家录文，对四残片再作释录，并加以标点，给出整理清本。[①] 在此基础上，尽可能完全地收集传世文献中保留的《幽通赋》旧注，与古写本注文对比，形成汇注，并对注文出典做全面考察；对写本时代、性质再做探讨，对其制作与流传略作推测；最后形成一个新的复原本。为省篇幅，校录清本及复原本置于第五节。

二、《幽通赋》残本汇注·注文出典考

古写本保留的《幽通赋》正文，起"形气发于根柢兮，柯叶汇而零茂"，终"发还师以成性兮，重醉行而自耦"，而1—11行、12行上半部分之注文，西胁常记、许云和皆以为涉及"聿（欥）中龢为庶几兮，颜与冉又不得"至"固行行其必凶兮，免盗乱为赖道"五句。下面尝试对写本所存赋文进行汇注。

班固《幽通赋》为汉赋名篇，大约从东汉起就曾独卷单行，赋作完成后几十年，有作者之妹班昭注本，此后见于史志著录的注家，又有项岱。[②] 赋被收入《汉书·叙传》，[③]及《文选》卷14，[④]故历代《汉书》《文选》之注家皆注此赋。《汉书》颜注下保留的此赋旧注者有服虔、应劭、刘德、李奇、邓展、张晏、晋灼等，《文选》李善《幽通赋》注则博引曹大家、应劭、刘德、张晏、孟康、项岱、韦昭、晋灼、《汉书音义》各注。今先列古写本正文与注文，于每句下收集

---

① 整理清本收入荣新江、史睿主编《吐鲁番出土文献散录》，中华书局，2020年，待刊。

②《隋书》卷35《经籍志四》记"项氏注《幽通赋》"，中华书局，1973年，第1083页；《旧唐书》卷46《经籍志》下"《幽通赋》一卷　班固撰，曹大家注"，中华书局，1975年，第2077页；《新唐书》卷58《艺文二》"曹大家注班固《幽通赋》一卷，项岱注《幽通赋》一卷"，中华书局，1975年，第1616页。

③《汉书》卷100上《叙传上》，中华书局，1975年，第4213—4225页。下文引《汉书》注皆据此版本。

④ 萧统编，李善注：《文选》，上海古籍出版社，1986年，第635—650页。下文引《文选》李善注，除特别标明外，皆据此版本。

传世文献所保留之旧注,[①]以便比较。

至于古写本注出典,西胁常记、许云和都曾对注文进行索引,本不欲重复工作以掠美,但出典直接关涉此注本性质、时代之比定,况笔者于出典之考证与二人有异,故不嫌篇幅之冗累,于每段汇注完成后,再考证写本注文征引文献情况。

说明:1. 残本未有的《幽通赋》正文字句,据《汉书》《文选》本,用〔　〕补出,而《汉书》《文选》赋文有异之字,两存之,用(　)表示,或出【文字校勘】。2. 注文部分,小一号字体显示者为古写本注,双行注文作单行录。汇注中凡引《汉书》颜注及其保存旧注,《文选》李善注及其保存旧注,皆在引文前标明。

〔聿(欥)中龢为庶几兮,颜与冉又不得。〕

]人[孤]子不[　　]去两馆□[　　]□子不寿[也][1][　　]黄耇之寿不能及焉[2]。□[　　]性不可移,命不可变[3][

【汇注】:

《汉书》:师古曰:"欥,古聿字也。龢,古和字也。聿,曰也。曰中和之道可以庶几免于祸难,而颜回早死,冉耕恶疾,为善之人又不得其报也。"

《文选》:曹大家曰:"聿,惟也。颜,颜渊也。冉,冉伯牛也。二子居中履和,庶几圣贤。然渊早夭,伯牛被疾,俱不得其死也。(明州本下为'善曰'引)《论语》,孔子曰:'有颜回者好学,不幸短命死矣,今也则亡。'又曰:'伯牛有疾。'"

【按】:曹大家(下文或称班注)、颜二注颇类,征引《论语》文本为节引,写本注所言意同,然表述不类。

【出典】:

[1] 据上引曹大家注"二子居中履和","子不寿也"前似可补一"二"

---

① 不限于今本《汉书》《文选》所引。亦采用《汉书》注辑佚工作的相关成果,如杨守敬《汉书二十三家注钞》,收入谢承仁主编《杨守敬集》第六册,湖北人民出版社、湖北教育出版社,1997年,第616—986页;李步嘉《韦昭〈汉书音义〉辑佚》,武汉大学出版社,1990年等。《汉书》注辑佚的新进展参考闫平凡《唐前〈汉书〉旧注辑佚与研究述评》,《中国史研究动态》2007年第7期,第18—22页。

字,“二子”指颜回与伯牛,为孔子弟子,俱早卒,详《论语·雍也第六》:“哀公问:‘弟子孰为好学?’孔子对曰:‘有颜回者好学,不迁怒,不贰过。不幸短命死矣。今也则亡,未闻好学者也。’”(第2477页)“伯牛有疾,子问之,至牖执其手,曰:‘命矣夫!斯人也,而有斯疾也!斯人也,而有斯疾也!’”(第2478页)

［2］黄耇,《诗经·小雅》“南山有台”:“乐只君子,遐不黄耇。”毛传曰:“黄,黄发也,耇,老也。”(第419页)蔡邕《太傅胡广碑铭》:“穷生民之光宠,享黄耇之遐纪。”

［3］语出《庄子·天运第十四》:“孔子谓老聃曰:‘丘治《诗》《书》《礼》《乐》《易》《春秋》六经,自以为久矣,孰知其故矣;……人之难说也,道之难明邪?’老子曰:‘幸矣子之不遇治世之君也!夫《六经》,先王之陈迹也,岂其所以迹哉!……性不可易,命不可变,时不可止,道不可壅。苟得于道,无自而不可;失焉者,无自而可。’”(第532—533页)“性不可易”,注本作“移”。

〔溺招路以从己兮,谓孔氏犹未可。安慆慆而不葩兮,卒陨身呼世祸。〕

【汇注】:

《汉书》:邓展曰:“慆慆,乱貌也。葩,避也。”师古曰:“溺,桀溺也。路,子路也。《论语》称:长沮、桀溺耦而耕,孔子过之,使子路问津焉。桀曰:‘子,孔丘之徒欤?’对曰:‘然。’曰:‘慆慆者,天下皆是也。而谁以易之?且而与其从避人之士,岂若从避世之士哉?’言天下皆乱,汝将用谁变易之乎?避人之士谓孔子,避世之士溺自谓也。而子路安之,卒不能避,乃遇蒯聩之乱,身死敌也。‘慆’音土高反。‘葩’音扶味反,字本作‘腓’,其音同。”

《文选》:曹大家曰:“溺,桀溺也。谓孔子为避人之士,未可与安身;自谓避世者,招子路从己隐也。慆慆,乱貌。葩,避也。言子路不避慆慆之乱,终陨身于世之祸也。”(奎章阁本下为“善曰”引)《论语》曰:“长沮、桀溺耦而耕,孔子过之,使子路问津焉。桀溺曰:‘孔丘之徒欤?’对曰:‘然。’曰:‘滔滔者天下皆是也,而谁以易之。且与其从避人之士,岂若从避世之士哉!’”

【按】:《汉书》颜注引邓展注与班注重出。《文选》注与颜注俱引《论语》,文本大同小异。唯颜注明确提及子路死因“乃遇蒯聩之乱,身死敌也”,与写本所述一事。

〔游圣门而靡救兮,顾(虽)覆醢其何补?〕

【汇注】:

《汉书》:师古曰:"《礼记》曰:孔子哭子路于中庭。既哭,进使者而问故。使者曰:'醢之矣。'遂命覆醢。赋言子路游于圣人之门,而孔子不能救之以免于难,虽为覆醢,无所补益。"

《文选》:曹大家曰:"子路游学圣师之门,无救祸防患之助,既身死于卫,覆醢不食,何补益乎?"(明州本、奎章阁本下为"善曰"引)《礼记》曰:"孔子哭子路于中庭,引使者而问其故,使者曰:'醢之矣。'遂命覆醢。"

【按】:《文选》李善注引《礼记·檀弓上》,稍略于师古。

〔固行行其必凶兮,免盗乱为赖道。〕

乱,子辂[4]何骤死乎?昔灵公大子[　　]谏之,乃作高车卑盖,好带长剑□[　　]□一尺,灵公知其〔不〕可以专(传)国,乃立[5][　　]辄国,辄奔鲁。时子睾(皋)宰[　　]争□〔国〕,吾为其闲,辂闻之[6][　　]守门谓子 辂曰:门已闭[　　]□弧黡□□□敌子辂[　　]为君为师[　　]祐乎子辂[　　]向□□黡裁可□[　　]□如黡,顿赴不能自[　　]□子辂以衣覆,黡遂前[7][　　]崔欲报孤黡,往告孔□[　　]欲报之,子崔曰:就父[　　]子曰:行矣,此复雠之道[　　]不备,愿须后日会城[8][　　]□可□记在……哀公二年中[9]。

【汇注】

《汉书》:师古曰:"《论语》称:闵子侍侧,訚訚如也;子路,行行如也。子乐,曰:'若由也,不得其死然。'又称:子路曰:'君子尚勇乎?'曰:'君子义以为上。君子有勇而无义为乱,小人有勇而无义为盗。'赋言子路禀行行之性,其凶必也,所以免为于乱盗者,赖闻道于孔子也。'行行',刚强之貌。'行'音胡浪反。"

《文选》:应劭曰:"子路得免盗与乱,闻道于仲尼也。"(明州本、奎章阁本下均为"善曰"引)《论语》曰:"子路,行行如也。子曰:'若由也不得其死然。'"又曰:"君子有勇而无义为乱,小人有勇而无义为盗。"

《北堂书钞》卷122"长剑一丈"条注:"班固《幽通赋》序云:卫灵公太子

蒯聩好带剑,长一丈,公谏,乃作短者,长一尺,公知不可以传国,乃逐之。”

《太平御览》卷344:“班固《幽通赋》注曰:卫灵公太子蒯聩为无道,好带长剑,长一丈,公炼,乃作短者,长一尺,公知不可以传国,乃逐之。”

《太平御览》卷374:“班固《幽通赋》注曰:卫蒯聩乱,子羔灭髭鬓,衣妇人衣,逃得出,曰:‘父子争国,吾何为其间乎!’”

【出典】:

[4] 辂,《论语·卫灵公第十五》“乘殷之辂”(第2517页),《经典释文》“辂,音路,本亦作路”。仲由(前543—前480),字子路,一字季路,鲁卞邑人,孔子弟子,据《仲里志》卷3《仲子本传》,鲁襄公三十一年生,哀公十二年为卫大夫孔悝之蒲邑宰,十五年卫乱,三月三日结缨而卒,年六十三。写本作“子辂”,不唯在传世典籍中未见此写法,吐鲁番出土文书中之《论语》写本,均写作“子路”。①

[5] 此注所述卫灵公与太子蒯瞶(聩)事,今仅见诸类书所征引。除汇注引《北堂书钞》《太平御览》外,尚见于《春秋战国异辞》卷12、《御定渊鉴类函》卷223,文字略同于《书钞》,不具录。比勘类书所引与写本文字,亦不完全吻合。类书“乃作短者”,写本作“乃作高车卑盖”;写本之“不可以传国,乃立”,应为否定义,当作“乃止”。诸类书皆言此事出班固《幽通赋》注(序),应即是此古写本,考证详下。

[6] 辄,卫出公名,据《史记》卷67《仲尼弟子列传》:“初,卫灵公有宠姬曰南子。灵公太子蒉聩得过南子,惧诛出奔。及灵公卒而夫人欲立公子郢。郢不肯,曰:‘亡人太子之子辄在。’于是卫立辄为君,是为出公。……蒉聩乃与孔悝作乱……出公奔鲁,而蒉聩入立,是为庄公……。”(第2193页)子羔,孔子弟子高柴之字,《左传》哀公十五年传,杜注:“子羔,卫大夫高柴,孔子弟子,将出奔。”(第2175页)《论语》《左传》作“子羔”,《孔子家语》作

---

① 如古写本《论语》郑氏注《公冶长》残卷(67TAM85:1/1-2),录文第四行“季路,子路字也……子路[曰]……”,图版与录文见《吐鲁番出土文书》图录本(肆),文物出版社,1996年,第353页;古写本《论语·公冶长篇》(2006TSYIM4:5-1背),录文第一行“子路有闻,未之能行”,荣新江、李肖、孟宪实主编《新获吐鲁番出土文献》,中华书局,2008年,第180—182页。

"子高",《礼记》作"子皋"。"高""皋"古通用,"睾"系"皋"之别字,依《礼记》改作"皋"。

这段注文述卫乱中子羔言行,在类书中有相近文本,如《太平御览》卷374:"班固《幽通赋》注曰:卫蒯聩乱,子羔灭髭鬓,衣妇人衣,逃得出,曰:'父子争国,吾何为其间乎?'"《古今事文类聚后集》卷20:"灭髭为妇":"卫蒯聩乱,子羔灭髭鬓,衣妇人之衣,逃得出,曰:'父子争国,吾何为其间乎?'(《幽通赋》注)"又见于《天中记》卷22、《玉芝堂谈荟》卷7、《四书逸笺》卷6、《御定渊鉴类函》卷260,查其文字,皆据《太平御览》转相抄录,不具列。

[7] 此段注文所述为蒯聩挟持孔悝共同发动内乱,卫出公亡命鲁,子路死于卫国内乱事。《左传》《史记》对其事皆有记载,《左传·哀公十五年》:"十五年春,……卫孔圉取大子蒯聩之姊,生悝。……闰月,良夫与大子入,舍于孔氏之外圃。……大子与五人介,舆豭从之。迫孔悝于厕,强盟之,遂劫以登台。栾宁将饮酒,炙未熟,闻乱,使告季子。召获驾乘车,行爵食炙,奉卫侯辄来奔。季子将入,遇子羔将出,曰:'门已闭矣。'季子曰:'吾姑至焉。'子羔曰:'弗及,不践其难。'季子曰:'食焉,不辟其难。'子羔遂出。子路入……曰:'大子焉用孔悝?虽杀之,必或继之。'且曰:'大子无勇,若燔台,半,必舍孔叔。'大子闻之,惧,下石乞、盂黶敌子路。以戈击之,断缨。子路曰:'君子死,冠不免。'结缨而死。孔子闻卫乱,曰:'柴也其来,由也死矣。'"(第2175页)《史记》卷67《仲尼弟子列传》:"出公立十二年,其父蒉聩居外,不得入。子路为卫大夫孔悝之邑宰。蒉聩乃与孔悝作乱,谋入孔悝家,遂与其徒袭攻出公。出公奔鲁,而蒉聩入立,是为庄公。方孔悝作乱,子路在外,闻之而驰往。遇子羔出卫城门,谓子路曰:'出公去矣,而门已闭,子可还矣,毋空受其祸。'子路曰:'食其食者不避其难。'子羔卒去。有使者入城,城门开,子路随而入。造蒉聩,蒉聩与孔悝登台。子路曰:'君焉用孔悝?请得而杀之。'蒉聩弗听。于是子路欲燔台,蒉聩惧,乃下石乞、壶黶攻子路,击断子路之缨。子路曰:'君子死而冠不免。'遂结缨而死。"(第2193页)而与注文最相近的是《论语隐义》,已佚,见诸类书征引。《太平御览》卷366:"《论语隐义》曰:卫蒯聩乱,子路兴师往,有孤黯者,当师曰:'子欲入耶?'曰:'然。'黯从城上下麻绳,钓子路半城,问曰:'为师耶?为君耶?'曰:'在君为君,在

师为师。'黯因投之，折其左股，不死。黯开城欲杀之，子路目如明星之光，曜黯不能前，谓曰：'畏子之目，愿覆之。'子路以衣袂覆目，黯遂杀之。"《弇州四部稿》卷163、《绎史》卷95之3、《经义考》卷212也引及《论语隐义》此段，文字与《御览》几同，不列。诸种史源内容大体一致，但文字表述亦非完全相同。"弧黡"，《论语隐义》作"狐黯"，《左传》作"盂黡"，《史记·仲尼弟子列传》作"壶黡"，《卫康叔世家》作"盂黡"，下文引师觉授《孝子传》作"狐黡"。

"为君为师"的说法，出自《礼记》卷36《学记》："君子知至学之难易，而知其美恶，然后能博喻，能博喻，然后能为师，能为师，然后能为长，能为长，然后能为君。"（第1523页）

［8］此段讲仲子崔咨于孔子、为父报仇事。仲子崔，据《仲里志》卷3《宗子世表》记载："二代子崔，周敬王二十五年（鲁定公十五年）生。因狐黯诈堕，父折骨被其伤。年十五岁，欲报父仇，告于孔子。孔子曰：'行矣。'遂与狐黡战而死。"今天能见到的关于仲子崔的记载寥寥，仅有诸类书所征引之刘宋师觉授《孝子传》，如《太平御览》卷482："师觉授《孝子传》曰：仲子崔者，仲由之子也。初，子路仕卫，赴蒯聩之乱，卫人狐黡时守门，杀子路，子崔既长，告孔子欲报父仇，夫子曰：'行矣。'子崔即行。黡知之，于城西决战，其日黡持蒲弓、木戟，而与子崔战而死。"《弇州四部稿》卷163："师觉授《孝子传》子路之子仲子崔欲报父仇，杀狐黡，告于夫子，夫子曰：'行矣。'黡知之，曰：'君子不掩人之不备，须后日。'以蒲弓、木戟，与子崔战而死。"《绎史》卷95之3："《孝子传》仲子崔者，仲由之子也，子路仕卫，赴蒯聩之乱，卫人狐黡时守门，杀子路，子崔既长，告孔子欲报父仇，夫子曰：'行矣。'子崔即行。黡知之，曰：'夫君子之勇，不掩人之不备，须后日于城西决战。'其日，黡持蒲弓、木戟，与子崔战而死。"对照其事与注文所言相同，然文本有异，并非如许云和所言"不唯内容一致，文字也基本相合，知注本所引当据《孝子传》"①。

［9］据《左传》《史记》记载，卫灵公卒，太子蒯聩此前出奔在外，于是卫立蒯聩之子辄为君，是为出公，时在哀公二年。据此补。

① 许云和：《德藏吐鲁番本汉班固〈幽通赋〉并注校录考证》，第30页。

【按】：应劭注与颜注皆引《论语》证明出典，并简括本句之义，颜有音注，所引两段《论语》，前出《先进》，后出《阳货》篇，二人皆有省略外，文本有微异。写本注文最繁，为应、颜二注之数倍，并不训释字词，亦非就赋文串讲，乃就本句铺演，不拘一句，勾连数句立言，述哀公二年卫太子蒯聩出奔至十五年蒯聩挟持卫大夫孔悝发动内乱，子路卷入其中，身死卫国，其长子子崔咨于孔子，为父报仇的完整经过。由写本注文知《北堂书钞》《太平御览》所引两段班固《幽通赋》注(序)，应系于这部分赋文之下。

形气发〔于根柢兮，柯叶汇而零(灵)〕茂。

珢，根也。柢，本。柯，茎。寅(汇)，茂[禀形，生于父母，出自先祖[ ]零落茂盛，其类]根本也。

【汇注】：

《汉书》：师古曰："柢，本也。汇，盛也。灵，善也。言草木本根气强，则枝叶盛而善美；人之先祖有大功德，则胤绪亦蕃昌也。柢音丁计反。茂合韵音莫口反。"

《文选》：韦昭曰："柢，本也。"应劭曰："汇，类也。"曹大家曰："零，落也。"张晏曰："言人禀气于父母，吉凶夭寿，非独在人。譬诸草木，华叶盛与零落，由本根也。"

【按】：保留之韦、应、班三注甚简，从文本上看，写本注文与张晏注最接近，张晏，据颜师古《汉书叙例》位于苏林后(三国魏人)，孟康前(魏人)，亦应为三国魏人。

恐罔〔两之责景兮，羌(庆)未得其〕云已。

【文字校勘】：[1]"罔两"，《汉书·叙传上》作"网蜽"，颜师古注引《庄子》作"网两"，应劭注作"罔两"，《文选》李善本、六臣本俱作"魍魉"。[2]《汉书》应劭注、《文选》李善本、六臣本皆作"羌"，而《汉书》作"庆"，颜注曰："庆，发语辞，读与羌同。"

羌，犹乃。云，有也[10]。□[害，或疑其身，或[ ]今子起，向子行，今止，何其[ ]□孤而不得已，罔(魍)两(魉)曰：主亦何为[[11]然也，彼欲安寝，虫入其耳，得

[　非虫之穴，人非棘之丛，物有遭[　言人胎受吉凶，善恶之命矣。及[　[12]同归而殊涂，一致而〔百〕虑。于是吉凶[　[13]其各得谋虑，以为门户，内因其[　消息，承斩进退，随时委曲，穷理尽[　[14]云贱者裁[　]□当□縋缯丝笋[　族悚惕之徒，见其如斯而不知其[　者施其为以求誉，拙者竭其力以[　□其略以逐利。失之憔悴，得之则[　]然不为可毁之行，不患人之[15][　]□已也，不能信祸，无致信已，不[　□致无县(悬)欲，既至，无易愿，信[　□贫固不变其志，以逐世利，是[　德，穷则有以自守，困则有以舜[　[16]不知已定乎死生之分，通乎荣辱[　[17]而行人事也。论语曰：天生德于予，[　何[18]。又曰：公伯寮愬子辂于季孙，[　聴又曰：道之将行与，命也，道之将废[　曰：不怨天，不尤人，下学而上达，知我[　惧[19]。遂遁世不恨，乐天知命，故不忧[20]，此之谓也。

【汇注】：

《汉书》：师古曰："庆，发语辞，读与羌同。已，止也。《庄子》云：网两问景曰：'曩子行，今子止，曩子坐，今子起，何其无持操欤?'景曰：'吾有待而然。吾所待，又有待而然。'赋言景之行止皆随于形，草木枝叶各禀根柢，人之余庆资以积善，亦犹此也。"

《文选》：应劭曰："诸子以颜、冉、季路逢灾蹈害，或疑其身，或非其师，是由魍魉问景，乃未得有已也。(以下明州本、奎章阁本为'善曰'引)言罔两责景之无操，不知景之行止而有待；或非三子之行，殊不知吉凶之由命也。故云恐罔两之责景，羌未得其实言也。《庄子》曰：罔两问景曰：'曩子行，今子止，曩子坐，今子起，何其无特操与!'景曰：'吾有待而然者也。'"李善曰："郭象为'罔两'，司马彪为'罔浪'。'罔浪'，景外重阴也。"

【按】：应劭注与师古注俱引《庄子·齐物论》"罔两"与"景"之对话，唯应所引不全，李善曰"郭象为'罔两'"，知所据为郭注本《庄子》。古写本此句之注明显长于《文选》《汉书》注保留的任何一家注，而与今本(郭象注本)、应劭、师古所引《庄子》均不同，就此句之义理铺陈演绎甚多，但所言指明出处者唯《论语》曰，为引经。其中"羌，犹乃。云，有也。□……害，或疑其身，或"一段，与应劭注最为类似。

【出典】:

[10] 由后注“羌,犹乃”知赋正文当作“羌未得其云已”,按“庆”“羌”同音,一字三意,此宋人辨之甚明,参王观国撰《学林》卷2《春秋古经》“庆”字条。“羌,犹乃”,此训又见《文选》卷11王延寿《鲁灵光殿赋》“邈希世而特出,羌环谲而鸿纷”,张载注“羌,辞也,羌亦乃也”(第510页)。“云,有也”,训又见《文选》卷24陆士衡《答贾长渊诗》“公之云感,贻此音翰”,应劭《汉书注》曰:“云,有也。”(第1141页)

[11] 典出郭象《庄子注》卷1《内篇·齐物论第二》:“罔两问景曰:‘曩子行,今子止;曩子坐,今子起;何其无特操与?’景曰:‘吾有待而然者邪?吾所待又有待而然者邪?吾待蛇蚹蜩翼邪?恶识其所以然,恶识其所以不然!’”(第110—111页)今本《庄子》与注文文本不甚相同,罔两与景的对话一轮结束,注本又有罔两的发言“主亦何为”,这似乎不能用古人引书未必谨依字句来解释,也非注者之自我诠释文本,是古本《庄子》可能性最大,讨论详下。

[12] 吴陆续撰,明姚士粦辑《陆氏易解》:“天道有昼夜日月之变,地道有刚柔燥湿之变,人道有行止动静吉凶善恶之变,圣人设爻以效三者之变动,故谓之爻者也。”《孟子》卷2下:“曾子曰:戒之戒之,出乎尔者,反乎尔者也。”赵岐注:“曾子有言,上所出善恶之命,下终反之,不可不戒也。”(第2681页)

[13] 典出《周易》上经系辞下第八曰:“子曰:天下何思何虑?天下同归而殊途,一致而百虑。”(第87页)。唯“百”字遗漏,今补。

[14] 此一段无直接对应出处,今罗列表述相似之文本,从西胁、许氏。如《周易》下经《丰》传第六:“日中则昃,月盈则食,天地盈虚,与时消息,而况于人乎?况于鬼神乎?”(第67页)《周易·说卦第九》:“昔者圣人之作易也,幽赞于神明而生蓍,参天两地而倚数,观变于阴阳而立卦,发挥于刚柔而生爻和,顺于道德而理于义,穷理尽性,以至于命。”(第93页)

[15] “可毁之行”的表述,又见于《三国志·魏书》卷27《王昶传》:“昔伏波将军马援戒其兄子,言:‘闻人之恶,当如闻父母之名。耳可得而闻,口不可得而言也。’斯戒至矣。人或毁己,当退而求之于身。若己有可毁之行,则彼言当矣。若己无可毁之行,则彼言妄矣。当则无怨于彼,妄则无害于

身,又何反报焉?”(第746页)

[16] 此一段出处不详,仅罗列有相似词句表述之文本。《周易·系辞下》:“困,德之辩也。”郑玄曰:“辩,别也,遭困之时,君子固穷,小人穷则滥,德于是别也。”(第89页)《周易》下经夬传卷5《困》:“凡物穷则思变,困则谋通。”王弼注:“处困之极,行无通路,居无所安,困之至也。”(第59页)《子夏易传》卷5《周易下经夬传第五·萃》:“象曰:引吉无咎,中未变也。初三皆萃于四,已独守中,不变其志,待于五,牵而后为聚,得其吉矣。”

[17] 典出《文子》,见卷第7《微明》:“若夫至人定乎死生之意,通乎荣辱之理,举世誉之而不益劝,举世非之而不加沮,得至道之要也。”(第283—284页)

[18] 典出《论语·述而第七》:“子曰:‘天生德于予,桓魋其如予何!’”(第2483页)

[19] 典出《论语·宪问第十四》:“子曰:‘莫我知也夫!’子贡曰:‘何为其莫知子也?’子曰:‘不怨天,不尤人,下学而上达。知我者其天乎!’”“公伯寮愬子路于季孙。子服景伯以告,曰:‘夫子固有惑志,于公伯寮,吾力犹能肆诸市朝。’子曰:‘道之将行也与,命也。道之将废也与,命也。公伯寮其如命何!’”(第2513页)按“《论语》曰”是注文全篇唯一标明征引文本出处的情况。

[20]《周易》上经噬嗑传第三《大过》:“象曰:泽灭木大过,君子以独立不惧,遁世无闷。”(第40页)《周易·系辞上》:“乐天知命,故不忧。”(第77页)

犂(黎)醇〔耀于高辛兮,芈〕强大于南汜。

【文字校勘】:“犂醇”,今本《汉书》、颜注、《文选》李善本、六臣本俱作“黎淳”,韦昭释曰:“淳,大也。”唯应劭注曰:“醇,美也。”从残划中可辨得此注本作“醇”。

犂,楚之□[　有天下[

【汇注】

《汉书》:应劭曰:“黎,楚之先也。(醇)〔淳〕,美也。高辛,帝喾之号。芈,楚姓。汜,(崖)〔涯〕也。”师古曰:“言黎在高辛之时为火正,有美光耀,故其后嗣霸有楚国于南方也。汜,江水之别也,音祀。《召南》之诗曰‘江有汜’。芈音弭。”

《文选》:《国语》曰:“史伯对郑桓公曰:夫黎为高辛氏火正,以淳耀敦大,光照四海。夫成天地之大功者,其子孙未尝不章。”韦昭曰:“淳,大也。耀,明也。章,显也。”《史记》曰:“楚之先祖,出自重黎。”《毛诗》曰:“江有汜。”曹大家曰:“芈,楚姓。汜,涯也。”

【按】:写本注文当作“犂,楚之先”,与应劭注相类,且写本正文作“犂醇”,见文字校勘,今本《汉书》《文选》均作“淳”,唯应劭注作“醇,美也”,推断写本与应劭所注《汉书》版本相似。

〔嬴取威于〕百(伯)仪兮,姜本〔支呼三止。〕

]上下,顺草木,伯夷秩宗[ ]者。犂为高辛氏火正,姜[ ]祝融之德大于周,未有□[ ]伯益能仪伯(佰)物以佐舜,其子孙未有□[ ]芈寔与诸姬代相干也。其后齐有桓公□[21][ ]秦遂并六国而有天下,故楚强大于南[ ]齐者伯夷之德。羸(嬴)取威于伯仪者,伯益[□封为上公,在南方,主祝贵神,々者,祝融也[22]。具德最大,故后子孙当兴。伯夷为尧臣,主祭天[□中知欲使尧致大平,伯□侯尧臣也,养々战々狩々众[ ]□,水名,百草于民有益,故字益,々伯功应[ ]在受灭也。昔尧、后稷,主五谷民人,伯夷[[23]□水(?)战狩皆有大功,后稷之胄,至周有天下。契之皆(?)[夷之苗。齐桓霸,伯益之裔也,至秦亦有天下,使禹[□良(?)而上先人之央,頡烈而当先人之福,岂不慎哉!斯亦甚明矣。

【汇注】:

《汉书》:应劭曰:“嬴,秦姓也,伯益之后也。伯益为虞,有仪鸟兽百物之功,秦所由取威于六国也。姜,齐姓也。止,礼也。齐,伯夷之后。伯夷为秩宗,典天地人鬼之礼也。”

【按】:《汉书》《文选》此句下仅保留有应劭注一条,训字,简释句义,写本注文则就赋文之意义铺演,甚繁。

【出典】:

[21] 此一段无直接对应出处,仅罗列表述相似之文本:《史记》卷40《楚世家》:“楚之先祖出自帝颛顼高阳。高阳者,黄帝之孙,昌意之子

也。……重黎为帝喾高辛居火正,甚有功,能光融天下,帝喾命曰祝融。"(第1689页)《史记》卷42《郑世家》:"公曰:'吾欲南之江上,何如?'对曰:'昔祝融为高辛氏火正,其功大矣,而其于周未有兴者,楚其后也。周衰,楚必兴。兴,非郑之利也。'……夫齐,姜姓,伯夷之后也,伯夷佐尧典礼。秦,嬴姓,伯翳之后也,伯翳佐舜怀柔百物。"(第1757页)《汉书》卷28下《地理志下》:"公曰:'南方不可乎?'对曰:'夫楚,重黎之后也,黎为高辛氏火正,昭显天地,以生柔嘉之材。姜、嬴、荆、芈,实与诸姬代相干也。姜,伯夷之后也。嬴,伯益之后也。伯夷能礼于神以佐尧,伯益能仪百物以佐舜。'"(第1652页)韦昭注《国语》卷16《郑语》:"夫黎为高辛氏火正,以淳耀敦大,天明地德,光昭四海,故命之曰:'祝融',其功大矣。……姜、嬴、荆、芈,实与诸姬代相干也。姜,伯夷之后也;嬴,伯翳之后也。伯夷能礼于神以佐尧者也,伯翳能仪百物以佐舜者也,其后皆不失祀而未有兴者,周衰其将至矣。"(第240页)

[22]"封为上公",《左传》昭公二十九年:"故有五行之官,是谓五官,实列受姓氏,封为上公,祀为贵神……木正曰句芒,火正曰祝融,金正曰蓐收,水正曰玄冥,土正曰后土。"(第2123页)《孔子家语·五帝第四十二》:"昔少皞氏之子有四叔,曰重、曰该、曰修、曰熙,实能金木及水,使重为勾芒,该为蓐收,修及熙为玄冥,颛顼氏之子曰黎,为祝融,共工氏之子曰勾龙,为后土,此五者,各以其所能业为官职。各以一行之官为职业之事,生为上公,死为贵神,别称五祀,不得同帝。"(第65页)

[23]"五谷民人",韦昭注《国语》卷16《郑语》:"夏禹能单平水土,以品处庶类者也。商契能和合五教,以保于百姓者也。周弃能播殖百谷蔬,以衣食民人者也。其后皆为王公侯伯。祝融亦能昭显天地之光明,以生柔嘉材者也,其后八姓于周末有侯伯。"(第240页)

既仁〔得其信然兮,〕印天路而同轨。

即是言推迹人[　天路下视人道盈(?)[　□至为恶凶则臻　]轨亦(?)可矣。

【汇注】:

《汉书》:刘德曰:"人道既然,仰视天道,又同法也。"师古曰:"仁得,谓求仁而得仁。印读曰仰。"

《文选》：李善曰："仁，谓求仁而得仁也。冯衍《显志赋》曰：'惟天路之同轨。'"

【按】：诸注较简，写本注文与刘德注略近似。

东丛虐而歼仁兮，〔王合位呼〕三五。

【文字校勘】："丛"，今本《汉书》、应劭注、颜注俱作"厸"，颜注"厸，古邻字"。而《文选》李善本作"邻"，五臣本、六臣本作"邻"。

东丛（邻），谓纣暴虐也。歼，尽也。仁，三仁也。纣[子囚，比干死，三仁既尽，武王罚王也□[[24]□〔岁〕在淳火，月在天四（驷），日在析木之津，辰在斗柄，[皆在四（北）维，颛酷之所建也。帝酷受娥姬，出自天鼋[□牵牛焉，则娥（我）皇妣大姜之姓，伯陵[神也，岁之所在，则我有周之分也野（野也）。月之[我大祖後（后）稷之经纬也。王欲合此五位三所在[[25]癸亥夜，陈，甲子昧爽杀之纣，倾天下数也。言[[26]禹也。农者，神也，福先之见者为详（祥）[27]。大姜者，周[大姜兄弟字伯凌（陵），封逢国，故言逢公。后稷[[28]尧使后稷养五□，为时节度，教百姓种作，经纬此上皇，故言後（后）稷所经纬也。

【汇注】：

《汉书》：应劭曰："东厸，纣也。歼，尽也。王，武王也。欲合五位三所，即《国语》岁日月星辰之所在也。"师古曰："厸，古邻字也。仁即三仁也。《国语》称泠州鸠对景王曰：'昔武王伐殷，岁在鹑火，月在天驷，日在析木之津，辰在斗杓，星在天鼋。星与日辰之位皆在北维，颛顼之所建也，我姬氏出自天鼋。又析木者，有建星及牵牛焉，则我皇妣大姜之姪。伯陵之后，逢公之所凭神也。岁之所在，则我有周之分野也。月之所在，辰为农祥也，我太祖后稷之所经纬也。王欲合是五位三所而用之。''五位'，谓岁日月辰星也。'三所'，谓逢公所凭神，周分野所在，后稷所经纬也。"

《文选》：曹大家曰："东邻，谓纣也。歼，尽也。仁，谓三仁也。（明州本下为'善曰'引）《周易》曰：东邻杀牛。"

【按】：古注中较早引《国语》者为应劭，后师古与李善注皆引，文字略有不同，且所引《国语》后"五位，谓岁日月辰星也。三所，谓逢公所凭神，周分野所在，后稷所经纬也"实为韦昭注文。写本注文较诸家皆长，文字间与应劭注有类似处。

【出典】:

［24］“三仁”,上引诸注家未释,而写本注文释之,提及比干,经籍史书对纣歼三仁事均有记载,如《论语·微子》:“微子去之,箕子为之奴,比干谏而死。孔子曰:‘殷有三仁焉。’”(第2528页)

［25］典出《国语·周语下》:“王曰:‘七律者何?’对曰:‘昔武王伐殷,岁在鹑火,月在天驷,日在析木之津,辰在斗柄,星在天鼋。星与日辰之位,皆在北维。颛顼之所建也,帝喾受之。我姬氏出自天鼋,及析木者,有建星及牵牛焉,则我皇妣大姜之姪、伯陵之后,逄公之所凭神也。岁之所在,则我有周之分野也。月之所在,辰马农祥也。我太祖后稷之所经纬也,王欲合是五位三所而用之。’”(第59页)古注文字与今本《国语》基本吻合,仅有微小差异,知古注本应征引了《国语》。

［26］此述武王布兵牧野,伐纣之具体时间。《国语》卷3《周语下》:“王以二月癸亥夜陈,未毕而雨。以夷则之上宫毕,当辰。辰在戌上,故长夷则之上宫,名之曰羽,所以藩屏民则也。王以黄钟之下宫,布戎于牧之野,故谓之厉,所以厉六师也。”韦昭注:“布戎,陈兵,谓夜陈之。晨旦,甲子昧爽,左仗黄钺,右秉白旄时也。黄钟所以宣养气德,使皆自勉,尚桓桓也。黄钟在下,故曰下宫也。”(第61—62页)

［27］典出《国语》卷3《周语下》:“成公之归也,……吾闻之大誓,故曰:‘朕梦协朕卜,袭于休祥,戎商必克。’”韦昭注:“《大誓》,伐纣之誓也。故,故事也。朕,武王自谓也。协,合也。休,美也。祥,福之先见者也。戎,兵也。言武王梦与卜合,又合美善之祥,以兵伐殷,必克之也。”(第43—45页)

［28］典出《国语》卷3:“则我皇妣大姜之姪、伯陵之后、逄公之所凭神也。”韦昭注:“皇,君也。生曰母,死曰妣。大姜,大王之妃,王季之母,姜女也。女子谓昆弟之子,男女皆曰姪。伯陵,大姜之祖有逄伯陵也。逄公,伯陵之后,大姜之姪,殷之诸侯,封于齐地。齐地属天鼋,故祀天鼋,死而配食,为其神主,故云凭。凭,依也。言天鼋乃皇妣家之所凭依也,非但合于水木相承而已,又我实出于水家。周道起于大王,故本于大姜也。”(第61—62页)

戎〔女烈而〕丧孝兮,伯徂归于龙虎。

往也。晋献公伐丽戎,得此女,以为后。故言丽姬[弟重耳惧诛,出奔翟,以岁在卯出,以岁在酉入,过[率归,立为文公,故称伯。卯在东为龙,酉在西为[丽姬何为谮申生乎?言献公前夫人有三子,长者[耳,次曰夷吾,丽姬与公有二子,长曰奚齐,次曰卓[[29]

奚齐,故毁申生于公:妾昨夜梦见申生母齐姜[命生祭于曲沃,々,申生母冢地,及还,上祚于公,々时[置酒肉中,公归,欲享之,丽姬曰:妾闻食外来者[犬,々死。以酒饮青衣,青衣死。丽姬乃长嘆曰:为人[父已老,岂不能须终哉?非但欲杀君,并及妾身[之地,无大子所鱼肉也。申生闻之,悬绳自经。其傅[明。申生曰:吾直丽姬当诛,念吾君年老,饥不得丽[丽姬不安,失君所安,非孝子也。里克曰:子何不去[试父名,天下岂有无父之处,遂自经而死矣。远[[30]

【汇注】:

《汉书》:师古曰:"戎女,骊戎之女,谓骊姬也。烈,酷也。孝谓太子申生也。伯读曰霸,言文公霸诸侯也。徂,往也。言以龙往出,以(兽)〔虎〕归入也。"

《文选》:曹大家曰:"戎女,骊姬也。烈,酷也。孝子,申生也。"孟康曰:"伯,晋文公也。岁在卯出,历十九年,过一周,岁在酉入;卯为龙,酉为虎也。"应劭曰:"伯,文公也。"(下明州本以"李善曰"引)《左氏传》曰:"晋献公娶骊姬为夫人,生奚齐。姬谓太子曰:君梦齐姜,速祭之。太子祭,归胙于公。姬置毒,公祭之地,地坟;与犬,犬毙。姬泣曰:'贼由太子。'太子缢于新城。姬谮诸公子曰:'皆知之。'重耳奔蒲。"《国语》:"晋侯问简子曰:'吾其济乎?'对曰:'公以辰出而以参入,皆晋祥也,必伯诸侯也。'"

【按】:此段所言为晋献公宠姬丽姬陷害太子申生,逼迫重耳兄弟出奔事,诸注家皆轻点出用典,未详引其事,唯李善注节引了《左传》和《国语》,而写本注文则将此完整故事道出。按注文之"卯在东为龙,酉在西为"与孟康注最类。

【出典】:

[29]"三子"见《史记》卷39《晋世家》:"太子申生,其母齐桓公女也,曰齐姜,早死。申生同母女弟为秦穆公夫人。重耳母,翟之狐氏女也。夷吾

母,重耳母女弟也。献公子八人,而太子申生、重耳、夷吾皆有贤行。及得骊姬,乃远此三子。"(第 1641 页)《左传》庄公二十八年:"晋献公娶于贾,无子。烝于齐姜,生秦穆夫人及大子申生。又娶二女于戎,大戎狐姬生重耳,小戎子生夷吾。"(第 1781 页)"二子",见《左传》庄公二十八年:"晋伐骊戎,骊戎男女以骊姬。归,生奚齐。其娣生卓子。"

[30] 写本注文所述事,见于众多文献记载,如《左传·僖公四年》:

> 初,晋献公欲以骊姬为夫人,卜之,不吉;筮之,吉。……生奚齐,其娣生卓子。及将立奚齐,既与中大夫成谋,姬谓大子曰:"君梦齐姜,必速祭之。"大子祭于曲沃,归胙于公。公田,姬置诸宫六日。公至,毒而献之。公祭之地,地坟。与犬,犬毙。与小臣,小臣亦毙。姬泣曰:"贼由大子。"大子奔新城。公杀其傅杜原款。或谓大子:"子辞,君必辩焉。"大子曰:"君非姬氏,居不安,食不饱。我辞,姬必有罪。君老矣,吾又不乐。"曰:"子其行乎!"大子曰:"君实不察其罪,被此名也以出,人谁纳我?"
>
> 十二月戊申,缢于新城。姬遂谮二公子曰:"皆知之。"重耳奔蒲。夷吾奔屈。(第 1793 页)

《国语》卷 8《晋语》:

> 骊姬以君命命申生曰:"今夕君梦齐姜,必速祠而归福。"申生许诺,乃祭于曲沃,归福于绛。公田,骊姬受福,乃置鸩于酒,置堇于肉。公至,召申生献,公祭之地,地坟。申生恐而出。骊姬与犬肉,犬毙;饮小臣酒,亦毙。公命杀杜原款。申生奔新城。
>
> 杜原款将死,使小臣圉告于申生,曰:"……吾闻君子不去情,不反谗,谗行身死可也,犹有令名焉。死不迁情,强也。守情说父,孝也。杀身以成志,仁也。死不忘君,敬也。孺子勉之!死必遗爱,死民之思,不亦可乎?"申生许诺。
>
> 人谓申生曰:"非子之罪,何不去乎?"申生曰:"不可。去而罪释,必归于君,是怨君也。章父之恶,取笑诸侯,吾谁乡而入?内困于父母,外困于诸侯,是重困也。弃君去罪,是逃死也。吾闻之:'仁不怨君,智不

重困,勇不逃死。'若罪不释,去而必重。去而罪重,不智。逃死而怨君,不仁。有罪不死,无勇。去而厚怨,恶不可重,死不可避,吾将伏以俟命。"

骊姬见申生而哭之,曰:"有父忍之,况国人乎? 忍父而求好人,人孰好之? 杀父以求利人,人孰利之? 皆民之所恶也,难以长生!"骊姬退,申生乃雉经于新城之庙……

骊姬既杀太子申生,又谮二公子曰:"重耳、夷吾与知共君之事。"公令阉楚刺重耳,重耳逃于狄;令贾华刺夷吾,夷吾逃于梁。尽逐群公子,乃立奚齐焉。(第131—132页)

《礼记·檀弓上》:

晋献公将杀其世子申生,公子重耳谓之曰:"子盍言子之志于公乎?"世子曰:"不可,君安骊姬,是我伤公之心也。"曰:"然则盍行乎?"世子曰:"不可,君谓我欲弑君也,天下岂有无父之国哉? 吾何行如之?"使人辞于狐突曰:"申生有罪,不念伯氏之言也,以至于死,申生不敢爱其死。虽然,吾君老矣,子少,国家多难,伯氏不出而图吾君,伯氏苟出而图吾君,申生受赐而死。"再拜稽首乃卒,是以为共世子也。(第174—175页)

刘向《古列女传》卷7《孽嬖传》"晋献公骊姬":

骊姬乃使人以公命告太子曰:"君梦见齐姜,亟往祀焉。"申生祭于曲沃,归福于绛,公田,不在。骊姬受福,乃置鸩于酒,施毒于脯,公至,召申生,将胙,骊姬曰:"食自外来,不可不试也。"覆酒于地,地坟,申生恐而出,骊姬与犬,犬死;与小臣,小臣亦死。骊姬乃仰天叩心而泣,见申生,哭曰:"嗟乎! 国子之国,子何迟为君? 有父恩忍之,况国人乎! 弑父以求利人,孰利之?"献公使人谓太子曰:"尔其图之。"太傅里克曰:"太子入自明,可以生,不,则不可以生。"太子曰:"吾君老矣! 若入而自明,则骊姬死,吾君不安。"遂自经于新城庙,遂杀少傅杜原款,使阉楚刺重耳,重耳奔狄,使贾华刺夷吾,夷吾奔梁,尽逐群公子,乃立奚齐。(第

202—203 页)

《春秋谷梁传·僖公十年》:

晋献公伐虢,得丽姬。献公私之,有二子,长曰奚齐,稚曰卓子。丽姬欲为乱,故谓君曰:“吾夜者梦夫人趋而来,曰:‘吾苦畏!’胡不使大夫将卫士而卫冢乎?”公曰:“孰可使?”曰:“臣莫尊于世子,则世子可。”故君谓世子曰:“丽姬梦夫人趋而来,曰:‘吾苦畏!’女其将卫士而往卫冢乎!”世子曰:“敬诺!”筑宫,宫成。丽姬又曰:“吾夜者梦夫人趋而来,曰:‘吾苦饥!’世子之宫已成,则何为不使祠也?”故献公谓世子曰:“其祠!”世子祠。已祠,致福于君。君田而不在。丽姬以鸩为酒,药脯以毒。献公田来,丽姬曰:“世子已祠,故致福于君。”君将食,丽姬跪曰:“食自外来者,不可不试也。”覆酒于地而地贲。以脯与犬,犬死。丽姬下堂而啼呼,曰:“天乎天乎!国,子之国也,子何迟于为君?”君喟然叹曰:“吾与女未有过切,是何与我之深也!”使人谓世子曰:“尔其图之!”世子之傅里克谓世子曰:“入自明!入自明则可以生,不入自明则不可以生。”世子曰:“吾君已老矣,已昏矣!吾若此而入自明,则丽姬必死;丽姬死,则吾君不安。所以使吾君不安者,吾不若自死。吾宁自杀以安吾君,以重耳为寄矣!”刎脰而死。故里克所为弑者,为重耳也。夷吾曰:“是又将杀我也。”(第 2396 页)

《史记》卷 39《晋世家》:

二十一年,骊姬谓太子曰:“君梦见齐姜,太子速祭曲沃,归厘于君。”太子于是祭其母齐姜于曲沃,上其荐胙于献公。献公时出猎,置胙于宫中。骊姬使人置毒药胙中。居二日,献公从猎来还,宰人上胙献公,献公欲飨之。骊姬从旁止之,曰:“胙所从来远,宜试之。”祭地,地坟。与犬,犬死。与小臣,小臣死。骊姬泣曰:“寸子何忍也。其父而欲弑代之,况他人乎?且君老矣,旦暮之人,曾不能待而欲弑之。”谓献公曰:“太子所以然者,不过以妾及奚齐之故。妾愿子母辟之他国,若早自杀,毋徒使母子为太子所鱼肉也。始君欲废之,妾犹恨之。至于今,妾殊自失于此。"太子闻之,奔新城。献公怒,乃诛其傅杜原款。或谓太子曰:"为此药者乃骊姬也,太子何不自辞明之?"太子曰:"吾君老矣,非骊姬,寝不安,食不甘。即辞之,君且怒之。不可。"或谓太子曰:"可奔他国。"太子曰:"被此恶名以出,人谁内我?我自杀耳。"十二月戊申,申生自杀于新城。(第1645—1646页)

【按】:各本所述情节近似,然文字与写本注文均不太相同,相似度较高的是刘向《古列女传》。丽姬置鸩于肉中献之献公,诸本皆记先与犬,犬死,复与小臣,"小臣",写本注作"青衣"。许云和以"青衣"一词较晚出,为晋、宋以来专称童婢之时语,此前未有。① 其说恐非。青衣自汉以后就为卑贱者所服,如东汉蔡邕有《青衣赋》"金生沙砾,珠出蚌泥。叹兹窈窕,生于卑微。……伊何尔命,在此贱微!"②魏曹操《与太尉杨彪书》言"有心青衣二人,长奉左右"③,唐徐坚《初学记》卷26引《晋令》曰:"士卒百工履色无过绿、青、白,奴婢履色无过绿、青、白。"

发还师以成性兮,重醉行〔而自耦。〕

王名也,言发称大子,观兵于孟津,八百诸侯不召见[ ]还师,二年,纣杀比干,囚箕[ ]于文公重耳初出。[31]

【汇注】:

《汉书》:师古曰:"发,武王名也。性,命也。武王初观兵于孟津,八百诸侯不期而会,皆曰纣可伐矣。武王曰:'尔未知天性。'还师二年,纣杀比干,囚箕子,武王乃伐克之,于是成天命也。重谓重耳,晋文公名也。耦,合也。文公初出奔至齐,齐桓公妻之,有马二十乘。文公欲安之,齐姜乃与子犯谋,醉而遣之。后遂反国,与时会也。"

《文选》:曹大家曰:"发,武王名也。"项岱曰:"重,晋文公重耳也。"应劭曰:"与天时耦会也。成命,以成天命也。(明州本以下为'善曰'引)《周

① 许云和:《德藏吐鲁番本汉班固〈幽通赋〉并注校录考证》,第60页。
② 费振刚、胡双宝、宗明华辑校:《全汉赋》,北京大学出版社,1993年,第571页。
③ 严可均辑:《全三国文》,商务印书馆,1999年,第31—32页。

书》，武王观兵于孟津，诸侯皆曰：'帝纣可伐矣！'武王曰：'汝未知天命，未可也。'乃还师。"《左氏传》曰："晋公子及齐，桓公妻之，公子安之，姜与子犯醉而遣之。"

【按】：从文字上看，写本注文与师古注相似程度较高。

【出典】：

［31］参考《史记》卷4《周本纪》："九年，武王上祭于毕。东观兵，至于盟津。……武王自称太子发，言奉文王以伐，不敢自专……是时，诸侯不期而会盟津者八百诸侯。诸侯皆曰：'纣可伐矣。'武王曰：'女未知天命，未可也。'乃还师归。……居二年，闻纣昏乱暴虐滋甚，杀王子比干，囚箕子。"（第121页）

汇注·出典考所用古籍版本（行文中仅随文标明页码）

《北堂书钞》，［隋］虞世南，中国书店影印本，1989年。

《初学记》，［唐］徐坚，中华书局点校本，1962年。

《春秋战国异辞》，［清］陈厚耀，影印文渊阁《四库全书》本，第403册。

《古今事文类聚》，［宋］祝穆，影印文渊阁《四库全书》本，第926册。

《古列女传》，［汉］刘向编撰，［东晋］顾恺之图画，《丛书集成初编》本，第3400册，商务印书馆，1936年。

《广博物志》，［明］董斯张，影印文渊阁《四库全书》本，第980册。

《国语》，［吴］韦昭注，明洁辑评，梁谷整理，上海古籍出版社，2008年。

《经义考新校》，［清］朱彝尊撰，林庆彰、蒋秋华、杨晋龙、张广庆整理，上海古籍出版社，2010年。

《孔子家语》，［魏］王肃，上海古籍出版社影印本，1990年。

《日本足利学校藏宋刊明州本六臣注文选》，人民文学出版社影印本，2008年。

《三国志》，［西晋］陈寿，中华书局标点本，1982年。

《十三经注疏》，［清］阮元校刻，中华书局影印本，1980年。

《史记》，［西汉］司马迁，中华书局标点本，1959年。

《四书逸笺》，［清］程大中，影印文渊阁《四库全书》本，第210册。

《太平御览》，［宋］李昉，中华书局影印本，1960年。

《天中记》，［明］陈耀文，影印文渊阁《四库全书》本，第966册。

《文选》，［梁］萧统编，［唐］李善注，中华书局影胡刻本，1977年。

《文选》标点本,上海古籍出版社,1986 年。

《文选》奎章阁本,正文社,1996 年。

《文子校释》,李定生、徐慧君校释,上海古籍出版社,2004 年。

《续修仲里志》六卷,[清] 仲贻熙重纂,清光绪二至五年(1876—1879)五经堂刻本。

《弇州四部稿》,[明] 王世贞,影印文渊阁《四库全书》本,第 1281 册。

《绎史》,[清] 马骕,影印文渊阁《四库全书》本,第 367 册。

《玉芝堂谈荟》,[明] 徐应秋,影印文渊阁《四库全书》本,第 883 册。

《御定渊鉴类函》,[清],影印文渊阁《四库全书》本,第 993 册。

《庄子集释》,[清] 郭庆藩撰,王孝鱼点校,中华书局,2012 年。

通过将古写本与《汉书》《文选》保留《幽通赋》正文、赋旧注一一对比,并对注文字句所作出处考察,我们大体上可以有这样的观察:

1. 写本之注释风格简朴,产生年代较早。

注文多直接训释字词,通释句义,并就数句演绎,无一例引前人成说(某某曰,某某注之类)。所引典籍,明言征引处,仅 25 行"《论语》曰",除此外能确定征引的古书仅有《周易》《庄子》《国语》《文子》等,注者似并不经意于标明书名、篇名,而是如文学上"隐括"之作法,将其融入一己之诠释世界,所引语句也与今本诸经诸史有差异。虽然古人引书多撮其要而述之,未必文字相合,此乃古书之通例,[①]但写本注文内容、情节独异处甚多,最突出的例子为 16—17 行及以下引《庄子》,出典考部分已有分析,16 行"罔(魍)两(魉)曰:主亦何为",似非注者诠释语,而应是罔两与景对话的第二轮,是《庄子》原文之内容,而为今郭象注《庄子·齐物论》所无,或应出自古本《庄子》。

据陆德明《经典释文序录》"庄子"条述:"庄生独高尚其事,优游自得,依老氏之旨,著书十余万言,以逍遥自然无为齐物而已;大抵皆寓言,归之于理,不可案文责也。然庄生弘才命世,辞趣华深,正言若反,故莫能畅其弘致;后人增足,渐失其真。故郭子玄云:'一曲之才,妄窜奇说,若《阏弈》《意修》之首,《危言》《游凫》《子胥》之篇,凡诸巧杂,十分有三。'"汉魏所见《庄

① 余嘉锡:《古书通例》,氏著《目录学发微》,中国人民大学出版社,2004 年,第 174—175 页。

子》为《汉书·艺文志》所记五十二篇,[1]无《内》《外》《杂》篇之殊,西晋郭象以古本《庄子》"言多诡诞,或似《山海经》,或类《占梦书》",将原本删去十九篇,四五万言,形成三十三篇,内七、外十五、杂十一的定本《庄子》,并因其"特会庄生之旨,故为世所贵",[2]成为六朝隋唐以来之官定本,《庄子》旧本遂佚。写本注者所见若为汉代通行之《庄子》,则其生活时代约在4世纪之前。[3]

另据出典考,注文19、24、27行似引《周易》,41—43行引《国语·周语》,文字皆与今本有出入。据上分析,4—11行也可能是引自较早的史书或《论语》注本(何晏注定《论语》之前的本子),47—53行述晋献公纵骊姬为乱事,情节与今本《史记》《左传》《国语》等俱相似,唯行文不同,不知是注者自述,还是另有古本为依据。《汉书·艺文志》"六艺略""诸子略"所列古籍,[4]在魏晋时代涌起的大规模注解经典运动中,大多面目非昨,如钱穆指出的那样:"经学自郑玄注经,折衷异同,而博士家岐,遂成废弃,中经丧乱,至于魏代,而今文全绝,古文独传,自是有王肃之伪证,杜预之曲说,有王弼以《老》《庄》注《易》,有何晏、皇侃以玄虚说《论语》,有范宁之破弃颛门以解《谷梁》,皆可以见经学之移步换形,日失其本来面目也。"[5]从字里行间我们或能有体会,此《幽通赋》注本的诞生,应在这场变动之前。

2. 从古写本正文(赋正文)来看,有些字的写法较古,如"冈两""羌""醇""从"等,与唐代形成的颜注《汉书》、李善注《文选》差距较大,但与《汉书》的早期注者如应劭所用文本相类。[6] 从注文看,也是相同的情况。如13—14行对"形气发于根柢兮,柯叶汇而零茂"注,若干词句与张晏注类似;15—16行对"恐罔两之责景兮"注,其残存字句与应劭注颇类;40—44行对

---

① 《汉书》卷30《艺文志一》,第1730页。

② 陆德明撰,吴承仕疏证:《经典释文叙录疏证》,中华书局,2008年,第141—145页。

③ 据王晓毅考证,郭象《庄子注》成书时间在西晋永康元年(300)—光熙元年(306)之间,见氏著《郭象评传》(附向秀),南京大学出版社,2006年,第148—149页。

④ 《汉书》卷30《艺文志》一,第1701—1740页。

⑤ 钱穆:《国学概论》,商务印书馆,1997年,第163—169页。

⑥ 许云和也注意到这一点,他详细分析了"冈两"的写法,认为在汉魏六朝,"罔""网"作"冈"的情形十分普遍,所撰《德藏吐鲁番本汉班固〈幽通赋〉并注校录考证》,第58—59页。

"东丛虐而歼仁兮,王合位呼三五"注,与应劭注类,而其引《国语》,亦当沿袭应劭;48 行注"卯在东为龙,酉在西为"残句与孟康注类似。古写本的作者似乎见过魏人孟康以前的《汉书》古注,而尤与应劭《汉书》注亲近,或应在其后不久。

三、写本的时代与性质再探

在对古写本进行全面文献学梳理的基础上,再来探考其时代与性质。写本之时代,包括正面赋及注文的写作时代、抄写时代,以及背面残诗的写作时代、抄写时代这四重问题,本文主要考虑正面,背面仅为参照。

1. 时代:下限与上限

上部分仅从文本比勘出发,对《幽通赋注》古写本产生的时代有初步感知,要较确切断代,还需寻找其他的依据。西胁常记对注文的形成时代有两说,据其所引书有《论语隐义》(疑郭象撰)、刘宋师觉授《孝子传》以及为隋虞世南《北堂书钞》所引的事实,断为 6 世纪以降作品,在颜注《汉书》以前,然而又根据汉晋赋注大行的时代,以及写本注文引《庄子》情况,将赋注视为 3 世纪三国时代作品。① 许云和亦以《孝子传》与《北堂书钞》两限为写本断代。② 既然两人皆有 5—6 世纪的判断,我们先来审视此说。

下限:古写本注文为《北堂书钞》所引。见《北堂书钞》卷 122"长剑一丈"注文:"班固《幽通赋》序云:卫灵公太子蒯聩好带剑,长一丈,公谏,乃作短者,长一尺,公知不可以传国,乃逐之。"③许云和以此条不见于传世旧注,而仅见德藏写本注,且类书所引,仅题班固《幽通赋》注,不题某氏《汉书》注,或某氏《文选》注,推定类书所引赋注正与古写本注为一物,他还收集了诸类书中题为"班固幽通赋注(序)""幽通赋注"的引文 20 余条,以其所述之事均不见于存世旧注,而有三条见于写本注文,从而推定,诸类书所引皆为该古

---

① 西胁常记:《〈幽通赋〉注の残简》,第 256—263 页。

② 许云和:《德藏吐鲁番本汉班固〈幽通赋〉并注校录考证》,第 55—59 页。

③《北堂书钞》,中国书店影印本,1989 年,第 470 页。

写本,写本注文在史志中虽无著录,然为历代类书征引,说明此本在唐以后至清代一直存在、流传。①

这一系列论断恐瑕瑜并见。笔者在其基础上收集到类书中保存的题为“(班固)幽通赋注”之佚文30余条(限于篇幅不一一罗列),其中许多注文都可在《汉书》《文选》保留的本赋旧注中找到来源。不过也有在传世旧注中确无对应的情况,一为卫灵公太子好带长剑事,为《北堂书钞》《太平御览》等四种类书征引(见注文出典考[5]);一为卫国内乱,子羔灭髭鬓出逃事,为《太平御览》《天中记》等六种类书征引(见注文出典考[6]);另有《太平御览》卷370记载的两个故事:“班固《幽通赋》注曰:齐桓公倚柱叹曰:‘天下奇珍易得,但未得食人肉耳!’易牙归,断其儿手以啖于君也;班固《幽通赋》注曰:管仲射小白,中其钩,白阳僵,鲍叔割指血涂之,倾盖以覆之,哭曰:‘吾君死矣!’鲁摄兵。”②前两例恰见于古写本,文字叙述略同(见“固行行其必凶兮”等两句之【汇注】),故上10种类书所引《幽通赋》注,可以认定就是吐鲁番出《幽通赋》注古写本原文。而《太平御览》所引齐桓公二事,应为赋文“管弯弧欲毙仇兮,仇作后而成己”之注文,惜写本为残本,无此句注,无从对证。如此,西胁氏、许氏据其中成书年代最早的《北堂书钞》定古写本下限的做法可以成立。

至于上限,西胁氏、许氏都注意到,古写本注文6—9行与类书所引《论语隐义》(疑为郭象撰)、10—11行注文与类书所引师觉授《孝子传》皆极相似,除此外,在传世文献中别无他源,因此进一步认为古写本所引之书最晚为刘宋师觉授《孝子传》,以此定为上限。③ 此说有漏洞存在:首先,不论是类书所引《论语隐义》,还是《孝子传》,与写本注文文字只称得上大体相似(详出典考[7]、[8]),尚有一些差异,很难说得上有征引与被征引关系,以及谁征引谁。第二,出典考已言及,写本之注文自4—11行是一个完整的故事,卫灵公太子蒯聩失宠出奔,灵公卒,卫立太子之子辄,是为出公,十余年后,哀公十五年,蒯聩返回,与子争国,挟持卫大夫孔悝发动变乱,时为孔悝之蒲

① 许云和:《德藏吐鲁番本汉班固〈幽通赋〉并注校录考证》,第48—55页。

② 《太平御览》,中华书局,1960年,第1705页。

③ 西胁常记:《〈幽通赋〉注の残简》,第256—257页;许云和:《德藏吐鲁番本汉班固〈幽通赋〉并注校录考证》,第55—56页。

邑宰的子路涉入其中，身死卫国内乱，其子子崔欲为父报仇，咨询于孔子，与卫人决战而死。若按照许云和对此段注文出典的分析，注者先自述（4—5行，诸类书皆引此段注），再引《论语隐义》（6—9行），再据师觉授《孝子传》保留的仲子崔故事（10—11行），完整的一个故事被割裂为三个碎片。

清人在搜集孔门弟子子路言行时，确有类似做法，如马骕《绎史》卷95之3言："《史记》：初卫灵公有宠姬曰南子……子路曰：'君子死而冠不免。'遂结缨而死。孔子闻卫乱曰：'嗟乎！由死矣已。'而果死。《礼记》：孔子哭子路于中庭，有人吊者，而夫子拜之既哭，进使者而问，故使者曰：'醢之矣。'遂命覆醢。（《檀弓》）《论语谶》：子路感雷精而生，尚刚好勇，亲涉卫难，结缨而死，孔子闻而覆醢，每闻雷鸣，中心恻怛。《论语隐义》：卫蒯聩乱，……子路以衣袂覆目，黯遂杀。《孝子传》：仲子崔者，仲由之子也，……其日黡持蒲弓、木戟，与子崔战而死。"[①]辑《史记》《礼记》《论语谶》《论语隐义》《孝子传》等记载考究子路之死的细节，但以其为小说家之鄙谈，不可信从。

由于诸种记录孔子及其弟子言行的古文献散佚，清人只能借助时典中保留的片断信息复原事实整体，而从古写本注者的视角看，恐非如此。即以仲子崔为父报仇决战而死事为例，清人似仅能凭《孝子传》得其详，然在前代，此事似为通识。子路家族仲氏谱系世代相传，贞观年间唐太宗曾亲制仲氏谱《赞》并免其后人赋役，仲子崔事迹必有记载。清修本《仲里志》卷3《宗子世表》载其："因狐黯诈堕，父折骨被其伤。年十五岁，欲报父仇，告于孔子。孔子曰：'行矣。'遂与狐黡战而死。"后有明代官员兵科给事中吴甘来、兵部尚书吕纯如等《赞》，[②]明人皆通晓仲子崔事，恐非仅通过时已散佚大半的南朝人师觉授的《孝子传》。或许古写本《幽通赋》之注者所见书中对子路、子崔身死事有完整之记载（或为春秋古史，或为古本《论语》《论语注》等），注者仅将其内容概述，而《论语隐义》与《孝子传》的作者与注者同样能见到此记载，创作过程中对其有所征引。如果我们理解为写本注文、《论语隐义》、《孝子传》三者并未递相转引，而有共同的史源，当更贴近古文献的发

---

① 马骕：《绎史》，影印文渊阁《四库全书》本，第364册，第203—204页。

② 《仲里志》卷3《宗子世表》，第42页；《孝节》，第61页。

展脉络。

2. 德藏《幽通赋》注本的性质

(1) 非《文选》注

前人从征引与被征引文献出发,考订写本年代的作法,恐并未能触及问题之实质,即古写本《幽通赋》注的性质。通过上文对残本的汇注工作,我们已观察到,该注文有注释学发展早期,汉魏注释简素的风格,[①]极少引典,与李善《文选》注采取的征引前人成说以解词说义的"征引式"训诂体式,[②]绝不相类。而虞世南于隋大业中编《北堂书钞》时即引用过此本赋注,亦说明其来源不可能是隋末以后渐起的诸家《文选》注本,故古写本与诸家《文选》注的关系,可以切割清楚。

(2) 从《汉书》注到单行赋注

汇注又显示,古写本注文与存世的诸家《汉书》旧注,虽有零星相似处,但并无直接对接,这是否意味着,德藏注本既不出自《汉书》诸家注系统,又非诸家《文选》注,是一个单行注本呢? 这里下此结论尚早。从今所见之文献,难以窥视汉魏文献世界之全貌。今本《汉书》《文选》注虽保留了一些汉魏古注,已是吉光片羽,其佚者八九,颜师古注《汉书》,虽言"凡旧注是者,则无间然,具而存之,以示不隐。其有指趣略举,结约未伸,衍而通之,使皆备悉"[③],实则多掩袭他人之说以为己说,又往往埋没其名,故学界有颜注成,而《汉书》古注失之叹。因此,不能简单通过比勘今存文本来确定古写本性质。

那应从何种角度考虑呢? 古写本注作为东汉班固《幽通赋》的一种注本,其性质与产生的时代,应结合对赋这一文体别本单行以及赋注盛行情况

---

① 参照汪习波对东汉、魏晋篇章注释风格的总结,氏著《隋唐文选学研究》,上海古籍出版社,2005 年,第 89—101 页。

② 李善注的体式、特点,是《选》学的重要研究课题之一,历来研究颇多,许逸民提出的"新选学"中,专列《文选》注释学一类,氏著《"新文选学"界说》,收入中国文选学研究会、郑州大学古籍整理所编《文选学新论》,中州古籍出版社,1997 年,第 26—33 页。汪习波将李善注释层次分为待释文本、引证文本、诠释文本,氏著《隋唐文选学研究》,第 108—184 页;关于《文选》赋类注研究,参考唐普《〈文选〉赋类研究》,四川师范大学 2011 年博士学位论文,第 120—160 页。

③ 中华书局点校本《汉书》前附颜师古《汉书叙例》,第 3 页。

的考察,回到史志、目录对汉晋间赋、赋注的记载。现将汉晋赋注情况罗列如下:

作者(时代,生卒年)	赋　作	注　　者	
		为赋作注	为《汉书》作注而单行
司马相如(西汉,约前179—前117)	《子虚赋》	司马彪(东晋)	张揖(三国魏),晋灼(西晋),郭璞(东晋276—324)
	《上林赋》	司马彪	张揖,韦昭(三国吴),郭璞
扬雄(西汉,前53—18)	《甘泉赋》		服虔(东汉),晋灼,张晏(三国魏),孟康(三国魏)
班固(东汉,32—92)	《幽通赋》	曹大家(东汉,约45—117)	项岱(或以三国或以东晋,事迹待考)
张衡(东汉,78—139)	《二京赋》	薛综(三国吴人,约180—243)注并音,晁矫,傅巽	
	《南都赋》	皇甫谧(215—282)	
	《思玄赋》	旧注(汪习波以旧注在东汉)	
王延寿(东汉)	《鲁灵光殿赋》	张载(西晋)	
潘岳(西晋,247—300)	《射稚赋》	徐爰(刘宋)	
左思(西晋,约250—305)	《三都赋》	卫权(西晋),綦毋邃(东晋初)注(罗国威据《唐钞文选》辑出其注5条)	
	其中《蜀都赋》	刘逵(西晋)	

（续表）

作者(时代，生卒年)	赋　作	注　　者	
		为赋作注	为《汉书》作注而单行
左思（西晋，约250—305）	《吴都赋》	刘逵注，注内或称张载(西晋中书著作郎，与刘同时)，刘成(疑为东汉刘熙)注，殷仲文注(二人皆注，所引未详何本)	
	《魏都赋》	张载注，标题亦称刘逵，曹毗(西晋，曹休曾孙)注	

参考资料：《隋书·经籍志》《旧唐书·经籍志》《新唐书·艺文志》（下文简称《隋志》、两《唐志》）；汪师韩《文选理学权舆》卷2下《旧注》；张珊《文选赋类李善注所收旧注解题》，《古籍整理研究学刊》2010年第6期；管雄《唐以前诸家〈汉书〉注考》，氏著《魏晋南北朝文学史论》，南京大学出版社，1998年；罗国威《左思〈三都赋〉綦毋邃注发覆——〈文选〉旧注新探之一》，《古籍整理研究学刊》1994年第6期。

考察这些赋旧注，注者原注解史书，其中之相关篇章并注文后别本单行，由史部转为集部的例子不少，如颜师古《汉书叙例》述《汉书》旧注者张揖（止解《司马相如传》一卷）、郭璞（止注《相如传序》及游猎诗赋），[①]而见于《隋志》即有郭璞《子虚》《上林》赋注一卷，[②]《文选》有《上林》《子虚》赋张揖旧注。[③] 这种因注史而注篇章文辞的现象，造成了《汉书》注家圈与赋注者的重合（表中“为《汉书》作注”一列），恐怕也是赋注产生的最初动因。

《幽通赋》的注释情况，作者之妹首为其作注，赋文被收入《汉书》，东汉以来通注《汉书》的注家亦注此赋，但只有项岱注得以从史注中析出单行。《隋志》记《汉书》诸注家中有项岱，《旧唐志》记“《汉书叙传》五卷，项岱撰”，而《新唐志》记“《汉书叙传》八卷，项岱撰”[④]，《幽通赋》正在《汉书叙传》中，

① 《汉书》，第4—5页。

② 《隋书》卷35《经籍志四》，第1083页。

③ 汪师韩：《文选理学权舆》，《丛书集成初编》本，1686册，第69页。

④ 《隋书》卷35《经籍志四》，第1083页；《旧唐书》卷46《经籍志》下，第2077页；《新唐书》卷58《艺文二》，第1616页。

项注单行，成为《隋志》所记"梁有项氏注《幽通赋》"，两《唐志》所记班固《幽通赋》项岱注一卷。①

(3) 古写本注为"项岱注"说

对于《幽通赋注》古写本，与其以其为不见于史志目录记载的单行本，莫如先考虑其为班、项注的可能性。

曹大家注在《文选》李善注中存留较多，观其风格与古写本注不类，基本可排除。再考虑项岱注。《文选》之《幽通赋》注保留项注 10 条，其中仅有注"重醉行而自耦"句一条，其所注赋文恰好也出现在古写本中，但项注仅存曰"重，晋文公重耳也"②，释一名，无法与古写本此句下注对证。《文选》卷 45 所收班孟坚《答宾戏》注则保留了较多项岱注，共 36 条，观其体例，亦直训字词为多，通解句义，并有在全句基础上发挥之部分（汪习波称之为"诠释文本"），③如"先贱而后贵者，和隋之珍也；时暗而久章者，君子之真也"。项岱曰："时暗，未显用时也。久，旧也。章，明也。言君子怀德，虽初时未见显用，后亦终自明达，如应龙蟠屈而升天，隋和先贱而后贵也。如此是比君子道德之真，言屈伸如一，无变也。"④风格与古写本注类似。

从流传与散佚的时间来看，古写本《幽通赋》注与项岱注亦极为一致。上文提及许云和根据从《北堂书钞》以来至清《御定渊鉴类函》诸类书中之"（班固）《幽通赋》注"的内容并未递相转引，而都是直接引自吐鲁番古本，从而判定该本注至清代尚存，理由是各类书所引此本《幽通赋》注的内容不尽相同，而后出之类书引《幽通赋》注亦不言出自《书钞》《御览》。⑤

观其所举之例，《古今事文类聚后集》卷 20："楚欲攻宋，墨子闻之，自鲁趋，而十日十夜足重茧而不休息，至郢见楚王；申包胥如秦乞师，逾越险阻，

---

① 《隋书》卷 35《经籍志四》记"项氏注《幽通赋》"，第 1083 页；《旧唐书》卷 46《经籍志》下"《幽通赋》一卷　班固撰，曹大家注"，第 2077 页；《新唐书》卷 58《艺文二》"曹大家注班固《幽通赋》一卷，项岱注《幽通赋》一卷"，第 1616 页。

② 《文选》卷 14，第 641 页。

③ 汪习波：《隋唐文选学研究》，第 112 页。

④ 《文选》卷 45，第 2015—2023 页。

⑤ 许云和：《德藏吐鲁番本汉班固〈幽通赋〉并注校录考证》，第 48—55 页。

曾茧重胝，立于秦庭，号哭七日(《幽通赋》注)。”[①]此条确为《书钞》《御览》所不载，但细察赋文“申重茧以存荆”句《汉书》颜注：“昭王时，吴师入郢，昭王出奔。申包胥如秦乞师，逾越险阻，曾茧重胝，立于秦庭，号哭七日。秦哀公出师救楚，而败吴师。昭王反国，将赏包胥。包胥辞曰：‘吾所以重茧，为君耳，非为身也。’逃不受赏。”[②]《文选》注引《淮南子》曰：“申包胥重茧，七日七夜，至于秦庭，以见秦王曰：使下臣告急。秦王乃发军击吴，果大破之，以存楚国。”[③]皆与此条相类。

《卮林》卷7：“《幽通赋》注引《周书》：武王观兵于盟津，诸侯皆曰：‘帝纣可伐矣。’武王曰：‘汝未知天命，未可也。’乃还师。”[④]许云和以此条不见于《文选》《汉书》及诸类书，仅与写本之注文重合，[⑤]恐非。此句当为“发还师以成性兮”注，见上汇注本，应劭注(或称李善注)已引《周书》此条，且文字与《卮林》所引完全相同，相反，写本之注文与《周书》表述微异。总之，这些类书引赋注文，实来自《汉书》《文选》注，与古写本无关。

除此外，诸类书所引赋注文，皆本于成书较早之《书钞》《御览》，后起的类书转引早期类书。至于许氏提出的后者抄撮前者，却径言出自《幽通赋》注，不存前者之名的情况，恐是古代类书之通例。许氏注意到的《四库提要》卷136《广博物志》提要言：“其征引诸书，皆标列原名，缀于每条之末，体例较善，而中间亦有舛驳者。如《太平御览》《太平广记》皆采摭古书，原名具在。乃斯张所引，凡出自二书者，往往但题《御览》《广记》之名，而没所由来，殊为不明根据。”又同卷《天中记》提要：“明人类书，大都没其出处，至于凭臆增损，无可征信。此书援引繁富，而皆能一一著所由来，体裁较善。”[⑥]正说明类书征引文献，应穷本溯源，“标列”“古书”之“原名”，此为“较善”之“体例”，而四库馆臣慨叹的是明人类书“大

① 影印文渊阁《四库全书》本，第926册，第313页。
② 《汉书》，第4222页。
③ 《文选》，第644页。
④ 影印文渊阁《四库全书》本，第858册，第160页。
⑤ 许云和：《德藏吐鲁番本汉班固〈幽通赋〉并注校录考证》，第51—52页。
⑥ 《四库全书总目提要》，河北人民出版社，2000年，第3475—3477页。

都没其出处”的恶劣情况。[①]

总之,许氏所列,仅有早期类书《太平御览》《北堂书钞》的相关条目是直接引自古写本《幽通赋》注,余皆递相转引。《太平御览》成书于太平兴国八年(983),也即是说,古写本宋初尚在流行,此后渐至散佚。而项岱注,除前述见于《隋志》、两《唐志》外,宋代目录中尚存,如郑樵《通志》卷70《艺文略》载“班固《幽通赋》一卷曹大家注,又一卷项岱注”,卷65中还记有“《汉书叙传》五卷,项岱撰”,[②]此后便难觅踪迹。古写本与项岱注的散佚时间如此巧合,莫如说为一本。

关于项岱生活的时代,以及项岱注的产生时间,据《隋志》、两《唐志》,项岱曾撰《汉书叙传》五卷、八卷,颜师古注《汉书》时其书仍存,颜氏应收。然而颜氏《汉书叙例》罗列的《汉书》二十三家旧注,并无项岱,仅有“项昭”[③],而此“项昭”及其《汉书》注,隋、唐三《志》又不载,说明“项昭”极有可能就是项岱。清姚振宗即有此疑,以“项昭”因避晋讳而改为“项岱”,颜氏仍题其旧名,与韦昭一例。[④] 避讳改名说外,还有一种可能,项氏以“岱”为名,以“昭”为字,古人常以字释名,“昭”为实字,有昭明、彰显之义,而“岱”即泰山,据《旧唐书·礼仪志》“封金岱岭,昭累圣之鸿勋”[⑤],登封“岱”岳,正是为了彰显功德,“昭”明视野。[⑥]

据颜氏《汉书叙例》,项昭在魏孟康后,吴韦昭前,应为三国时人。[⑦] 而项岱其人生平、时代,史、志虽无记载,可稍事推断。《隋志》列《汉书》诸注家,项岱位于最后,前为西晋人刘宝,论者据此判定其为东晋人,恐非是。[⑧] 结合《叙

---

① 胡道静在观察古代类书时也指出,明人辑佚的通病是不把出处注明,氏著《中国古代的类书》,中华书局,2005年,第34页。

② 郑樵撰:《通志》,中华书局,1987年,第826、771页。

③《汉书叙例》,第5页。

④ 姚振宗:《隋书经籍志考证》第十一卷,收入《二十五史补编》第四册,中华书局,1955年,第5236页。

⑤《旧唐书》卷22《礼仪二》,第856页。

⑥ 此处观点得到王素先生的提示。

⑦《汉书叙例》,第5页。

⑧ 管雄:《唐以前诸家〈汉书〉注考》,第326页;张珊:《文选赋类李善注所收旧注解题》,第99—100页。

例》，知《隋志》并未按生活年代顺序（或卒年）排列注家，如晋灼为西晋人，却在隋包恺后，诸葛亮为三国蜀人，却在隋姚察后。[①] 而《旧唐志》对《汉书》诸注家的排列顺序为服虔（东汉）、应劭（东汉）、项岱、孟康（三国魏）、晋灼（西晋）、韦昭（三国吴）、刘宝（西晋）、陆澄（齐）、孔文详、韦棱（萧梁）、姚察（陈入隋）、刘嗣、夏侯泳、包恺、萧该、颜延年、顾胤、释务静、李善、阴景伦，[②]大体是以注者生活年代排列的。其中项岱列于东汉应劭后，三国魏孟康前，排序与《叙例》中项昭颇类。

上述信息共同提示，项昭即项岱，[③]生活时代在三国，为《汉书》早期注家，其注《汉书》以及其中《幽通赋》注本析出单行的时间，亦应在此后不久，若以此对照前文对古写本时代的几个判断，项氏作注时，魏晋大规模注经活动尚未启动，所见书多为未经注者割裂的汉代古本。项氏之前，为《幽通赋》作注者，有曹大家，另有《汉书》注者服虔、应劭、刘德、文颖、张揖、苏林、张晏、如淳、孟康等人，相对较少，前文分析古写本注者似见过应劭、张晏、孟康三人《汉书》注，而此三人恰好在我们推定的项岱生活时代之前。

从注释风格，注文产生、流行与散佚的时间，以及其他细微的线索，都给了“项岱注说”以最有力的证据。应该可以说，古写本注文极有可能是项岱注，原属《汉书》注释系统，写本乃是由史注析出单行的篇章注释，正是《隋志》记载的“《幽通赋》一卷，项岱注”[④]的古书之真实形态。

四、写本的正背关系、抄写年代与流传

德藏 Ch 3693、Ch 3699、Ch 2400、Ch 3865 四残片缀合完成后，正面是东

---

① 《隋书》卷 33《经籍志二》，第 953—954 页。

② 《旧唐书》卷 46《经籍志》上，第 1988 页。

③ 隋、唐三《志》载项岱撰《汉书叙传》，而《汉书》颜注中保留有项昭注二条，分别在卷 64 上《严助传》、卷 65《东方朔传》（第 2779、2844 页），内容不限于《汉书叙传》，但不可因此否定项昭即项岱。项岱（昭）原著应为整本《汉书》，称为《汉书音义》（《文选》卷 17 陆机《文赋》“考殿最于锱铢”句注引《汉书音义》项岱曰，第 767 页），至隋唐时仅存《汉书叙传》和其他残本。即如《汉书叙传》，史志也著录有五、八卷本，颜师古所引或为其他残本。

④ 《隋书》卷 35《经籍志四》，第 1083 页。

汉《幽通赋》及其早期注本，而背面是有“晋史毛伯成”题署的18首魏晋杂诗，此写本之正背皆为集部篇卷，这在吐鲁番出土文献中是极少见的。朱玉麒在整理吐鲁番文书中的汉文文学资料时，已经注意到其重要性，他还收集了与文学相关的文书50余件。① 考察这些文书的正、背情况，正面往往用来书写官、私文书、佛经等，诗歌选集、创作草稿、文学作品常在背面。双面皆为文学作品的，仅有寥寥几件，德藏《幽通赋》注写本算得上唯一一件正背皆为雅文学作品的卷子。②

据相关研究，写本背面晋史毛伯成诗创作时间当在东晋哀帝隆和(362—363)以前，而抄写时间更在其后，③而据上文分析，正面《幽通赋》注成书时间当在三国(3世纪)，其抄写时间在何时呢？观察写本正、背的书法特征，正背字体皆介于隶、楷之间，结体保留隶书痕迹，但正面用笔使转灵活，更显动态，笔画间有明显的呼应，有行书意味，可作为带有较浓隶意的行楷书，而背面书写更工且整齐，笔笔不相连，是所谓隶体之中间出楷笔。正背的书风带有较强的个人特征，但大体上都处于魏晋南北朝这一时期，继承两晋写经体之书风。④

具体分析正面，横画尖锋起笔，不用逆锋，收笔重按，形成波磔，横画、捺画、折画等行笔过程中力量不断增强，如“也”“已”“氾”字的竖弯钩，“之”与“大”字之捺画，“子”“乎”字之收笔，都十分夸张，较其他笔画粗一倍有余。

① 参照朱玉麒《吐鲁番文书中的汉文文学资料叙录》，《吐鲁番学研究》2009年第2期，第89—98页；《中古时期吐鲁番地区汉文文学的传播与接受——以吐鲁番出土文书为中心》，《中国社会科学》2010年第6期，第182—194页。

② 吐鲁番“经典文学”“雅文学”，参考朱玉麒之定义，《中古时期吐鲁番地区汉文文学的传播与接受——以吐鲁番出土文书为中心》，第184—185页。

③ 徐俊、荣新江：《德藏吐鲁番本“晋史毛伯成”诗卷校录考证》，第1—9页。

④ 魏晋南北朝是书体演变归结期，关于此期各种书体演变发展，不同阶层书风之介绍，参考刘涛《中国书法史·魏晋南北朝卷》，江苏教育出版社，2002年；黄惇《魏晋南北朝书法史》，江苏美术出版社，2009年。从敦煌吐鲁番写本看这一时期书法，参考赵声良《敦煌南北朝写本的书法艺术》，《敦煌研究》1991年第4期，第43—50页；伊藤伸《从中国书法史看敦煌汉文文书》(一)，赵声良译，李爱民校，《敦煌研究》1995年第3期，第171—185页。赵声良将东晋、南北朝写卷书法分为三期，每期又分若干样式。

整个字体结构左瘦右腴，[①]风格极类吐鲁番出土晋写本《三国志·吴书·孙权传》残卷[②]以及历史博物馆藏《妙法莲华经·信解品》残卷。[③] 毛秋瑾曾注意到，“其”字较古老的写法，中间有一短竖，在3至4世纪的写本中普遍如此，而到5世纪初的经卷中已不见，之后也不再见，[④]德藏《幽通赋》注写本中正好有“其”字(Ch.3699)(“其各得谋虑以为门户”)，为晚出写法。由此，再结合上述分析，可将正面注的抄写时间定于5至6世纪初叶，写本背面抄写时间略晚于此。

明了了写本的抄写时间，可以尝试稍论其流传。写本发现于吐鲁番，但其正背抄写的内容，似乎代表当时全国文化中心，东晋王朝所在之江左的文化风尚。江左诗赋之学发达，文人赋大量涌现，时为赋作注者又有司马彪、郭璞、綦毋邃数家，前朝赋注亦在流传，想来其中必有《幽通赋》注(《隋志》记梁有项氏《幽通赋》注一卷)。而江左诗学上承魏晋拟古、咏怀之传统，毛伯成曾为东晋征西将军桓温(373年卒)的行军参军，[⑤]写本背面保留的其诗卷为五言，风格上迎合当时咏怀之习，应是写成于这种浓厚文化氛围中。

在吐鲁番地区出土这样正赋背诗的写本，如朱玉麒所言，是文学时尚从中央蔓延到地方的表征。[⑥] 4至5世纪初叶，正对应于高昌郡时期，前秦建兴十五年、东晋咸和二年(327)，前凉在吐鲁番置高昌郡，后又经历前秦等七个割据政权统治，在此前后，随着内地战乱，大量的中原及南方汉族民众迁移河西，复由河西迁移到吐鲁番盆地，高昌得以与河西、中原连为一体，[⑦] 移民亦

---

① 关于德藏写本书法风格，笔者曾与史睿先生数次讨论，又承毛秋瑾先生指教，谨致谢！

② 图版见中国古代书画鉴定组编《中国法书全集》第二卷“魏晋南北朝”，文物出版社，2009年，图一九，第33—34页。

③ 图版见中国历史博物馆编，史树青主编《中国历史博物馆藏法书大观》第十一卷《晋唐写经晋唐文书》(杨文和主编)，柳原书店、上海教育出版社，1999年，第21—22页。

④ 毛秋瑾：《汉唐之间的写经书法——以敦煌吐鲁番写本为中心》，《南京艺术学院学报》2012年第3期，第5—17页。

⑤ 徐俊、荣新江：《德藏吐鲁番本“晋史毛伯成”诗卷校录考证》，第8页。

⑥ 朱玉麒：《中古时期吐鲁番地区汉文文学的传播与接受——以吐鲁番出土文书为中心》，第192—193页。

⑦ 王素：《高昌史稿·统治编》，文物出版社，1998年，第120—123页。

将正统的汉族文化，乃至江左文化传播至高昌，故学者有高昌文化主要为中原传统文化的判断。[①]

至于此写本的具体抄写与流传过程，是在东晋抄写，由移民带至河西、高昌，还是江左的诗赋已为河西人所熟知，由河西—高昌本地书手抄写，已不得其详。不过从写本书风或能有大致之判断：魏晋之际，正书由隶变而为楷，章草也变为今草，行书在士大夫文人书札中流行，这种转变，在东晋南朝社会上层的名家手中早已完成，但十六国北朝的写经或经典文献书写中，还往往存有隶意，此即书法学界熟知的北方书风古雅，南方书风新妍。而北朝书法接轨南朝，写经体滞后现象消失，是北魏以后的事情。[②] 古写本书风大致在隶楷间，汉隶之古韵间出，王素注意到高昌郡时期吐鲁番地区曾受书法家戊己校尉长史索靖的影响，书写水平较高，并不断受中原熏陶，[③]或许此写本正是这一时期高昌—河西书手的作品。

五、古写本《幽通赋注》校录与复原

在校录文字，形成《幽通赋注》工作清本后，本文第二节对古注之出典进行了详细考察，基本逐段找到了注文之引据。这些工作为此赋及注文残本之复原提供了良好条件。现尝试利用《汉书》《文选》中所收赋原文，以及出典考罗列注文所征引之原始文献，于清本文字后，推补与复原残简如下：[④]

（前缺）

1]人孤子不[（1）

2]去兩館□[（2）
]□子不壽也[

① 王素：《敦煌吐鲁番文献》“吐鲁番的文化”，第 41 页。

② 参考刘涛《魏晋新书风在江南的发展与南朝书法的北传》，收入巫鸿主编《汉唐之间的视觉文化与物质文化》，文物出版社，2003 年，第 599—635 页。

③ 王素：《敦煌吐鲁番文献》，第 40—42 页。

④ 为便于与图版对照录文及推补成果，以下文本及说明部分采用繁体字。

3　]黄耇之壽不能及焉。□[
]性不可移,命不可變[

4　亂,子輅何驟(3)死乎?昔靈公大子[蒯聵無道,好高蓋,公]
諫之,乃作高車卑蓋,好帶長劍,長[一丈,公諫,乃作短者,]

5　長一尺,靈公知其[不]可以專(傳)國,乃立(4)[止。][
]輒國,輒奔魯(5)。時子睾(皋)宰(6)[　　][滅髭鬚,衣婦人衣逃出。]

6　[曰:父子]争□[國],吾爲其間,輅聞之[
]守門謂子　輅曰:門已閉[

7　][乞]弧鳖□□□敵子輅□□[鳖從城上下麻]
[繩釣子輅半城,問曰:]爲君爲師?[曰:在君爲君,在師爲師。]

8　]祐乎子輅[
]向□□鳖裁可□[

9　]□如鳖,頓赴不能自[前][　　][謂曰:畏子之]
[目,願覆之。]子輅以衣覆,鳖遂前(7)[

10　][子]崔欲報孤鳖,往告孔[子][
]欲報之,子崔曰:就父(8)[

11　]子曰:行矣,此復讎之道[　　][鳖知之,曰:夫君子]
[不掩人之]不備,願須後日會城[西][

12　]□可□記在
]哀公二年中。　形氣發[於柢兮,柯葉彙]

13　[而]零茂。　珢,根也。柢,本。柯,莖。寅(彙),茂[
稟形,生於父母,出自先祖[

14　]零落茂盛,其類
]根本也。　恐冈(魍)兩(魎)[之責景兮,羌未]

15　[得]其云已。　羌,猶乃。云,有也。□[　　][諸子以顔、冉、季輅逢災蹈]
害,或疑其身,或[非其師,是由罔兩問景,莊子曰:罔兩]

16　[曰:嚮子坐,]今子起,嚮子行,今止,何其[無特操與?景曰:吾有待而然者也。]
□孤而不得已,罔(魍)兩(魎)曰:主亦何爲[

17　然也,彼欲安寢,虫入其耳,得[
非虫之穴,人非棘之叢,物有遭[

18　言人胎受吉凶,善惡之命矣。及[
同歸而殊塗,一致而[百]慮。於是吉凶[

19 其各得謀慮,以爲門户,内因其[
消息,承斬進退,隨時委曲,窮理盡[

20 云賤者裁[ ]☐當☐縋(9)缯絲筍[
族悚惕(10)之徒,见其如斯而不知其[

21 者施其爲以求譽,拙者竭其力以[
☐其略以逐利。失之憔悴,得之則[

22]然不爲可毀之行,不患人之[之不己知,患己無能也。]
]☐(11)已也,不能信禍,無致信已,不[

23 ☐致無縣(懸)欲,既至,無易願,信[
☐貧固不變其志,以逐世利,是[

24 德,窮則有以自守,困則有以舜 [
不知已定乎死生之分,通乎榮辱[

25 而行人事也。論語曰:天生德於予,[桓魋其如予]
何?又曰:公伯寮愬子輅於季孫,[

26 聽又曰:道之將行与,命也,道之將廢[与,命也,公伯寮其如命何?]
曰:不怨天,不尤人,下學而上達,知我[者,其天乎?][

27 懼。遂遁世不恨,樂天知命,
故不憂,此之謂也。 犂(黎)醇[耀于高辛兮,芈]

28 彊大於南汜;犂,楚之先[也],[ ]
有天下[[嬴取]

29 威 於伯儀兮,姜本[支虖三趾。] [
[

30]上下,順(12)草木,伯夷秩宗[
]者。犂爲高辛氏火正,姜[

31]祝融之德大於周,未有☐[
]伯益能儀伯(佰)物以佐舜,其子孫未有☐[ ]姜、

32 [嬴、荆、]芈,實與諸姬代相干也。其後齊有桓公☐[
]☐秦遂并六國而有天下,故楚彊大於南[

33]齊者伯夷之德。羸(嬴)取威於伯儀者,伯益[
☐封爲上公,在南方,主祝貴神,々者,祝融也。

34 具(13)德最大,故後子孫當興。伯夷爲堯臣,主祭天[
☐中知欲使堯致大平,伯☐(14)侯堯臣也,養々戰々狩々衆(15)[

35]□,水名,百草於民有益,故字(16)益,々伯功應[
]在受滅也。昔堯、后稷,主五穀民人,伯夷[

36 □水(?)戰狩皆有大功,后稷之冑,至周有天下。契之皆(?)[
夷之苗(17)。齊桓霸,伯益之裔也,至秦亦有天下,使禹[

37 □良(?)而上先人之央,頡烈而當(18)先人之福,豈不
慎哉! 斯亦甚明矣。 既人[得其信然]

38 兮,仰天路而同軌。 即是言推迹(19)人[
天路下視人道盈(?)[

39 □至爲惡凶則臻
]軌亦(?)可矣 東仏(鄰)虐而殲仁兮,[王合位]

40 虖 三 五。 東仏(鄰),謂紂暴虐也。殲,盡也。仁,三仁也。紂[
[箕]子囚,比干死,三仁既盡,武王罰王也□[

41 □[歲]在淳火,月在天四(駟),日在析木之津,辰在斗柄,[星在天黿。星與日辰之位,]
皆在四(北)維,顓酷之所建也。帝酷受娥姬,出自天黿[及析木者有建]

42 □(20)牽牛焉,則娥(我)皇妣大姜之姪,伯陵[之後,逄公之所憑]
神也,歲之所在,則我有周之分也野(野也)。月之[所在,辰馬農祥也。]

43 我大祖後(后)稷之經緯也。王欲合此五位三所在[
癸亥夜,陳,甲子昧爽殺之紂,傾天下數也。言[

44 禹也。農者,神也,福之先见者爲詳(祥)。大姜者,周[
大姜兄弟字伯凌(陵),封逄國,故言逄公。后稷[

45 堯使后稷養五□(21),爲時節度,教百姓種作,
經緯此上皇,故言後(后)稷所經緯也。 戎[女烈而]

46 喪孝兮,伯祖(徂)歸於龍[虎]①。 [
[ ],[祖,]

47 往也。晋獻公伐麗戎,得此女,以爲后。故言麗姬[
弟重耳懼誅,出奔翟,以歲在卯出,以歲在酉入,過[

48 率歸,立爲文公,故稱伯。卯在東爲龍,酉在西爲[
麗姬何爲譖申生乎? 言獻公前夫人有三子,長者[曰申生,次曰重]

49 耳,次曰夷吾,麗姬与公有二子,長曰奚齊,次曰卓[子,] [
奚齊,故毁申生於公: 妾昨夜夢见申生母齊姜[

50 命生祭於曲沃。々,申生母冢地,及還,上胙於公,々時[出狩,] [
置酒肉中,公歸,欲享之,麗姬曰: 妾聞食外來者,[不可不試也,][

① 此處原寫作“帝”字,有衍文符號。

51 犬,々死。以酒飲青衣,青衣死。麗姬乃長嘆曰:爲人[
父已老,豈不能須終哉?非但欲殺君,并及妾身[

52 之地,無大子所魚肉也。申生聞之,懸繩自經。其傅[里克][ ][自]
明。申生曰:吾直麗姬當誅,念吾君年老,飢不得麗[

53 麗姬不安,失君所安,非孝子也。里克曰:子何不去[
試(弑)父名,天下豈有無父之處,遂自經而死矣。遠[

54 發還師以成性兮,重醉行[而自耦。] [發,武]

55 王名也,言發稱大子,觀兵于孟津,八百諸侯不召見[
]還師,二年,紂殺比干,囚箕[子,][

56]於文公重耳初出[

(後缺)

説明:

1. ( )中爲正字,[ ]中爲推補及復原。

2. 據圖版,與西脇常記、許雲和録文不同,但可確定處,徑改。西脇、許有不同録文,未可確定處,出"文字校録"如下:(1)"孤",西脇録作"孔"。(2)許録"舊館人"。(3)許録"緣",細審圖版應爲"驟"。(4)許録"止"。(5)許録"輙",按據《左傳》,"輒"爲衛出公名。(6)"宰",許録"閫"。(7)許録"殺"。(8)西脇録"公"。(9)西脇録作"維"。(10)許録作"高陽"。(11)許録作"得"。(12)許録作"傾"。(13)許録作"其"。(14)西脇録文此處衍一"兵"字,審圖版似無。(15)西脇録作"農"。(16)西脇録作"守"。(17)西脇録作"若"。(18)西脇録作"冨"。(19)西脇録作"踰"。(20)西脇録作"星",許録作"及"。(21)西脇録作"稷",許録作"種"。

3. 從 Ch 3693v 圖版看(IDP 下載),上部尚有八個小殘片,文字依稀辨得"殺""狐"。暫不録。

附记:本文的写作曾得到荣新江、王素、史睿、毛秋瑾、凌文超等先生帮助,初刊《吐鲁番学研究》2013 年第 2 期;今承夏炎兄邀约,修订再刊;文末所附"德藏吐鲁番出土《幽通赋注》写本拼合示意图",由北京师范大学历史学院张家宁同学制作,在此一并致谢!

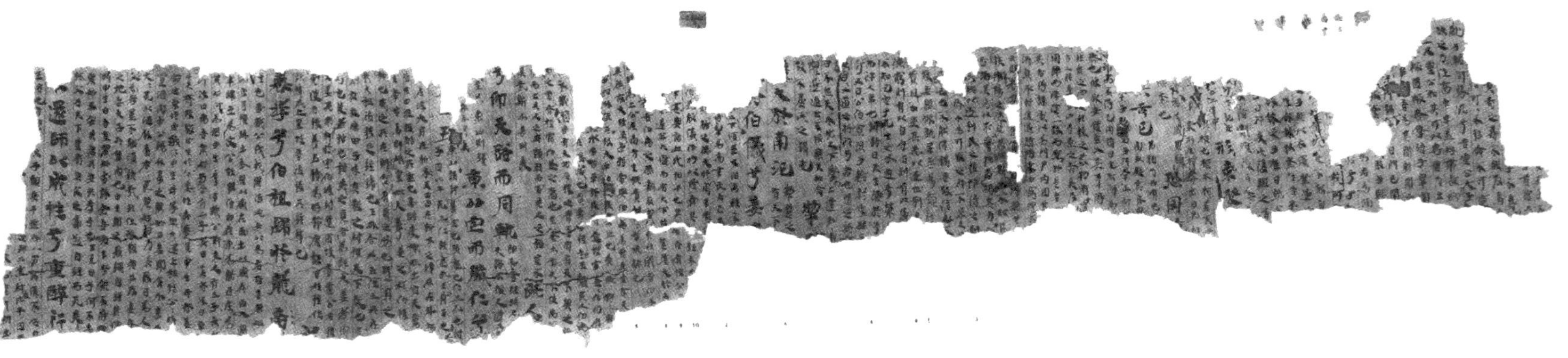

德藏吐鲁番出土《幽通赋注》写本（Ch 3693+Ch 3699+Ch 2400+Ch 3865）拼合示意图

梁武帝天监十六年“去宗庙牲”始末考论

李晓红

梁武帝萧衍（464—549）[①]天监十六年（517）是萧梁王朝文化转向的关键年份。《梁书·武帝纪》载本年“夏四月甲子，初去宗庙牲”，“冬十月，去宗庙荐脩，始用蔬果”。[②]《册府元龟》“崇释老”类按时间先后编录历代崇佛事迹，萧梁一朝亦从“梁高祖天监十六年四月，初去宗庙牲。诏曰……”[③]叙起。可以说“去宗庙牲”是史家公认的萧梁王朝礼乐制度转向崇释教的标志。[④] 关

---

① 曹道衡、沈玉成编：《中国文学家大辞典先秦汉魏晋南北朝卷》，中华书局，1996年，第268页。本文所涉人物生卒年，无特别说明者皆据该书，以下不别出注。

② 姚思廉撰：《梁书》卷2《本纪第二　武帝中》，中华书局，1973年，第57页。

③ 王钦若等编纂，周勋初等校订：《册府元龟》卷194《闰位部（十三）·崇释老》，凤凰出版社，2006年，第2171页。

④ 諏访义纯曾据《梁书》卷2《武帝纪》、《南史》卷6《梁本纪》、《隋书》卷7《礼仪志》所载梁武帝萧衍天监十六年宗庙不血食诏，指出此事标志着皇帝的素食主义由私人的实践转为公开的行事（见《中国中世佛教史研究》，大东出版社，1988年，第80页）；圣凯进一步指出：诏下之后，素食从自身的信仰生活逐渐成为国家意志，从梁朝开始推行（见赖永海主编《中国佛教通史》第四卷，江苏人民出版社，2010年，第403页），甚是。不过諏访和圣凯的关注点在以此事时间确凿来推断梁武帝提倡《断酒肉文》的年代上限，至于去宗庙牲本身始末，如实现契机为何？怎样实行？都无展开。关于萧梁王朝的释教化转向，学界另一较为集中讨论的点是天监十八年梁武帝受菩萨戒事，认为“这一戒法事实上为皇帝自称世俗和宗教的双重最高权威奠定了理论基础”，梁武帝“试图把宗教权威与世俗权威在皇帝身上合而为一，建构一种全新的君主观念，受菩萨戒可谓这种努力的具体体现”（详参颜尚文《梁武帝》，东大图书股份有限公司现代佛学丛书，1999年，第6页；田晓菲《烽火与流星：萧梁王朝的文学与文化》，中华书局，2010年，第30页）。本文以为，受菩萨戒的公开程度不如“去宗庙牲”，从《梁书·武帝纪》《册府元龟》未载梁武帝受菩萨戒来看，史家盖以其非国之大事。“去宗庙牲”是在尊重宗庙祭祀为国之大事基础上兼弘释教“去杀”理念，乃真正绾合世俗认同与释教认同的努力体现，值得更加重视。

于此事始末，迄今罕见学界专题研究。[①] 其中所体现的梁武帝"孔释兼弘""道贯幽显""义高三正"之礼乐追求，与萧梁北伐、刘萨诃礼拜阿育王造塔、佛弟子修孝顺观念兴起之关联，亦堪玩味。兹不揣简陋，试展开考论。

一、"梁高祖武皇帝临天下十二年，下诏去宗庙牺牲"考

如上引《梁书》《册府元龟》所示，"梁高祖天监十六年四月，初去宗庙牲"。史无异议。不过赵以武曾据释道宣（596—667）《广弘明集》卷26《叙梁武断杀绝宗庙牺牲事并表请》"梁高祖武皇帝临天下十二年，下诏去宗庙牺牲"句，提出梁武帝天监十二年（513）时已有去宗庙牲的设想。[②] 在赵以武之前，严可均、杨明照、牟世金、諏访义纯均认为"临天下十二年"中"十二"当是"十六"之讹。[③] 由于赵以武未提及严可均等人说法，至今"梁高祖武皇帝临天下十二年，下诏去宗庙牺牲"中"十二"是否为"十六"之讹？仍存疑问。

为便讨论，兹引《叙梁武断杀绝宗庙牺牲事并表请》全文并标点分段如次：

（一）梁高祖武皇帝临天下十二年，下诏去宗庙牺牲，修行佛戒，蔬食断欲。

（二）上定林寺沙门僧祐、龙华邑正柏超度等上启云："京畿既是福地，而鲜食之族犹布筌网，并驱之客尚驰鹰犬，非所以仰称皇朝优治之旨。请丹阳琅琊二境，水陆并不得搜捕。"敕付尚书详之。

---

① 或因非直接崇佛行为，既有研究罕见关注。杜斗城辑编《正史佛教资料类编》（甘肃文化出版社，2006年）亦似不及此事。

② 赵以武：《关于梁武帝"舍道"与"事佛"》，《嘉应学院学报》2000年第1期。

③ 严可均编：《全上古三代秦汉三国六朝文·全梁文》卷71僧祐《请禁丹阳琅邪二郡搜捕启》，中华书局，1958年，第6745—6746页。杨明照：《梁书刘勰传笺注》，初刊于《中华文史论丛》1979年第1辑（总第9辑），本文引据杨明照校注拾遗《增订文心雕龙校注·梁书刘勰传笺注》，中华书局，2012年，第16页；牟世金《刘勰年谱汇考》，见范子烨编《中古作家年谱汇考辑要》卷3，世界图书西安出版公司，2014年，第177页。諏访义纯《梁武帝佛教关系事迹年谱考》，《佛教史研究》第26卷第1、2号，昭和五十七年（1982）三月初刊，本文引据氏著《南朝佛教史研究》，法藏馆，1997年，第45页。

（三）议郎江贶以为："圣人之道，以百姓为心；仁者之化，以躬行被物。皇德好生，协于上下，日就月将，自然懸俗。一朝抑绝，容恐愚民。且猎山之人，例堪跋涉；捕水之客，不惮风波。江宁有禁，即达牛渚；延陵不许，便往阳羡。取生之地虽异，杀生之数是同；空有防育之制，无益全生之术。"兼都令史王述以为："京邑翼翼，四方所视；民渐至化，必被万国。今祈寒暑雨，人尚无怨；况去俗入真，所以可悦，谓断之为是。"左承谢几卿曰："不杀之礼，诚如王述所议。然圣人为教，亦与俗推移，即之事迹，恐不宜偏断。若二郡独有此禁，便似外道谓不杀戒皆有界域，因时之宜，敬同议郎江贶议。"尚书臣亶、仆射臣昂、令莹已下并同贶议。帝使周舍难贶曰："《礼》云：君子远庖厨，血气不身剪，见生不忍其死，闻声不食其肉，此皆即自兴仁，非关及远，三驱之礼，向我者舍，背我者射。"于是依王述议。遂断。

（四）又敕"太医不得以生类合药，公家织官纹锦，并断仙人鸟兽之形，以为亵衣，裁剪有乖仁恕"，至遂祈告天地宗庙，以去杀之理，被之含识。郊庙皆以面为牲牷，其飨万国用菜蔬，去生类。其山川诸祀则否。

（五）乃敕有司曰："近以神实爱民，不责无识，所贵诚信，非尚血膋。凡有水旱之患，使归咎在上，不同牲牢，止告知而已。而万姓祈求，谄黩为事，山川小祇，难期正直。晴雨或乖，容市民怨；愚夫滞习，难用理移。自今祈请报答可如俗法所用，以身塞咎，事自依前。"

（六）前臣曰："夫神道茫昧，求诸不一。或尚血腥之祀，或歆蕴藻之诚。设教随时，贵其为善。其诚无忒，何往不通。若祭享理无，则四代之风为爽；神明实有，三世之道为弘。语其无，不待牲牷之洁；据其有，宜存去杀之仁。周文禴祭，由来尚矣。苟有明德，神其吐诸。而'以面为牲，于义未达'，方之纹锦，将不矛盾乎？"①

① 释道宣撰：《广弘明集》卷26"慈济篇"，《大正新修大藏经》T2103，第293—294页。按笔者初稿用《四部精要》15子部四所收录《广弘明集》为录文底本，但其中"尚书臣亶、仆射臣昂、令莹"（上海古籍出版社，1993年影印，第245页）一句中"令莹"作"全莹"，费解。经复旦大学中文系李猛老师赐教，方知大正藏本此处以"尚书臣""仆射臣""令"并列，困惑顿消，特此申谢。《四部精要》本"全莹"当为"令莹"之讹。不过《大正藏》本"左承谢几卿""即自兴仁""不同牲牢"之"承""自""同"字，《四部精要》本作"丞""目""用"，较是。

从行文看,开篇(一)“梁高祖武皇帝临天下十二年,下诏去宗庙牺牲,修行佛戒,蔬食断欲”是总括句。按理说下文应叙“梁武帝去宗庙牺牲”及“梁武帝修行佛戒,蔬食断欲”两方面情况,不过现存文本似无“梁武帝修行佛戒,蔬食断欲”的直接表现,似将丹阳琅邪二境水陆并不得搜捕、天地宗庙以去杀视为皇帝修行佛戒的表现。

现存《广弘明集》版本及相关引及道宣该文的文献,“梁高祖武皇帝临天下十二年”一句无异文。严可均等认为“十二年”当为“十六年”之误,盖因其中文段(四)内容同于《南史·梁武帝纪》所载天监十六年三月丙子敕:

> (天监十六年)三月丙子,敕“太医不得以生类为药。公家织官纹锦饰,并断仙人鸟兽之形,以为亵衣,裁翦有乖仁恕”。于是祈告天地宗庙,以去杀之理,欲被之含识。郊庙牲牷,皆代以面,其山川诸祀则否。①

按《隋书·经籍志》载“《制旨革牲大义》三卷梁武帝撰”,鉴于《南史》编纂者李延寿也参与过《隋志》的编纂,②《南史》所载天监十六年三月丙子敕或即出自梁武帝《制旨革牲大义》,可信度较高。

然则道宣所谓“梁高祖武皇帝临天下十二年,下诏去宗庙牺牲”是何意?从参与“丹阳琅邪二境水陆并不得搜捕”尚书省议的“尚书臣亶、仆射臣昂、令莹”来看,《梁书》所载名叫“亶”者,除了卷5《元帝本纪》有“舍人严亶”外,余皆为“夏侯亶”。现存文献无严亶任职尚书省的记载。而《梁书·夏侯亶传》载:“(夏侯亶天监)十二年,以本号还朝,除都官尚书,迁给事中、右卫将军、领豫州大中正。十五年,出为信武将军、安西长史、江夏太守。”可初步断定“梁高祖武皇帝临天下十二年”的“尚书臣亶”是此年除都官尚书的夏侯亶。又按《梁书·武帝纪中》载:“(天监九年春正月乙亥)右光禄大夫王莹为尚书令……(天监十一年)冬十一月乙未,以吴郡太守袁昂兼尚书右仆

---

① 李延寿撰:《南史》卷6《梁本纪上第六·武帝上》,中华书局,1975年,第196页。

② 《南史》为李大师、李延寿父子修成于659年(唐高宗显庆四年)。详见《南史》“出版说明”,第1—2页。《隋书》十志于656年(唐高宗显庆元年)由长孙无忌等撰成上进,李延寿为参修者之一,详见《点校本隋书修订前言》,《点校本二十四史修订本·隋书》,中华书局,2019年,第5页。

射。……(天监十二年)二月辛酉,以兼尚书右仆射袁昂为尚书右仆射……(天监十五年六月)庚子,以尚书令王莹为左光禄大夫、开府仪同三司,尚书右仆射袁昂为尚书左仆射,吏部尚书王暕为尚书右仆射。……九月辛巳,左光禄大夫、开府仪同三司王莹薨。”即天监九年到十五年间尚书令为王莹;又天监十二年二月辛酉兼尚书右仆射袁昂为尚书右仆射,能和“仆射臣昂、令莹”相合。则“尚书臣亶、仆射臣昂、令莹”为天监十二年的都官尚书夏侯亶、尚书右仆射袁昂、尚书令王莹。而由于天监十五年夏侯亶已出为江夏太守,六月不再任尚书令,九月王莹薨,这场有“尚书臣亶”“令莹”参与的尚书省议,绝不可能发生在天监十六年。

确定“梁高祖武皇帝临天下十二年”尚书省详议僧祐等上启请丹阳琅邪二境水陆并不得搜捕时间上无误,再看此时尚书省有无可能详议“去宗庙牺牲”?

事实上,天监十二年之前,朝廷就出现过祭祀革牲的探讨了。按《隋书》卷7《礼仪志》载:

> 梁制,迎气以始祖配,牲用特牛一,其仪同南郊。天监七年,尚书左丞司马筠等议:“以昆虫未蛰,不以火田,鸠化为鹰,罻罗方设。仲春之月,祀不用牲,止珪璧皮币。斯又事神之道,可以不杀,明矣。况今祀天,岂容尚此?请夏初迎气,祭不用牲。”帝从之。①

可见天监七年(508)的祭祀革牲尝试:从原来的迎气牲用特牛一,到“夏初迎气,祭不用牲”。而这个改革的倡议者司马筠,也是天监十六年宗庙去牲、去脯脩的关键支持者,《隋志》同卷后载:

> (天监)十六年四月,诏曰:“夫神无常飨,飨于克诚,所以西邻礿祭,实受其福。宗庙祭祀,犹有牲牢,无益至诚,有累冥道。自今四时蒸尝外,可量代。”八座议:“以大脯代一元大武。”八座又奏:“既停宰杀,无复省牲之事,请立省馔仪。其众官陪列,并同省牲。”帝从之。
>
> 十月,诏曰:“今虽无复牲腥,犹有脯脩之类,即之幽明,义为未尽。

---

① 魏徵等撰:《隋书》卷7,中华书局,1973年,第129页。

可更详定,悉荐时蔬。"左丞司马筠等参议:"大饼代大脯,余悉用蔬菜。"帝从之。又舍人朱异议:"二庙祀,相承止有一钘羹,盖祭祀之礼,应有两羹,相承止于一钘,即礼为乖。请加熬油蓴羹一钘。"帝从之。于是起至敬殿、景阳台,立七庙座。月中再设净馔。自是讫于台城破,诸庙遂不血食。①

无论是天监七年的夏初迎气"祭不用牲",还是天监十六年的宗庙"省牲""大饼代大脯",都属"革牲"。《隋志》这些记载当也是本自梁武帝《制旨革牲大义》。既然天监七年已有祀天去牲之举,则此后至十六年间有过关于去宗庙牲的试探,也非没有可能。

《梁书·武帝纪中》载天监十六年"夏四月甲子,初去宗庙牲"之前,记载有天监十六年三月丙子日事,不过未载"太医不得以生类为药"敕,载的是"三月丙子河南王遣使献方物",②全无语及去宗庙牲事之争议解释工作。但天监十六年夏四月无甲子日。③《册府元龟·崇释老》载:"梁高祖天监十六年四月,初去宗庙牲。诏曰:'夫神无常飨,飨于克诚……'"④即不书"甲子"二字。不过其中"初去宗庙牲"五字却明显采自《梁书》;而"诏曰"内容则同于《隋书·礼仪志》。显然《册府元龟》该条记载兼采《梁书·武帝纪》和《隋书·礼仪志》。《册府元龟》编者意识到《梁书·武帝纪》的记载"甲子"二字有误,但仍特别重视《梁书·武帝纪》"初去宗庙牲"五字,原因盖在"初"字特具微言大义:暗示此前有过的"去宗庙牲"提议均未成功实行,这是第一次成功实行。学界多有利用初去宗庙牲实行时间之明确,来佐证推断萧衍其他崇佛行事的。⑤ 如新近刘淑芬在论中古禁屠断杀的慈悲清净现象时也提道:

关于梁武帝下令僧人全面禁食酒肉的年代,学者认为大致上是在

---

①《隋书》卷7,第134页。

②《梁书》卷2,第57页。

③ 参见《梁书》卷2校勘记〔二二〕,第62页。

④《册府元龟》卷194《闰位部(十三)·崇释老》,第2171页。

⑤ 如丁红旗据"史书中所载的崇佛举措最早在天监十六年"考辨梁武帝舍道事佛不在天监三年,见丁红旗《梁武帝天监三年"舍道归佛"辨》,《宗教学研究》2009年第1期。

天监十六年(517)至普通四年(523)之间的某一年。[①] 不过,根据《梁书》的记载,天监十六年夏四月甲子梁武帝下令“去宗庙牲”,进一步请他的祖先也吃素。按理来说,梁武帝应当是自己先蔬食断肉,才会去掉宗庙荐牲,而《佛祖统纪》上记载,天监十年(511),梁武帝下令断舍自己,以及僧尼的酒肉,天监十六年才下令:“敕太医不得以生类为药。郊庙牲牷皆代以面,宗庙荐羞始用蔬果。”因此,早在天监十年时,梁武帝便已禁断自己和僧人的酒肉,应该是比较可信的。梁武帝请祖先吃素这个例子,是前无仅有的,自古以来皇帝祭祀宗庙都是用牢牲,史书上通常用“宗庙不血食”形容一个朝代的灭亡,从武帝冒着“不血食”这个忌讳,让祖先也吃素,便可知他个人信仰虔诚的程度了。[②]

即利用“去宗庙牲”一事的独特性推断“梁武帝下令僧人全面禁食酒肉的年代”,赞同《佛祖统纪》卷37“法运通塞志·梁武帝”天监十年(511)“上集诸沙门制文立誓永断酒食”之记载,诚为锐识。在此角度上看,《广弘明集》所载适与《佛祖统纪》互补,可以相信梁武帝在天监十年断自己及僧人酒肉后,天监十二年曾有去宗庙牺牲之动议。

综上,《广弘明集·叙梁武断杀绝宗庙牺牲事并表请》文段(一)“梁高祖武皇帝临天下十二年,下诏去宗庙牺牲”,“十二年”非“十六年”之讹;文段(四)同于天监十六年三月丙子敕的部分内容,表明该文所叙非仅天监十二年事,而是包含了天监十二到十六年间朝廷关于去杀、革牲的论议,相关文段涉及史料有:

(二)天监十二年僧祐等请丹阳琅邪二境水陆并不得搜捕启;

---

① 笔者按:诹访义纯以“武帝诏令宗庙祭祀去牲杀,事在天监十六年,这标志着武帝的素食主义由私人的实践转为公开的行事,因此《断酒肉文》写作的上限在天监十六年”(《中国中世佛教史研究》,第80页。参见陈志远《梁武帝与僧团素食改革——解读〈断酒肉文〉》,《中华文史论丛》2011年第3期)。康乐结合郭祖深上梁武帝封事中的“陛下皇基兆运二十余载”和“僧尼皆令蔬食”二句,推断《断酒肉文》写于普通四年(523)的五月二十三日或二十九日。(详参康乐《佛教与素食》,商务印书馆,2017年,第99—100页。)

② 刘淑芬:《慈悲清净:佛教与中古社会生活》,商务印书馆,2017年,第61—62页。

（三）天监十二年梁武帝敕尚书省议僧祐等所请。兼都令史王述赞同；尚书议郎江贶、左丞谢几卿、“尚书臣亶”即都官尚书夏侯亶、“仆射臣昂”尚书右仆射袁昂、“令莹”尚书令王莹等反对。因梁武帝与周舍支持僧祐等请，丹阳琅邪二境实行水陆不得搜捕；

（四）天监十六年三月丙子太医不得以生类合药敕及“郊庙皆以面为牲牷，其飨万国用菜蔬，去生类。其山川诸祀则否”的决定；

（五）关于天监十六年“郊庙皆以面为牲牷，其飨万国用菜蔬，去生类。其山川诸祀则否”的解释，尤其说明山川诸祀权留生类的原因；

（六）尚书省诸臣关于去宗庙牲之议。该段所引“前臣曰”内容，议及“以面为牲”，与文段（四）“郊庙牲牷，皆代以面”呼应，应是天监十六年的意见。该段以为“以面为牲”与“公家织官纹锦饰，并断仙人鸟兽之形，以为亵衣，裁翦有乖仁恕”相矛盾。盖以面制作的猪牛羊，与纹锦上的仙人鸟兽之形一样，都指代生命，因此“以面为牲”仍然“有乖仁恕”“于义未达”，这应是天监十六年“冬十月，去宗庙荐脩，始用蔬果”的缘由。

在萧梁祭祀革牲的历程上，《广弘明集》《南史》《隋书·礼仪志》《佛祖统纪》所记载的内容是互相补充的：梁武帝制旨革牲至迟始于天监七年，先于夏初迎气祀天去牲；后再推广至宗庙去牲。《广弘明集》所载“梁高祖武皇帝临天下十二年下诏去宗庙牺牲”，表明天监十二年有过去宗庙牺牲诏议，但未实行；直到天监十六年三月丙子敕后，朝廷才真正进入全面去杀，在同年四月实现初去宗庙牲。过程简示可如下图：

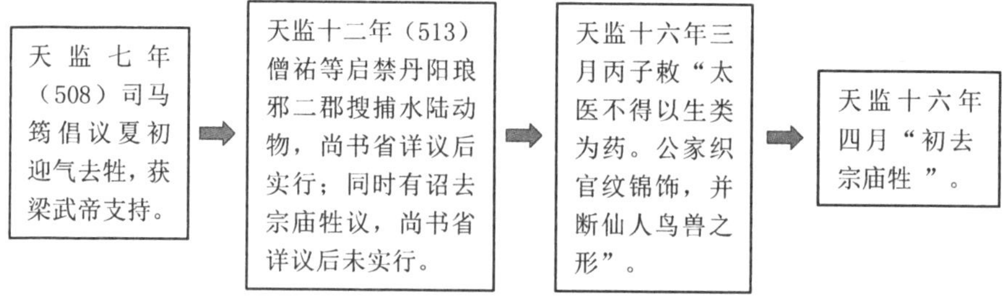

考辨“梁高祖武皇帝临天下十二年下诏去宗庙牺牲”之“十二年”非为“十六年”之讹，主要为了表明在天监十六年四月“初去宗庙牲”前，此项政策

已有过长时期的酝酿甚至曲折。① 按《南史》的记载,尽管天监十六年三月丙子日梁武帝先诏太医去生类,以不顾自己生命健康的决心表明去杀立场;接着又“祈告天地宗庙,以去杀之理,欲被之含识”,做足革牲准备。但到真“郊庙牲牷,皆代以面”时,仍然“公卿异议,朝野喧嚣”,因为同时期多数人的观念还停留在“以宗庙去牲,则为不复血食”上。② 不过这次梁武帝没有像天监十二年那样放弃,而是坚决于四月实现“初去宗庙牲”。那么,梁武帝为何如此执着于“去宗庙牲”呢?此事的具体影响又如何?

二、“去宗庙牲”是梁武帝建构“孔、释兼弘”“道贯幽显”礼乐文化之基点

《汉书·五行志》载刘子曰:“国之大事,在祀与戎。祀有执膰,戎有受脤,神之大节也。”应劭曰:“膰,祭肉也。”③可以说祭祀用肉是先秦以来礼制固有的传统。梁武帝却撰《制旨革牲大义》,从天监七年革去夏初祀天牲,到天监十六年革去宗庙牲,逐步废弃“祀有执膰”的传统。此颇类同北魏孝文帝废弃拓跋民族北亚系统祭典而从汉晋礼制的改革行为,④固然有皇帝个人的信仰取向,但无疑有更深刻的现实政治追求。

如前引刘淑芬文所提示,去宗庙牲实为梁武帝素食政策的构成。既有的关于梁武帝素食政策的研究,侧重在《断酒肉文》及其对僧人的管理与身份塑造上,⑤对“去宗庙牲”罕见着墨。在笔者看来,去宗庙牲是与禁断僧人

---

① 据李猛考,齐武帝已有断杀实践,临终遗诏强调灵上勿用牲祭(详见氏著《从“御膳不宰牲”到“不用牲祭”:南齐武帝“断杀”小考》,《史林》2019年第6期)。此或为梁武帝制旨革牲之先导。

② 《南史》卷6《梁武帝纪》,第196页。

③ 班固撰,颜师古注:《汉书》卷27中之上《五行志》,中华书局,1962年,第1357页。

④ 详参康乐《从西郊到南郊:拓跋魏的“国家祭典”与孝文帝的“礼制改革”》,《台湾学者中国史研究论丛·政治与权力》,中国大百科全书出版社,2005年,第208—238页。

⑤ 详参颜尚文《梁武帝的君权思想与菩萨性格初探——以〈断酒肉文〉形成的背景为例》(《台湾师范大学历史学报》1988年第16期)及前引诹访义纯《中国中世佛教史研究》、陈志远《梁武帝与僧团素食改革——解读〈断酒肉文〉》、康乐《佛教与素食》等论著。

酒肉相配合且更富举国意义的政策：禁断酒肉主要是对释教信徒这一独特人群的管理，是去宗庙牲的准备工作之一。禁断僧人酒肉塑造释教有别于世俗的彻底去杀理念；再在祭祀这一“国之大事”上融入释教理念。因此祭祀革牲不仅有助于统合释教信徒与世俗人士的王朝文化认同，同时也向旧学之士明示旧礼之不足，天监十二年反对僧祐请的尚书左丞谢几卿、尚书令王莹，正是此前长期主宰王朝制礼作乐的王、谢二族子弟，天监十六年能“初去宗庙牲”，天监十五年王莹薨盖是前提之一。

东晋以来不仅门阀士族以礼乐家学高自标置；①新兴的释教势力也影响日大，有凌驾皇帝权威之势。② 军功起家的南朝诸帝王，无不想利用僧团，又掌控僧团，与刘宋帝室亲近的释慧琳，③就曾著《均善论》对传统周、孔之教与新兴的释氏之教各打五十大板，提出孔、释兼弘的新思路，其词曰：

> 有白学先生，以为中国圣人，经纶百世，其德弘矣，智周万变，天人之理尽矣，道无隐旨，教罔遗筌，聪睿迪哲，何负于殊论哉。有黑学道士陋之，谓不照幽冥之途，弗及来生之化，虽尚虚心，未能虚事，不逮西域之深也。于是白学访其所以不逮云尔。
>
> ……
>
> 黑曰：“周、孔为教，正及一世，不见来生无穷之缘，积善不过子孙之庆，累恶不过余殃之罚，报效止于荣禄，诛责极于穷贱，视听之外，冥然不知，良可悲矣。释迦关无穷之业，拔重关之险，陶方寸之虑，宇宙不足盈其明，设一慈之救，群生不足胜其化，叙地狱则民惧其罪，敷天堂则物欢其福，指泥洹以长归，乘法身以遐览，神变无不周，灵泽靡不覃，先觉翻翔于上世，后悟腾翥而不绍，坎井之局，何以识大方之家乎。”……
>
> 黑曰：“释氏之教，专救夷俗，便无取于诸华邪？”

① 详参拙著《文体新变与南朝学术文化》，中华书局，2017年，第56—63页。

② 详参颜尚文《梁武帝的君权思想与菩萨性格初探——以〈断酒肉文〉形成的背景为例》，《国立台湾师范大学历史学报》1988年第16期，见氏著《中国中古佛教史论》，宗教文化出版社，2010年，第156—170页。

③ 慧琳于宋武帝永初间（421年前后）与谢灵运、颜延之同为庐陵王刘义真知赏。详参曹道衡、沈玉成编《中国文学家大辞典先秦汉魏晋南北朝卷》，第488页。

白曰:“曷为其然。为则开端,宜怀属绪,爱物去杀,尚施周人,息心遗荣华之愿,大士布兼济之念,仁义玄一者,何以尚之。惜乎幽旨不亮,末流为累耳。”

黑曰:“子之论善殆同矣,便事尽于生乎?”

白曰:“幽冥之理,固不极于人事矣。周、孔疑而不辨,释迦辨而不实,将宜废其显晦之迹,存其所要之旨。请尝言之。夫道之以仁义者,服理以从化,帅之以劝戒者,循利而迁善。故甘辞兴于有欲,而灭于悟理,淡说行于天解,而息于贪伪。是以示来生者,蔽亏于道、释不得已,杜幽暗者,冥符于姬、孔闭其兑。由斯论之,言之者未必远,知之者未必得,不知者未必失,但知六度与五教并行,信顺与慈悲齐立耳。殊涂而同归者,不得守其发轮之辙也。”①

此中白学先生代表周孔之教;黑学道士代表释氏之教。两人互相攻击对方之短:周孔之教短在只顾现世,“不照幽冥之途,弗及来生之化”;释氏之教短在往生、来世“幽旨不亮,末流为累”。黑学道士希望“释氏之教”,不仅“专救夷俗”,且有“取于诸华”。白学先生承认在“爱物去杀,尚施周人,息心遗荣华之愿,大士布兼济之念”上释教与孔教殊途同归,希望“六度与五教并行,信顺与慈悲齐立”。

《均善论》由于批评释教,不受僧团欢迎,广收孔、释各家论辩的僧祐《弘明集》不予收录。② 但与梁武帝同活跃于萧齐竟陵王萧子良府上、并称“竟陵八子”的沈约(441—513)却将之全文载入《宋书·天竺迦毗黎国传》中,称此“论行于世。旧僧谓其贬黜释氏,欲加摈斥。太祖见论赏之,元嘉中,遂参权要,朝廷大事,皆与议焉。宾客辐凑,门车常有数十两,四方赠赂相系,势倾一时。注《孝经》及《庄子·逍遥篇》、文论,传于世”③。足见此论不仅得到

① 见沈约撰《宋书》卷97《夷蛮传·天竺迦毗黎国传附慧琳传》,中华书局,1974年,第2390—2391页。

② 按释僧祐《弘明集》卷3收有《宗居士炳答何承天书难白黑论》及何承天《答宗居士书释均善难》等,可知慧琳此论又称《白黑论》,见李小荣校笺《弘明集校笺》,上海古籍出版社,2013年,第159—189页。

③《宋书》卷97《夷蛮传·天竺迦毗黎国传》,第2391页。

刘宋帝室之青睐,也得到齐梁帝室之青睐。这是刘宋以来统治者着意于孔、释并用以治国之表征。

论中所揭"周、孔为教,正及一世,不见来生无穷之缘,积善不过子孙之庆,累恶不过余殃之罚,报效止于荣禄,诛责极于穷贱,视听之外,冥然不知,良可悲矣",儒林中人的反击回应是神灭论。《梁书》卷48《儒林传·范缜传》载范缜(450?—510?)《神灭论》:

> 问曰:"形神不二,既闻之矣,形谢神灭,理固宜然,敢问经云'为之宗庙,以鬼飨之',何谓也?"答曰:"圣人之教然也,所以弭孝子之心,而厉偷薄之意,神而明之,此之谓矣。"……问曰:"知此神灭,有何利用邪?"答曰:"浮屠害政,桑门蠹俗,风惊雾起,驰荡不休,吾哀其弊,思拯其溺。夫竭财以赴僧,破产以趋佛,而不恤亲戚,不怜穷匮者何?良由厚我之情深,济物之意浅。是以圭撮涉于贫友,吝情动于颜色。千钟委于富僧,欢意畅于容发。岂不以僧有多稌之期,友无遗秉之报,务施阙于周急,归德必于在己。又惑以茫昧之言,惧以阿鼻之苦,诱以虚诞之辞,欣以兜率之乐。故舍逢掖,袭横衣,废俎豆,列瓶钵,家家弃其亲爱,人人绝其嗣续。致使兵挫于行间,吏空于官府,粟罄于惰游,货殚于泥木。所以奸宄弗胜,颂声尚拥,惟此之故,其流莫已,其病无限。"①

简言之是人死则形神俱灭,遑论三世。范缜此论转而攻击释教信徒"舍逢掖,袭横衣,废俎豆,列瓶钵,家家弃其亲爱,人人绝其嗣续",可谓是《均善论》所提及的释教"幽旨不亮,末流为累"之具体揭露。史载范缜"此论出,朝野喧哗,子良集僧难之而不能屈"②。

范缜所引之诘问:"形神不二,既闻之矣,形谢神灭,理固宜然,敢问经云'为之宗庙,以鬼飨之',何谓也?"透露出其时释教信徒认为宗庙祭祀是持神不灭论的表征。僧祐《弘明集》收录梁武帝《敕答臣下神灭论》曰:"观三圣设

---

① 《梁书》卷48《儒林·范缜传》,第670页。

② 《梁书》卷48《儒林传·范缜传》,第670页。

教,皆云不灭,其文浩博,难可具载。止举二事,试以为言。《祭义》云:‘惟孝子为能飨亲。’《礼运》云:‘三日齐必见所祭。’若谓飨非所飨,见非所见,违经背亲。言语可息。神灭之论,朕所未详。”①表明萧衍代齐后发起对范缜《神灭论》的新批判,而且再次强调传统宗庙祭祀具有神不灭认同,此盖其汲取释教理念治国选择从“去宗庙牲”角度切入的原因所在。

蔡邕提出:“夫昭事上帝,则自怀多福。宗庙致敬,则鬼神以著。国之大事,实先祀典,天子圣躬所当恭事。”②臧焘(353—422)谓:“国之大事,在祀与戎,将营宫室,宗庙为首。古先哲王,莫不致肃恭之诚心,尽崇严乎祖考,然后能流淳化于四海,通幽感于神明。”③“去宗庙牲”可谓是在天子最应恭敬从事的祀典上,正面承认祭祀用牲的周、孔之教虽有幽感神明,但仍因未明“幽冥之理”而有必要汲取释教理念。《续高僧传·梁扬都光宅寺沙门释法云传》载:

> 中书郎顺阳范缜著《神灭论》,群僚未详其理,先以奏闻。有敕令(释法)云答之,以宣示臣下。云乃遍与朝士书论之,文采虽异,而理义伦通。又与少傅沈约书曰:“主上令答《神灭论》,今遣相呈。夫神妙寂寥,可知而不可说。义经丘而未晓,理涉旦而犹昏。至人凝照有本,袭道赴机,垂审臣下,旨训周密。孝享之祀既彰,桀怀曾、史之慕;三世之言复阐,纣协波仑之情。预非草木,谁不歔欷?同挹风猷,共加弘赞也。”约答曰:“神本不灭,久所伏膺;神灭之谈,良用骇惕!近约法师殿内,亦蒙敕答一本,欢受顶戴,寻览忘疲。岂徒伏斯外道,可以永离众魔,孔、释兼弘,于是乎在。实不刊之弘旨,百代之舟航。弟子亦即彼论,微厝疑核,比展具以呈也。”④

可见释法云(467—529)将梁武帝之意传达给了沈约,揭了周公旦、孔丘未识

① 《弘明集校笺》卷10,第498页。
② 见范晔撰《后汉书》卷60下《蔡邕传》,中华书局,1965年,第1992页。
③ 《宋书》卷55《臧焘传》,第1544页。
④ 道宣撰,郭绍林点校:《续高僧传》卷5《义解篇初·梁扬都光宅寺沙门释法云传九》,中华书局,2014年,第162—163页。

幽冥义理之短;沈约答谓“敕答一本”“岂徒伏斯外道,可以永离众魔,孔、释兼弘,于是乎在”则鲜明概括梁武帝敕中之意为“孔、释兼弘”。

全程参与梁武帝制旨革牲的司马筠,也得到释法云所传递的梁武帝敕。其《答释法云书难范缜神灭论》曰:

> 辱告,并垂示敕答臣下审神灭义。伏读周流,式歌且舞。夫识虑沈隐,精灵幽妙。近步无以追,凡情不能测。外圣知其若此,所以抑而不谈,故涉孔父其尚昏,经姬公其未曙。而碌碌之徒,忘理信目;锥画管窥,异见锋起。苟狗离贤之名,遂迷霜露之实。愚惑到此,深可矜伤。我皇道贯幽显,明逾日月,穷天地之极,以尽始终之奥。忌菉紫之妨熏朱,恶雉珉之乱凤玉。爰发圣衷,降兹雅义。信之以光扬妙觉,拯厥沈泥。近照性灵之极,远明孝德之本。实使异学翦其邪心,四方笃其羡慕。谬以多幸,预奉陶均。沐泽饮和,有兼庆跃。流通曲被,佩荷弥深。司马筠呈。①

此中“涉孔父其尚昏,经姬公其未曙”,与法云“义经丘而未晓,理涉旦而犹昏”声气相合,可以说均延续了慧琳《均善论》对周孔之教短在“幽冥之理”的批判思路。值得重视的是,此答中明确交代了梁武帝“道贯幽显,明逾日月,穷天地之极,以尽始终之奥”的超越周、孔之教的追求。

天监七年司马筠之夏初迎气革牲,是对梁武帝天监六年②批判《神灭论》所树立的“道贯幽显”新礼乐追求的照应。与此同时,梁武帝着手解决释氏之教“幽旨不亮,末流为累”的问题:天监七年连敕释僧旻等撰成《众经要抄》八十八卷,敕释智藏撰成《众经理义》八十卷,又敕建元僧朗注《大般涅槃经》七十二卷;③天监八年(509)小庄严寺营铸无量寿佛像,④天监十年造摄

---

① 《弘明集》卷10。严可均编:《全上古三代秦汉三国六朝文·全梁文》卷58《司马筠·答释法云书难范缜神灭论》,第6586页。

② 详参《四萧年谱汇考·天监六年》“是岁,萧衍作《敕答臣下神灭论》,王公朝贵六十余人作答”条,见《中古作家年谱汇考辑要(卷三)》,第459页。

③ 《续高僧传》卷1《译经篇初·梁扬都庄严寺金陵沙门释宝唱传二》,第7—11页。

④ 释慧皎撰,汤用彤校注,汤一玄整理:《高僧传》卷13《兴福·梁京师正觉寺释法悦》,中华书局,1992年,第493—494页。

山无量寿佛像，十二年造剡县弥勒石佛，此皆与僧祐合作。①

在此角度上，《叙梁武断杀绝宗庙牺牲事并表请》将僧祐等请丹阳琅邪二境水陆并不得搜捕启放在“梁高祖武皇帝临天下十二年”，或亦表明“去杀”乃是僧祐与梁武帝共同决定的释教理念。《梁书·文学传下·刘勰传》载：“勰早孤，笃志好学，家贫不婚娶，依沙门僧祐，与之居处，积十余年，遂博通经论，因区别部类，录而序之。今定林寺经藏，勰所定也。天监初，起家奉朝请，中军临川王宏引兼记室，迁车骑仓曹参军。出为太末令，政有清绩。除仁威南康王记室，兼东宫通事舍人。时七庙飨荐已用蔬果，而二郊农社犹有牺牲，勰乃表言二郊宜与七庙同改，诏付尚书议，依勰所陈。”②作为与僧祐居处积十余年的弟子，刘勰肯定了解天监十二年“上定林寺沙门僧祐、龙华邑正柏超度等上启”，其在“七庙飨荐已用蔬果”之时③站出来更进一步提出“二郊农社”“宜与七庙同改”，说明无论是天监十二年的《梁武断杀绝宗庙牺牲事》，还是天监十六年的“去宗庙牲”，僧祐都是关键支持者，甚至倡导者。《册府元龟》即将刘勰此表言归入“希旨类”④，可见其时迎合梁武帝“去宗庙牲”的人群基础。换言之，“去宗庙牲”是受到僧团欢迎的，梁武帝这次宗庙祀典的改革至少取得了释氏之门的认同。

在梁武帝之前，释教并无明确的素食理念。梁武帝全面塑造僧人去杀、素食形象，其《唱断肉经竟制》曰：

> 凡啖肉者，是大罪障。经文道：昔与众生经为父母亲属。众僧那不思此，犹忍食啖众生。已不能投身饿虎，割肉贸鹰，云何反更啖他身分。诸僧及领徒众法师，诸尼及领徒众者，各还本寺，宣告诸小僧尼，令知此意。⑤

也表明梁武帝是依据佛经所言往生、来世“幽冥之理”而制定素食政策的。

---

① 参见李小荣《弘明集校笺·前言》，第 7 页。

② 《梁书》卷 50《文学下·刘勰传》，第 710 页。

③ 《刘勰年谱汇考》天监十六年（517）“刘勰可能自本年起入直东宫而继续兼任通事舍人”，见《中古作家年谱汇考辑要（卷三）》，第 175 页。

④ 《册府元龟》卷 596《掌礼部（三十四）·希旨》，第 6857 页。

⑤ 《广弘明集》卷 26“慈济篇”，《大正新修大藏经》T2103，第 303 页。

而后设盂兰盆供，僧侣能够担负起超度众生、救度亡灵的职责，盖也因"蔬食断欲"谨遵了"幽冥之理"这一前提。又《断酒肉文》曰：

凡出家人所以异于外道者，正以信因信果，信经所明，信是佛说。经言：行十恶者，受于恶报；行十善者，受于善报。此是经教大意，如是若言。出家人犹嗜饮酒，啖食鱼肉，是则为行同于外道。①

是则断酒肉不仅事关僧人自身对佛经的"信顺与慈悲"，且是出家人与外道相区别的身份特征。由此梁武帝"为中国僧团塑造出一种新的生活样式与形象"②。

既然去杀、素食事关"幽冥之理"，又是僧团的身份特征，则无论从敬奉祖先不灭之神灵，还是从争取僧团对王朝礼乐文化的认同，都不应在"国之大事""天子圣躬所当恭事"③的祭祀中再杀牺牲。前引《隋书》卷7《礼仪志》载天监十六年四月诏曰"宗庙祭祀，犹有牲牢，无益至诚，有累冥道"，"虽无复牲腥，犹有脯脩之类，即之幽明，义为未尽"，均直接说明去牲牢脯脩，是基于冥道、幽明之义，亦即慧琳《均善论》中释氏之教所言"幽冥之理"。

要之，"去宗庙牲"是建立在确信已故祖先神灵不灭基础上的祭祀改革。在不违背周、孔礼乐文化固有的祭祀理念同时，响应了释教的神不灭主张；既符合孔门君子远庖厨之理念，又融入释教不杀生的新认同。去宗庙牲与禁断僧人酒肉形成一套改革组合拳，前者表明传统礼乐文化在往生、来世义理之不足；后者在管理掌控释教信徒的生活方式基础上，④进一步结合前者引导了释教信徒对王朝文化的认同。⑤ 钱锺书谓萧衍"欲以人王而兼法王"⑥；田晓菲谓梁武帝"试图把宗教权威与世俗权威在皇帝身上合而为一，

---

① 《广弘明集》卷26"慈济篇"，《大正新修大藏经》T2103，第294页。

② 《佛教与素食》，第135页。

③ 蔡邕语，见《后汉书》卷60下《蔡邕传》，第1992页。

④ 梁武帝掌控僧团的用心，详参陈志远《内律与俗法——从〈续高僧传·智藏〉再探南朝政教关系》，《中华文史论丛》2017年第4期。

⑤ 梁武帝很早即与释教有接触。《南史·武帝纪》载："（萧衍）寻为司州刺史。有沙门自称僧恽，谓帝曰：'君项有伏龙，非人臣也。'复求，莫知所之。"或即表明萧梁的建立得到僧团的支持。

⑥ 钱锺书：《管锥编》一九三《全梁文》卷6，生活·读书·新知三联书店，2007年，第2150页。

建构一种全新的君主观念”[①]，“去宗庙牲”正是建构此观念的基点：一方面尊重祭祀乃“国之大事”的正统地位，一方面表明此正统对释教信徒仍然有效，真正绾合了周、孔之教与释氏之教，[②]将传统制礼作乐权威与宗教认同权威集于一身。

在此基础上，梁武帝受菩萨戒才是自然可行的。因为国之礼典包含了释教，国之皇帝到释教接受菩萨戒，自然没有问题。《梁书·江革传》载：

> 时高祖盛于佛教，朝贤多启求受戒，革精信因果，而高祖未知，谓革不奉佛教，乃赐革《觉意诗》五百字，云“惟当勤精进，自强行胜修。岂可作底突，如彼必死囚。以此告江革，并及诸贵游”。又手敕云：“世间果报，不可不信，岂得底突如对元延明邪？”革因启乞受菩萨戒。

此不仅可佐证《续高僧传》《南史》所载梁武帝受菩萨戒应确有其事；而且说明梁武帝希望朝贤们都具有参与“照幽冥之途，及来生之化”之治国能力。

三、北魏衰落与“义高三正”的大梁新作乐辞

如上所述，梁武帝去宗庙牲的改革，发轫于天监七年的夏初迎气革牲，背景是天监六年梁武帝批判范缜《神灭论》所树立的“孔、释兼弘”“道贯幽显”新礼乐文化追求。其出现在天监六七年间，与当时萧梁对北魏的胜利形势有关。

梁武帝萧衍（464—549）比魏孝文帝元宏（467—499）年长三岁，对孝文帝的汉化改革、迁都洛阳和不断南征以求统一南北的行动几乎了如指掌。即位前的萧衍正是在为萧齐王朝抗击孝文帝南征大军的作战中发展起来的。就在萧衍的军权积聚至威胁萧齐皇室时，孝文帝却在南征途中赍志而殁，北魏由此

① 田晓菲：《烽火与流星：萧梁王朝的文学与文化》，中华书局，2010 年，第 30 页。

② 按金子修一统计，天监十六年以来萧梁郊庙亲祭活动共 12 次（见肖圣中等译《古代中国与皇帝祭祀》第四章《魏晋南北朝皇帝祭祀的演变》，复旦大学出版社，2017 年，第 116—117 页），和《梁书》所见梁武帝幸同泰寺、阿育王寺等次数大致持平。

日益衰落;萧衍则日益壮大到取萧齐而代之,甚至连取代孝文帝一统南北的机会也似乎转到他的面前。年近四十、体魄强健[①]、政治经验老到的萧衍,一定料及时年未满二十岁的宣武帝元恪(483—515)难以驾驭孝文帝的政治遗产。[②] 从即位第二年十月(天监二年,503)得次子萧纲,第三年正月即发起对北攻势,可以窥见梁武帝取代魏孝文帝追求一天下之意气。天监六年(507)正是萧梁军队对北魏军队占上风的一个节点。《南史》卷55《曹景宗传》载:

> (天监)五年,魏中山王英攻钟离,围徐州刺史昌义之,武帝诏景宗督众军援义之,豫州刺史韦叡亦援焉,而受景宗节度。……先是,诏景宗等预装高舰,使与魏桥等,为火攻计。令景宗与叡各攻一桥。叡攻其南,景宗攻其北。六年三月,因春水生,淮水暴长六七尺。叡遣所督将冯道根、李文钊、裴邃、韦寂等乘舰登岸,击魏洲上军尽殪。景宗使众军复鼓噪乱登诸城,呼声震天地,大眼于西岸烧营,英自东岸弃城走,诸垒相次土崩,悉弃其器甲,争投水死,淮水为之不流。景宗命军主马广蹑大眼至濊水上四十余里,伏尸相枕。义之出逐英至洛口,英以匹马入梁城,缘淮百余里尸骸相藉。虏五万余人,收其军粮器械山积,牛马驴骡不可称计。景宗乃搜所得生口万余人,马千匹,遣献捷。
>
> 先是旱甚,诏祈蒋帝神求雨,十旬不降。帝怒,命载荻欲焚蒋庙并神影。尔日开朗,欲起火,当神上忽有云如伞,倏忽骤雨如写,台中宫殿皆自振动。帝惧,驰诏追停,少时还静。自此帝畏信遂深。自践阼以来,未尝躬自到庙,于是备法驾将朝臣修谒。是时,魏军攻围钟离,蒋帝神报敕,必许扶助。既而无雨水长,遂挫敌人,亦神之力焉。凯旋之后,庙中人马脚尽有泥湿,当时并目睹焉。[③]

---

① 梁武帝曾自述"昔要腹过于十围,今之瘦削才二尺余",可见其断酒肉前体魄强健。

② 499年33岁的北魏孝文帝去世,36岁的萧衍在雍州密修武备俟萧齐皇室内乱取而代之;501年38岁的萧衍始得长子萧统;502年禅齐建梁;503年得次子萧纲;504年正月主动袭魏寿阳失利,但三月淮水暴涨,攻打钟离的魏军撤走;505年起意大规模北伐,506年北伐进展不顺,但507年即天监六年又借淮水大涨之利在钟离大胜北魏。详参庄辉明《萧衍评传·萧衍大事年表》,上海古籍出版社,2018年,第354—358页。

③《南史》卷55,第1355—1356页。

这里记载天监五至六年萧梁与北魏之间在钟离的战事。结合《魏书》卷8《世宗宣武帝纪》载:"(正始三年九月)己丑(天监五年九月二十七,506.10.29),中山王英大破衍军于淮南,衍中军大将军、临川王萧宏,尚书右仆射柳惔,徐州刺史昌义之等弃梁城沿淮东走。追奔次于马头,衍冠军将军、戍主朱思远弃城宵遁,擒送衍将四十余人,斩获士卒五万有余。英遂攻钟离。……(四年)夏四月戊戌(天监六年四月初九,507.05.06),钟离大水。中山王英败绩而还。"可知《梁书》所载"五年,魏中山王英攻钟离"是在九月,战争开始时元英有大破淮南的有利形势,但胶着到第二年春天淮水暴涨,形势转为对萧梁有利,最终萧梁得胜。

值得一提的是,在《南史》的记载中,梁人认为钟离之胜得到蒋帝神力之助:梁武帝原不甚信蒋帝神,即位后未亲自到蒋庙致敬,钟离之战期间京城大旱,大概也只是循例诏臣下去向蒋帝神庙祈雨而已,但等了一百天还没雨来,梁武帝怒而命烧蒋庙,结果将起火之际忽然庙上雨云翻滚、"骤雨如写",梁武帝始信蒋帝神力,亲自带朝臣来修庙拜谒,由此而接着迎来钟离之胜。然而当时的佛教文献记载这场京师大旱,则是截然不同的版本。释慧皎(497—554)《高僧传》卷10《神异下·梁京师释保志》载:

> 天监五年冬旱,雩祭备至,而未降雨。志忽上启云:"志病不差,就官乞治。若不启百官应得鞭杖,[①]愿于华光殿讲《胜鬘》请雨。"上即使沙门法云讲《胜鬘》,讲竟,夜便大雪。志又云:"须一盆水,加刀其上。"俄而雨大降,高下皆足。[②]

此中所谓"天监五年(506)冬旱,雩祭备至,而未降雨",与《南史》所载天监五年九月钟离之战开始后的"旱甚,诏祈蒋帝神求雨,十旬不降"时间相合,应为同一次干旱。但对这场久旱甘霖,释氏教徒认为是梁武帝听从释保志建议请释法云讲《胜鬘经》的结果。按蒋帝神在刘宋武帝永初二年曾被认为是

---

① 按此句中"百"字,《法苑珠林》《太平广记》引作"白"(见释道世著,周叔迦、苏晋仁校注《法苑珠林校注》卷31《潜遁篇第二十三·引证部第二·感应缘》,中华书局,2003年,第963页;李昉等编《太平广记》卷90《异僧四·释宝志》,中华书局,1961年,第595页)。

② 《高僧传》卷10《神异下·梁京师释保志》,第396页。

"淫祀"而禁绝，至宋孝武帝孝建初又被恢复，梁武帝在大旱初期"诏祈蒋帝神求雨"，其时蒋帝神尚属王朝雩雾礼典之一。[①]《梁书》对此事无所记载，从《高僧传》和《南史》的记载看，释氏教徒认为久旱后的甘霖是释法云讲《胜鬘经》的结果；蒋帝祭祀信仰者则认为是雩雾蒋帝的结果，此盖亦启发梁武帝兼采本土祭祀传统与佛教讲经请雨的"孔、释兼弘"之制礼思路。

总之，天监五年冬旱后，王朝如愿得雨，六年三月北伐军队又取得了对北魏的胜利。这是天监六七年间梁武帝得以腾出手来批判范缜《神灭论》、制旨革牲的背景。可以说梁武帝对"孔、释兼弘""道贯幽显"新礼乐文化的追求，与其平中原、一天下之梦是同步升起的。这个梦想也随着北魏皇室的日益衰落与梁武帝皇室的日益壮大而越发膨胀。《梁书·萧子恪传》载：

> 萧子恪字景冲，兰陵人，齐豫章文献王嶷第二子也。……天监元年，降爵为子，除散骑常侍，领步兵校尉，以疾不拜，徙为光禄大夫，俄为司徒左长史。子恪与弟子范等，尝因事入谢，高祖在文德殿引见之，从容谓曰："我欲与卿兄弟有言。……卿是宗室，情义异佗，方坦然相期，卿无复怀自外之意。小待，自当知我寸心。"又文献王时内斋直帐阁人赵叔祖，天监初，入为台斋帅，在寿光省，高祖呼叔祖曰："我本识汝在北第，以汝旧人，故每驱使。汝比见北第诸郎不？"叔祖奉答云："比多在直，出外甚疏，假使暂出，亦不能得往。"高祖曰："若见北第诸郎，道我此意：我今日虽是革代，情同一家。但今磐石未立，所以未得用诸郎者，非惟在我未宜，亦是欲使诸郎得安耳。但闭门高枕，后自当见我心。"叔祖即出外具宣敕语。子恪寻出为永嘉太守。还除光禄卿，秘书监。出为明威将军、零陵太守。十七年，入为散骑常侍、辅国将军。普通元年，迁宗正卿。[②]

---

① 详参胡阿祥《蒋山、蒋州、蒋王庙与蒋子文崇拜》，《南京师范专科学校学报》1999年第2期；林富士《中国六朝时期的蒋子文信仰》，收入林富士、傅飞岚主编《遗迹崇拜与圣者信仰》，台北允晨文化出版公司，2000年，第163—204页；姚潇鸫《蒋子文信仰与六朝政治》，《学术研究》2009年第11期。

②《梁书》卷35，第507—509页。

此载梁武帝拉拢萧子恪(478—529)兄弟,视之为宗室,但在天监初年,仍因“磐石未立,所以未得用诸郎”;天监十七年(518)萧子恪入朝为散骑常侍、辅国将军;普通元年(520)更迁之为掌管宗室事务的宗正卿。同卷《萧子恪传附子显弟子云传》载:

子云字景乔,子恪第九弟也。年十二,齐建武四年,封新浦县侯,自制拜章,便有文采。天监初,降爵为子。既长勤学,以晋代竟无全书,弱冠便留心撰著,至年二十六,书成,表奏之,诏付秘阁。子云性沉静,不乐仕进。年三十,方起家为秘书郎。……(太清)二年,侯景寇逼,子云逃民间。三年三月,宫城失守,东奔晋陵,馁卒于显灵寺僧房,年六十三。①

按太清三年(549)萧子云卒年六十三逆推,萧子云生于487年,年三十起家为秘书郎时当516年,即天监十五年。与萧子恪入朝合观,可以说天监十五年前后是梁武帝感到宗室“磐石已立”的时刻。这是其天监十六年敢于不顾“公卿异议,朝野喧嚣”“去宗庙牲”的背景。

从萧子恪的入朝看,梁武帝“去宗庙牲”无疑得到了宗室的支持。随后的雅乐歌辞改制,即由萧子恪之弟萧子云完成。《萧子恪传附子显弟子云传》载:

(子云)大同二年(536),迁员外散骑常侍、国子祭酒,领南徐州大中正。顷之,复为侍中,祭酒、中正如故。梁初,郊庙未革牲牷,乐辞皆沈约撰,至是承用,子云始建言宜改。启曰:“伏惟圣敬率由,尊严郊庙,得西邻之心,知周、孔之迹,载革牢俎,德通神明,黍稷苹藻,竭诚严配,经国制度,方悬日月,垂训百王,于是乎在。臣比兼职斋官,见伶人所歌,犹用未革牲前曲。圜丘视燎,尚言‘式备牲牷’;北郊《諴雅》,亦奏‘牲玉孔备’;清庙登歌,而称‘我牲以洁’;三朝食举,犹咏‘朱尾碧鳞’。声被鼓钟,未符盛制。臣职司儒训,意以为疑,未审应改定乐辞以不?”

敕答曰:“此是主者守株,宜急改也。”仍使子云撰定。敕曰:“郊庙

① 《梁书》卷35,第513—515页。

> 歌辞，应须典诰大语，不得杂用子史文章浅言；而沈约所撰，亦多舛谬。”
>
> 子云答敕曰：“殷荐朝飨，乐以雅名，理应正采《五经》，圣人成教。而汉来此制，不全用经典；约之所撰，弥复浅杂。臣前所易约十曲，惟知牲牷既革，宜改歌辞，而犹承例，不嫌流俗乖体。既奉令旨，始得发曚。臣夙本庸滞，昭然忽朗，谨依成旨，悉改约制。惟用《五经》为本，其次《尔雅》《周易》《尚书》《大戴礼》，即是经诰之流，愚意亦取兼用。臣又寻唐、虞诸书，殷《颂》周《雅》，称美是一，而复各述时事。大梁革服，偃武修文，制礼作乐，义高三正；而约撰歌辞，惟浸称圣德之美，了不序皇朝制作事。《雅》《颂》前例，于体为违。伏以圣旨所定《乐论》，钟律纬绪，文思深微，命世一出，方悬日月，不刊之典，礼乐之教，致治所成。谨一二采缀，各随事显义，以明制作之美。覃思累日，今始克就，谨以上呈。”敕并施用。①

可见是萧子云主动提议雅乐歌辞改制，目标是改去天监初年沈约所制歌辞中涉及“牲牷”的部分。② 梁武帝高度赞同萧子云的提议，敕答曰“宜急改”，但在萧子云“易约十曲”后，又敕曰“郊庙歌辞，应须典诰大语”，令萧子云顿悟需“用《五经》为本”，最终制成“义高三正”的大梁新礼乐。对比梁武帝天监元年“思弘古乐”时之制礼作乐；③天监十六年“去宗庙牲”所代表的礼乐改革，标榜的是“孔、释兼弘”“道贯幽显”而“义高三正”。梁武帝之现世抱负，当然不止于偏安江南。

四、“高祖梦中原平”与“一天下”的阿育王故事之兴

“道贯幽显”“义高三正”的礼乐追求与平中原、一天下的抱负，是梁武帝

① 《梁书》卷35《萧子云传》，第514—515页。

② 此时萧子云“兼职斋官”，建言乐辞革涉牲字眼乃职责所在。则此兼职斋官之任，也应是梁武帝旨意。

③ 《隋书》卷13《音乐上》，第287页。详参李晓红《文体新变与南朝学术文化》，第53—54页；胡司德著，刘丰译《早期中国的食物、祭祀和圣贤》，浙江大学出版社，2018年，第88—90页。

后半生的执念。《南史·周舍传》载:“初,帝锐意中原,群臣咸言不可,唯舍赞成之。普通中,累献捷,帝思其功,下诏述其德美。”①《梁书·侯景传》载:

初,中大同中,高祖尝夜梦中原牧守皆以地来降,举朝称庆,寤甚悦之。旦见中书舍人朱异,说所梦,异曰:“此岂宇内方一,天道前见其征乎。”高祖曰:“吾为人少梦,昨夜感此,良足慰怀。”及太清二年,景果归附,高祖欣然自悦,谓与神通,乃议纳之,而意犹未决。曾夜出视事,至武德阁,独言:“我家国犹若金瓯,无一伤缺,今便受地,讵是事宜。脱致纷纭,非可悔也。”朱异接声而对曰:“圣明御宇,上应苍玄,北土遗黎,谁不慕仰,为无机会,未达其心。今侯景据河南十余州,分魏土之半,输诚送款,远归圣朝,岂非天诱其衷,人奖其计,原心审事,殊有可嘉。今若拒而不容,恐绝后来之望,此诚易见,愿陛下无疑。”高祖深纳异言,又信前梦,乃定议纳景。及贞阳覆败,边镇恇扰,高祖固已忧之,曰:“吾今段如此,勿作晋家事乎?”②

《梁书·朱异传》同载:

高祖梦中原平,举朝称庆,旦以语异,异对曰:“此宇内方一之征。”及侯景归降,敕召群臣议,尚书仆射谢举等以为不可,高祖欲纳之,未决。尝夙兴至武德阁,自言“我国家承平若此,今便受地,讵是事宜,脱致纷纭,悔无所及”。异探高祖微旨,应声答曰:“圣明御宇,上应苍玄,北土遗黎,谁不慕仰,为无机会,未达其心。今侯景分魏国太半,输诚送款,远归圣朝,岂非天诱其衷,人奖其计。原心审事,殊有可嘉。今若不容,恐绝后来之望。此诚易见,愿陛下无疑。”高祖深纳异言,又感前梦,遂纳之。③

中大同年间(546)的梁武帝,已是83岁的老人,却丝毫未减平中原之梦。太清元年(547)侯景来降,虽然众臣反对,但萧衍“夙兴至武德阁,自言我国家

① 《南史》卷34《周朗传附颙子舍传》,第897页。
② 《梁书》卷56,第862—863页。
③ 《梁书》卷38,第539页。

承平若此”,“我家国犹若金瓯,无一伤缺”,联系彼时北方分裂为东西魏的局面,可见梁武帝之梦平中原建立在南北局势对比的心理基础上。终于在武德阁这个常宴迎北伐功臣的梦想空间里,①确信自己仍有机会平中原、一天下,所以敢于接纳侯景。

在侯景之前,梁武帝也为“锐意中原”而接纳过北魏降将。《梁书·朱异传》:

> 普通五年,大举北伐,魏徐州刺史元法僧遣使请举地内属,诏有司议其虚实。异曰:“自王师北讨,克获相继,徐州地转削弱,咸愿归罪法僧,法僧惧祸之至,其降必非伪也。”高祖仍遣异报法僧,并敕众军应接,受异节度。既至,法僧遵承朝旨,如异策焉。②

可见朱异敢于支持纳侯景,有此前成功经验的基础。此外梁武帝还曾纳降过魏北海王元颢。《魏书·北海王详传附子颢传》史载:

> 颢以事意不谐,遂与子冠受率左右奔于萧衍。颢见衍,泣涕自陈,言辞壮烈,衍奇之。遂以颢为魏主,假之兵将,令其北入。永安二年四月,于梁国城南登坛燔燎,号孝基元年。庄帝诏济阴王晖业为都督,于考城拒之,为颢所擒。又克行台杨昱于荥阳。尔朱世隆自虎牢走退,庄帝北幸。颢遂入洛,改称建武元年。颢以数千之众,转战辄克,据有都邑,号令自己。天下人情,想其风政。而自谓天之所授,颇怀骄怠。③

《梁书》卷32《陈庆之传》载:

> 大通初,魏北海王元颢以本朝大乱,自拔来降,求立为魏主。高祖纳之,以庆之为假节、飚勇将军,送元颢还北。颢于涣水即魏帝号,授庆

① 武德阁盖武德殿入门处,《梁书》卷18《冯道根传》载天监十六年冯道根北伐“将行,高祖引朝臣宴别道根于武德殿,召工视道根,使图其形像。道根踧踖谢曰:‘臣所可报国家,惟余一死。但天下太平,臣恨无可死之地。’豫部重得道根,人皆喜悦。高祖每称曰:‘道根所在,能使朝廷不复忆有一州。’”其中可能悬挂有冯道根那样的北伐将领图。卷50《文学传下·谢征传》载“时魏中山王元略还北,高祖饯于武德殿”。

② 《梁书》卷38,第538页。

③ 魏收撰:《魏书》卷21上《献文六王列传第九上·拓跋颢》,中华书局,1974年,第565页。

之使持节、镇北将军、护军、前军大都督,发自铚县,进拔荥城,遂至睢阳。魏将丘大千有众七万,分筑九城以相拒。庆之攻之,自旦至申,陷其三垒,大千乃降。……其临淮王元彧、安丰王元延明率百僚,封府库,备法驾,奉迎颢入洛阳宫,御前殿,改元大赦。颢以庆之为侍中、车骑大将军、左光禄大夫,增邑万户。魏大将军上党王元天穆、王老生、李叔仁又率众四万,攻陷大梁,分遣老生、费穆兵二万,据虎牢,刁宣、刁双入梁、宋,庆之随方掩袭,并皆降款。天穆与十余骑北渡河。高祖复赐手诏称美焉。庆之麾下悉着白袍,所向披靡。先是洛阳童谣曰:“名师大将莫自牢,千兵万马避白袍。”自发铚县至于洛阳十四旬,平三十二城,四十七战,所向无前。[①]

此中梁武帝和陈庆之无疑是将元颢视同傀儡来利用的。利用之后“自发铚县至于洛阳,十四旬平三十二城,四十七战,所向无前”,取得前所未有的胜利。[②] 这也是梁武帝还想接纳侯景的心理基础。梁武帝对侯景的接纳,殊非源自崇释教后之宽容,而应如熟知其心理的朱异所示,是梁武帝对“宇内方一”的执念与自信。《侯景传》中“及贞阳覆败,边镇恇扰,高祖固已忧之,曰:‘吾今段如此,勿作晋家事乎’”的“晋家事”,虽是表达对萧梁将如西晋般为外族覆灭的忧心,但仍流露出梁武帝以结束三国分裂的大一统西晋来对标萧梁王朝的内心世界。

梁武帝“道贯幽显”“义高三正”的制礼作乐自期,与追求“宇内方一”的现世梦想,还体现在其对阿育王故事的重视上。既有研究曾论及梁武帝与阿育王的生平异同。[③] 这里想补充的是,阿育王在中土文献中出现,很大程度上是由梁武帝促成的。在梁武帝之前,中土固然隐约已有阿育王的传说。[④] 僧祐《释迦谱》卷5《阿育王造八万四千塔记第三十一》载:

---

① 《梁书》卷32,第460—462页。

② 详参董刚《北魏元延明墓志考释》,《史学史研究》2016年第3期。

③ 李晓虹:《梁武帝与阿育王探析》,《平顶山学院学报》2014年第6期。

④ 详参刘建华《阿育王信仰的形成与演变》第三章《魏晋南北朝:佛教阿育王信仰的传入与初步中国化发展》第二节《魏晋南北朝时期阿育王信仰之文献》,西北大学博士学位论文,第97—104页。

> 尔时世尊，与诸比丘循邑而行。时有二童子：一名阇耶，二名毗阇耶，共在沙中嬉戏，遥见世尊三十二相庄严其体。时阇耶童子心念言：我当以麦麨上佛。仍手捧细沙著世尊钵中。时毗阇耶合掌随喜。时彼童子而发愿言：以惠施善根功德，令得一天下一伞盖王，即于此处生得供养诸佛。尔时世尊发容微笑。阿难合掌白言世尊：何缘微笑？尔时世尊告阿难：当知我灭度百年之后，此童子于巴连弗邑，统领一天下转轮王，姓孔雀名阿育，正法治化，又复广布我舍利，当造八万四千塔。①

题注云出《杂阿含经》，是书传入中土应从东晋法显说起，中译本也应于南朝刘宋时期即有。② 然而在梁武帝之前，史籍全无关于阿育王的记载。即使是宋齐皇室颇有热衷释教者，在沈约《宋书》、萧子显《南齐书》中都完全没有提及阿育王。

但《梁书》却十分不同，卷54《诸夷·扶南传》载：

> （天监）十六年，（扶南王留陀跋摩）遣使竺当抱老奉表贡献。十八年，复遣使送天竺旃檀瑞像、婆罗树叶，并献火齐珠、郁金、苏合等香。普通元年，中大通二年，大同元年，累遣使献方物。五年（539），复遣使献生犀。又言其国有佛发，长一丈二尺，诏遣沙门释云宝随使往迎之。
>
> 先是，（大同）三年（537）八月，高祖改造阿育王寺塔，出旧塔下舍利及佛爪发，发青绀色，众僧以手伸之，随手长短，放之则旋屈为蠡形。案《僧伽经》云："佛发青而细，犹如藕茎丝。"《佛三昧经》云："我昔在宫沐头，以尺量发，长一丈二尺，放已右旋，还成蠡文。"则与高祖所得同也。
>
> 阿育王即铁轮王，王阎浮提，一天下，佛灭度后，一日一夜，役鬼神造八万四千塔，此即其一也。吴时有尼居其地，为小精舍，孙綝寻毁除之，塔亦同泯。吴平后，诸道人复于旧处建立焉。晋中宗初渡江，更修饰之，至简文咸安中，使沙门安法师程造小塔，未及成而亡，弟子僧显继而修立。至孝武太元九年，上金相轮及承露。其后西河离石县有胡人

① 见《大正新修大藏经》T2040，第76页。

② 详参屈大成《〈杂阿含经〉传译再考》，《宗教学研究》2016年第3期。

刘萨何遇疾暴亡，而心下犹暖，其家未敢便殡，经十日更苏。说云：“有两吏见录，向西北行，不测远近，至十八地狱，随报重轻，受诸楚毒。见观世音语云：‘汝缘未尽，若得活，可作沙门。洛下、齐城、丹阳、会稽并有阿育王塔，可往礼拜。若寿终，则不堕地狱。’语竟，如堕高岩，忽然醒寤。”因此出家，名慧达。游行礼塔，次至丹阳，未知塔处，乃登越城四望，见长干里有异气色，因就礼拜，果是阿育王塔所，屡放光明。由是定知必有舍利，乃集众就掘之，入一丈，得三石碑，并长六尺。中一碑有铁函，函中有银函，函中又有金函，盛三舍利及爪发各一枚，发长数尺。即迁舍利近北，对简文所造塔西，造一层塔。(东晋太元)十六年(391)，又使沙门僧尚伽为三层，即高祖所开者也。

(大同三年八月，537)初穿土四尺，得龙窟及昔人所舍金银镮钏钗镊等诸杂宝物。可深九尺许，方至石磉，磉下有石函，函内有铁壶，以盛银坩，坩内有金镂罂，盛三舍利，如粟粒大，圆正光洁。函内又有琉璃碗，内得四舍利及发爪，爪有四枚，并为沉香色。至其月二十七日(大同三年八月甲申，537.09.11)，高祖又到寺礼拜，设无碍大会，大赦天下。是日，以金钵盛水泛舍利，其最小者隐钵不出，高祖礼数十拜，舍利乃于钵内放光，旋回久之，乃当钵中而止。高祖问大僧正慧念：“今日见不可思议事不?”慧念答曰：“法身常住，湛然不动。”高祖曰：“弟子欲请一舍利还台供养。”至九月五日，又于寺设无碍大会，遣皇太子王侯朝贵等奉迎。是日，风景明和，京师倾属，观者百数十万人。所设金银供具等物，并留寺供养，并施钱一千万为寺基业。至四年九月十五日，高祖又至寺设无碍大会，竖二刹，各以金罂，次玉罂，重盛舍利及爪发，内七宝塔中。又以石函盛宝塔，分入两刹下，及王侯妃主百姓富室所舍金、银、镮、钏等珍宝充积。(大同)十一年(545)十一月二日，寺僧又请高祖于寺发《般若经》题，尔夕二塔俱放光明，敕镇东将军邵陵王纶制寺大功德碑文。

先是，二年(536)，改造会稽鄮县塔，开旧塔出舍利，遣光宅寺释敬脱等四僧及舍人孙照暂迎还台，高祖礼拜竟，即送还县入新塔下，此县塔亦是刘萨何所得也。

> 晋咸和中，丹阳尹高悝行至张侯桥，见浦中五色光长数尺，不知何怪，乃令人于光处掊视之，得金像，未有光趺。悝乃下车，载像还，至长干巷首，牛不肯进，悝乃令驭人任牛所之，牛径牵车至寺，悝因留像付寺僧。每至中夜，常放光明，又闻空中有金石之响。经一岁，捕鱼人张系世，于海口忽见有铜花趺浮出水上，系世取送县，县以送台，乃施像足，宛然合。会简文咸安元年，交州合浦人董宗之采珠没水，于底得佛光艳，交州押送台，以施像，又合焉。自咸和中得像，至咸安初，历三十余年，光趺始具。初，高悝得像后，西域胡僧五人来诣悝，曰："昔于天竺得阿育王造像，来至邺下，值胡乱，埋像于河边，今寻觅失所。"五人尝一夜俱梦见像曰："己出江东，为高悝所得。"悝乃送此五僧至寺，见像嘘欷涕泣，像便放光，照烛殿宇。又瓦官寺慧邃欲模写像形，寺主僧尚虑亏损金色，谓邃曰："若能令像放光，回身西向，乃可相许。"慧邃便恳到拜请，其夜像即转坐放光，回身西向，明旦便许模之。像趺先有外国书，莫有识者，后有三藏那求跋摩识之，云是阿育王为第四女所造也。
>
> 及大同中，出旧塔舍利，敕市寺侧数百家宅地，以广寺域，造诸堂殿并瑞像周回阁等，穷于轮奂焉。其图诸经变，并吴人张繇运手。繇丹青之工，一时冠绝。①

在通篇不足3 500字的《扶南传》中，用了逾一半篇幅来介绍阿育王及中土的阿育王遗迹，其中刘萨诃礼拜阿育王造塔、高悝得阿育王造像，都是东晋时故事。今本《晋书》载及高悝，②甚至言其"家有鬼怪"③，但未语及其得阿育王造像。沈约《宋书》、萧子显《南齐书》均载扶南遣使献方物多次，全无述及其国与阿育王造塔关系。可以肯定《梁书·扶南传》所谓"（大同）五年（539），复遣使献生犀。又言其国有佛发，长一丈二尺"，是扶南使者了解萧梁王朝对阿育王造塔出"佛发，长一丈二尺"崇信后才提出应和的。

《梁书》如此超乎寻常地记载阿育王相关传说，原因当是据梁武帝所监

---

① 《梁书》卷54，第790—793页。
② 《晋书》卷61《华轶传》，第1672页。
③ 《晋书》卷95《艺术传》，第2484页。

修的官方档案,《武帝纪下》载:

(大同三年,537)八月甲申(二十七日),老人星见。辛卯(二十八日),舆驾幸阿育王寺,赦天下。①

此与《扶南传》所载大同三年八月出旧塔下舍利及佛爪发、“其月二十七日,高祖又到寺礼拜,设无碍大会,大赦天下”只在“甲申”“辛卯”一天之差。可以推断这些驾幸阿育王寺的材料,都来自梁武帝起居注一类的原始档案。

梁武帝是真正将佛事活动当作王朝礼乐组成部分来安排的。《陈书·文学传·杜之伟传》载:

中大(同)〔通〕元年,梁武帝幸同泰寺舍身,敕勉撰定仪注,勉以台阁先无此礼,召之伟草具其仪。乃启补东宫学士,与学士刘陟等钞撰群书,各为题目。所撰富教、政道二篇,皆之伟为序。……〔大同〕七年,梁皇太子释奠于国学,时乐府无孔子、颜子登哥词,尚书参议令之伟制其文,伶人传习,以为故事。②

先不论作为文学传中人的杜之伟,在梁朝的两大手笔一是为梁武帝幸同泰寺舍身草具其仪,载入本朝仪注;一是为国学释奠造孔子、颜子《登哥词》,成为本朝故事,佐证梁朝制礼作乐中的孔、释兼弘。仅看梁武帝要求徐勉将其幸同泰寺舍身的行事撰进仪注,即足证梁武帝着意强调佛教行事属于王朝礼典之构成。《广弘明集》卷15载梁武帝《出古育王塔下佛舍利诏》:

大同四年(538)八月,月犯五车,老人星见。改造长干寺阿育王塔,出舍利佛发爪。阿育,铁轮王也,王阎浮,一天下。一日夜役鬼神造八万四千塔,此其一焉。乘舆幸长干寺,设无碍法喜食。诏曰:

天地盈虚与时消息,万物不得齐其蠢生。二仪不得恒其覆载,故劳逸异年欢惨殊日。去岁失稔斗粟贵腾,民有困穷遂臻斯滥。原情察咎或有可矜,下车问罪闻诸往诰。责归元首实在朕躬,若皆以法绳则自新无

① 《梁书》卷3,第81页。

② 姚思廉撰:《陈书》卷34《文学·杜之伟传》,中华书局,1972年,第454页。

路。《书》不云乎"与杀不辜宁失不经",《易》曰"随时之义大矣哉"。今真形舍利复现于世,逢希有之事,起难遭之想。今出阿育王寺设无碍会,耆年童齿莫不欣悦。如积饥得食,如久别见亲。幽显归心远近驰仰,士女霞布冠盖云集。因时布德允叶人灵,凡天下罪无轻重皆赦除之。[①]

此记载与《梁书·武帝纪》《扶南传》对于梁武帝改造丹阳阿育王塔、幸寺赦天下的记载相合,并且说明这次幸寺与大同三年粮食歉收有关,梁武帝通过设无碍法喜食安慰饥民,期许"幽显归心远近驰仰"。

《梁书·扶南传》不惜笔墨载刘萨诃礼拜阿育王造塔、高悝得阿育王造像等故事,应是梁武帝塑造阿育王圣迹流于中土的官方档案所致。[②] 这些记载表明梁武帝"幸阿育王寺,赦天下",乃因其中确有与佛经所载相同的佛发,足证是阿育王在佛灭度后所造的八万四千塔之一。《梁书·陶弘景传》载:

天监四年,移居积金东涧。善辟谷导引之法,年逾八十而有壮容。深慕张良之为人,云"古贤莫比"。曾梦佛授其菩提记,名为胜力菩萨。乃诣鄮县阿育王塔自誓,受五大戒。后太宗临南徐州,钦其风素,召至后堂,与谈论数日而去,太宗甚敬异之。大通初,令献二刀于高祖,其一名善胜,一名威胜,并为佳宝。大同二年,卒,时年八十五。

按大同二年(536)陶弘景卒年八十五反推,其年逾八十诣鄮县阿育王塔则在531——即中大通三年前后。换言之,至迟在中大通年间,阿育王造塔已成为萧梁统治阶层追慕的对象。[③]《梁书·扶南传》所载大同二年(536)"改造会稽鄮县塔,开旧塔出舍利,遣光宅寺释敬脱等四僧及舍人孙照暂迎还台,高祖礼拜",即是礼拜陶弘景确认过的会稽阿育王塔所出舍利;大同三年八

① 《广弘明集》卷15"佛德篇",《大正新修大藏经》T2103,第203页。

② 刘萨诃的第一份传记见于他去世一个世纪以后慧皎所著的《高僧传》,详参巫鸿《再论刘萨诃》(1996),见《礼仪中的美术:巫鸿中国古代美术史文编》(下卷),生活·读书·新知三联书店,2005年,第433—436页。

③ 按王家葵据《茅山志》卷10云:"泛海诣霍山,经年还木溜屿。武帝有敕迎还旧山,因诣鄮县礼阿育王塔,自誓受五大摄戒,既归,入住东涧。"断陶弘景礼塔受戒事在天监十一年(512)(详见王家葵著《陶弘景丛考》,齐鲁书社,2003年,第30—33页),可参。

月,高祖改造丹阳阿育王寺塔。刘萨诃故事中“观世音语云:‘汝缘未尽,若得活,可作沙门。洛下、齐城、丹阳、会稽并有阿育王塔,可往礼拜。若寿终,则不堕地狱。’”至此梁武帝已礼拜了丹阳、会稽,未礼拜的洛下、齐城阿育王塔,应也时时激励着其平中原的抱负。梁武帝《出古育王塔下佛舍利诏》与《梁书·扶南传》对阿育王的介绍都是“阿育王即铁轮王,王阎浮提,一天下”。故而可以说梁武帝以一天下、“幽显归心远近驰仰”的阿育王自期,促成了阿育王故事在梁武帝朝兴起与梁代史籍阿育王的书写。[①]

五、从“去宗庙牲”到“佛弟子修孝顺”

汤用彤曾指出,“(梁)武帝信佛之动机,实杂以儒家之礼教也”[②]。诚为有见。如前所述,“去宗庙牲”既是“欲以人王而兼法王”,统合释教信徒的王朝认同;同时也示意东晋以来门阀士族所高自标置的礼乐文化存在不足,树立皇帝在王朝制礼作乐上的至高权威地位。在传统语境中,“牲”为“血食”之代称,“时以宗庙去牲,则为不复血食”,不血食等同绝祀。如《汉书·霍光传》载田延年曰:“汉之传谥常为孝者,以长有天下,令宗庙血食也。如令汉家绝祀,将军虽死,何面目见先帝于地下乎?”[③]以孝的表现为宗庙血食;不血食等于不孝。梁武帝巧妙抓住《神灭论》之争议,引据“《祭义》云:‘惟孝子为能飨亲。’《礼运》云:‘三日齐必见所祭’”说明祭祀即为承认祖先神灵不灭。再汲取慧琳《均善论》黑学先生所提示“周、孔为教,正及一世,不见来生无穷之缘,积善不过子孙之庆,累恶不过余殃之罚,报效止于荣禄,诛责极于穷贱,视听之外,冥然不知”,指出“宗庙祭祀,犹有牲牢,无益至诚,有累冥道”,树立“去牲”乃是真正有益祖宗神灵之新祭祀观、孝行观。

---

① 萧子显撰《南齐书》始于梁武帝天监中,萧子显任太尉录事期间。约在梁普通年间撰成并进献《南齐书》表文(详参《点校本南齐书修订前言》,中华书局,2017年,第3页)。《南齐书·扶南传》详载该国俗事佛及遣使者天竺道人释那伽仙来朝事,却无提及佛发。推断“一天下”的阿育王故事引起梁武帝重视,当在梁普通中北伐“累献捷”后。

② 汤用彤:《汉魏两晋南北朝佛教史》下册,中华书局,2016年,第343页。

③《汉书》卷68《霍光传》,第2937页。

按范缜《神灭论》的“家家弃其亲爱，人人绝其嗣续”，表明天监初儒林中人反对崇释教，主要是以入沙门为“绝嗣”的“不孝”行为。在范缜生活的时代前后，这种对释教信徒的看法并不仅见。《魏书·李孝伯列传附安世子玚传》载：

> 于时民多绝户而为沙门。玚上言：“礼以教世，法导将来，迹用既殊，区流亦别。故三千之罪，莫大不孝，不孝之大，无过于绝祀。然则绝祀之罪，重莫甚焉。安得轻纵背礼之情，而肆其向法之意也？正使佛道，亦不应然，假令听然，犹须裁之以礼。一身亲老，弃家绝养，既非人理，尤乖礼情，堙灭大伦，且阙王贯。交缺当世之礼，而求将来之益，孔子云‘未知生，焉知死’，斯言之至，亦为备矣。安有弃堂堂之政，而从鬼教乎。又今南服未静，众役仍烦，百姓之情，方多避役。若复听之，恐捐弃孝慈，比屋而是。”沙门都统僧暹等忿玚鬼教之言，以玚为谤毁佛法，泣诉灵太后，太后责之。……灵太后虽知玚言为允，然不免暹等之意，犹罚玚金一两。①

此中李玚也以崇释教、绝户为沙门是一种绝祀的不孝行为，并实际上得到胡太后认可。《魏书·岛夷萧衍传》言：

> 初，衍崇信佛道，于建业起同泰寺，又于故宅立光宅寺，于钟山立大爱敬寺，兼营长干二寺，皆穷工极巧，殚竭财力，百姓苦之。曾设斋会，自以身施同泰寺为奴，其朝臣三表不许，于是内外百官共敛珍宝而赎之。衍每礼佛，舍其法服，着乾陀袈裟。令其王侯子弟皆受佛诫，有事佛精苦者，辄加以菩萨之号。其臣下奏表上书亦称衍为皇帝菩萨。衍所部刺史郡守初至官者，皆责其上礼献物，多者便云称职，所贡微少，言为弱惰。故其牧守，在官皆竞事聚敛，劫剥细民，以自封殖，多妓妾、粱肉、金绮。百姓怨苦，咸不聊生。又发召兵士，皆须锁械，不尔便即逃散。其王侯贵人，奢淫无度，弟兄子侄，侍妾或及千数，至乃回相赠遗。其风俗颓丧，纲维不举若此。衍自以持戒，乃至祭其祖祢，不设牢牲，时

---

①《魏书》卷53，第1177—1178页。传后载李玚“建义初，于河阴遇害，时年四十五”。按河阴之变发生时当梁武帝大通二年(528)，逆推则李玚生于483年。比范缜稍晚三十年。

> 人皆窃云，虽僭司王者，然其宗庙实不血食矣。衍未败前，灾其同泰寺，衍祖父墓前石麟一旦亡失，识者咸知其将灭也。景又立衍子纲，寻复杀之。衍之亲属并见屠害矣。①

此中“衍自以持戒，乃至祭其祖祢，不设牢牲，时人皆窃云，虽僭司王者，然其宗庙实不血食矣”，与《南史》卷6《武帝纪》所载“时以宗庙去牲，则为不复血食，虽公卿异议，朝野喧嚣，竟不从”相应，殆是“初去宗庙牲”时实情。梁武帝究竟是如何将崇释教、去宗庙牲那样被儒林中人视为不孝的行为，转成孝行的呢？

应该说，在释慧琳著《均善论》提倡孔、释兼弘以来，活跃于朝野的高僧大德就特别着意于“强调佛法对孝道的包容”了，②僧祐《释迦谱》编撰了大量显示释迦重视孝行的经文，其中卷2《释迦父净饭王泥洹记》本自刘宋沮渠京声译《佛说净饭王般涅盘经》，渲染释迦父净饭王去世前，释迦与其父的孝心通感，最终释迦父“以自手捉于佛手，著其心上。王于卧处，合掌心礼世尊足下。时佛手掌故在王心上，无常对至命尽气绝，忽就后世”，欣然去世；而后“世尊念当来世人凶暴不报父母育养之恩，为是当来不孝众生，设化法故如来躬欲担于父王之棺”，说明孝行是释迦教化众生的内容之一。③ 又在《弘明集后序》中特别针对《神灭论》对佛教的批评，重申了“若疑人死神灭，无有三世，是自诬其性灵而蔑弃其祖祢也”，“苟亡而有灵，则三世如镜，变化轮回，孰知其极，俗士执理而背叛五经，非直诬佛，亦侮圣也”。这是梁武帝推行“去宗庙牲”的知识背景，④而“去宗庙牲”的实行又向世人强化了释教关于往世、近世、来世三世轮回理念。

在此基础上，梁武帝还不断通过在崇释教活动中灌注入孝义，来向世人示范崇释尽孝的新孝行，突出表现在设立盂兰盆供，形成“佛弟子修孝顺”的

---

① 《魏书》卷98，第2187页。

② 参见王玮《从梁武帝的〈孝思赋〉看中国佛教与儒家伦理的融合》，《西北民族大学学报》2005年第4期，第73页。

③ 释僧祐撰：《释迦谱》卷2《释迦父净饭王泥洹记》，《大正新修大藏经》T2040，第54页。

④ 《弘明论后序》可能完成于齐建武五年之前，《弘明集》定本最晚不会迟于517年即天监十六年。详参李小荣《弘明集校笺·前言》，第18—20页。

观念上。曾有现代学者提出:“佛教在印度以一倡导抛弃家庭的宗教而诞生,但它在中国以颂扬孝道而终结。”尽管这一提法已受到某种程度的质疑,不少研究提出印度佛教并非完全抛弃家庭伦理。① 但仍可肯定的是,尊重家庭伦理,尤其孝顺,在印度佛教传统中比较边缘。而中国流行的目连救母故事及其所从出佛经《盂兰盆经》和《报恩奉盆经》,却是以孝顺为中心。《盂兰盆经》载佛对大目乾连言:

> 汝母罪根深结,非汝一人力所奈何!汝虽孝顺,声动天地,天神、地神、邪魔、外道、道士、四天王神亦不能奈何,当须十方众僧威神之力乃得解脱。……十方众僧于七月十五日僧自恣时,当为七世父母及现在父母厄难中者,具饭、百味五果、汲灌盆器、香、油、锭(灯)、烛、床敷、卧具,尽世甘美以著盆中,供养十方大德众僧……具清净戒圣众之道,其德汪洋,其有供养此等自恣僧者,现在父母、七世父母、六种亲属得出三途之苦,应时解脱,衣食自然。若复有人父母现在者,福乐百年;若已亡七世父母,生天,自在化生,入天华光,受无量快乐。②

表明七月十五盂兰盆是佛为世间孝子而设,孝子具清净戒,供养自恣僧,能让去世的父母脱离三途之苦,健在的父母享福乐百年。目连将此概括为“佛弟子行孝顺”,得到佛的赞扬认可,佛随后反复强调“是佛弟子修孝顺者,应念念中常忆父母,供养乃至七世父母。年年七月十五日,常以孝顺慈忆所生父母,乃至七世父母,为作盂兰盆施佛及僧,以报父母长养、慈爱之恩。若一切佛弟子应当奉持是法。”《报恩奉盆经》也是从目连“欲度父母报乳哺之恩”讲起。③ 从现存文献看,《盂兰盆经》似于西晋时译出,但其流行却是在梁武

---

① 详参太史文(Stephen F.Teiser)著《中国中世纪的鬼节》(1998),侯旭东中译,上海人民出版社,2016年,第19页脚注2;辛嶋静志《盂兰盆之义——自恣日的“饭钵”》(2014),收入辛嶋静志著,裘云青、吴蔚林译《佛典语言及传承》,中西书局,2016年。辛嶋静志观点承陈志远老师赐教,特此申谢。

② 西晋月氏三藏竺法护译《佛说盂兰盆经》,《大正新修大藏经》T0685,第779页。辛嶋静志《盂兰盆之义——自恣日的“饭钵”》第二部分为此经今译,颇为精到,详见《佛典语言及传承》,第162—164页。

③ 辛嶋静志说:“《报恩奉盆经》内容与《盂兰盆经》基本相同,仅把《盂兰盆经》的直译部分作了汉语化,显而易见是《盂兰盆经》的翻版。”见《佛典语言及传承》,第160页。

帝时代：如见录于僧祐的《出三藏记集》；经文又被僧祐弟子宝唱钞录入天监十五年(516)梁武帝敕纂的《经律异相》[①]卷14中，[②]可以说《盂兰盆经》“佛弟子修孝顺”也是天监十六年推行“初去宗庙牲”的知识背景。而以此经为根据设立的盂兰盆供，[③]在中国民间具体始于何时虽难确考，但梁武帝大同四年(538)幸同泰寺设盂兰盆供，[④]无疑是在朝野间宣扬与强化“佛弟子修孝顺”的观念。

梁武帝还亲自著文，示范“佛弟子修孝顺”实践。最著名的莫过于《孝思赋》，既有研究已指出该赋交代《梁书·武帝纪下》所载梁武帝“及居帝位，即于钟山造大爱敬寺，青溪边造智度寺”，是采用修建佛教寺院的方式来体现对亡故双亲的思念之情和报恩之意。[⑤] 甚是。近有研究者提出“《孝思赋序》中的叙述‘数钟百六，时会云雷，拨乱反正，遂膺四海，今日为天下主，而不及供养’，语气并不似登基十数年后，却更似天监之初，且在序中萧衍回顾往事也仅至其登基之初，丝毫不及在位十数年之中的一些大事，这些都表明，相比天监十四年和普通元年这两种说法，天监初年说更有说服力”，将该文视为萧衍统治前期的自我书写。[⑥] 按“今日为天下主，而不及供养”之后尚有“乃于钟山下建大爱敬寺，于清溪侧造大智度寺，以表罔极之情”等内容，

① 宝唱还曾奉梁武帝之命协助僧伽婆罗翻译《阿育王经》，详参董志翘《经律异相校注前言》，见《经律异相校注》，巴蜀书社，2018年，第1—7页。

② 以前大多数学者都对《盂兰盆经》是竺法护译持有质疑，甚至认为它根本不是源于印度的原典，而是在中国伪造出来的。辛嶋静志认为该经“使用的汉语词汇较鸠摩罗什译经典(翻译年代401—413)更具古风，与竺法护(265?—311年从事翻译)风格相似。……《盂兰盆经》不是伪经”。不过辛嶋静志和太史文都指出现存最早明确著录此经的文献出自梁武帝时代的僧祐、宝唱，详参《佛典语言及传承》，第160—175页；太史文《中国中世纪的鬼节》，第40—42页。

③《佛祖统纪·法门光显志》列“盂兰盆供”，下引经言即出自《盂兰盆经》的“佛弟子修孝顺者，应念念中常忆父母乃至七世父母，年年七月十五日以百味饮食安盂兰盆中施佛及僧，以报父母长养慈爱之恩”。见志磐撰，释道法校注《佛祖统纪校注》卷34，上海古籍出版社，2012年，第755页。

④ 参见《中国中世纪的鬼节》，第44页。

⑤ 王玮：《从梁武帝的〈孝思赋〉看中国佛教与儒家伦理的融合》，《西北民族大学学报》2005年第4期，第74页。

⑥ 田丹丹：《梁武帝萧衍的自我书写》，复旦大学2014年博士学位论文。

不可能是天监初年之作。道宣《续高僧传·宝唱传》载：

> 自武帝膺运，时年三十有七，在位四十九载，深以庭阴早倾，常怀哀感，每叹曰："虽有四海之尊，无由得申罔极。"故留心释典，以八部般若为心，良是诸佛由生，又即除灾涤累。故收采众经，躬述注解，亲临法座，讲读敷弘，用此善因，崇津灵识。频代二皇舍身为僧给使，洗濯烦秽，仰资冥福。每一舍时，地为之震，相继斋讲，不断法轮。为太祖文皇于钟山竹涧建大爱敬寺，……又为献太后于青溪西岸建阳城门路东起大智度寺。京师甲里，爽垲通博，朝市之中途，川陆之显要，殿堂宏敞，宝塔七层，房廊周接，华果间发。正殿亦造丈八金像，以申追福，五百诸尼，四时讲诵。寺成之日，帝顾谓群后曰："建斯两寺，奉福二皇，用表罔极之情，以达追远之思，而不能遣蓼莪之哀。"①

将建造大爱敬寺、大智度寺列在"频代二皇舍身为僧给使"之后。笔者以为，建造大爱敬寺、大智度寺，作《孝思赋并序》，都应是在天监十六年后，由于"初去宗庙牲"时"公卿异议，朝野喧嚣"，梁武帝盖以自己的无尽孝思来向持异议的公卿表白"去宗庙牲"绝非"不复血食"的不孝行为。除此《孝思赋并序》，敦煌新出文献中还有一篇以"弟子萧衍"身份制作的《东都发愿文》大同三年(537)写本，②在该文中不仅为所有家庭成员：已故先父文帝、已故母亲献后、已故皇兄长沙宣武王、已故二兄永阳昭王、"过去一切尊卑眷属"、"现前一切尊卑眷属"忏悔乞愿，还替"水陆空行一切四生"、"三界六趣一切四生"忏悔乞愿，已经超出《盂兰盆经》所提倡的"七世父母"，③表现出"道贯幽显""义高三正"的孝义。

梁武帝的努力确实改造了萧梁社会的孝行观，可以天监十七年刘霁一家三兄弟的表现为例。《梁书》卷47《孝行传·刘霁传》载传主的突出孝行

---

① 《续高僧传》卷1《译经篇初·梁扬都庄严寺金陵沙门释宝唱传二》，第9页。

② P.2189号，录文见黄征、吴伟编校《敦煌愿文集》，岳麓书社，1995年，第283—290页。

③ 详参郭丽英《敦煌本〈东都发愿文〉考略》(1984)，收入郑炳林主编，耿昇译《法国敦煌学精粹》，甘肃人民出版社，2011年，第557页。谢生保、谢静《河西水陆画与敦煌学》，见于郑炳林主编《佛教艺术与文化国际学术研讨会论文集》，三秦出版社，2009年，第99页。

是:“母明氏寝疾,霁年已五十,衣不解带者七旬,诵《观世音经》,数至万遍,夜因感梦,见一僧谓曰:‘夫人算尽,君精诚笃至,当相为申延。’后六十余日乃亡。……弟杳在《文学传》,歊在《处士传》。”按《梁书》卷50《文学传·刘杳传》载“杳治身清俭,无所嗜好。为性不自伐,不论人短长,及睹释氏经教,常行慈忍。天监十七年,自居母忧,便长断腥膻,持斋蔬食”。知刘霁、刘杳之母逝世在天监十七年,即梁武帝“初去宗庙牲”的第二年,可见此时宗室之外的士族家庭,也不乏奉行释氏经教、甚至通过诵《观世音经》来为母祈福的经验。这是既往《宋书·孝义传》《南齐书·孝义传》中所未曾出现的新孝行。

更有意思的是刘霁的弟弟刘歊,《梁书》卷51《处士传·刘歊传》载刘歊天监十七年,无何而著《革终论》。其辞曰:

> 死生之事,圣人罕言之矣。孔子曰:“精气为物,游魂为变,知鬼神之情状,与天地相似而不违。”其言约,其旨妙,其事隐,其意深,未可以臆断,难得而精核,聊肆狂瞽,请试言之。夫形虑合而为生,魂质离而称死,合则起动,离得休寂。当其动也,人皆知其神。及其寂也,物莫测其所趣。……若稽诸内教,判乎释部,则诸子之言可寻,三代之礼无越。何者?神为生本,形为生具,死者神离此具,而即非彼具也。虽死者不可复反,而精灵递变,未尝灭绝。……形之于神,逆旅之馆耳。及其死也,神去此而适彼也。神已去此,馆何用存?速朽得理也。神已适彼,祭何所祭?祭则失理。而姬、孔之教不然者,其有以乎。盖礼乐之兴,出于浇薄,俎豆缀兆,生于俗弊。施灵筵,陈棺椁,设馈奠,建丘陇,盖欲令孝子有追思之地耳,夫何补于已迁之神乎?……余以孔、释为师,差无此惑。敛讫,载以露车,归于旧山,随得一地,地足为坎,坎足容棺,不须砖甓,不劳封树,勿设祭飨,勿置几筵,无用茅君之虚座,伯夷之杅水。其蒸尝继嗣,言象所绝,事止余身,无伤世教。家人长幼,内外姻戚,凡厥友朋,爰及寓所,咸愿成余之志,幸勿夺之。①

① 《梁书》卷51,第748—750页。

出身宋齐名门、以隐居不仕为志的刘歊(488—519),没端端在天监十七年写了一篇《革终论》谈死、生、神、形,向家人亲戚表白遗志,一年后去世,史家似欲以此言其知命。但《革终论》中赞同释教"神""精灵递变,未尝灭绝";又言"形之于神,逆旅之馆耳。及其死也,神去此而适彼也。……神已适彼,祭何所祭?祭则失理",则无疑有着与范缜《神灭论》的对话,尤其有一种与范缜所批判的"废俎豆,列瓶钵,家家弃其亲爱,人人绝其嗣续"针锋相对的意味,最后交代家人亲戚在他去世后"勿设祭飨",可以说是以处士行佛弟子礼。不过论中还表达了对传统祭祀礼乐的理解,"盖欲令孝子有追思之地耳,夫何补于已迁之神乎?……余以孔、释为师,差无此惑"。认为祭祀对逝者之神是无益的,但对活着的孝子有益。即以孔为师,孝思难遣,可以祭祀;以释为师,"废俎豆"亦不可谓不孝,已然体现出梁武帝朝"孔、释二门,荣茂峙列"[①]的礼乐观。

像刘霁三兄弟这样奉佛与孝行融通无碍的人物,在天监十六年后并不仅见。尤其值得注意的是儒林中人的转向。《梁书》卷48《儒林传·贺玚传附子革传》载:

> (贺玚子)革字文明。少通《三礼》,及长,遍治《孝经》《论语》《毛诗》《左传》。起家晋安王国侍郎、兼太学博士,侍湘东王读。敕于永福省为邵陵、湘东、武陵三王讲礼。稍迁湘东王府行参军,转尚书仪曹郎。寻除秣陵令,迁国子博士,于学讲授,生徒常数百人。出为西中郎湘东王咨议参军,带江陵令。王初于府置学,以革领儒林祭酒,讲《三礼》,荆楚衣冠听者甚众。前后再监南平郡,为民吏所德。寻加贞威将军、兼平西长史、南郡太守。革性至孝,常恨贪禄代耕,不及养。在荆州历为郡县,所得俸秩,不及妻孥,专拟还乡造寺,以申感思。大同六年(536),卒官,时年六十二。[②]

此中作为儒林祭酒的贺革(475—536),"历为郡县,所得俸秩,不及妻孥,专

---

① 《续高僧传》卷1《译经篇初·梁扬都庄严寺金陵沙门释宝唱传二》,第11页。
② 《梁书》卷48,第763页。

拟还乡造寺,以申感思”。可见原本以崇释教为不孝的儒林中人,已然接受释教有助尽孝的理念。按俸禄养亲、不顾妻子的孝行,初现于刘宋,沈约《宋书·孝义传·何子平传》载传主“末除吴郡海虞令,县禄唯以养母一身,而妻子不犯一毫。人或疑其俭薄”,可见时人仍不理解“希禄本在养亲,不在为己”、不顾妻子的做法。谁能想到在贺革这里,虽无活着的父母亲可养,俸秩仍不能及于妻孥,要留着为亡父母造寺。可见奉周、孔孝思之教的儒林中人,在接受释教幽冥义理后,孝行表现确比前人有过之而无不及。

追慕阿育王,以平中原、一天下自期的梁武帝,结局是在八十六岁上被自己纳降的侯景围禁饿死于建康皇宫,萧梁王朝覆灭。然而在盖棺论定梁武帝一生时,《梁书》史臣仍充分肯定其“御凤历,握龙图,辟四门弘招贤之路,纳十乱引谅直之规。兴文学,修郊祀,治五礼,定六律,四聪既达,万机斯理,治定功成,远安迩肃。……三四十年,斯为盛矣。自魏、晋以降,未或有焉”①,即充分肯定梁武帝统治的前三四十年为魏晋以降未有之盛世。《南史》史臣论曰:

> 梁武帝时逢昏虐,家遭冤祸,既地居势胜,乘机而作,以斯文德,有此武功。始用汤、武之师,终济唐、虞之业,岂曰人谋,亦惟天命。及据图箓,多历岁年,制造礼乐,敦崇儒雅,自江左以来,年逾二百,文物之盛,独美于兹。然先王文武递用,德刑备举,方之水火,取法阴阳,为国之道,不可独任。而帝留心俎豆,忘情干戚,溺于释教,弛于刑典。既而帝纪不立,悖逆萌生,反噬弯弧,皆自子弟,履霜弗戒,卒至乱亡。②

虽指出梁武帝“溺于释教”是导致萧梁乱亡之因,③但仍以其制造礼乐为江左逾二百年来之独美,尤其“留心俎豆”四字,堪称是对“去宗庙牲”即为“宗庙

---

① 《梁书·武帝纪下》史臣曰,第97—98页。按此史臣曰无署名姚察,但从《武帝纪》整体基调看,姚察当先有初稿,最后史臣曰当为姚思廉所定,应视为父子俩的共同认识。姚察、姚思廉修《梁书》之经过,参见熊清元《姚氏父子与〈梁书〉》,《黄冈师范学院学报》2001年第2期。

② 《南史·武帝纪下》论曰,第225页。

③ 吕思勉评梁武曰:“帝之诒讥后世者,为信佛法。其实信佛法而无害于政事,初未足以召乱,帝之所以召乱者,亦以其纲纪之废弛耳。”(《两晋南北朝史》第十二章《元魏乱亡》第五节《梁武政治废弛》,上海古籍出版社,2005年,第520页)盖本《南史》此“弛于刑典”之论。

不血食”之议的洗刷。在此角度上，可以说梁武帝“孔、释兼弘”“道贯幽显”的新礼乐文化建构，并不算落空。

附录：本文初稿曾以《试论梁天监十六年“去宗庙牲”的礼乐文化意义》为题在暨南大学文学院2019年12月13—15日主办的“中国古代文学青年学者论坛”上报告过，得到王京州教授点评赐教；复旦大学中文系李猛老师、中国社会科学院历史研究所陈志远老师、中山大学历史学系周文俊老师、中山大学哲学系洪绵绵老师曾赐下相关先行研究论著，审读初稿，指正不少疏误，谨此一并致谢。现文章一切不足乃因作者学识未到所致，期待方家继续赐正。

略论汉代的孝观念与厚葬久丧之风

党　超

汉代奉行以孝治天下，在统治者的积极倡导下，孝观念深入人心。同时，汉代也是中国古代社会厚葬久丧之风盛行的典型期。一般认为，除了同灵魂不灭观念密切相关外，汉代厚葬久丧之风更多地与当时儒家及统治者所提倡的孝道有着直接的联系。通过对汉代孝观念与厚葬久丧之风的探讨，可以认识到，汉代虽以孝治天下，但厚葬之风并非孝观念所致，久丧行为盛行则是统治者有意识引导的结果。

一、汉代以孝治天下

孝，东汉许慎在《说文解字》中解释为"善事父母者，从老省，从子，子承老也"①，认为"孝"字是由"老"字省去右下角的形体，和"子"字组合形成的一个会意字。孝被看作是子女对父母的一种美德。中国人对孝道的高度重视，是传统社会文化生活中的一大突出现象。黑格尔在谈到中国"孝敬"问题时就说："中国纯粹建筑在这一种道德结合上，国家的特性便是客观的'家庭孝敬'。"②杨国枢在其《中国人之孝道的概念分析》一文中亦指出，"传统的中国不仅是以农立国，而且是以孝立国"，"孝是中国文化最突出的特色"。③

---

① 许慎：《说文解字(附检字)》，中华书局，1963 年，第 173 页下栏。

② 黑格尔：《历史哲学》，王造时译，上海书店出版社，2001 年，第 122 页。

③ 杨国枢：《中国人之孝道的概念分析》，收入氏著《中国人的蜕变》，台北桂冠图书股份有限公司，1988 年，第 31 页。

两汉统治者特别重视以孝为核心的伦理教化，宣扬“以孝治天下”。为大力推行和普及孝观念，汉初儒家甚至以《孝经》乃为孔子所编写来大力宣传。[①]《汉书·艺文志》直接说：“《孝经》者，孔子为曾子陈孝道也。夫孝，天之经，地之义，民之行也。举大者言，故曰《孝经》。”[②]《白虎通》则把《孝经》与《春秋》并列，说孔子“已作《春秋》，复作《孝经》”[③]。郑玄更是认为，孔子因为六经各讲了一个方面，怕后人不知根源，所以作《孝经》来总会。可见《孝经》的出现，其实是对先秦以来孝传统的成功总结，为两汉孝文化的形成和发展奠定了理论基石。

由于认识到“导民以孝，则天下顺”[④]，儒家积极提倡的《孝经》获得了两汉统治者的肯定。西汉文帝置《孝经》博士，[⑤]东汉明帝时“自期门羽林之士，悉令通《孝经》章句，匈奴亦遣子入学”[⑥]。在王莽时期，政府甚至以《孝经》为行为准则来衡量和选举人才。孝在当时社会的地位之高，其实从两汉皇帝的谥号前多冠以“孝”字也可以清晰地看出来。

汉代人之所以将《孝经》捧得如此之高，就是企图通过孝来维系宗法血缘的纽带，从而达到以孝治天下的政治目的。《孝经·开宗明义章》说：“夫孝，德之本也，教之所由生也”，“以顺天下，民用和睦，上下无怨”。[⑦] 为此，汉王朝极力提倡伦理孝道，认为如此便可达到“教化已明，习俗已成”[⑧]的理想统治境界。

为大力推行孝道，自汉武帝始，察举设孝廉[⑨]一科，且最为重要。宋人徐

---

① 参见余英时《东汉生死观》，侯旭东等译，上海古籍出版社，2005年，第11页。

②《汉书·艺文志》，中华书局，1962年，第1719页。

③《白虎通·五经》，陈立《白虎通疏证》，吴则虞点校，中华书局，1994年，第446页。

④《汉书·宣帝纪》，第250页。

⑤ 东汉学者赵岐在《孟子题辞》中说：“孝文皇帝欲广游学之路，《论语》《孝经》《孟子》《尔雅》皆置博士。”[《孟子注疏题辞解》，《孟子注疏》，阮元校刻《十三经注疏（附校勘记）》，中华书局，1980年影印本，第2663页]

⑥《后汉书·儒林列传》，中华书局，1965年，第2546页。

⑦《孝经·开宗明义章》，《孝经注疏》，阮元校刻《十三经注疏》，第2545页。

⑧《汉书·礼乐志》，第1032页。

⑨ 颜师古曰：“孝谓善事父母者。廉谓清洁有廉隅者。”（《汉书·武帝纪》颜师古注，第160页）

天麟说,两汉"得人之盛,则莫如孝廉,斯以后世之所不能及"①。两汉统治者还广建地方学校,注重孝道教化。自武帝初令天下郡国皆立学校,到平帝时,学校已经建到乡聚这一基层社会组织之上。而且乡聚的学校虽仅置一师,但却正是"始于爱亲,终于哀戚"②的《孝经》师。如平帝元始三年(3)诏曰:"立官稷及学官。郡国曰学,县、道、邑、侯国曰校。校、学置经师一人。乡曰庠,聚曰序。序、庠置《孝经》师一人。"③可见统治者对普通民众要接受孝道教育的重视程度。在两汉统治者的提倡下,孝逐渐成为乡里追求的标准,如张衡言:"自初举孝廉迄今二百岁矣,皆先孝行,行有余力,始学文法。"④

二、厚葬之风非孝观念所致

在中国古代丧葬史上,厚葬之风长期处于主流地位。⑤ 两汉时期,厚葬之风更是极为盛行。在探讨汉代厚葬的各种具体原因时,人们一般都会把汉代的厚葬之风与当时的孝观念直接联系起来,认为汉代重视孝道在其中起着极为重要的作用,甚至说汉代"孝道观念日益深入人心,表现在丧葬上就是厚葬成风"⑥。但实际上,通过对汉代厚葬原因的再探讨,可以认识到汉代厚葬之风其实并非统治者极力宣扬的孝观念所导致。

首先,厚葬之风的出现远早于孝观念的产生。

关于孝观念产生的确切时间,学界一直存有争论。不过,较为普遍的看法是周代孝观念已经出现,但孝的基本含义明确转为"善事父母"则是战国(包括春秋晚期)及其以后的事情,经过儒家的阐释发挥,"善事父母"最终成

---

①《东汉会要·选举上》,徐天麟《东汉会要》,上海古籍出版社,1978年,第391页。

②《后汉书·陈忠列传》,第1560页。

③《汉书·平帝纪》,第355页。

④ 马端临:《文献通考》卷34《选举考七孝廉》,中华书局,1986年,第320页。

⑤ 陈华文:《丧葬史》,上海文艺出版社,1999年,第12页。

⑥ 郝建平:《论汉代厚葬之风》,《临沂师范学院学报》2007年第2期,第126页。

为“孝”的核心甚至唯一内容。[①] 如《孟子·离娄下》中所记世俗所谓的“五不孝”，其中前三项均是出于“不顾父母之养”。[②] 这种含义经由儒家倡导，逐渐为国人所认同，而且一直流传至今。

而厚葬之风则早在原始社会就已初见端倪，其中灵魂不灭观念应是厚葬现象出现的重要原因。灵魂不灭观念产生于旧石器时代中期以前，认为人死后灵魂不灭，仍能祸害或保护子孙，干预人事。在这一观念影响下，人类丧葬习俗中出现了厚葬现象。“既然古人认为人死了要变鬼，鬼可作祟于生者，亦可保佑生者，所以人们不惜重金去讨好死者，祭鬼祭祖。既然古人认为人死后灵魂有知，人们又不惜重金厚葬去换得死后的富足与安宁。生者无愧，死者欣慰。在这种观念和心理的影响下，厚葬便成为当时社会的一种习尚，并久盛不衰。”[③]

古有“事死如事生”[④]“事亡如事存”[⑤]的说法。“生前认为最珍贵的物品，都与已死的占有者一起殉葬到坟墓中，以便他在幽冥中能继续使用。”[⑥]如西安半坡新石器时代遗址中的第152号墓，墓主虽只是一位三四岁的女童，但墓中却发现有木质棺板，另外还出土有陶器、石珠、石球、耳坠等随葬品79件之多。发掘者认为，“对三、四岁的女孩如此厚葬，必有一定的社会意义”[⑦]。当然，这里所说的“厚葬”，“与后世真正作为社会浮侈风气之表现的厚葬，其规模和程度是不可同日而语的”，但却至少表明“最初的‘厚葬’形式已经出现”。[⑧]

史载，“夏道尊命，事鬼敬神”，“殷人尊神，率民以事神……先鬼而后

---

① 肖群忠：《孝与中国文化》，人民出版社，2001年，第25页。

②《孟子·离娄下》，杨伯峻译注《孟子译注》，中华书局，2005年，第200页。

③ 徐吉军、贺云翱：《中国丧葬礼俗》，浙江人民出版社，1991年，第11页。

④《礼记·祭义》：“事死者如事生。”《礼记正义》，阮元校刻《十三经注疏》，第1593页。

⑤《汉书·外戚传》载汉哀帝语：“孝子事亡如事存。”（第4003页）

⑥ 马克思：《摩尔根〈古代社会〉一书摘要》，人民出版社，1965年，第51页。

⑦ 中国科学院考古研究所、陕西省西安半坡博物馆：《西安半坡——原始氏族社会聚落遗址》，文物出版社，1963年，第206—207、214—215页。

⑧ 王子今：《中国盗墓史：一种社会现象的文化考察》，中国广播电视出版社，1999年，第6页。

礼”,[①]《汉书·艺文志》蓍龟类载有《夏龟》26卷,今亡佚,据名推测当为夏人用以占卜的专用书。殷墟甲骨中,内容多为卜问鬼神之类,可知商人亦生活在一个充满鬼神观念的世界之中。在商代,还出现了中国丧葬史上的第一次厚葬高潮:不仅有大量昂贵的青铜器随葬,还出现了人殉、人牲现象,而且墓室极其讲究,规模浩大。[②] 到周代,“国之大事,在祀与戎”[③],人们把祭祀祖先作为国家的两件大事之一,厚葬当在情理之中。

试想,若没有灵魂不灭观念对墓葬行为的影响,要在几千年前的社会聚敛这么多的财产随葬,简直是不可能的事情。而在这段较长的时期,家庭伦理意义上的孝观念实际上还根本不存在。

其次,孝的本质与厚葬毫无关系。

孔子对孝观念有比较详细的阐述。在他看来,孝至少应该包括“养”与“敬”两层最基本的含义:

> 子游问孝。子曰:“今之孝者,是谓能养。至于犬马,皆能有养;不敬,何以别乎?”[④]

从人之生存角度来看,“养”是孝赖以存在的物质基础,但从孝的实质来看,“敬”才是孝得以实现的根本保证。养只有在心中存有敬意的前提下发生才能称为孝,孝是敬之心与养之行的结合。可见,儒家所重视的孝,首先应该是要有敬心,然后才考虑孝行能否真正得到落实。两汉名士批评时人“生不极养,死乃崇丧”[⑤]正是基于这一认知而发出的愤慨。

孔子所倡导的孝观念在汉代获得了极大丰富和发展,其内容包括立身、忠君、为政治国,处理个人与家庭、宗族、乡党以及所有人事关系,等等。[⑥] 汉初《孝经》的出现,可以说是对先秦以来孝传统的总结,使得原本反映家庭道

---

① 《礼记·表记》,《礼记正义》,阮元校刻《十三经注疏》,第1641—1642页。

② 徐吉军、贺云翱:《中国丧葬礼俗》,第5页。

③ 《左传·成公十三年》,杨伯峻编著《春秋左传注》,中华书局,1990年,第861页。

④ 《论语·为政》,杨伯峻译注《论语译注》,中华书局,1980年,第14页。

⑤ 《潜夫论·浮侈》,王符撰,汪继培笺,彭铎校正《潜夫论笺校正》,中华书局,1985年,第137页。

⑥ 肖群忠:《孝与中国文化》,第9页。

德伦理关系的孝观念在理论上已被政治化。而汉代统治者更是以孔子编写《孝经》的名义来大力宣扬孝道,则又从实践上使其政治化,出现“汉以孝治天下”的情形。孝被纳入了社会伦理道德体系之中,开始成为中国古代社会统治的思想基础,发挥其政治教化的功能。

为使政治化的孝观念深入人心,汉代儒学大师董仲舒以天为基本视角,运用阴阳五行学说进一步为孝的合理性寻求更令人信服的理论依据。他第一次把孝纳入宇宙结构之中,从天的结构特征出发,认为孝出自天地,从五行而生,从而论证出孝行的合理性、合法性与合情性。① 这种方法,在现今看来,不仅毫无科学道理,而且几近荒唐可笑。但在汉代,董仲舒却将其作为一种信仰,坚信不疑,并对其做了详细论证,根本目的正是要把孝观念渗透到普通民众的信念之中,使孝成为人们内心最基本的欲求之一。仅从这一点来说,我们似乎不应简单地使用现代科学观念来对待董仲舒对孝道的建构,进而对其所宣扬的人生信仰大肆批判。或许正如有的学者所说:“信仰的建构与确立,所依据的必然还是信仰,而不能从科学中找理由、找证据。这是由信仰的非理性特征所决定的。那种把信仰拖向科学的做法是极为有害而又十分愚蠢的。”②

关于孝观念对厚葬之风的影响,传统观点认为,这种特有的儒家伦理思想反映在丧葬习俗上便是厚葬,有学者甚至认为“对‘死人’的孝,从本质意义上来说,就是重视丧葬和丧葬质量”③。事实上,这种理解或许恰恰正是忽略了孝的本质,从而误将厚葬之风归因于儒家所倡导的孝道观念。

再者,厚葬在某种意义上只是活着的人借助死者向外界炫耀自己地位和财富的一种方式。

早在私有制产生和阶级社会形成的初期,人们的丧葬观念和习俗就曾发生了鲜明的变化。在受灵魂不灭观念驱使的同时,厚葬也开始成为统治

① 余治平、孟祥红:《孝,何以必须?——孔子与董仲舒对孝道的不同建构》,《新疆大学学报》2003 年第 4 期,第 28—32 页。

② 余治平:《哲学的锁钥——源于本体论的形上之思》,四川人民出版社,2002 年,第 494 页。

③ 陈华文:《丧葬史》,第 10 页。

者炫耀自己地位和财富的象征。[①] 厚葬从随葬物品的差异开始,随着贫富分化的加剧而逐渐加强,当权力介入之后,等级制度更是成为厚葬的依据,灵魂不死观念通过墓葬被加以推广,最终形成大量财富随葬的客观事实。[②]

汉代的厚葬之风是从西汉中期开始盛行起来的,而且愈演愈烈。这种情形的出现,除与灵魂不灭观念以及当时社会财富显著增长有着显而易见的联系之外,按照时人及后人的理解,似乎还与儒家和统治者所提倡的孝道有着直接甚至是极其重要的关系。如西汉末年京师游侠原涉就认为厚葬是履践孝道,"令先人坟墓俭约"则是"非孝"的行为。[③] 当时甚至还有地方官吏出于提倡孝道的考虑,反对节葬。如东汉光武帝时,"府下记,禁人丧葬不得侈长",上蔡令宋均却认为"夫送终逾制,失之轻者。今有不义之民,尚未循化,而遽罚过礼,非政之先",因此对郡府的这一规定"竟不肯施行"。[④]

不过,从文献描述的众多厚葬事例看,造成厚葬的深层社会心态"并不仅仅是单纯行孝的表面文章,如同饮食生活中的宴饮活动和婚姻中的大办喜事,汉代人强烈的面子感在这里起着至关重要的作用"[⑤]。亦正如有的学者所说:"厚葬的兴起,主要原因之一,是葬事的主持者往往以此作为炫耀自我之地位和财富的方式。葬事,从实质上说,是生者之事,而非死者之事。丧事的规模,实际上于死者较为次要,而于生者更为重要。"[⑥]

事实上,汉代的厚葬之风正是兴起于统治阶层特别是王侯、外戚和宦官的奢侈行为。这些人往往既是政治上的受益者,又是经济上的富有者,有能力、有条件逾越礼制,行奢侈之风。如宦官吕强曾上疏汉灵帝,其中言道:"今外戚四姓贵幸之家,及中官公族无功德者,造起馆舍,凡有万数,楼阁连接,丹青素垩,雕刻之饰,不可单言。丧葬逾制,奢丽过礼,竞相放效,莫肯矫拂。"[⑦]又如宦

---

① 徐吉军、贺云翱:《中国丧葬礼俗》,第 3 页。
② 陈华文:《丧葬史》,第 18 页。
③《汉书·原涉传》,第 3716 页。
④《后汉书·宋均列传》,第 1412 页。
⑤ 彭卫、杨振红:《中国风俗通史·秦汉卷》,上海文艺出版社,2002 年,第 492 页。
⑥ 王子今:《中国盗墓史:一种社会现象的文化考察》,第 31 页。
⑦《后汉书·宦者列传·吕强》,第 2530 页。

者赵忠"丧父,归葬安平,僭为玙璠、玉匣、偶人"①;宦官侯览"丧母还家,大起茔冢",又"豫作寿冢,石椁双阙,高庑百尺"。② 厚葬之风之所以屡禁不止,正是与他们的政治、经济地位和奢侈行为密切相关。

最后,更为重要的是,儒家学者和统治者大都极力反对厚葬之风。

儒家主张葬制以礼,更讲究慎终追远,强调丧事应以哀为主,反对徒具形式的厚葬之风,对逾礼的厚葬行为更是持强烈批判的态度。如《礼记·檀弓上》中有孔子倡导薄葬行为,其中主张"死欲速朽"的言论就是对葬具豪奢的谴责。③ 同篇还有这样的内容:

> 子游问丧具。夫子曰:"称家之有亡。"子游曰:"有无恶乎齐?"夫子曰:"有,毋过礼;苟亡矣,敛首足形,还葬,县棺而封。人岂有非之者哉?"④

子游就葬具向孔子请教。孔子回答说,应当与家庭的实际经济状况相当。子游又问,各家的实际经济状况各不相同,有没有一个统一的礼的规范呢?孔子说,经济条件许可的,不应当厚葬过礼;经济条件不足的,只要衣物可以遮掩住尸体,敛后入葬即可。难道还会有人责备他失礼吗?孔子"称家之有亡""人岂有非之者哉"的言论,明确表示了其对厚葬行为的否定。为反对厚葬,他甚至宣称:"啜菽饮水,尽其欢,斯之谓孝;敛手足形,还葬而无椁,称其财,斯之为礼。"⑤

儒家抵制厚葬之风的传统在汉代得到了继承。汉昭帝时,贤良文学对厚葬风气就有着比较清醒的认识。他们谴责当时的厚葬之风说:"今生不能致其爱敬,死以奢侈相高;虽无哀戚之心,而厚葬重币者,则称以为孝,显名立于世,光荣著于俗。故黎民相慕效,至于发屋卖业。"⑥对此,有学者分析

---

①《后汉书·朱穆列传》,第1470页。

②《后汉书·宦者列传·侯览》,第2523页。

③《礼记·檀弓上》:"有子问于曾子曰:'问丧于夫子乎?'"回答有"死欲速朽"句。又:"昔者夫子居于宋,见桓司马自为石椁,三年而不成。夫子曰:'若是其靡也,死不如速朽之逾也。'"《礼记正义》,阮元校刻《十三经注疏》,第1290页。

④《礼记·檀弓上》,阮元校刻《十三经注疏》,第1291页。

⑤《礼记·檀弓下》,《礼记正义》,阮元校刻《十三经注疏》,第1310页。

⑥《盐铁论·散不足》,王利器校注《盐铁论校注(定本)》,中华书局,1992年,第354页。

说："贤良很深刻地把握到当时'厚葬'的实质，与孝道无关，仅是由统治集团所倡导的淫侈之风的一部分，而加以严厉的谴责；这与《散不足》第二十九贤良所述当时社会现象之一的厚葬风气加在一起来看，则由贤良文学所代表的儒家思想，与一般的说法相反，是非常反对厚葬的。"①当时朝廷上斥责厚葬之风的主要正是一些以经学起家的儒吏，他们对败坏社会风俗的外戚和宦官恨之入骨。有学者甚至认为，东汉名士们坚持薄葬，其深层的文化意蕴是清流阶层对浊流阶层的反动，是一种非暴力不合作运动。②

其实，即使上文提到的游侠原涉，其认为"令先人坟墓俭约"乃"非孝"行为，也是建立在自己已经"身得其名"，拥有足够能力保证其不会使"先人坟墓俭约"的这一前提之下的。③ 至于上蔡令宋均，更是原本就认为"丧葬侈长""送终逾制"之类的行为本身是一种过失，只不过为了"循化"民众，他才将这种过失视之为"失之轻者"。

提倡节俭，反对厚葬也是两汉政府引导风俗的重要内容之一。汉代厚葬风气很浓，面对厚葬奢侈之风以及这种风气所引起的一系列社会问题，统治者深感忧虑。为改变这一风气，他们甚至身体力行，以自身行为作为榜样，提倡节俭和薄葬。如汉文帝一生俭朴，他本人常穿绨袍，所宠爱的慎夫人也只穿较短的衣裙，"令衣不得曳地，帏帐不得文绣，以示敦朴，为天下先"，"治霸陵皆以瓦器，不得以金银铜锡为饰，不治坟，欲为省，毋烦民"。临终前，文帝又下薄葬遗诏，明确丧事从简。④

霸陵薄葬，在中国古代丧葬史上被传为千古佳话，也成为帝王节俭的著名典范。不过，对于霸陵是否真的坚持了薄葬原则，争议也千古未息。有学者曾对各种议论进行过比较详细的辨疑，并认为"汉文帝殡葬从简的愿望可能是得到了主持丧事者的尊重的"⑤。事实上，不管汉文帝霸陵是否薄葬，均

---

① 徐复观：《两汉思想史》(第三卷)，华东师范大学出版社，2001 年，第 94 页。

② 徐国荣：《东汉儒学名士薄葬之风和吊祭活动的文化蕴涵》，《东方论坛》2000 年第 4 期，第 23—26 页。

③《汉书·原涉传》，第 3716 页。

④《史记·孝文本纪》，中华书局，1982 年，第 433 页。

⑤ 参见王子今《霸陵薄葬辨疑》，《考古与文物》2002 年第 2 期，收入氏著《秦汉社会史论考》，商务印书馆，2006 年，第 215—226 页。

不可否认其所下薄葬遗诏更多地是一种政治宣传,其目的自然是为了倡导薄葬之风。

随着社会奢靡之风的盛行,两汉统治阶层在文帝安葬后不久就已开始为矫正当时厚葬奢靡之风而大力称颂和宣扬文帝的“薄葬”了。如《汉书·刘向传》载,汉成帝大起山陵,靡费天下,宗室大臣刘向以张释之对汉文帝之事上书劝谏成帝。他在引述张释之的话后就明确提道:“孝文寤焉,遂薄葬,不起山坟。”①可见,在西汉后期人们的观念中,文帝的“不起山坟”已是属于薄葬。《汉书·王莽传》载,两汉之际,赤眉军入关中,曾发掘汉帝诸陵,取其宝货,“宗庙园陵皆发掘,唯霸陵、杜陵完”②。对此,光武帝刘秀曾大加赞叹说:“古者帝王之葬,皆陶人瓦器,木车茅马,使后世之人不知其处。太宗(即汉文帝)识终始之义,景帝能述遵孝道,遭天下反覆,而霸陵独完受其福,岂不美哉!今所制地不过二三顷,无为山陵,陂池裁令流水而已。”③

东汉时期,厚葬之风较之西汉有过之而无不及。建武七年(31),由于王侯外戚们“葬埋僭侈,吏民相效,浸以无限”④,导致社会风俗败坏,光武帝亦曾诏令薄葬。史书载有此诏:“世以厚葬为德,薄终为鄙,至于富者奢僭,贫者单财,法令不能禁,礼义不能止,仓卒乃知其咎。其布告天下,令知忠君、孝子、慈兄、悌弟薄葬送终之义。”受文帝影响,光武帝遗诏也力主薄葬,曰:“朕无益百姓,皆知孝文皇帝制度,务从约省。”⑤值得注意的是,在这份薄葬诏令中,光武帝不仅没有感觉到孝子和薄葬之间存在冲突,而且反倒认为薄葬是孝子们所应当贯彻执行的一种行为。如果我们认识到儒家思想是反对

---

①《汉书·刘向传》,第1951页。这一史实在《史记·张释之列传》原有记载,文帝与慎夫人去霸陵视察,中郎将张释之从,文帝“使慎夫人鼓瑟,上自倚瑟而歌,意惨凄悲怀,顾谓群臣曰:‘嗟乎!以北山石为椁,用纻絮斮陈,蕠漆其间,岂可动哉!’左右皆曰:‘善。’释之前进曰:‘使其中有可欲者,虽锢南山犹有隙;使其中无可欲者,虽无石椁,又何戚焉!’文帝称善。其后拜释之为廷尉。”(《史记·张释之列传》,第2753页)只是其中并未提及文帝薄葬一事。

②《汉书·王莽传》,第4193页。

③《后汉书·光武帝纪》,第77—78页。

④《东观汉记·光武纪》,刘珍等撰,吴树平校注《东观汉记校注》,中州古籍出版社,1987年,第9页。

⑤《后汉书·光武帝纪》,第51、85页。

厚葬的，那么对光武帝薄葬诏令中孝子、薄葬并提的现象就不难理解了。由此看来，认为光武帝薄葬诏令“用所谓的忠孝之义来劝导，无异于扬汤止沸”[①]的观点或许还需要再慎重考虑。

其后，汉明帝永平十二年(69)、章帝建初二年(77)、和帝永元十一年(99)、安帝永初元年(107)、元初五年(118)，都曾下诏禁止厚葬。[②]

在皇帝不断发布诏令禁止厚葬、要求薄葬的倡导下，两汉众多深受孝观念熏陶的文人或士大夫也开始反对厚葬之风，且身体力行，崇尚薄葬，表明薄葬之风越来越为一些明达官员所认同。今略举几例如下：西汉时杨王孙面对“厚葬诚亡益于死者，而俗人竞以相高，靡财单币，腐之地下”的世风，他“以赢(裸)葬，将以矫世”。[③] 东汉杨震谓其诸子门人曰：“身死之日，以杂木为棺，布单被裁足盖形，勿归冢次，勿设祭祠。”[④]陈寔“临没顾命，留葬所卒，时服素棺，椁财周榇，丧事惟约，用过乎俭”[⑤]。杜子夏临终作文曰：“魏郡杜邺，立志忠款，犬马未陈，奄先草露。骨肉归于后土，气魂无所不之。何必故丘，然后即化。”[⑥]赵咨将终时，“告其故吏朱祇、萧建等，使薄敛素棺，籍以黄壤，欲令速朽，早归后土，不听子孙改之”[⑦]。

由上述对汉代厚葬原因的再探讨可见，儒家孝观念本身是反对厚葬的，两汉厚葬之风的形成并非由孝观念所导致。

三、久丧行为乃统治者有意识的引导

孝的本义是“尊祖爱亲，守其所以生者也”[⑧]，其社会功能和政治功能更

① 徐国荣：《东汉儒学名士薄葬之风和吊祭活动的文化蕴涵》，《东方论坛》2000年第4期，第23—26页。

② 分别详见《后汉书》各帝本纪，第115、134、186、207、228页。

③ 《汉书·杨王孙传》，第2908页。

④ 《后汉书·杨震列传》，第1767页。

⑤ 《文选》卷58蔡邕《陈太丘碑文》，萧统编，李善注《文选》，中华书局，1977年，第802页。

⑥ 《西京杂记》卷3“杜子夏自作葬文”条，葛洪撰，周天游校注《西京杂记》，三秦出版社，2006年，第150页。

⑦ 《后汉书·赵咨列传》，第1314页。

⑧ 《周礼·地官司徒·师氏》郑玄注“孝德”条，《周礼注疏》，阮元校刻《十三经注疏》，第730页。

侧重于"严恭承命,不以身恨君,孝也"[1],对统治者加强政治思想统治、引导社会风俗无疑有着重要意义。为此,两汉统治者特别注重发挥孝的这一功能,宣扬以孝治天下,把孝作为维系社会政治风气的一个关键理念。

不过对孝道的认同,不能单靠法律制度等外在手段的强制要求,而是主要需通过人心的直接感受来实现。《论语·阳货》载有宰我与孔子的一段有关"三年之丧"的著名对话:

> 宰我问:"三年之丧,期已久矣。君子三年不为礼,礼必坏;三年不为乐,乐必崩。旧谷既没,新谷既升,钻燧改火,期可已矣。"
>
> 子曰:"食夫稻,衣夫锦,于女安乎?"
>
> 曰:"安。"
>
> "女安,则为之!夫君子之居丧,食旨不甘,闻乐不乐,居处不安,故不为也。今女安,则为之!"
>
> 宰我出。子曰:"予之不仁也!子生三年,然后免于父母之怀。夫三年之丧,天下之通丧也,予也有三年之爱于其父母乎!"[2]

在孔子的理解中,正如"为仁由己"[3]一样,孝也完全建立在人性最基本的心理性情基础之上。"三年之丧"为孝之通礼,但能否坚守或坚守到什么程度,则完全取决于子女的人性情感,而并不要求强制执行。

关于三年之丧,《礼记·三年问》曰:"三年之丧,人道之至文者。夫是之谓至隆,是百王之所同,古今之所一也,未有知其所由来者也。""三年之丧,天下之达丧也。"[4]其后,历代学者或认为其起源于尧舜,或推测是殷商制度,或断定为周代礼制所定,或主张乃孔子首创,争论纷纭,迄今难有定论。[5] 不过,先秦文献已有服三年之丧的记载则是不争的事实。特别是以孔、孟为代表的儒家学者更在此基础上,制定出一套丧服制度来,且谓"三年之丧,天下

---

① 《新序·节士》,刘向编著,石光瑛校释,陈新整理《新序校释》,中华书局,2001 年,第 889 页。
② 《论语·阳货》,第 188 页。
③ 《论语·颜渊》,第 123 页。
④ 《礼记·三年问》,《礼记正义》,阮元校刻《十三经注疏》,第 1663 页。
⑤ 详见徐吉军、贺云翱《中国丧葬礼俗》,第 370—381 页。

之通丧也"[①],"自天子达于庶人,三代共之"[②]。

不过西汉初年,服丧期相对较短。如汉文帝临终前特遗诏丧事一切从简。后人多赞扬文帝的薄葬主张,效仿其薄葬行为。但是人们往往忽略了一点,即这篇遗诏的中心内容说的是不要"重服以伤生",其实更应该是一篇主张短丧的诏令。[③] 诏文的后半部分主要谈勿令天下臣民久穿丧服、久治丧事。"其令天下吏民,令到出临三日,皆释服",既葬之后,"服大红(功)十五日,小红(功)十四日,纤七日,释服","毋禁取(娶)妇嫁女祠祀饮酒食肉者","毋发民男女哭临宫殿",强调的都是丧葬仪式从简、丧事时间缩短。[④]

汉文帝的短丧诏对两汉社会产生了一定程度的影响。汉成帝时,丞相翟方进对其后母"供养甚笃。及后母终,既葬三十六日,除服起视事,以为身备汉相,不敢逾国家之制"。颜师古注曰:"汉制自文帝遗诏之后,国家遵以为常。大功十五日,小功十四日,缌麻七日。方进自以大臣,故云不敢逾制。"[⑤]可见至成帝时,公卿大臣仍有遵文帝遗制者。两汉皇帝也有效仿文帝短丧的。如光武帝刘秀临终遗诏曰:"朕无益百姓,皆如孝文皇帝制度,务从约省。"[⑥]对此,灵帝熹平六年(177)蔡邕上封事,在所言七事中曾有所描述:"臣闻孝文皇帝制丧服三十六日,虽继体之君,父子至亲,公卿列臣,受恩之重,皆屈情从制,不敢逾越。"[⑦]

不过,汉文帝的短丧诏或许正如顾炎武所说,"若夫君丧之礼,自战国以来,固已久废。文帝乃特著之为令"[⑧],其用心乃在于倡导节俭。从后人多赞扬其薄葬主张,效仿其薄葬行为,而对其主张短丧则往往略而不论,也可看出这一点。

---

① 《论语·阳货》,第 188 页。

② 《孟子·滕文公上》,第 114 页。

③ 黄宛峰:《汉文帝并非薄葬》,《南都学坛》1995 年第 1 期,第 11 页。

④ 《史记·孝文本纪》,第 434 页。

⑤ 《汉书·翟方进传》,第 3416—3417 页。

⑥ 《后汉书·光武帝纪》,第 85 页。

⑦ 《后汉书·蔡邕列传》,第 1997 页。

⑧ 《日知录》卷 14《君丧》,顾炎武著,黄汝成集释《日知录集释(外七种)》,上海古籍出版社,1985 年,第 1123 页。

随着提倡孝道的儒家思想逐渐占据统治地位，丧服制度越来越受到重视，文帝的短丧主张远不能满足儒家宣扬孝道的需要。东汉时期，荀爽就认为文帝的短丧主张“行过乎俭”，“不可贯之万世”。[①] 也正由于此，顾炎武讥讽文帝的短丧诏“干百姓之誉，而反以蒙后代无穷之讥”[②]。

事实上，据文献记载，两汉时期以孝著称者往往是服三年之丧的典型。早在汉武帝时期，汉代第一位布衣儒相公孙弘就曾“养后母孝谨，后母卒，服丧三年”[③]。其后行三年之丧者渐多，如成帝时薛修为后母服三年之丧，[④]哀帝时刘茂为母服三年之丧，[⑤]等等。平帝崩，王莽更是令“天下吏六百石以上皆服丧三年”[⑥]。到东汉，服三年之丧者更多，且每多服丧过礼者。东汉的三年之丧，除为君、为父母服外，还有大量为太守、为曾辟举己者、为师以及故吏为其主官、属民为其长官等服三年之丧的情形存在。[⑦]

需要注意的是，两汉统治者，除文帝遗命短丧外，一般对服三年之丧者多持肯定态度，并予以表彰、奖励，甚至加以提拔、重用。[⑧] 如成帝时，于定国死，其子永为之“居丧如礼，孝行闻。由是以列侯为散骑光禄勋，至御史大夫”。成帝还把馆陶公主嫁给了他，后来甚至想任命其为相，“会永薨”而罢。[⑨] 河间王刘良为母太后“服丧如礼”，哀帝特下诏褒扬曰：“河间王良，丧

---

① 《后汉书·荀爽传》，第2051页。

② 《日知录》卷14《君丧》，第1123页。

③ 《汉书·公孙弘传》，第2619页。《史记·平津侯主父列传》则仅有公孙弘“养后母孝谨”一语（《史记·平津侯主父列传》，第2949页）。

④ 《汉书·薛宣传》，第3394页。

⑤ 《后汉书·独行列传·刘茂》，第2671页。

⑥ 《汉书·王莽传》，第4078页。

⑦ 详见杨天宇《略论汉代的三年丧》，《郑州大学学报》2002年第5期，第63—69页。

⑧ 汉王朝提倡服三年之丧，是一种宣扬孝道的方式，因此对民间或诸侯王子弟之类没有担任朝廷官职者的服丧行为持赞赏态度。但在实际行政当中，有一种现象不能不注意到，那就是汉政府一般是不允许现任官吏，尤其高级官吏服三年之丧的。尽管东汉安帝到桓帝时期朝廷中对此有过激烈的争论，政策也几经反复，但从总体上来说高级官吏及治民之吏大多仍不可能真正做到服丧三年。当然，这与朝廷提倡三年之丧并不冲突，而主要是由于实际执政要求使然。

⑨ 《汉书·于定国传》，第3046页。

太后三年，为宗室仪表，其益封万户。”[1]刘秀在更始元年(23)经略颍川时，听说有个叫铫期的人为父服三年之丧，“乡里称之”，便“闻期志义，召署贼曹掾”。[2] 顺帝时，东海王刘臻及其弟刘俭“并有笃行，母卒，皆吐血毁眥”，又“追念初丧父，幼小，哀礼有阙，因复重行丧制”，由此“顺帝美之”，特制诏褒奖曰：“东海王臻以近蕃之尊，少袭王爵，膺受多福，未知艰难，而能克己率礼，孝敬自然，事亲尽爱，送终竭哀，降仪从士，寝苫三年。和睦兄弟，恤养孤弱，至孝纯备，仁义兼弘，朕甚嘉焉。夫劝善厉俗，为国所先。曩者东平孝王敞兄弟行孝，丧母如礼，有增户之封。诗云：‘永世克孝，念兹皇祖。’今增臻封五千户，俭五百户，光启土宇，以酬厥德。”[3]灵帝末，陈纪服丧过礼，“虽衰服已除，而积毁消瘠，殆将灭性。豫州刺史嘉其至行，表上尚书，图象百城，以厉风俗”[4]。

不仅如此，两汉有的皇帝或皇后还带头服三年之丧。如明帝为其父光武帝服丧三年。[5] 和帝永元四年(92)，邓后入选后宫，会父卒，邓后为父服丧三年，“昼夜号泣，终三年不食盐菜，憔悴毁容，亲人不识之”[6]。

两汉时期，时人还多把服丧制度能够自觉得到有效遵从作为政府化民成俗取得显著成效的重要标志。如司马迁在《史记・循吏列传》中记载郑相子产的政绩时，就将“丧期不令而治”作为其治政的最高境界。[7]

由于统治者的提倡，服三年之丧在当时渐成风气，有能服三年之丧或“服丧尽礼”“服丧过礼”者，往往会受到人们的赞扬。如哀帝时原涉为父服丧三年，“繇是显名京师”，“衣冠慕之辐辏”。[8] 章帝初年，黄香为母丧“思慕

---

① 《汉书・景十三王传》，第 2412 页。

② 《后汉书・铫期列传》，第 731 页。

③ 《后汉书・光武十王列传・东海恭王强》，第 1426 页。

④ 《后汉书・陈纪列传》，第 2067—2068 页。

⑤ 《续汉书・礼仪志上》注引《谢承书》载蔡邕之言曰：“以明帝圣孝之心，亲服三年。”（第 3104 页）

⑥ 《后汉书・皇后纪・和熹邓皇后》，第 418 页。

⑦ 《史记・循吏列传》，第 3101 页。

⑧ 《汉书・原涉传》，第 3714 页。

憔悴,殆不免丧,乡人称其至孝"①。顺帝初,申屠蟠为父服丧,"哀毁过礼",时贤郭林宗"见而奇之"。同郡蔡邕亦"深重蟠",并赞之曰:"申屠蟠禀气玄妙,性敏心通,丧亲尽礼,几于毁灭。至行美义,人所鲜能。"②桓帝延熹年间,孔融为父丧"哀悴过毁,扶而后起,州里归其孝"③。

相反,那些不奔丧者则往往受人非议或讥弹,影响仕途。如元帝初元二年(前47),诏列侯举茂才,富平侯张勃荐举陈汤,汤待迁,"父死不奔丧",为此被司隶奏"无循行"而"下狱论",张勃也受到牵连,"选举故不以实,坐削(二百户)[户二百],会薨,因赐谥曰缪侯"。④ 成帝时,丞相薛宣后母死,其弟修为后母服丧三年,薛宣却不服丧。为此,成帝在罢免薛宣的诏书中就曾说道:"君为丞相,出入六年,忠孝之行,率先百僚,朕无闻焉。……不忍致君于理,其上丞相高阳侯印绶,罢归。"后来,薛宣再次任官。但及哀帝即位,博士申咸再次"毁宣不供养行丧服,薄于骨肉,前以不忠不孝免,不宜复列封侯在朝省"。最终薛宣"坐免为庶人,归故郡,卒于家"。⑤ 东汉明帝时,新野功曹邓衍"每豫朝会,而容姿趋步,有出于众",深得明帝欣赏,"特赐舆马衣服","拜郎中,迁玄武司马"。后邓衍父死,他却"不服父丧"。明帝知道此事后感叹说:"'知人则哲,惟帝难之。'信哉斯言!"邓衍因此"惭而退"。⑥ 更有甚者,颍川甄邵在任职期间遇母丧,为不影响升迁,其将母亲的尸体埋进马屋,"先受封,然后发丧"。事发后,河南尹李燮"行涂(途)遇之,使卒投车于沟中,笞捶乱下,大署帛于其背曰'谄贵卖友,贪官埋母'",随后"具表其状",甄邵最终被判处"废锢终身"。⑦

两汉时期,察举孝廉是选拔官吏的重要途径。服三年之丧者往往被看作是有孝道之人,能够受到人们的称誉,得到统治者的褒奖和擢用,而不服

① 《后汉书·文苑列传·黄香》,第2613页。
② 《后汉书·申屠蟠列传》,第1750—1751页。
③ 《后汉书·孔融列传》,第2262页。
④ 《汉书·陈汤传》,第3007页。
⑤ 《汉书·薛宣传》,第3393—3396页。
⑥ 《后汉书·朱冯虞郑周列传》,第1153页。
⑦ 《后汉书·李燮列传》,第2091页。

丧者则被视为不孝之人，或不得为官，或受到弹劾。在这种风气的影响下，"至于饰伪以邀誉，钓奇以惊俗"[①]，为求官而伪为久丧的行为出现了。如桓帝时，"民有赵宣葬亲而不闭埏隧，因居其中，行服二十余年，乡邑称孝，州郡数礼请之。郡内以荐（陈）蕃，蕃与相见，问及妻子，而宣五子皆服中所生。蕃大怒曰：'圣人制礼，贤者俯就，不肖企及。且祭不欲数，以其易黩故也。况乃寝宿冢藏，而孕育其中，诳时惑众，诬污鬼神乎'"[②]，遂将赵宣交与官府治罪。不过，这一典型事例，也从反面显示出当时统治者对孝道的态度以及久丧之风的盛行程度。

总之，两汉时期，服三年之丧行为渐盛，到了东汉，竟成风气。不过，自安帝时起，则每有关于官吏是否应去职为亲服丧的争议。《后汉书·安帝纪》元初三年（116）曰："初听大臣、二千石、刺史行三年丧。"[③]又《后汉书·刘恺列传》载："元初中，邓太后诏长吏以下不为亲行服者，不得典城选举。时有上言牧守宜同此制，诏下公卿，议者以为不便。恺独议曰：'诏书所以为制服之科者，盖崇化厉俗，以弘孝道也。今刺史一州之表，二千石千里之师，职在辩章百姓，宣美风俗，尤宜尊重典礼，以身先之。而议者不寻其端，至于牧守则云不宜，是犹浊其源而望流清，曲其形而欲景直，不可得也。'太后从之。"[④]此《传》所载，盖与《安帝纪》元初三年所记为同一事。其后时禁时倡，但仍以倡为主。[⑤]

朝廷的诏令或规定虽有反复，实际执行情况则自西汉武帝尊崇儒术以降，大臣、官吏及诸侯王等服三年之丧者史不绝书，且呈日益增多的趋势。可见，两汉时期有关三年之丧方面的制度、诏令，文献所见，虽较零星，却可看出其一贯的精神。统治者对于三年之丧的政策诏令"虽有前后矛盾或不一致的情况，但总的说来却是持支持、鼓励的态度，甚至带头服三年丧"，"盖

① 《资治通鉴·汉纪四十三·顺帝永建二年（127）》，司马光编著《资治通鉴》，中华书局，1956年，第1650页。

② 《后汉书·陈蕃列传》，第2159—2160页。

③ 《后汉书·安帝纪》，第226页。

④ 《后汉书·刘恺列传》，第1307页。

⑤ 详见杨天宇《略论汉代的三年丧》，《郑州大学学报》2002年第5期，第63—69页。

因汉代盛行经学,而东汉统治者又特别提倡名教礼法使然”。[①] 也就是说,儒家所提倡的三年之丧等丧服制度,到了盛行经学和大力推行以孝治天下的两汉时期,开始真正受到人们的重视。

在儒家推行孝道、提倡服三年之丧风气的倡导下,两汉丧期虽无定制,但“惟其无定制,听人自为轻重,于是徇名义者,宁过无不及”[②]。时人推崇的至孝行为竟然达到“焦毁过礼,草庐土席,衰杖在身,头不枇沐,体生疮肿”[③]的地步。

不过,两汉统治者只是提倡和鼓励三年之丧,却很少作出强制性的规定来要求大臣、官吏等必须执行这一丧服制度。如宣帝地节四年(前66)诏曰:“导民以孝,则天下顺。今百姓或遭衰绖凶灾,而吏繇事,使不得葬,伤孝子之心,朕甚怜之。自今诸有大父母、父母丧者勿繇事,使得收敛送终,尽其子道。”[④]向天下普通民众宣扬尽孝服丧所能够享受到的优惠政策。对此,《后汉书·陈忠列传》也有记载,只是略有不同:“孝宣皇帝旧令,人从军屯及给事县官者,大父母死未满三月,皆勿徭,令得葬送。”[⑤]对于倡导三年之丧的儒家代表团体,统治者更是给予鼓励和支持,如《汉书·哀帝纪》载成帝绥和二年(前7)六月哀帝下诏曰:“博士弟子父母死,予宁三年。”师古曰:“宁谓处家持丧服。”[⑥]这是规定博士弟子可以准假回家为父母服三年之丧。至于《汉书·扬雄传》注引应劭曰“汉律以不为亲行三年服不得选举”[⑦],其实也并非强制政策。因为举孝廉一直是两汉察举制度的主要内容,而三年之丧正是儒家提倡孝道所主张的行为。如果不能为父母等服三年之丧,自然被世人认为非孝,无法进入选举的范围之内,这一点从上面的相关论述也能清晰看出。

---

① 杨天宇:《略论汉代的三年丧》,《郑州大学学报》2002年第5期,第63—69页。

② 赵翼著,王树民校证《廿二史札记校证(订补本)》卷3“两汉丧服无定制”条,中华书局,1984年,第69页。

③《后汉书·章帝八王传·济北惠王寿》,第1807页。

④《汉书·宣帝纪》,第250—251页。

⑤《后汉书·陈忠列传》,第1560页。

⑥《汉书·哀帝纪》,第336—337页。

⑦《汉书·扬雄传》注引应劭,第3569页。

总之,自汉武帝定策尊崇儒学、设立太学以后,儒生数量日增,儒家思想影响日益增强。从汉宣帝时期开始,经学之士逐渐在朝廷占据重要位置,既有职务上的优势,也有人数上的优势。到元帝时,儒学已经完全主导了朝廷政治。[①] 儒家倡导的孝道思想因其温情脉脉而具有显著的教化作用,可以影响、劝勉更多的民众,从而使天下孝风大倡,故而被两汉统治者所采用。"导民以孝,则天下顺",两汉统治者抓住了思想上统治民众的一个关键,崇尚孝道,置孝悌,举孝廉,不遗余力推行三年之丧,使得其统治虽日益柔和但却更加有力,有利于社会风俗的美化,真正实现对社会文化秩序的软控制。

附记:本文系中央高校基本科研业务费专项资金资助项目阶段性成果。本文部分内容曾以《汉代厚葬原因的再探讨》为题发表于《史学月刊》2018年第7期,收入本论文集时略有改动。

① 汤志钧、华友根、承载、钱杭:《西汉经学与政治》,上海古籍出版社,1994年,第223页。

论中国早期文人园林的农业属性

龚　珍

一

早期古典园林中的农业因素一直为学界所提及，但是却很少被认真对待。目力所及，英国学者柯律格（Craig Clunas）认为明时王献臣的拙政园就是一座以市场为导向的经济作物园，当时的“园”应作为“果园”解。① 此后，尹北直等人也论述了西汉皇家苑囿的农业功能。② 这些成果引导我们关注园林的农业经济价值，但笔者详加考察后发现情况可能远胜于此。

早期园林中的农业因素，一直都很明显。众所周知，古典园林包括有“台”“囿”“圃”三个源头。其中，“台”是一种建筑物类型，《诗经·大雅·灵台》曰：“经始灵台，经之营之。庶民攻之，不日成之。经始勿亟，庶民子来。王在灵囿，麀鹿攸伏，麀鹿濯濯，白鸟翯翯。王在灵沼，于牣鱼跃。”③朱熹注：“国之有台，所以望气祲、察灾祥、时游观、节劳佚也。”④这种“游观”是通过以台为中心与周边的绿化种植、动物饲养等共同形成的空间来实现的，此即为古典园林的“苑台”之类。⑤ “囿”是周王室的牧场，这里饲养着飞禽走兽

① Craig Clunas, *Fruitful Sites: Garden Culture in Ming Dynasty China*, Durham: Duke University Press, 2004. pp.16 - 59.

② 尹北直等：《中国早期园林的农业功能及其现实意义》，《古今农业》2008 年第 2 期。

③ 程俊英：《诗经注析》，中华书局，1999 年，第 787—789 页。

④ 朱熹：《诗集传》卷 16《大雅·灵台》，中华书局，1958 年，第 186 页。

⑤《史记》卷 3《殷本纪》：“益广沙丘苑台，多取野兽蜚鸟置其中。”第 105 页。

之类,并设有“囿人”专职,“掌囿游之兽禁,牧百兽;祭祀、丧纪、宾客,共其生兽死兽之物”[1]。这样的牧场常常会栽种树木果蔬,所以《夏小正》有“囿有见韭”,“囿有见杏”之类的记载。[2] “囿”的甲骨文为,可见成行成列的树木、果、蔬的形象。[3] 这就给“囿游”提供了必要的空间场所。而“圃”则是种植作物的场地。《周礼·地官》曰:“场人掌国之场圃,而树之果蓏珍异之物,以时敛而藏之。凡祭祀、宾客,共其果蓏。享,亦如之。”[4]并且《左传·僖公三十三年》曰:“郑之有原圃,犹秦之有具囿也。”杜注:“原圃、具囿皆囿名。”[5]可见,“囿”与“圃”同具种植区的属性使得二者可以互换。

综上,“台”是为农业生产观察天象的地方,而“囿”与“圃”则是为宫廷提供动、植物类物资来源的场所,这三个相对独立的空间组成在长期的生产生活中逐渐显现出了游观的功用,并且在此后很长的一段时间里,组合成了早期园林的结构框架。

东汉末年,北方士人为躲避战乱,大量南下,促进了江南地区的农业开发,汉时“南方暑湿,近夏瘅热,暴露水居,蝮蛇蠚生,疾疠多作,兵未血刃而病死者二三”的状况得到了改观。[6] 这拉开了江南地区庄园发展的序幕,也开启了文人园林的时代。在这种时代背景下,仲长统提出理想所居:

> 使居有良田广宅,背山临流,沟池环匝,竹木周布,场圃筑前,果园树后。舟车足以代步涉之难,使令足以息四体之役。养亲有兼珍之膳,妻孥无苦身之劳。良朋萃止,则陈酒肴以娱之;嘉时吉日,则烹羔豚以奉之。躅躇畦苑,游戏平林。濯清水,追凉风,钓游鲤,弋高鸿。[7]

① 郑玄注,贾公彦疏,黄侃经文句读:《周礼注疏》卷16《囿人》,上海古籍出版社,1990年,第250页。

② 方向东:《大戴礼记汇校集解》卷2《夏小正》,中华书局,2008年,第139、223页。

③ 叶玉森:《殷虚书契前编集释》卷7,上海大东书局,1934年,第20页。

④《周礼注疏》卷16《场人》,第250页。

⑤ 胡司德:“公元前675年周惠王即位,把种植菜蔬瓜果的‘圃’改成了蓄养禽兽的‘囿’”,见《古代中国的动物与灵异》,江苏人民出版社,2016年,第143页。左丘明撰,杜预集解:《左传》:“及惠王即位,取蒍国之圃以为囿。”上海古籍出版社,2015年,第252—253页。

⑥《汉书》卷64《严助传》,第2781页。

⑦ 仲长统撰,孙启治校注:《昌言校注》,中华书局,2012年,第401页。

这是早期游观空间的缩小版，不仅占地广阔，临山带水，还将日常生活所需与经济实体合而为一，这种构造成为六朝世族大庄园的主体模型。西晋时潘岳在洛阳的庄园“筑室种树，逍遥自得。池沼足以渔钓，舂税足以代耕。灌园鬻蔬，供朝夕之膳。牧羊酤酪，俟伏腊之费”[①]。同时期，石崇的金谷园“有清泉茂林，众果、竹柏、药草之属，莫不必备。金田十二顷，羊二百口，鸡、猪、鹅、鸭之类，莫不毕类。又有水碓、鱼池、土窟，其为娱目欢心之物备矣”[②]。谢灵运的始宁山居也是“春秋有待，朝夕须资。既耕以饭，亦桑贸衣。艺菜当肴，采药救颓”[③]。以及孔灵符的永兴立墅“周回三十三里，水陆地二百六十五顷，含带二山，又有果园九处”[④]。南梁徐勉的庄园同样也是“桃李茂密，桐竹成荫，塍陌交通，渠畎相属”[⑤]。这些庄园的分工都很清楚，供应着各个生活门类的日常所需，并且其地理分布还都具有一个很明显的特点：大多坐落在山林川泽地区，是通过农业开荒的形式来实现农业生产及园居生活。[⑥] 典型的有如谢灵运“凿山浚湖，功役无已”，“会稽东郭有回踵湖，灵运

---

① 《晋书》卷55《潘岳传》，第1505—1506页。

② 徐震堮著：《世说新语校笺》卷中《品藻》引《金谷诗序》，中华书局，1984年，第291页。

③ 谢灵运著，顾绍柏校注：《谢灵运集校注》，中州古籍出版社，1987年，第331页。

④ 《宋书》卷54《孔灵符传》，第1533页。

⑤ 《梁书》卷25《徐勉传》，第384页。

⑥ 唐长孺认为当晋室东渡后，北方大族南来者多集中在扬州，即今江苏南部与浙江。这一地区在孙吴统治时，本地原来的大族已经占有了大量土地，他们若想在三吴地区求田问舍，就只能在过去未开垦的或土地使用价值较低的地区去找，于是只好转向占领山林川泽（唐长孺：《南朝的屯、邸、别墅及山泽占领》，《历史研究》1954年第3期，及《山居存稿》，武汉大学出版社，2013年，第1—23页）。唐先生还认为六朝时期，江南的政权没有掌握那么多无主荒地，公社残余正在衰落，因此江南发展农业的途径只能是通过封建大土地所有制、田园别墅组织来实现，而不是通过国家（《三至六世纪江南大土地所有制的发展》，上海人民出版社，1957年，第4—5页）；傅筑夫持有相似的论点，认为南朝时期的土地兼并主要是抢占山林原野湖沼丘陵等原来的无主之田（《中国封建社会经济史》第3卷，人民出版社，1984年，第202—210页，以及第4卷，第233—234页）。相似的情况也发生在寺院经济上。此时的寺院获得了收取附近田地赋税的权利，并允许它们建在山丘和高地上，那里的土地是属于“国有”而不参与“均田”重新分配计划的（马立博：《中国环境史：从史前到现代》，中国人民大学出版社，2015年，第177页）。谢和耐认为法制体系在唐代初年还极力保护农民的土地和维护土地分配终身性这一原则；但在涉及荒地时，它却表现得通融和解。大面积耕种遗弃的所有土地，都可以变作允许转让的财产，如那些位于住宅区内的农民的小块田园和远离水浇地的土地，均属这种情况。那些坟茔地和上层阶级的地产（汉代叫“名田”），（转下页）

求决以为田,太祖令州郡履行。此湖去郭近,水物所出,百姓惜之,颛坚执不与。灵运既不得回踵,又求始宁休崲湖为田,颛又固执”。①

与开垦建庄园的潮流相同步的,还有朝廷徙民垦湖田的记载,如“山阴县土境褊狭,民多田少,灵符表徙无赀之家于余姚、鄞、鄮三县界,垦起湖田”②。并且屯田也出现在了山泽间,“司徒竟陵王于宣城、临城、定陵三县立屯,封山泽数百里”③。

而当世家大族封占山泽的行为成为频繁发生的事件后,山泽禁令受损,朝廷顺势放弃了传统权力,史载:

> 时扬州刺史西阳王子尚上言:“山湖之禁,虽有旧科,民俗相因,替而不奉,熂山封水,保为家利。自顷以来,颓驰日甚,富强者兼岭而占,贫弱者薪苏无托,至渔采之地,亦又如兹。斯实害治之深弊,为政所宜去绝,损益旧条,更申恒制。”……(羊)希以“壬辰之制,其禁严刻,事既难遵,理与时弛。而占山封水,渐染复滋,更相因仍,便成先业,一朝顿去,易致嗟怨。今更刊革,立制五条。凡是山泽,先常熂爈种养竹木杂果为林芿,及陂湖江海鱼梁鳅鮆场,常加功修作者,听不追夺……”从之。④

(接上页) 在唐初又被称为“别墅”和“庄园”。所有这些私人地产,也就是农民的“永业”田和大户的庄园,都有它们各自的特征,一种使这些田与水田根本不同的特殊面貌,即植树的地,它们是由田园和牧场组成的,位于山岭、小丘和河谷。如果它们中还包括耕田,那也是一些从荆棘丛中开垦得来的耕地,种植一些抗旱力较强的作物。如果他们还吞占了一些平坦土地,那也是在晚期的发展之后。这些发展使一些富有的地主兼并了农民所使用的土地(谢和耐:《中国5—10世纪的寺院经济》,上海古籍出版社,2004年,第117—118页)。此外,汉代对山泽怀有敌对情绪,有名的例子如淮南小山《招隐士》:“王孙兮归来!山中兮不可以久留。”(朱熹集注:《楚辞集注》,上海古籍出版社,1979年,第167—169页);谢肇淛认为:“(汉时四讳)将举吉事人山林远行度川泽者,皆不与之交通。”(谢肇淛著,沈世荣标点:《文海披沙》,大达图书供应社,1935年,第2页)在经济开发背景下,这种敌意才逐渐改变,王维才可以咏出“随意春芳歇,王孙自可留”(《王维集校注》卷5《山居秋暝》,中华书局,1997年,第451页)。

① 《宋书》卷67《谢灵运传》,第1776页。

② 《宋书》卷54《孔灵符传》,第1533页。

③ 《梁书》卷52《顾宪之传》,第759页。

④ 《宋书》卷54《羊玄保传附兄子希传》,第1537页。

这条史料还传递了一条信息,羊希建议,在国家承认了封占山泽的私人产权后,地主大多需要在新垦的土地上烧荒、种植竹木杂果之类,来进行所谓的"加功修作"。而这种开垦、殖产的方式与此时庄园的景致相符合。

然而,这种"开荒"活动在六朝时是一项费时费力的大工程,《齐民要术》记载:

> 凡开荒山泽田,皆七月芟艾之,草干即放火,至春而开。其林木大者劀杀之,叶死不扇,便任耕种。三岁后,根枯茎朽,以火烧之。耕荒毕,以铁齿鳎楱再遍杷之,漫掷黍穄,劳亦再遍。明年,乃中为谷田。①

将荒地开垦为适合耕种的"谷田",至少需要四年的时间才能完成。《齐民要术》探讨的主要是黄河中下游地区的情况。较之华北,长江流域地区覆盖的植被物种更丰富,结构也更为复杂,生态系统的抵抗力稳定性也就更高,开荒也就更加费时费力。

并且江南卑湿,在这里开荒耕作,更为麻烦的是需要解决水利的问题。堤岸建造和维护的成本都很高,普通的小庄园根本负担不起此类工程。因此彼时的水利工程除了朝廷主持之外,大都是有钱有力的世家大族(为自己的庄园)修建而成。很明显,谢灵运的始宁山庄就具备了这个条件:

> 南山则夹渠二田,周岭三苑。九泉别涧,五谷异巘。群峰参差出其间,连岫复陆成其坂。众流溉灌以环近,诸堤拥抑以接远。远堤兼陌,近流开湍。凌阜泛波,水往步还。还回往匝,枉渚员峦。呈美表趣,胡可胜单。②

因此,相较于谢灵运的始宁山庄呈现出的是为荒野所包围的,但已开垦完

---

① 贾思勰著,缪启愉校释:《齐民要术校释》卷1《耕田》,中国农业出版社,1982年,第24页。

②《谢灵运集校注》,第318—345页。丁谦:《嵊县志》卷23《宋谢灵运山居赋地理补注》:"南山者,对北山而言也。本康乐祖车骑将军元卜居地,故曰开创。《嵊县旧志》载元父奕为剡令,乐其山水,有寓居之谋,元因归剡,于嶀山东北太康湖江曲起楼,楼侧桐梓森郁,人号桐亭楼。太康湖在动石溪滨,本人力所成,以上下十数里间皆谢氏田业,故就郁树岭秀,峰山南北夹峙之势。筑堤建闸,遏水成湖,以资灌溉,虽久淤废,形迹仍在。溪旁尚有湖村、清潭村之名,皆当日湖之中泓也。"成文出版社,1975年,第1698—1743页。

善，含山带水，秩序井然的大型农庄的面貌，寒门陶渊明的居所（或者说小庄园）更像是在离山、离水都有一段距离的小块土地上，奋力耕作于农田与荒地交错的控制线上。例如陶诗中出现的，“贫居依稼穑，勠力东林隈”；“开荒南野际，守拙归园田”；“种豆南山下，草盛豆苗稀。晨兴理荒岁，带月荷锄归”；“茅茨已就治，新畴复应畬”，等等。① 这种处于荒野边界的农业景观时刻都需要人工调控。因此，陶诗中不时会出现此类担忧，如“桑麻日已长，我土日已广。常恐霜霰至，零落同草莽”；“种豆南山下，草盛豆苗稀。晨兴理荒岁，带月荷锄归。”②

学界普遍认为，“园林”一词最早是出现在陶诗当中，有如：“阶除旷游迹，园林独余情”，“静念园林好，人间良可辞”，“诗书敦宿好，林园无世情”之类。③ 但是稍加考察，就可以看出这里的“园林”其实并不完全具备后世园林的意涵，而是“园”和“林”的统称，因而它们还可以互换位置，“园林”或者“林园”，指代的应该是田园、菜园与周边的树林之类。④ 而这些“园林”很可能就位于陶渊明三处住所的周边。⑤ 也许正因为此，在以园林发展脉络为对象的研究取径中，很少有人把陶渊明的住处与古典园林挂上钩，而只是给了一个山水田园的称号，即便是在谢灵运的始宁山居被普遍认为是山水庄园式园林之后。

陶渊明的名篇《归园田居（其一）》：

---

① 分别见陶渊明著，逯钦立校注《陶渊明集》卷3《丙辰岁八月中于下潠田舍获》，中华书局，1979年，第85页；卷2《归园田居五首》其一，第40页；卷2《归园田居五首》其三，第42页；卷2《和刘柴桑》，第57—58页。

②《陶渊明集》卷2《归田园居五首》，第41—42页。

③《陶渊明集》卷2《悲从弟仲德》，第69页；卷3《庚子岁五月中从都还阻风于规林二首（其二）》，第74页；卷3《辛丑岁七月赴假还江陵夜行涂口》，第75页。

④ “园林”与“林园”一词互换的情况到唐代时还常有发生，例如白居易的“闲步绕园林”（《白居易集》，中华书局，1979年，第164页），以及“幸是林园主”（《白居易集》卷25《忆洛中所居》，第556页），《戏答林园》（《白居易集》卷32《戏答林园》，第721页），《池上小宴问程秀才》“洛下林园好自知，江南景物暗相随”（《白居易集》卷28《池上小宴问程秀才》，第636页），等等。不过，这种位置互换的情况在中唐之后就很少见到了。

⑤ 逯钦立考证陶渊明的住所有三处，参考《陶渊明集》附录《陶渊明事迹诗文系年》，第206—207页。

方宅十余亩，草屋八九间。榆柳荫后檐，桃李罗堂前。暧暧远人村，依依墟里烟。狗吠远人村，鸡鸣桑树颠。①

是对家宅周围环境的细致描绘。这是一座被榆、柳、桃、李所环绕，隔离了俗世纷杂的小型村落，是一个受到了良好保护的隐蔽私人空间。这与他本人所描述的理想所居“桃花源”相一致，“土地平旷，屋舍俨然。有良田、美池、桑竹之属。阡陌交通，鸡犬相闻。其中往来种作”。而这个世外村落的外围也是“桃花林，夹岸数百步，中无杂树，芳华鲜美，落英缤纷”。② 于是乎，陶渊明的宅园成了后世，尤其是宋以后，私家园林建造过程中的重要参考。③ 陶渊明通过文字书写，为自己的宅园在中国古典园林史上赢得了无法忽略的地位。

二

园林的定义有很多种，但万变不离其宗，例如较为通行的周维权的观点：“在一定的地段范围内，利用、改造天然山水地貌，或者人为开辟山水地貌，结合种植栽培、建筑布置，辅以禽鸟养畜，从而构成一个以追求视觉景观之美为主的赏心悦目、畅情舒怀的游憩、居住的环境。”④可是，我们也很容易看出，历史上的园林并不是一直都符合这类严密的定义。早期园林中的农业因素占了很高的比重，甚至有时农业经济价值是其存在的最主要原因，兹如徐勉的庄园：

聊于东田间营小园者，非在播艺，以要利入，正欲穿池种树，少寄情赏……桃李茂密，桐竹成阴，塍陌交通，渠畎相属。华楼迥榭，颇有临眺之美。孤峰丛薄，不无纠纷之兴。渎中并饶菰蒋，湖里殊富芰莲。⑤

---

①《陶渊明集》卷2《归园田居五首（其一）》，第40页。

②《陶渊明集》卷6《桃花源记》，第165—169页。

③ 最为典型的如拙政园的“见山楼”，以及拙政园东部的“归田园居”，太平天国时被毁。

④ 周维权：《中国古典园林史》，清华大学出版社，1990年，第3页。

⑤《梁书》卷25《徐勉传》，第384页。

即便徐勉强调他建造田中之园并不是“以要利人”，而是“少寄情赏”，但是畎亩内外的竹木果蔬与湖泊所获必然也不仅仅为了看看而已。所以，“少寄情赏”的“少”并非自谦，这里的观赏价值是在庄园农业价值基础上的附加成分。于是，徐勉建造了“华楼迥榭”来临眺此等景观。这既是文人园林脱胎于农庄生活的标志，也是此时园林不可逃避的共有特征。事实上，这种情况保证了农业价值高于观赏价值的地位，也就推动了庄园园林主要出现在开荒前线而非传统农耕区的空间分布，以及此时庄园景观借景大自然山水的必然。①

然而，在寻找（建构）园林发展脉络的研究路径中，我们的视线总是被锁定在“园林元素”身上，这类“农业因素”往往成为不小心混杂进了“园林因素”体系过程中，需要被剥离开、去除掉，甚至被忽视掉的杂质。这就必然会让追求严格界定的我们困惑不已，举手无措。但是一旦我们把视线放得长远一些，就会发现“农业因素”甚至到了帝国晚期，都还存在于中国古典园林之中。② 有鉴于此，我们不妨把这部分胶着的“农业因素”与“园林元素”一

① 汉时著名的私家园林个案：“茂陵富人袁广汉……构石为山，高十余丈，连延数里。养白鹦鹉、紫鸳鸯、牦牛、青尼，奇兽怪禽，委积其间。积沙为洲屿，激水为波涛，其中致江鸥海鸥，孕雏产静，延漫林池。奇树异草，靡不具植。屋皆徘徊连属，重阁修廊，行之，移身不能遍也。广汉后有罪诛，没入为官园，鸟兽草木，皆移植上林苑中。”（葛洪撰：《西京杂记》卷3，中华书局，1985年，第18页）这是一座模仿宫苑而建的私家园林，僭越的下场很惨烈。吴世昌认为广汉的罪过大概是因为他的园子盖得太好，“这样看来，截止到汉代为止，私家园林大概是不会有，也不许有的”（吴世昌：《魏晋风流与私家园林》，《学文》1934年第2期）。袁广汉的例子从经济与权力地位上，基本上排除掉了普通人照这种方式建园的可能性。

② 明代上林苑的中心部分是采育，故又名“采育上林苑”，原是一片荒芜之地，永乐年间从山西平阳迁来的移民在此蕃育树木蔬果、养殖牲畜家禽以供应宫廷之用，这里也是皇帝出城游赏之地；明南苑位于南郊大兴县境内，苑内水域甚广，草木繁茂，放逐獐鹿雉兔等不可以数计，设“海户”千余人看守管理。宣德三年，整修桥涵道路、建置亭榭小品，“南囿秋风”遂成为著名的燕京八景之一；清圆明园也有专门养殖花木的圆户、花匠，还有太监经营果园、菜畦。乾隆时的“莳花碑”记述“二十四番风信咸宜，三百六十日花开似锦”；清畅春园苑林区西路南端无逸斋，康熙年间赐理密亲王居住，后为幼年皇子皇孙读书之所。无逸斋北角门外近西垣一带“南为菜园数十亩，北则稻田数顷”。相关信息可参考孙承泽《天府广记》，北京古籍出版社，1984年；以及周维权《中国古典园林史》。

并带进考察，将其视作一个有机整体。[①] 当然，这并不是蓄谋将园林概念“泛化”，[②] 而是希望将考察的范围扩大，以便作更为总体的评价，因为这样反映和涉及的信息基础将更为丰富全面，也更真实。

基于这种考虑，笔者认为此时的文人园林可以理解为一种带有农业性质的开发方式。[③] 毕竟，尽管生产价值在后世园林中逐渐淡化，但是在园圃中按照主人意愿，改变地形地貌，艺树莳花，定向性改善生活所居，即便不是为了物资产品，本身也是带有农业性质的开发行为。需要特别提醒注意的是，我们还能从这段历史的简单追溯中看到，对古代文人来说，古典园林的

---

① 关于园林与农业的关系，我们还可以参考约阿西姆·拉德卡的观点。他认为人类很早就形成了一种亲密同时又充满了创造性的与自然相处的环境——花园。精耕细作的传统最早开始于花园，并且许多迹象还表明，花园的种植要比耕地的开发还早。在那些尚未从事大面积农业的原始耕作的地方同样也存在花园。几乎所有的 12 000 种人工培育的植物，在它们还没有被移到大田作为多种经营的对象而大批种植之前，都曾经经历过园林培育。易言之，花园是农业大田作物的试验田（约阿西姆·拉德卡：《自然与权力：世界环境史》，河北大学出版社，2004 年，第 63—72 页）。当然，他在这里提到的“花园”跟园林还存在着一定的差距，更像是园林的早期身份“圃”，如曹植的《藉田赋》所说的“夫凡人之为圃，各植其所好焉！好甘者植乎荠，好苦者植乎荼，好香者植乎兰，好辛者植乎蓼。至于寡人之圃，无不植也”即是也（《太平御览》卷 824《资产部四》，中华书局，1960 年，第 3674 页）。相似的还有佛教寺庙的庭园。寺院的庭院对驯化传播而来的植物起过相当大的推动作用，尤其是药用植物。参考皮日休《重玄寺元达，年逾八十，好种名药。凡所植者多至自天台、四明、包山、句曲，丛翠纷糅，各可指名，余奇而访之，因题二章》，载彭定求《全唐诗》卷 613，中华书局，1960 年，第 7078 页；及李约瑟（Joseph Needham）《中国科学技术史》第 6 卷第 1 分册《植物学》，科学出版社，2006 年，第 227 页。

② 潘谷西认为 20 世纪五六十年代以来园林的概念出现了“泛化”的倾向，为了对景观建筑学进行更深刻的把握与追求，他提出了“理景”的概念来代替“园林”（参考潘谷西《江南理景艺术》，东南大学出版社，2001 年，第 1 页）。而事实上，他对“理景”概念的提出，也就表明他接受了园林概念不可避免“泛化”的既定事实。

③《说文解释》注园字：“所以树果也”（许慎撰，段玉裁注：《说文解字注》卷 6《囗部》，上海古籍出版社，1981 年，第 278 页）；以及《艺文类聚》将产业部分为农、田、园、圃等，也能给我们提供一些讯息（参考欧阳询撰《艺文类聚》卷 65《产业部》，上海古籍出版社，1965 年，第 1157—1170 页）。童寯在《江南园林》一文中也说：“田园并称，同属绿化，园只不过是田的美化加工，园一旦荒废，便复为农田，从事生产。”（《童寯文集》第 1 卷，中国建筑工业出版社，2000 年，第 238—240 页）此外，需要特别感谢同济大学景观园林系的周宏俊老师，在邮件往来与私人谈话之中，也再三提醒笔者，应该将园林作为农业的一种形态来看待，笔者获益良多。

景观美感本身就带有对农业景观的喜闻乐见，正如石崇认为金谷园“又有水碓、鱼池、土窟，其为娱目欢心之物备矣”[①]。

法国哲学家皮埃尔·阿道(Pierre Hadot)曾说，古代的哲学思想来源于日用人生，后世的哲学却抽离了日用人生。[②] 景观美学作为哲学的分支，与之具有同质同构性。

如此，我们就可以不用再纠结于山水与田园的复合风光是否符合现在的园林定义，而对考察范围的界定充满困惑，以至固步不前。彼时的园林处于农业开发的前锋位置，处于田园与自然的分界处，园林之景很自然地呈现出了自然山水之景与人工农业之景的复合状态。而谢灵运等人对山水的喜爱，在一定程度上都带有对于征服自然，将自然景观转变为人工景观的欢愉之情状。园林产生于这种开发背景之下。理解到了这点，才更能体会计成在《园冶》中描述的建园过程：

> 凡结林园，无分村郭，地偏为胜。开林择剪蓬蒿，景到随机，在涧共修兰芷。[③]

---

① 伊懋可提到早期中国的中原地区，森林从未与自然山、川等自然物一样被祭祀过，而是被视作待砍伐、开发的对象。易言之，中国古典文化的原核部分存在着敌视森林的情结，将清除森林视为创造文明世界的前提。参考伊懋可(Mark Elvin)《大象的退却：一部中国环境史》，江苏人民出版社，2014年，第47—53、83页。

② Pierre Hadot, *Philosophy as a Way of Life: Spiritual Exercises from Socrates to Foucault*, Wiley-Blackwell, 1995, pp.56 - 60.

③ 计成著，陈植注释：《园冶注释》卷1《园说》，中国建筑工业出版社，1988年，第51页。

中古中国的水力磨坊

——对几条核心材料的再认识

方万鹏

水磨是以水为动力、以制粉为主要特点的大型加工工具，可用来加工小麦、磨茶、制香等，在蒸汽动力尚未得以广泛应用的前工业革命时代，水磨在东西方社会都以其较高的加工效率扮演了重要的历史角色。水磨在中国肇始和发展于中古时期，前人于此已有若干不同角度的论述，[①]然因问题观照各异，有关水力磨坊的专门论述并不充分，因此在史料的处理上略显粗糙，兹择若干核心材料，尝试在前辈学者研究的基础上，就中古中国水力磨坊的起源、发展、加工效率等问题谈一些新的认识，敬祈方家批评指教。

一、《晋书·褚陶传》与水磨在中国起源的文献记载

中华书局点校本《晋书》卷92《褚陶传》记录了魏晋时人褚陶生平的一段佳话：

> 褚陶字季雅，吴郡钱塘人也。弱不好弄，少而聪慧，清淡闲默，以坟典自娱。年十三，作《鸥鸟》《水碓》二赋，见者奇之。陶尝谓所亲曰："圣贤备在黄卷中，舍此何求！"州郡辟，不就。吴平，召补尚书郎。张华见之，谓陆机曰："君兄弟龙跃云津，顾彦先凤鸣朝阳，谓东南之宝已尽，不

① 此处暂不赘列前人成果，均在具体行文中予以征引、探讨回应。

意复见褚生。”机曰:“公但未睹不鸣不跃者耳。”华曰:“故知延州之德不孤,川岳之宝不匮矣。”迁九真太守,转中尉,年五十五卒。①

褚陶的这两篇赋文不论写得如何精彩绝伦,后世人都不得而见。但是可以肯定,这两篇赋文均为咏物赋,即分别以鸥鸟和水硙②为作赋对象。

褚陶的生卒年不详,但是根据《晋书》记载,褚陶在“年十三”作二赋之后,又经历了“吴平”(280)且“年五十五卒”,所以可以推测其大约生活在3世纪后半期。而且其作《水硙》赋的时间不会晚于280年,且很有可能是这之前多年的事情,因为280年的时候,褚陶已经在先前“州郡辟,不就”的情况下“召补尚书郎”了。既然褚陶作《水硙》赋的时间不晚于280年,那么也就是说水磨不晚于280年就已经在中国出现,如果《晋书》这条材料确凿可信,我们就可以将水磨在中国起源的确凿记载时间至少提早2个世纪。③ 这显然涉及中国科技史研究中一个颇为关键的

---

① 《晋书》卷92《褚陶传》,中华书局,1974年,第2381页。

② 水硙即水磨,《方言》谓“硙或谓之䃺”,郭璞注:即磨也。玄应《一切经音义》卷14称“舂磨,郭璞注《方言》云:‘硙即磨也。’《世本》‘输班作硙’,北土名也,江南呼磨也”。戴侗《六书故·地理二》称“硙,合两石琢其中为齿相切以磨物曰硙”。兹据华学诚《扬雄方言校释汇证》,中华书局,2006年,第370—371页。

③ 注意我们提出的是确凿记载时间,而非确凿发明时间。依据现存史料,目前学界通常认为确凿记载水磨发明的早期材料即是《南齐书》卷52《祖冲之传》,称祖冲之(429—500)“于乐游苑造水碓、磨,世祖亲自临视”,“世祖”即武帝萧赜,482—493年在位,因此祖冲之造水磨的时间理应不早于482年,所以我们提出了从280年到482年即2个世纪的时间估算。但是这绝不意味着我们就因此认定祖冲之是水磨的发明者,因为必须承认,很多器物的发明往往要早于其文字记载时间。与此同时,部分学者并不满足于《祖冲之传》的时间记载,而是试图从水磨相关部件技术成熟的可能性等角度将水磨的发明提到与水排、水碓发明同时代的1世纪前后。对于以上两种观点,我们暂不置可否,因为其分别是基于文字记载和技术分析两个层面的论证或猜测,只是奇怪的是,《褚陶传》中的这则材料却鲜见被学者赋予学术指向意义,李约瑟倒是在其著作中基于中国资料中关于碓、硙等的记载混乱,提出有些书籍认为“由一个水轮通过齿轮传动装置带动多台磨是杜预(222—282)创始的;把水磨而不是水碓归功于褚陶(约240—280)和王戎(235—306)”。似乎认为褚陶作赋的对象应是水碓而不是水硙,李在注释中只举出了白居易的例子,所以笔者无法肯定其此处所谓褚陶是否指的是《晋书》的记载,当然李对褚陶生卒年的判断明显不正确,而且可能存在资料误读,即王戎是水碓的拥有者,褚陶仅以其为对象作赋,并不存在所谓“归功”的发明权问题。

问题。

但是,问题的复杂性表现在以下两个方面:其一,从科技史的角度来看,中国早期利用水力进行粮食加工的工具是水碓而不是水硙,关于早期水力加工工具的几则材料均载为水碓,[①]因而《褚陶传》的记载即使成立,也是一个孤证;其二,从文献的角度来看,后世关于褚陶作赋的记载与《晋书》并不一致。例如虽然《册府元龟》[②]和《通志》[③]均沿袭了"水硙"一说,但明代徐象梅的《两浙名贤录》(卷45"文苑")和张景春的《吴中人物志》(卷7)等文献在收录褚陶传记时则采"水碓"一说。[④] 因此,欲辨明问题的是非,还要从《晋书·褚陶传》的文字源流上来寻求答案。

唐修《晋书》,乃是"以臧荣绪《晋书》为本,捃摭诸家及晋代文集"[⑤]而成。遗憾的是,臧氏《晋书》和这些文集的古本今天已不得而见,只能据清人汤球的辑佚。我们遍检汤球所撰《众家编年体晋史》及所辑《九家旧晋书》,[⑥]并没有发现有关褚陶的记载,汤球只是在《九家旧晋书》所附的《晋诸公别传》中照录了《世说新语》中《褚氏家传》对褚陶的记载。[⑦] 又刘知幾曾

---

① 关于早期水力器械的记载非常有限,但均为水碓,兹将汉末魏晋时期记载列举如下:桓谭《新论·离事第十一》载"又复设机关,用驴羸牛马及役水而舂,其利乃且百倍";《后汉书》卷87《西羌传》载"因渠以溉,水舂河漕,用功省少,而军粮饶足";孔融《肉刑论》称:"贤者所制,或逾圣人。水碓之巧,胜于断木掘地";《三国志·魏志》卷15《张既传》"假三郡人为将吏者休课,使治屋宅,作水碓";《晋书》卷4《帝纪》第四"王师攻方垒,不利。方决千金堨,水碓皆涸";《晋书》卷33《石苞传附崇传》称石崇"有司簿阅崇水碓三十余区",其所居别庐金谷园"有山川林木池沼水碓";《晋书》卷43《王戎传》称王戎"性好兴利,广收八方园田水碓,周遍天下";《晋书》卷46《刘颂传》载河内郡界"多公主水碓,遏塞流水,转为浸害";《太平御览》卷762引《王浑表》称"洛阳百里内,旧不得作水碓。臣上表先帝,听臣立碓,并挽得官地",同卷引《魏略》载曹魏时司农王思弘因私作水碓而被"免归田里"。

② 见《册府元龟》卷774"总录部",中华书局,1989年,第2797页。

③ 见《通志》卷175"文苑传第一",中华书局,1987年。

④ 兹据文渊阁《四库全书》本。需要指出的是,虽然举出的《两浙名贤录》《吴中人物志》与《册府元龟》《通志》相比,相对欠缺点"权威性",但是我们不是要以此为凭,而是意在说明文献记载的差异。

⑤《唐会要》卷63"史馆上",中华书局,1955年,第1091页。

⑥ 汤球撰:《众家编年体晋史》,乔治忠校注,天津古籍出版社,1989年;汤球辑:《九家旧晋书辑本》,严茜子点校,齐鲁书社,2000年。

⑦ 汤球辑,严茜子点校:《九家旧晋书辑本》,第529页。

言"晋世杂书,谅非一族,若《语林》《世说》《幽明录》《搜神记》之徒……皇朝新撰《晋史》,多采以为书"①。因此,我们有必要将《世说新语》关于褚陶的记载列举如下:

> 张华见褚陶,语陆平原曰:"君兄弟龙跃云津,顾彦先凤鸣朝阳,谓东南之宝已尽,不意复见褚生。"陆曰:"公未睹不鸣不跃者耳。"褚氏家传曰:"陶字季雅,吴郡钱塘人,褚先生后也。陶聪惠绝伦,年十三作《鸥鸟》《水碓》二赋,宛陵严仲弼见而奇之,曰:'褚先生复出矣。'弱不好弄,清淡闲默,以坟典自娱,语所亲曰:'圣贤备在黄卷中,舍此何求。'州郡辟,不就。吴归命,世祖补台郎、建忠校尉。司空张华与陶书曰:'二陆龙跃于江、汉,彦先凤鸣于朝阳,自此以来,常恐南金已尽,而复得之于吾子,故知延州之德不孤,渊岱之宝不匮。'仕至中尉。"②

通过将《晋书·褚陶传》与《世说新语》所载文字进行比对,我们不难发现,唐人修史时极有可能是参照《世说新语》的记载并做了简单的文字次序调整。但是我们今天已经无法看到古本《世说新语》,而其唐写本也仅存残卷,关于褚陶作赋一事,惜未见著录,宋本有绍兴八年广川董弅刻本,淳熙年间陆游刻本现存为明袁氏嘉趣堂覆本,明清诸本多从明袁本出,如清周心如纷欣阁校刻袁本、王先谦据周本重刻、重校本等。

因此,我们不妨先来比勘一下诸版本对于褚陶作赋一事的记载。

宋刻本如下:

> 褚氏家传曰:"陶字季雅,吴郡钱塘人,褚先生后也。陶聪惠绝伦,年十三作《鸥鸟》《水碓》二赋,宛陵严仲弼见而奇之,曰:'褚先生复出矣。'"③

明袁刻本如下:

---

① 刘知幾:《史通·采撰》,赵吕甫校注,重庆出版社,1990年,第287页。

② 蒋凡、李笑野、白振奎评注:《全新评注世说新语》,人民文学出版社,2009年,第492页。亦可参朱铸禹《世说新语汇校集注》,上海古籍出版社,2002年,第369页。

③ 同上,第492页。

褚氏家传曰:“陶字季雅,吴郡钱塘人,褚先生后也。陶聪惠绝伦,年十三作《鸥鸟》《水硾》二赋,宛陵严仲弼见而奇之,曰:‘褚先生复出矣。’”①

清周心如纷欣阁校刻本:

褚氏家传曰:“陶字季雅,吴郡钱塘人,褚先生后也。陶聪惠绝伦,年三十作《鸥鸟》《水硙》二赋,宛陵严仲弼见而奇之,曰:‘褚先生复出矣。’”②

通过比勘发现,宋刻本和明刻本仅一字之差,即“水碓”与“水硾”,所谓“硾”,《说文解字》谓“硾,捣也,从石垂声,直类切”③,所以尽管两者从字形上看存在差异,但是意思却非常接近,即均通过垂直运动的做功方式进行粮食加工,而不同于水平运动的碾、硙或者说磨。④ 当然,由于明袁刻本乃宋陆游刻本的覆本,而“碓”与“硾”在字形上又非常接近,亦有可能是刊刻之误。

但是清刻本却与以上两本有较大出入,一为“年三十”,一为“水硙”。对此,王先谦在重新校刻时指出,“按《晋书・褚陶传》作年十三,碓,亦作硙。《太平寰宇记・杭州人物》作年十三,则‘十三’袁本为是,‘水硾’,袁本为非”⑤。由此可以确定,褚陶年十三作赋当不存在问题。但是,王先谦所谓“碓,亦作硙”显然是把“碓”和“硙”混为一物,进而否决了袁本的“硾”字。因此,王先谦在校刻时极有可能即沿袭了《晋书》的记载,遂刻为“水硙”,但这显然是不正确的。

由此,可以断定宋刻本《世说新语》“年十三作《鸥鸟》《水碓》二赋”当是

---

① 刘义庆撰,刘孝标注:《世说新语・赞誉八》,四部丛刊景明袁氏嘉趣堂本。

② 余嘉锡撰:《世说新语笺疏》,周祖谟、余淑宜、周士琦整理,中华书局,1983年,第431页。

③ 许慎撰:《说文解字》,徐铉校定,中华书局,1963年,第196页。

④ 碓和硙的做功形式有着本质差别,具体形制比较可参阅梁家勉主编《中国农业科学技术史稿》,农业出版社,1986年,第251—252页。需要指出的是,杨勇在校笺《世说新语》时亦采“水碓”之说,并进行了说明,“碓,袁本作‘硾’,《晋书・褚陶传》作‘硙’。水碓,《方言》:‘硙或谓之䃺’(杨氏引文误作‘碓或谓之磨’——笔者注),郭璞云:即磨也。勇按:碓与硾皆舂具,磨、硙则合两石琢之以为齿,相切以磨食物。水碓,则以水力杵臼,为生产之工具也”。参见杨勇《世说新语校笺》,正文书局,2000年,第381—382页。

⑤ 朱铸禹:《世说新语汇校集注》,第369—370页。

比较准确的记载，并且我们认为《晋书·褚陶传》中的"水硙"记载极有可能是在对《世说新语》接受过程中出现的讹误。理由有三：

其一，通过以上的版本比照，在古本不存，唐写本残缺的情况下，宋本是相对值得信赖的，明清刻本中出现的字体衍化和讹误我们亦作了辨证。虽然《晋书》修纂从时间上要早于宋刻本，但是前者是把《世说新语》作为修史资料来用，而后者则是对版本的传刻，两者在对待文字记载的严谨性上有质的区别。[①] 而且"碓"与"硙"字形相去较远，宋本发生刊刻错误的机会很小。董弅在论及《世说新语》的流传时，曾言"晋人雅尚清谈，唐初史臣修书，率意窜定，多非旧语，尚赖此书以传后世"[②]。所以此处或有可能是史臣"率意窜定"之误。

其二，我们在前文已经述及，汉末魏晋时期关于水力加工工具的史料记载，均为水碓。王利华亦通过比勘史料指出，"魏晋时期的水力加工机具仍是水碓，水碾和水磨尚未见于记载。至北朝时期，水磨和水碾开始被发明和使用"[③]。谭徐明虽然试图通过曹魏时马钧发明的一个木偶玩具来将水磨模型诞生的时代推至"魏明帝曹睿时即公元204至294年间"，但是她又同时承认"约公元500年时，水磨、水碾诞生"，"水磨、水碾的问世则是水碓已有普遍运用之后"。[④]

其三，水磨作为大型水力加工工具，不但可以满足众多人口的口食所

① 关于宋董刻本的学术价值，详评可参《全新评注世说新语》前言部分。

② 余嘉锡：《世说新语笺疏》，第933页。

③ 王利华：《古代华北水力加工兴衰的水环境背景》，《中国经济史研究》2005年第1期，第32页。

④ 参谭徐明《中国水力机械的起源、发展及其中西比较研究》，《自然科学史研究》1995年第1期，第86页。关于谭徐明对马钧传记载的解读，笔者以为，谭氏所谓的木偶模型，似不足以说明曹魏时期即产生水磨，理由有三：其一，马钧设计的木偶，乃是通过传动装置，以水力操纵木偶进行相关表演，比如吹箫、掷剑、倒立等，舂磨、斗鸡与前者一样，只是木偶模仿时人生产生活场景中的一个活动，这与以水力驱动磨盘进行生产加工是两码事；其二，如果说该时期即存在水磨，但事实是我们在该时期大量的文献记载中并没有看到，而只有水碓的记载，这与一个具有重要生产意义的加工工具的地位并不相称；其三，退一步来讲，我们即使认同谭氏的观点，认为这是一个水磨的模型，那么也只能认为其仅仅是一个模型，并没有投入到实际的生产活动中，因此，并不能将水磨的发明时间推至曹魏204至294年间。

需，还可以用于营利性活动，因此常被势家大族富贾垄断，或被帝王之家作为封赏之物，赐给王侯将相抑或有功寺院，这在后世非常常见。[①] 但是我们注意到，在魏晋时期，作为封赏之物的尚不是水磨或者水碾，而是水碓。如《晋阳秋》提到晋武帝泰始二年“给陈留王碓一区”[②]，王隐《晋书》提到“卫瓘为太子少傅，诏赐园田水碓，不受”[③]等。

综上，可以认定《晋书·褚陶传》中关于《水硙》赋之事当为误载，其不但不能成为一个孤证，而且不符合历史文本的记载实际，所以并不能据此将水磨在中国起源时间的确切记载提早至3世纪。我们认为，至少在5世纪中期以前，中国的文字记载并无明确提到水磨这一大型水力器械，这是一个非常重要的时间分水岭，在目前尚无充分考古资料印证的前提下，它体现了我们基于文字资料对历史事实的一种认识。

以李约瑟为代表的一批科技史学者试图从技术分析的角度将中国水磨的起源时间推至魏晋时期乃至1世纪，[④]比如从发动机（水轮）、传动机（齿轮、传动轴）和工具机（磨盘）的角度分别阐述其时其地技术成熟的可能性。但是水磨作为一个大型的农业机械，从后世的文献中不难发现，它不但有着独特的技术特点，同时还有着独特的经济属性，比如其从属于寺院经济、多为豪族势家所拥有、不论是粮食加工还是磨茶、制香均以制粉为特点等等。它的发明和运用不但需要相关技术的成熟，更需要特定的自然环境和相应社会条件来作为基础。

二、水力磨坊在6世纪的发展

隋唐时期，水力磨坊有了较大的发展是一个不争的事实。那么，隋唐之前的水磨发展情况究竟如何？比如用来做什么？服务于哪个社会群体？技

① 参王利华《古代华北水力加工兴衰的水环境背景》，《中国经济史研究》2005年第1期。

② 汤球辑，乔治忠校注：《众家编年体晋史》，第104页。

③《太平御览》卷762，中华书局，1960年，第3384页。

④ 李约瑟：《中国科学技术史》第4卷《物理学及相关技术》第二分册《机械工程》，科学出版社、上海古籍出版社，1999年，第448页。

术成熟度如何？我们将该时期的典型材料收集起来，试图结合具体的历史情境，尽可能捕捉和挖掘材料中的历史线索，通过分析来获取一个整体的印象和认知。

> 1.《南齐书》卷52《祖冲之传》称祖冲之"于乐游苑造水碓磨，世祖亲自临视"①

乐游苑在今江苏省江宁县境，最早为南朝宋武帝所建。所谓世祖即南齐武帝萧赜，于482—493年在位，所以祖冲之造水碓磨的时间当在482年到493年之间。水碓不足为奇，早在魏晋时期即已经得到规模化的利用，这里的水碓磨很有可能是一种复合型机械，即由同一水轮驱动，可同时带动碓、磨工作。水碓磨出现在皇家园林中且能够引来帝王的观赏，这在一定程度上可以说明当时水磨尚处于发明阶段，而且存在于游苑当中，其作为园林景观的价值或许大于实际的工具意义，应该尚未得以规模化利用，至少在江左地区应是如此。

> 2.《魏书》卷66《崔亮传》称"亮在雍州读《杜预传》，见为八磨，嘉其有济时用，遂教民为碾。及为仆射，奏于张方桥东堰谷水，造水碾磨数十区，其利十倍，国用便之"②

崔亮的生卒年为460—521年，又《崔亮传》载其生平事称"转侍中、太常卿，寻迁左光禄大夫、尚书右仆射。时刘腾擅权，亮托妻刘氏，倾身事之，故频年之中名位隆赫，有识者讥之。转尚书仆射，加散骑常侍。正光二年秋，疽发于背，肃宗遣舍人问疾，亮上表乞解仆射，送所负荷及印绶，诏不许"③。北魏延昌四年(515)，宣武帝去世，次子元诩即孝明帝即位，刘腾因拥立之功，权势开始膨胀。也即崔亮攀附刘腾、转尚书仆射应在515年之后，任至正光二年即521年，故于张方桥造水碾磨一事当在515—521年之间。

张方桥在北魏都城洛阳城西，所谓"国用便之"，也就是说崔亮所造的水

① 《南齐书》卷52《祖冲之传》，第906页。
② 《魏书》卷66《崔亮传》，第1481页。
③ 《魏书》卷66《崔亮传》，第1480页。

碾磨应该是用于满足统治者的需要。水力加工工具因其效率较之人力、畜力要高得多,在发明伊始为统治者所高度重视,这一点在水碓的应用上就已经体现得很明显,如《三国志·魏志》卷15《张既传》载称张既"假三郡人为将吏者休课,使治屋宅,作水碓,民心遂安"①。又《晋书》卷4《帝纪》第四载晋惠帝太安二年(303)十一月,"王师攻方垒,不利。方决千金堨,水碓皆涸。乃发王公奴婢手舂给兵廪,一品已下不从征者、男子十三以上皆从役"②。此处的"国用便之"与上述两例颇有类似之处,既有可能是为国家机器如军队的正常运转所服务,亦有可能是在人口繁盛的都城之地作为满足粮食加工需求、安定民心、维护统治秩序的一种举措。要之,以洛阳为中心的河洛地区自魏晋时期即有水力加工的应用,其时的工具形态为水碓,而水碾、水磨于6世纪初在该地区逐渐得以普及应用。从崔氏的传记中我们可以看出,在书写者的笔下,崔亮是一个颇善于发明先进工具的角色,基于这一特殊的身份意义,我们认为水碾、水磨在6世纪初出现并应用于河洛地区是具有时间节点意义的。

> 3.《洛阳伽蓝记》卷3"城南·景明寺"称"景明寺,宣武皇帝所立也。景明年中立,因以为名。在宣阳门外一里御道东。……寺有三池,萑蒲菱藕,水物生焉。或黄甲紫鳞,出没于繁藻;或青凫白雁,浮沉于绿水。碾硙舂簸,皆用水功。伽蓝之妙,最得称首"③

景明寺乃北魏宣武皇帝景明(500—504)年中所立,其"在宣阳门外一里御道东",宣阳门是洛阳的正南门,可见寺离洛阳很近。所谓"碾硙舂簸",硙即是磨,舂即为碓,簸应为簸箕,"皆用水功"说明景明寺当中水碾、水磨、水碓一应俱全,这条材料也是继汉代《急就篇》所谓"碓硙扇隤舂簸扬"④之后,印证了至晚到北魏时期,水力碾、硙、碓三种技术工具的区分是清晰的。至于簸用水功,我们或可理解为与水磨一体的水击面罗。⑤ 要之,这条材料一

---

①《三国志·魏志》卷15《张既传》,第472页。

②《晋书》卷4《帝纪》第四,第101页。

③ 杨衒之:《洛阳伽蓝记》卷3"城南·景明寺",杨勇校笺,中华书局,2006年,第124页。

④ 史游:《急就篇》卷3,岳麓书社,1989年,第236页。

⑤ 李崇州、李盛:《试论〈闸口盘车图〉中水击面罗的机械构造与原理》,《中国科技史杂志》2014年第2期。

方面可以作为与崔亮之材料相呼应,即6世纪初的洛阳及其周边地区,水碾、水磨已经得到相当程度的应用;另一方面,这应是水碾、水磨作为寺院常住之资的最早的文字材料,这一现象在后世体现得越发明显,并成为一个重要的问题。

4.《北史》卷54《高隆之传》载称天平元年,高隆之"又领营构大将,以十万夫彻洛阳宫殿,运于邺,构营之制,皆委隆之。增筑南城,周二十五里。以漳水近帝城,起长堤以防泛溢;又凿渠引漳水,周流城郭,造水碾硙。并有利于时"①

东魏天平元年为534年,邺都治在今河北临漳地区,高隆之作为都城营造专家,修造水碾硙自然不在话下,不过值得注意的是,邺都的兴建材料乃是拆洛阳宫殿得来的,所以高氏凿漳水引渠周流城郭、造治水碾硙的做法是否是得益于洛阳城周边水碾、水磨分布的启发,我们不得而知,但是这些水碾硙的功用与前述崔亮所造应该是一致的。

5.《魏书》卷12《孝静帝纪》称"齐天保元年五月己未,封帝为中山王,邑一万户;上书不称臣,答不称诏,载天子旌旗,行魏正朔,乘五时副车。封王诸子为县公,邑各一千户,奉绢三万匹,钱一千万,粟二万石,奴婢三百人,水碾一具,田百顷,园一所;于中山国立魏宗庙"②

北齐天保元年乃550年,孝静帝的封地中山国在今石家庄一带,巧合的是,从明清以降的材料中我们发现临漳、石家庄以西的地区是晚近华北地区水力加工分布的重要地区,所以从历史发展的前后呼应来看,这种现象又绝非偶然。另外,这条材料还有三点值得注意:其一,水碾在当时确系稀有财产,与其他数以千万计的赏赐相比,虽然水碾非一般意义的消耗品,但仅一具还是能说明些问题;其二,此种水碾当是因其具有较高的加工效率而被用于满足众多人口的粮食加工所需,非租赁经营性质,这是水力

① 《北史》卷54《高隆之传》,第1945页。《北齐书》亦载。

② 《魏书》卷12《孝静帝纪》,第312—313页。

加工发展的重要路径之一，与西嶋定生[①]一直强调营利性质是有所区别的；其三，水碾兼具脱壳和制粉功能，此处应理解为用于粟脱壳，由此，水碾与水硙的技术功用区分实质上亦已更加明确。

综上，我们可以认为大约在6世纪初，水力磨坊在中国北方的河洛、河内、河北地区以及偏南的江左地区均已有一定程度的应用，此后，应用规模逐渐扩大，迟至6世纪后半期已经发展得颇为可观，关中等地区也出现了明确的记载。如《北史》卷41《杨素传》称杨素"贪财货，营求产业，东西京居宅侈丽，朝毁夕复，营缮无已，爰及诸方都会之处，邸店、水硙、田宅以千百数，时议以此鄙之"[②]。又《续高僧传》卷17《释昙崇传》载杨广为晋王时，"钦敬禅林降威，为寺檀越，前后送户七十有余，水硙及碾上下六具，永充基业"[③]。该寺乃清禅寺，即位于彼时长安地区。

另外，从以上材料还可以看出，水磨在出现和应用的早期多为统治者所有，或由其赏赐给臣属、寺院等；分布于都会之处的水磨所依赖的水环境多为城池周边的河渠，需要通过堰水即拦渠作堰的方式制造水流落差、进而形成水力以驱动水轮运转；从加工对象的角度来看，除了孝静帝的水碾可推测用来加工粟之外，其他材料指向并不明朗，但水磨作为制粉工具，用来加工谷粉这一点当毋庸置疑。

要之，迟至6世纪末期，水磨的分布已经遍及中国北方地区若干重要的经济地带，在技术上亦已发展成熟。

---

① 西嶋定生：《碾硙寻踪——华北农业两年三作制的产生》，韩昇译，刘俊文主编《日本学者研究中国史论著选译》第四卷《六朝隋唐》，中华书局，1992年。

② 《北史》卷41《杨素传》，第1516页。

③ 释道宣撰：《续高僧传》卷17《释昙崇传》，《大正新修大藏经》本。

“第二届南开中古社会史工作坊：中古中国的知识与社会”会议综述

张　弛

2018 年 9 月 22 日，第二届南开中古社会史工作坊在南开大学津南校区举行，共有 15 名来自海内外的专家学者出席。南开中古社会史工作坊由南开大学中国社会史研究中心发起并主办，从 2017 年第一届开始，迄今已成功举办两届活动。每届均围绕一个相关主题，邀请海内外的专家学者展开交流，以期推动中古社会史研究的发展。此外，南开大学中国社会史研究中心还与中西书局合作，计划将每届工作坊的论文结集出版。

本次工作坊的主题为“中古中国的知识与社会”。在中国的中古时代，知识与社会的互动富有鲜明的时代特色，无论是知识传播的实物载体，还是文学的风格与体裁，亦或是思想宗教，与以往的时代相比，都发生了重要的变化，呈现出一些新特点。对此，本届工作坊拟设三个相关论题：1. 作为知识传播实物载体的简牍、写本、石刻中反映出的知识与社会的互动；2. 文本与文学叙述在知识传播中的历史定位；3. 思想与信仰中的知识传播及其发展变化。

一、知识传播载体与中古社会

在中古时代，知识传播的实物载体发生了重要变化。一方面，由于造纸术的日益普及，文书与典籍的书写载体，从秦汉时期的简牍、帛书，逐渐过渡到纸质写本，至隋唐五代，还出现了雕版印刷品。另一方面，相对于简帛或纸本这些日常使用的书写材料，石刻作为具有特定目的的知识传播载体，也在此时越发流行。那么,中古时期的这些简牍、写本以及石刻,它们反映了知识与社会之间怎样的互动关系?围绕着这一问题,本次工作坊共有四篇文章进行了探讨。

时至今日,简牍研究早已成为秦汉史研究领域的重要议题,每当有新发现的简牍公布,常常引发新一轮的学术讨论。这些地下出土的简牍,能够为我们研究秦汉时期的社会史提供丰富的资料。比如,出土于1983年的张家山汉简《二年律令·史律》,就涉及当时的学童教育。在律文中,明确规定用《十五篇》教育史学童。关于所谓"十五篇"的内容与性质,目前学界存在着认识上的分歧。本次工作坊期间,南开大学历史学院杨振红教授提交的论文《〈二年律令·史律〉"十五篇"与汉简四言体〈苍颉篇〉——周秦汉时期文字、小学的发展演变》,不仅为这一问题提供了新的见解,还进一步梳理了周秦汉时期小学文献的发展脉络。杨教授认为,《十五篇》并非指代《史籀篇》,而是指汉简四言体《苍颉篇》。《十五篇》和《史籀篇》虽然在篇数上吻合,但《史籀篇》的书体过于古老,秦在统一后早已废弃而改用小篆的"秦三苍",通行隶书的汉代更不可能把它当作课本。根据《二年律令·史律》,史学童接受《十五篇》考试,是采取"讽书"的形式,而所谓"讽书"即背诵默写。只有文章才适用于默写,而逐个解释字词的字典、辞典显然无法适用。因此《十五篇》的性质应为文章,而非字典或辞典。杨教授还辨析了《二年律令·史律》中的"史书"一词,认为该词非指"隶书",而是指《十五篇》。出土汉简《苍颉篇》残篇中的相关描述,也恰好可以作为证据来断定《十五篇》即《苍颉篇》。此外,由于汉代《苍颉篇》多取自"秦三苍",而"秦三苍"的文体与内容又以《史籀篇》为模本,改变字体而成,因而《苍颉篇》在文体和内容上也留有《史籀篇》的痕迹。总之,《十五篇》就是指汉简四言体《苍颉篇》,简称为"史书"或"史篇",是史官教授学童的课本。《十五篇》用隶书写成,性质上属于后世《千字文》《三字经》之类的童蒙读物,而非字典、辞典。

来自北京师范大学的徐畅副教授点评了杨教授的这篇文章。徐畅赞同该文的总体判断,认为就目前在全国各地大量出土的四言体《苍颉篇》简牍而言,《苍颉篇》的确具备作为官方课本的可能性,而将它直接对应到《十五篇》,则是杨教授的独创观点。此外,徐畅还为这篇文章补充了一些新的材料，主要是陈伟、工藤元男等人主编的《〈二年律令〉与〈奏谳书〉》一书，该书对《二年律令》的释文有新的修订。接下来，徐畅针对该文，提出了三个疑问。一是《苍颉篇》与《史籀篇》的区别。除了字体，它们是否在内容上也有区别？二是汉初定律令时，大篆是否仍然行用，是否仍然留在考核史学童的标准之内？三是如何解释《苍颉篇》篇章数目与十五篇不合的现象。对于第三个问题，杨教授作了简单回应。她认为，《汉书·艺文志》所记的《苍颉篇》实为闾里书师改编而成的五十五章，与原本《苍颉篇》有别，故与十五篇不符。

在目前存世的中古纸质写本中，敦煌文书无疑是极为重要的一部分。这些数量众多、种类繁杂的写本文书，为中古史研究提供了丰富的资料，甚至还衍生出了一门新的学问——敦煌学。不过由于种种原因，自 20 世纪初被发现以来，敦煌文书在十几年内便流散至世界各地，可谓中国文物的巨大劫难。对于敦煌文书的流散状况，早在 20 世纪上半叶即有一些学者进行论述，但多集中于斯坦因、伯希和等外国探险家来到敦煌以后的时间段。至于此前敦煌文书的早期流散，荣新江先生所作的梳理最为系统、全面，但仍有待进一步补充。西安碑林博物馆王庆卫副研究员提交的论文《陕西文物单位藏卷所见敦煌文书的早期流散》，不仅把陕西省各个文物单位收藏敦煌文书的情况向学界公布，还通过这些文书，进一步补充了敦煌文献的早期流散史。根据该文，目前陕西省收藏敦煌文书的单位主要有三家：西安碑林博物馆、西安博物院和西北大学图书馆。王庆卫在文中详细介绍了这些单位所藏敦煌文书的形制、内容等各方面的信息，尤其着重描述了文书上的收藏钤印与题识。以这些钤印、题识和其他文献为依据，他对这批文书当年的流散过程进行了复原。他认为，在敦煌文物的早期流散史上，时任敦煌县令的汪宗翰与安肃道道台的徐锡祺都起到了关键作用。此外，陕西文物单位收藏的这些敦煌文书，还佐证了荣新江先生对敦煌早期流散文物特点的判断。

中西书局李碧妍副编审负责点评这篇文章。她认为，该文做了很重要的资料呈现性质的工作。由该文出发，有两个问题值得我们进一步思考。在敦煌藏经洞的藏品中，无疑以佛教写卷为最重要而最精美。自斯坦因、伯希和以后，对世俗文书的研究成为更受关注的学术话题，其关注热度超过了佛教写卷。但是从整个敦煌藏经洞原本的情况来看,佛教写卷才是最重要的。从王老师的文章中就可以看到,清末时期能拿出来向官员送礼的,大多是佛经写卷。我们在研究敦煌学的学术史时,应该注意到这种前后关注热点的不同。李老师还指出,敦煌学研究成为显学的时间较早,它的一些范式或问题,对于今天的碑志研究也有启发和帮助。我们在研究碑志时,同样应该注意它们的流传状况。即便由于时间较近,一些来源不明的墓志不方便公布流传过程,也最好能在私下里进行记录,以便后人在梳理学术史时有所凭借。

对于目前的中国中古史研究而言,墓志已经成为不可或缺的重要资料。早在近现代以前,就已经有若干墓志出土,并由一些金石学家进行著录与研究。20 世纪以来,地下发掘出土的墓志更是与日俱增。在这样的形势下,有必要对以往的墓志整理工作进行回顾,并展望将来新的研究课题。目前,全面回顾唐代墓志整理工作的专题文章尚不多见。学者们要么在唐史研究综述中,将墓志整理作为一小节,予以简单介绍;要么以专题的形式,对涉及某一具体研究领域的墓志整理工作进行总结,局限在狭小的范围之内。与这些或简略或局促的学术史回顾不同,日本明治大学东亚石刻文物研究所气贺泽保规教授,结合自己长期研究唐代墓志、编纂《唐代墓志所在总合目录》的经验,对近数十年唐代墓志整理工作进行了全面而系统的总结,写成《近年唐代墓志整理的动向及其课题——〈新编唐代墓志所在总合目录〉的背景》一文,提交本次工作坊。该文首先按照时间顺序,分别总结了 20 世纪 70 年代之前、20 世纪 80 年代、20 世纪 90 年代以来这三大时期唐代墓志整理与研究的状况。在 20 世纪 70 年代及以前,墓志材料并未受到唐史研究者的重视。一方面,学者们强调对现有传世文献的解读;另一方面,墓志材料的可信度与史料价值在当时颇受质疑。这些都是墓志史料未受重视的原因。此时的学者们很少有围绕墓志的研究,而在利用石刻史料时,也多以传统金石书为主,见到墓志实物或拓片的机会极其有限。进入 80 年代,学界开始出现一批有关唐代墓志的整理成果,如《千唐志斋藏志》《唐代墓志铭汇编附考》等等。这些成果多以民国时期的拓本资料为主,一些图书即便收录 1949 年以后出土的墓志,也基本限于“文革”以前的发现。20 世纪 90 年代至今,大量墓葬被发现或盗掘，随之而来的则是出土墓志的迅速增加。因此，这一时期出版的墓志资料集数量众多。对“文革”以后出土的墓志收录较多，是这些资料集的一大特色。在地区上，墓志多集中于洛阳和西安。至于其他省市县所藏碑刻的整理，则以地方出版物的形式开始出现。随着新出墓志的大量公布，学者们为系统把握数量庞大的唐代墓志，致力于录文、标点工作，出版了《唐代墓志汇编》《全唐文补遗》等文字资料集。在介绍了唐代墓志整理工作的不同阶段后，气贺泽教授还重点谈及《新中国出土墓志》对最近二十年墓志整理工作的影响，认为它的图版与录文兼备的形式，被越来越多的墓志资料集所承袭。随后，他还展望了今后的墓志整理课题：一是对私人收藏或博物馆库房尚未公布的墓志的调查；二是结合地区分布倾向，对出土墓志做总体性的研究。最后，该文还有一篇简单的附论，概括介绍了奠定近代中国石刻研究的九位重要人物。总之，气贺泽保规教授的这篇文章，可与他此前多次编纂的《唐代墓志所在总合目录》相互配合，成为唐史学者在墓志研究领域的重要参考。

来自洛阳师范学院的毛阳光教授负责评议该文，称赞气贺泽先生的文章是对唐代墓志整理与研究工作的一次全面总结。毛教授对该文提到的洛阳墓志出土乱象深有感触。他认为，与西安墓志出土相对规范的情况相比，洛阳的确存在大量盗掘墓志的状况。西安的墓志，多是公立单位正规考古发掘而来，各种学术机构积极参与整理和研究；而洛阳墓志多为盗掘，大量流散在私人收藏家之手，缺乏文物部门的监管。而由于私人所藏墓志仍有很多未公布者，所以目前出土唐代墓志的实际总数应大于气贺泽先生统计的数字。因此他主张，对于唐代墓志整理与研究工作而言，接下来一个重要的任务就是尽力获取这些流散于私人手中、尚未公布的墓志的信息。此外，以后的唐代墓志整理，还需要注意出土与流传信息的著录。

本次工作坊有关唐代墓志的研究成果，既有气贺泽教授这篇从全局出发、整体视角进行研究的文章，也有利用墓志来考察具体问题的论文。毛阳光教授提交的《龙门博物馆藏安建墓志释证——兼论唐代潞州地区的粟特人》一文，就是以出土墓志为主要材料，探究唐代入华粟特人群体的文章。早在20世纪上半叶，对于中古时期的来华粟特人，就已经有冯承钧先生、向达先生、陈寅恪先生等史学名家进行研究。20世纪末至21世纪初,海内外学界又掀起了一阵研究粟特人的热潮。这些研究成果大多集中于唐代两京、河北或河东等地,而对于泽潞地区的粟特人,目前的关注还比较有限。毛教授的文章,正好弥补了这一不足。该文首先将安建墓志铭全文进行录文、标点,之后再结合墓志,对墓主安建的生平及相关问题展开论述。安建墓志铭出土于山西长治,墓主安建是在南衙禁军中数代为官的粟特人,后移居泽潞地区。墓志对安建的家世、生平、婚姻等情况都有所介绍,尤其记载了他在开元十年护送东光公主和亲以及在十八年奚人"叛乱"后护送公主返唐的经历。不过,对于此后安建为何被唐朝廷安置于潞州,以及死后未能归葬长安的原因,墓志铭并未交代。从安建墓志出发,毛阳光教授又介绍了其他几方泽潞地区的粟特人墓志,以证明泽潞地区粟特人数量之多。至于泽潞地区为何存在数量众多的粟特人,毛教授认为主要有以下几点因素:该地本身处在农业和畜牧业生产的分界线上;潞州为重要的交通枢纽,战略地位也很重要;一些粟特人由于仕宦而迁徙此地;泽潞地区后来与邢洺磁合并为一个藩镇,又使得河北粟特人迁居于此。最后,毛教授还探讨了粟特人对泽潞地区社会风气的影响。

来自中央民族大学的蒋爱花副教授点评了这篇文章,认为该文紧跟学术潮流,从墓志出发,对重要的历史现象进行了准确的解读。她认为,该文的一个重要贡献就是提供了十方新出墓志的信息。其中一方粟特人墓志,内容主要反映了唐初史事,特征也符合唐代的面貌,却刻有"开宝"年号。关于这一问题,蒋老师与毛教授展开了交流。毛教授认为,虽然尚未找出刻有"开宝"年号的原因,但该墓志的真实性还是可以肯定的,并非作伪。此外,蒋爱花副教授还就胡汉融合、潞州粟特人汉化时间等问题,提出了自己的见解。

二、文本、文学叙述与中古社会

在中古时期,文本与文学叙述同样具有鲜明的时代特色。文学在继承秦汉以来传统的基础上,进一步推陈出新,在体裁和内容上都有所创新。史书也在此期间蓬勃发展，甚至在目录学分类中独立出来，成为与经、子、集并列的一部。关于这一时期文本与文学叙述在知识传播中的历史定位，主要有以下三篇文章进行讨论。

首先是日本明治大学文学部兼任讲师梶山智史先生提交的论文，题目为《霸史的系谱——五胡十六国史料的继承与再编》。专门记述五胡十六国时期史事的各种史籍——所谓“霸史”，目前大多已经散佚无存。学者们研究这一时代，主要通过《魏书》《晋书》《资治通鉴》等后代史书所保留的霸史片段。关于这些史书继承和改编“霸史”的状况，周一良先生、町田隆吉等前辈学者曾经有所研究。不过，对于《晋书》《资治通鉴》等史籍究竟采取何种方针来继承和改编“霸史”，则仍有讨论的余地。梶山智史先生提交的这篇文章，正是旨在解决这一问题。该文先是在绪言中介绍了“霸史”的概念及其由来，并梳理了霸史的种类、数量与研究状况。在文章第一部分“五胡十六国的霸史及其存佚状况”中，作者按照国别，对各类霸史进行了全面而简要的介绍，尤其重点介绍了崔鸿《十六国春秋》和萧方等《三十国春秋》两书。之后，该文还介绍了五胡十六国霸史现存佚文的状况。梶山指出，现存的佚文分别属于二十种霸史。其中，崔鸿《十六国春秋》和萧方等《三十国春秋》在佚文数量上占据了压倒性的多数。从唐宋类书所保留佚文状况来看，它们更倾向于采用《十六国春秋》《三十国春秋》这类二手史料，而非一手史料的各国史。该文第二部分“从霸史到《晋书》”，对唐初《晋书》继承、改编霸史的情况进行了具体的考察。文章主要选取了“成汉李雄的出生、容貌、资质”“前秦苻坚的食器”“前燕慕容恪对桓温的评价”“参合陂之战”等四件具体事例，比对十六国史书、《十六国春秋》《三十国春秋》以及《晋书》关于这些事例记述的异同点。通过比较，作者认为《晋书》并未参照《蜀李书》《秦记》等一手史料，而是全面承袭了《十六国春秋》与《三十国春秋》。第三部分是“从霸史到《资治通鉴》”，对司马光《资治通鉴》继承和改编霸史的情况作了考察。作者统计了《资治通鉴》所引霸史佚文的数量，发现除了《十六国春秋》《三十国春秋》之外，引用《燕书》《华阳国志》等书的数量并不算少。因此可以推测，司马光在编纂《资治通鉴》十六国史部分时，采用的方针是尽可能引用现存一手史料。不仅是内容，司马光还借鉴了霸史的叙述手法，主要应用于十六国君主的称谓上。此外，梶山先生还通过“有关参合陂之战的记述”“《通鉴》引用的崔鸿《十六国春秋》评论”两个具体问题，详细分析了《资治通鉴》继承、改编霸史的方针。

南开大学历史学院王安泰副教授点评说，这篇文章很重视文本脉络，详细地进行了资料比对。他认为，本文还需要考虑的问题有三：一是各个史料内部的比较。比如说，同样是《十六国春秋》，不同的版本所使用的字句可能会有所区别。《十六国春秋》的辑本出自《太平御览》等书，而后者在采纳《十六国春秋》的资料时，可能已经有所改动。所以我们现在见到的《十六国春秋》辑本文字，或许反映的并非原作者崔鸿的意志。在把《十六国春秋》与《晋书》等史籍进行文字上的比对时，需要先考虑这个问题，即怎样才能确定现存《十六国春秋》文字确实反映了崔鸿的想法。二是《三十国春秋》的问题。《十六国春秋》很明显要表现北魏正统论。而《三十国春秋》的编纂者萧方等在此书编写时极为年少，该书可能主要反映了其父亲梁元帝或祖父梁武帝对抗北方正统论的意志。在对《十六国春秋》等史书进行比较时，必须考虑到正统论的因素，才能理解文字上的改动与歧异。三是“霸史”与“伪史”两种思维的问题。《魏书》也涉及十六国史书如何被后世史书吸收的问题，但它将之称为“伪史”而非“霸史”。《旧唐书》同样将这些十六国史书称为“伪史”。称“霸史”与称“伪史”的两种思维模式可能同时存在。因此，应该把《魏书》也纳入考察的范围之中。

中山大学中文系副教授李晓红老师提交的论文为《先唐赋音文本：张融〈海赋〉并音考论》。《南齐书》载录的张融《海赋》，是该书所载时人赋作当中最长也最完整的一篇。此外，《海赋》还存有注音，而这在《南齐书》中绝无仅有。这些特点表明，《南齐书》所载《海赋》是一份较为独特的文本，值得学者关注。然而，目前学界对于张融《海赋》的专门研究并不多见，大多是在通论以江海为主题的诗赋时有所涉及。李晓红老师的这篇文章，无疑有助于推进对这一问题的深入研究。该文首先介绍了张融《海赋》的基本特点以及相关研究状况。接下来，结合张融的生平经历，文章对于《南齐书》为何会全文载录张融《海赋》作了解释。作者认为，《南齐书·张融传》之所以全文载录《海赋》，主要是因其在传主生平中占有重要地位。《海赋》创作于张融弱冠之年，当时他被出为封溪令而浮海交州。在已有木华《海赋》名篇在前的情形下，张融创作该赋，很可能是为了彰显自身文采，挽回“出为封溪令”被边缘化的命运。实际上，《海赋》确实发挥了这样的作用。无论是世人还是张融自己，对张融文章的良好评价，都奠基于这篇《海赋》。《南齐书》收录《海赋》全篇，正是为了通过该赋表现张融文风，也有以此作为本时期诗赋代表作的用意。而《文选》之所以不载此文，可能是由于同为梁人所编的《南齐书》已经全文载录，出于分工的考虑，没有必要再作收录。之后，李晓红老师还考察了《海赋》注音的作者以及注音的原因。她认为，《海赋》注音为张融自作。早在张融之前，已有赋家自注音的先例。而张融之所以自作注音，一是为了促进《海赋》流传，二是受到张融所出身吴郡张氏家风家学的影响。张融《海赋》注音的重要价值，就在于它仍属南朝文献，未经辗转引用，可谓唐前赋音文献的活化石，值得学者们作进一步研究。

南开大学历史学院讲师党超老师负责评议该文。他首先就“并音”的概念与李晓红老师进行了讨论。关于明人杨慎阅读张融《海赋》的途径，党超老师认为，尚未有直接证据可以证明杨慎看过《南齐书》。对于文章的第二部分，党老师称赞说，这是全文最为精彩的一节，不过仍有一些小问题值得讨论，主要是该文对《宋书》《资治通鉴》中几段史料的引用，缺乏更加详细的解释。文章第三部分提到，宋本《南齐书》在记载《海赋》时，已经具有注音，认为“可以确定这些注文是宋人校刊之前即存在于萧子显《南齐书》文本之中”。党老师建议，这一结论还需要更加扎实的论证。另外，该文对于张融《海赋》重要意义的论述，也仍然有待补充具体例证。

在中古时期，以谢灵运、陶渊明等人的诗赋为代表，描写山水、园林等主题的文学作品日益兴盛。这些作品是我们研究中古时期文学与社会的重要资料。来自南京农业大学的龚珍讲师，提交了《中古时期文人园林的两种观景模式——从谢灵运、陶渊明到柳宗元》一文。该文通过这些中古时代的文学作品，概括并研究了文人园林两种不同的观景模式。文章采纳了美国人文地理学家提姆·克瑞斯威尔的理论，强调“景观”的呈现与观者所处位置、角度的关联。由此出发，分别概括出谢灵运式“高空静观”的观景模式以及陶渊明式“低地行观”的观景模式两种类型。在谢灵运的名篇《山居赋》中，始宁山居成为图景的中心，再由此向东南西北四个方向展开对全景的描绘。这实际上是站在山体最高点而俯瞰周边的、自上而下的观景模式。这种模式与两汉魏晋南北朝高台建筑的兴盛有所联系。而谢灵运的创新在于，将关注点由宫殿等大型建筑群，转移到清新自然的山居中。这种居高临下的观景视角，使观者与对象之间保持一定的距离，也使其描写多为客观而概括的笔法。与此相比，出身寒门的陶渊明，居所小而简陋，其观景角度因此受限，多为平视。他的视野流动性较强，与自然交融，其诗歌也表现了由内而外的自然观。相对于谢灵运作品以山为主的特点，陶渊明的作品却是山水连用。谢灵运、陶渊明两人的审美方式，分别隶属于壮美与优美两种不同的美感类型。前者的观景模式在魏晋南北朝至初唐社会中占据主导地位，重视"旷景"。而两宋以后的园林观景模式，则更注重所谓"奥景"。中唐时期的柳宗元，正是处于这两个不同时代观景模式转型中的人物。他提出"旷奥两宜"的观景理念，既继承了魏晋以来"高空景观"的传统，又重视小尺度"奥景"的描绘。这种"旷奥两宜"观，相当于中国园林发展史的转折点。目前，学界仅有汉宝德对唐宋时代诗歌、绘画中"习惯视点"的转换有所揭示。因此，龚珍老师的这篇文章，可以为中古时期园林史的研究填补相关的空白。

该文由南开大学历史学院讲师方万鹏老师负责点评。他认为，全文从观景角度出发，来写中古时代的园林史，这正是立论的价值所在。文章文笔比较细腻，材料中使用了大量的文学作品，具备较强的跨学科特点。至于对该文的建议，主要有三点。一是文章的完成度还有待加强。文章在结构上详略分布有些失当，在谢灵运一节追溯高台建筑时篇幅过多。在第三节讲柳宗元时，又用了三页左右的篇幅写壮美和优美的问题。第二个建议是关于历史情境的认识。该文使用了很多文学作品，而文学作品往往和作者的个人境遇、时代背景密切相关。文章还需要更加深入挖掘谢灵运等人所处的历史情境。三是关于整篇文章对历史发展脉络的认识和评价。文章第一、二节所述谢灵运和陶渊明观景模式的差别，主要是高低之分。而第三节则重点强调旷奥之分。高低之分和旷奥之分，恐怕还是有些区别的。另外，我们在长时段研究中，通过个案的比较，当然能够更为明显地呈现变化的明线。但在利用材料时，也要注意材料中历史的隐线。比如说，在唐代时，仍有很多诗歌使用高空观景的视角，继承魏晋以来的观景模式。同样，低空观景的模式，在唐代的一些田园诗中也有所体现。所以这种高低的变化，从魏晋到唐代可能不是一种转折，而是在隐线中有个一以贯之的历史脉络。这也需要作者进一步思考。

三、思想信仰与中古社会

在中国的中古时期，思想信仰领域也发生了重要而鲜明的变化。佛教作为一种外来宗教传入中国，在南北各地广泛传播，获得了来自各个阶层的大量信徒，呈现出极为繁盛的景象。另一方面，结合道家思想与民间方术而产生的本土宗教——道教，在此期间产生并日渐流行。这二者相互竞争、相互影响，对于中国人原本的思想世界构成了极大的冲击，不仅影响着人们日常生活的方方面面，还在一定程度上与上层政治纠葛不清。此外，同样来自异域的祆教、景教、摩尼教，也纷纷传入中国，并在一定范围内流行。虽然它们的流行规模远远小于佛、道二教，但是仍然在民间信仰、风俗、美术等方面留下了某些影响。总之，中古时期是一个思想信仰大发展的时代，值得我们深入研究。关于思想信仰与中古社会的问题，本次工作坊主要有一篇文章进行了讨论。

来自“中研院”历史语言研究所的刘淑芬研究员，在本次会议上，提交了题为《弘福寺〈集王圣教序〉所见初唐的政治与佛教》一文。刘淑芬老师长期致力于中国中古佛教社会史的研究，代表作有《中古的佛教与社会》《灭罪与度亡：佛顶尊胜陀罗尼经幢之研究》等论著。这次提交的论文，则是从《集王圣教序碑》出发，对初唐的佛教与政治展开探索。唐太宗曾经为高僧玄奘所译经写有《大唐三藏圣教序》，并由当时的皇太子李治作《述圣记》一篇。之后，此二序被刻写于碑石之上，共留下了《雁塔圣教序》《招提寺圣教序》《同州圣教序》和《集王圣教序》等四方石刻。关于这些石刻，学界已有过不少讨论，以书法领域的研究居多，偶尔有文章根据碑石论述唐初佛教发展，或考订碑阴题名。而刘老师的这篇文章，则重点考察《圣教序碑》的政治意涵。关于《集王圣教序》刻石的背景和原因，刘教授认为，弘福寺僧人为维护本寺的地位,而奏请将《圣教序》上石。唐太宗晚年对高僧玄奘极为赏识和倚赖,屡次劝他还俗参政。在遭到婉拒后,唐太宗仍旧与玄奘往来密切。而皇太子李治对于太宗过度倚赖玄奘深感不安,想尽办法将玄奘从太宗身边调离。为此,李治抢在唐太宗养病玉华宫、自己参理国政之时,下令在大慈恩寺营建翻经院,以取代原本设在弘福寺的翻经院。玄奘被卷入唐太宗与皇太子李治的权力之争,最终导致了译经地点的变迁。为了强调原本的翻经院地位,弘福寺僧人才有了奏请《圣教序》刻石之举。之后,刘老师还考察了《集王圣教序碑》在序、记之外的内容。她总结说,《集王圣教序碑》与其他《圣教序》刻石相比,主要增加了唐太宗答敕、皇太子答敕、"贞观廿二年八月三日内出"、《般若波罗蜜多心经》、监共译经大臣名等五项内容。其中,标注"贞观廿二年八月三日内出"的日期,实有深意。此碑完成时,皇太子李治已继位为帝。镌刻《报玄奘法师谢启书》并标注日期以诏公信,实际是要强调玄奘和弘福寺的译经地位。这种做法,开启了将皇帝著作上石以维护寺院权利的先河。对于《集王圣教序碑》镌刻《般若波罗蜜多心经》,刘教授认为主要有两方面动机。一方面是为了便于列举监共译经诸大臣名衔,以彰显玄奘"奉诏译经"的地位;另一方面,《心经》与唐太宗关系密切,刻此经于石,也是为了纪念唐太宗弘赞译经。最后,该文还考察了与《集王圣教序碑》有关的贺兰敏之、栖玄法师两位人物,论述了他们与弘福寺以及初唐政局的联系。《两京新记》等书曾有记载,《集王圣教序碑》的另一面刻有贺兰敏之书写的《金刚经》。然而,今天的《集王圣教序碑》上并无此文。尽管这一矛盾难以解释,但它透露出一个值得关注的问题,即贺兰敏之与弘福寺之间关联密切。贺兰敏之为曾参与玄奘译经的栖玄法师撰写墓志以及为《心经》作注等行为,似乎表明他可能倾向于弘福寺的立场。贺兰敏之最终含冤贬死,或许是受此牵连。至于栖玄法师,他曾经参与玄奘在弘福寺的译经事业。不过,在唐高宗朝,栖玄有意或无意地参与到"吕才事件"中,为唐高宗打击玄奘等人起到了穿针引线的作用。也许由于不谅解他,佛教界书籍此后少有关于他的记载。

南开大学历史学院夏炎教授点评了这篇文章。他称赞说,刘教授用了很大的功力,通过《集王圣教序碑》来探讨初唐佛教与政治之间的互动,写出了一篇非常具有启发意义的作品。该文其实是一篇政治史的文章，却使用了很多细致的心理分析，剖析唐太宗晚年的状态，以及他和皇太子李治之间的矛盾纠葛。可以说，这篇文章视角很好，使人开阔眼界。接下来，夏教授就几个具体问题，与刘教授进行了交流。首先是《集王圣教序》的拓本问题。众所周知，《集王圣教序》对书法界意义很大，一直流传到现在。不过，现在西安碑林所藏原石已有断裂，许多拓本也是断本。而北宋拓本未断，字迹更清晰，更值得刘教授使用。其次，就这篇文章来说，翻经院地点的转换，其实质就是唐太宗父子在争夺玄奘的拥有权。对于玄奘这样一个僧人，如何能影响到当时政治权力的瓜分，这一点还有些令人疑惑。同时，在唐太宗晚年，李治的皇太子地位已经非常稳固，没有太多障碍。李治仅仅因为一个和尚而担心自己的太子地位，恐怕还需要文章作进一步解释。再次，整个《集王圣教序》文字的用意其实比较简单，应该就是宣扬皇权对佛教的一种确认。关于碑文所记“贞观廿二年八月三日内出”这一时间，这里为何只写皇太子李治答敕时间，而不写唐太宗答敕时间？这个时间是否有可能实为弘福寺僧人祈请上石的时间？此外，祈请上石后，为何花费了二十四年才最终立起碑石？这篇文章如果能够继续解决这一问题，无疑更有助于探究唐初佛教与政治的纠葛。

结　　语

本次工作坊历时一天，以“中古中国的知识与社会”为主题，探讨的内容包含社会史、环境史、史学史、简牍学、敦煌学、出土墓志等诸多研究领域。可以说，本次的工作坊在集中讨论会议主题的基础上，内容丰富且涵盖面广泛，促进了不同研究领域甚至不同学科之间的交流，是一次成功的学术会议。由这次会议，我们可以了解到跨学科、跨断代研究与合作的重要性。会议主题“中古中国的知识与社会”中“知识”这一概念，较为抽象而缺少明晰的边界，所包含和涉及的领域极为广泛、庞杂。仅仅依靠某一门学科、一个断代的研究，是远远不够的。在这种情况下，就不能被现代学科的人为划分所拘束，而是要以问题为导向，综合不同学科的研究方法来进行探索，或许会更加有效地寻找到问题的答案。可以想见，这种围绕某一问题而展开的跨学科、跨断代的合作与交流，将来还会不断涌现。此外，在本次会议上，与会专家屡次提到了出土材料的流传问题。我们今后在使用简牍、墓志等出土材料时，除了史料本身的内容，也要更加注重史料的出土信息与流传过程。尽管由于某些条件的限制，对于部分出土材料的来源无法得知或不便公布，但也要尽量做到心里有数，甚至可以留下私人记录。这不仅能够确保所用材料的可靠性，还为后人研究学术史提供了便利的条件。总之，本次工作坊不仅在各项具体学术问题上取得了一些进展，同时也为今后相关研究的总体方向，提供了一定的启发和建议。

附记：原文刊于常建华主编《中国社会历史评论》第22卷，天津古籍出版社，2019年。

作者信息（以文章先后为序）

气贺泽保规	日本明治大学东亚石刻文物研究所教授、东洋文库研究员
刘淑芬	台湾“中研院”历史语言研究所兼任研究员
杨振红	南开大学历史学院暨中国社会史研究中心教授
单印飞	西北大学历史学院讲师
毛阳光	洛阳师范学院河洛文化研究中心副主任、历史文化学院教授
夏　炎	南开大学历史学院暨中国社会史研究中心教授
梶山智史	明治大学文学部兼任讲师、专修大学经济学部非常勤讲师
卫　丽	西北农林科技大学人文社会发展学院讲师
王庆卫	西安碑林博物馆副研究员
王安泰	南开大学历史学院暨韩国研究中心副教授
蒋爱花	中央民族大学历史文化学院副教授
徐　畅	北京师范大学历史学院副教授
李晓红	中山大学中文系副教授
党　超	南开大学历史学院讲师
龚　珍	南京农业大学中华农业文明研究院讲师
方万鹏	南开大学历史学院讲师
张　弛	南开大学历史学院暨中国社会史研究中心博士研究生

编后记

教育部人文社会科学研究重点研究基地"南开大学中国社会史研究中心"是国内社会史研究的重镇,近年来致力于助推中古社会史研究。从2017年开始推出每年一届的"南开中古社会史工作坊"系列学术活动,邀请专家学者围绕中国中古时代的社会史相关话题,采用工作坊的形式展开学术交流。同时与中西书局合作,将每届工作坊的主要论文结集出版。

2018年9月22日,第二届工作坊在南开大学津南校区举行,此次工作坊的主题是"中古中国的知识与社会"。如果说第一届工作坊的主题"都市与社会"的研究旨趣在于分析社会发展的历史空间因素,那么此次的"知识与社会"主题,则拟在知识传播的历史进程中进一步理解社会发展的精神动力。在中国的中古时代,知识与社会的互动具有鲜明的时代特色。在此时代背景下,本届工作坊设定了三个相关论题,即作为知识传播实物载体的简牍、写本、石刻中反映出的知识与社会的互动;文本与文学叙述在知识传播中的历史定位;思想与信仰中的知识传播及其发展变化。受邀来津的专家学者围绕以上论题,展开了为期一天的研讨。

此次工作坊共邀请到海内外12所高等院校、科研院所、博物馆及出版社的15名学者齐聚南开,共提交论文8篇。此次工作坊延续了第一届工作坊的风格,依然由主题演讲与青年学者论坛两部分组成。刘淑芬(台湾"中研院"历史语言研究所兼任研究员)、气贺泽保规(日本明治大学东亚石刻文物研究所教授、东洋文库研究员)、杨振红(南开大学历史学院暨中国社会史研究中心教授)、毛阳光(洛阳师范学院河洛文化研究中心副主任、历史文化学院教授)分别进行主题演讲。梶山智史(明治大学文学部兼任讲师、专修大学经济学部非常勤讲师)、李晓红(中山大学中文系副教授)、王庆卫(西安碑林博物馆副研究员）、龚珍（南京农业大学中华农业文明研究院讲师）在青年学者论坛上发表论文。同时，特别邀请夏炎（南开大学历史学院暨中国社会史研究中心教授）、毛阳光、徐畅（北京师范大学历史学院副教授）、蒋爱花（中央民族大学历史文化学院副教授）、王安泰（南开大学历史学院暨韩国研究中心副教授）、党超（南开大学历史学院讲师）、李碧妍（中西书局副编审、编辑室主任）、方万鹏（南开大学历史学院讲师）担任论文评议人。关于此次工作坊的具体情况，请参阅本论文集收录的会议综述。

本论文集为南开中古社会史工作坊系列文集之二，是以第二届工作坊的主要发表论文为基础编纂而成的。论文集延续前一辑的收文原则，所收录的大部分文章均为国内首次刊发。同时，各位评议人亦奉献出了自己的研究成果，一些论文虽已发表，但亦对原文进行了若干修订，从而保证了本论文集的学术价值。谨向应邀参会且欣然允诺在本论文集中发表论文的诸位专家学者致以深深谢意。

在南开大学中国社会史研究中心、南开大学历史学院的大力支持下，工作坊得以成功举行，论文集得以顺利出版。感谢中心主任常建华教授多年来对南开中古社会史研究的积极推动，及对青年学人的鼓励与鞭策。在工作坊的筹备与论文集的编辑出版方面，中西书局李碧妍副编审、吴志宏博士为此多受辛劳。感谢她们高效、专业、认真、严谨的编辑工作以及对南开社会史发展的持续关注与支持。此外，博士研究生张弛撰写了会议综述，在此一并致谢。

系列论文集之三的主题是“中古中国的女性与社会”，敬请期待！

编者谨识于津门

2020 年 7 月 15 日